Meine Orang-Utans

Biruté M. F. Galdikas

Meine Orang-Utans

Zwanzig Jahre unter den scheuen
«Waldmenschen» im Dschungel Borneos

Aus dem Englischen
von Karl A. Klewer

Scherz

Die Originalausgabe erschien unter dem Titel
«Reflections of Eden» bei Little Brown, Boston.
Einzig berechtigte Übersetzung
aus dem Englischen von Karl A. Klewer.

Zweite Auflage 1995
Copyright © 1995 by Biruté M. F. Galdikas
Reproduktion der Abbildungen mit freundlicher Genehmigung von Biruté Galdikas.
Alle deutschsprachigen Rechte beim Scherz Verlag, Bern, München, Wien.
Alle Rechte der Verbreitung, auch durch Funk, Fernsehen,
fotomechanische Wiedergabe, Tonträger jeder Art und
auszugsweisen Nachdruck, sind vorbehalten.
Schutzumschlag von Erich Fluckiger.

Pak Bohap,
Binti, Fred, Jane
sowie
Cara, Carl und Cindy
gewidmet

INHALT

	Vorbemerkung	9
1	Akmad	11
2	Natürliche Auslese	29
3	Los Angeles	45
4	Louis	57
5	Kalimantan	69
6	Beth	95
7	Cara	115
8	Sugito	133
9	Kehlsack	147
10	Georgina	169
11	Kommen und Gehen	189
12	Familienbande	205
13	Eine andere Wirklichkeit	225
14	Caras Schicksal	245
15	Tanjung Puting	269
16	Ein Jahr der Wende	287
17	Binti	305
18	Rod	329
19	Maud	347
20	Gara	367
21	Verwandtschaft	391

Vorbemerkung

Eines Tages, ich arbeitete gerade an diesem Buch, rief mich meine Lektorin aus New York in meinem Haus im Dorf Pasir Panjang auf der Insel Borneo an. Im Verlauf des Telefonats kam ein älterer Mann herein, ein Dajak aus dem Landesinneren. Da er mich sprechen hörte und sonst niemanden sah, nahm er an, ich redete mit ihm. Also setzte er sich, um mit mir zu plaudern. Er hatte seine Heimatinsel noch nie verlassen und wohl auch noch nie ein Telefon gesehen. Wie hätte ich ihm erklären können, daß ich um den halben Erdball herum mit einem Menschen, der in seinem Büro im zwanzigsten Stock am Schreibtisch vor seinem Bildschirm saß, über ein Buch sprach, das in erster Linie Menschen lesen würden, die Orang-Utans lediglich aus dem Zoo und den Regenwald ausschließlich aus dem Fernsehen kannten?

Dieser Mann war in einem Borneo aufgewachsen, das es nicht mehr gibt: Der tropische Regenwald schien sich endlos zu erstrecken, die Tierwelt war artenreich, und in den abgelegenen Dörfern lebten die Menschen weitgehend genauso wie einst ihre Vorfahren. Sie jagten, bearbeiteten Äcker, die sie auf gerodeten Waldflächen angelegt hatten, und hingen einer uralten Religion an. Dies Borneo hatte ich 1971 vorgefunden, als ich zum ersten Mal ins Land gekommen war. Zu jener Zeit war die Insel kaum durch Linienflüge mit der Welt verbunden. Es gab keine Straßen, weder einen regelmäßigen Postdienst noch Telefon oder Fernsehen. Die Inselbewohner hatten weder Elektrizität noch Zeitschriften, es gab keine Hotels und keinen Nationalpark. Ein paar Menschen in der einen oder anderen Küstenstadt waren mehr oder weniger über das Weltgeschehen auf dem laufenden, doch war Borneo noch weithin unberührt und von der Außenwelt abgeschlossen.

Ich war ins Land gekommen, um das Leben der in freier Natur lebenden Orang-Utans zu erforschen, der letzten auf Bäumen lebenden Menschenaffen auf unserer Erde, über die man damals praktisch noch nichts wußte. Zwar hatten verschiedene Forscher ein- oder zweijährige Feldstudien durchgeführt, doch das Gelände auf Borneo und Sumatra ist schwierig, und die hoch oben unter dem Blätterdach lebenden roten Menschenaffen sind scheu. Weder war es den Forschern gelungen, sie an sich zu gewöhnen noch über längere Zeit hinweg ein und dieselben Tiere zu beobachten. So besaß die Wissenschaft zwar Momentaufnahmen vom Leben der Orang-Utans, wußte aber nur wenig über die Lebensgeschichte bestimmter Tiere oder das Sozialverhalten der Art.

Die ersten Jahre meiner Freilandarbeit waren Jahre des Entdeckens, in denen es schon erregend war, einen freilebenden Orang-Utan aufzuspüren. Ihm eine Woche oder länger zu folgen bedeutete einen Triumph; nahezu alles, was ich über diese Tiere in Erfahrung brachte, war neu.

Als ich mit der Arbeit an diesem Buch begann, habe ich mich bemüht, das Borneo und die Wälder der damaligen Zeit noch einmal vor mir erstehen zu lassen. Nicht nur stelle ich darin die in freier Natur lebenden wie auch die aus der Gefangenschaft befreiten Orang-Utans vor – jeder von ihnen ein unverwechselbares Einzelwesen –, ich beschreibe auch die Menschen, die mich im Laufe der Jahre beeinflußt und mir geholfen haben. Das waren neben Louis Leakey, Jane Goodall, Dian Fossey und meinem ersten Mann Rod Brindamour das Ehepaar Binti, Dr. Sudjarwo, mein Mann *Pak* Bohap und viele weitere Indonesier.

Gegenwärtig, das heißt, im Jahre 1994, ist nicht nur die Situation der wilden Orang-Utans weit schwieriger als zu jener Zeit, da ich nach Borneo aufbrach, auch die Aufgaben sind es, denen sich gegenübersieht, wer große Menschenaffen erforschen und schützen will. Wilderei und Zerstörung des Lebensraumes haben dazu geführt, daß alle großen Menschenaffen gefährdet sind. Manche würden sogar sagen, daß das für *alle* Primaten gilt – den Menschen nicht ausgenommen. Verstehen ist der erste Schritt auf dem Weg zum Handeln. Ich hoffe, mein Buch kann einen Beitrag dazu leisten, daß der Mensch den Orang-Utan und dessen Welt des tropischen Regenwaldes versteht, eine Welt, die in großer Gefahr ist, auf immer zu verschwinden.

1 AKMAD

> Und am Ende all unseres Forschens
> Werden wir an unserem Ausgangspunkt ankommen –
> Und ihn zum ersten Mal erkennen.
> *T. S. Eliot*

Akmad und ich befanden uns allein am Rande des großen tropischen Regenwaldes von Borneo, der zweitgrößten zusammenhängenden Waldfläche auf der Erde. Sie hatte gerade Nachwuchs bekommen, und ihr gutmütiges, längliches Orang-Utan-Gesicht mit den feingeschnittenen Zügen wirkte müde. Unwirklich spielte das Licht der Spätnachmittagssonne in ihrer langen rostroten Behaarung; es war wie eine Art Heiligenschein.

Da ich das winzige, faltige, nackte Gesicht von Akmads Neugeborenem fotografieren wollte, schob ich mich auf Knien und Ellbogen vorwärts. Dann stellte ich das Objektiv der Spiegelreflexkamera scharf, das ich auf das an die Mutterbrust gepreßte feine Gesichtchen des Jungtiers gerichtet hielt. Mit behutsamen Bewegungen veränderte ich seine Lage ein wenig. Sein leuchtend orangefarbenes Haarkleid, das gerade erst getrocknet war, fühlte sich weich und flauschig an und bildete einen scharfen Kontrast zum dunklen, nahezu mahagonifarbenen Rot der längeren und gröberen Behaarung seiner Mutter. Trotz meiner Berührung regte sich das Kleine in den Armen der Mutter nicht. Akmads feuchte braune Augen waren nach wie vor ausdruckslos. Sie schien meine Hand an ihrem Neugeborenen nicht wahrzunehmen. Während sie nach einer Ananas griff, fuhr ihr Arm achtlos über mein Bein, fast, als gäbe es mich nicht. Das geradezu magische Licht, das so kennzeichnend für die Abenddämmerung auf Borneo ist, umgab die Szene mit einem goldenen Rahmen. Es war ein Augenblick, in dem die Zeit stillzustehen schien.

Weitere Orang-Utans kletterten einer nach dem anderen aus den Bäumen herab und näherten sich über den Damm aus Eisenholzbohlen, der von meiner tief im Wald gelegenen Forschungsstation Camp Leakey aus zum zweihundert Meter entfernten Fluß Sekonyer Kanan führte. Achyar, ein sehr feingliedriger Mann von Mitte Vierzig, der die Orangs mit Futter versorgte, kam mit einem Karren voll Futter. Er hatte den langsamen, bedächtigen Gang, der ältere Indonesier kennzeichnet.

Im Vorübergehen verbeugte er sich tief vor mir. Unwillkürlich ließ mich die Haltung seines rechten Arms und seiner rechten Schulter an eine Abbildung auf einem alten ägyptischen Wandbild denken. In dieser Geste spiegelte sich die traditionelle Höflichkeit der Dajak. Ausgerechnet diese sanften, liebenswürdigen Menschen waren einst Kopfjäger gewesen, die «wilden Männer von Borneo».

Der Zauber dauerte fort, als Achyar begann, mit Singsangstimme unsere Orang-Utans mit Namen zu rufen. Es klang fast wie eine Geisterbeschwörung: «Pola, Kusasi, Hani, Kuspati, Siswoyo.»

Schon seit sieben Jahren fütterte Achyar die ausgewachsenen, aus Gefangenschaft befreiten Orang-Utans in Camp Leakey. Von all meinen Dajak-Helfern trauten ihm die Orang-Utans am meisten. Viele Indonesier nannten den kinderlosen Mann einen *pawong*, jemanden, der die Gabe besitzt, wilde Tiere zu sich zu rufen und ihnen zu gebieten. Er hatte eine besondere Beziehung zu den Orang-Utans hergestellt, die er als seine Kinder ansah. Wie er sich aufmerksam unter ihnen bewegte und darauf achtete, daß alle gleich viel Reis, Bananen und Ananas bekamen, zeigte deutlich, mit welcher Hingabe er sich ihnen widmete. Trotz seines zierlichen Körperbaus und obwohl er leicht vorgebeugt ging, nahm er in der Hierarchie dieser Orang-Utans den Platz des ranghöchsten Männchens ein. Riesige, in freier Natur lebende Orangmänner, die, von der Anwesenheit der Weibchen angelockt, gelegentlich ins Lager kamen, ordneten sich ihm unter.

In den Tropen geht die Abenddämmerung schnell in die Nacht über, und so mußte ich mich beeilen. Ich drehte den Einstellring des Objektivs und machte rasch eine Aufnahme nach der anderen. Diesen Augenblick wollte ich unbedingt festhalten und damit das bisher namenlose weibliche Neugeborene am Tag seiner Geburt feiern.

Um ein besseres Bild zu bekommen, bewegte ich mich ein Stückchen von Akmad und ihrem Sprößling weg und hockte mich knapp drei

Meter entfernt von ihnen nieder. Ein Farnwedel hatte sich in den Haaren des Neugeborenen verfangen und verdeckte sein Gesicht. Achyar, der in der Nähe Ananas verteilte, stand näher an Akmad, und so bat ich ihn mit Flüsterstimme, der Kleinen den Farn aus dem Haar zu nehmen. Sie schlief friedlich an die Mutter gekuschelt, die winzigen Fingerchen fest in deren Haar gekrallt.

Vorsichtig trat Achyar auf Akmad zu und wollte mit einer behutsamen Bewegung den Farn fortnehmen. Meine Finger schlossen sich um das Objektiv, bereit zur nächsten Aufnahme. Noch war das goldene Licht des Abends hell genug.

Nicht in tausend Jahren hätten Achyar oder ich voraussehen können, wie Akmad auf seine einfache Bewegung reagierte. Bevor seine Finger den Kopf des Kindes erreichten, fuhr Akmad ruckartig zurück und bleckte wütend die Zähne. Ihre Haare sträubten sich, so daß sie dreimal so groß aussah wie zuvor, und als sie Achyar mit blitzenden Eckzähnen angriff, war von ihrem geduldigen Gesichtsausdruck nichts mehr zu sehen. Zwar wog sie, die für ein ausgewachsenes Weibchen nicht besonders groß war, nur gut dreißig Kilo, doch bringt ein solches Tier durchaus die Körperkraft mehrerer Männer auf. Mit seinen Zähnen kann es einem Menschen die Kopfhaut herunterreißen oder einen Arm durchbeißen. Wäre Achyar nicht so flink auf den Beinen gewesen, hätte sie ihn böse zugerichtet. So aber war er mit einem Satz zurückgesprungen. Akmad setzte den Angriff nicht fort. Sie hatte ihren Standpunkt klargemacht, setzte sich wieder und nahm die Ananas erneut auf, an der sie herumgeknabbert hatte. Ihr Gesicht wirkte so ausdruckslos wie zuvor.

Entsetzt sah Achyar sie an. «Noch nie», keuchte er bestürzt, «hat mich ein Orang-Utan angegriffen. Sie alle sind meine Kinder und meine Freunde.» Er stutzte. «Akmad ist die Freundlichste von allen. Nie hätte ich gedacht, daß sie mich angreifen würde.»

Einem Impuls folgend glitt ich zu Akmad. Ohne zu zögern griff ich nach dem Farn und nahm ihn der Kleinen aus den Haaren. Akmad zuckte mit keiner Wimper; es war, als hätte sie mich nicht gesehen. Der Blick ihrer Augen ging irgendwohin in die Ferne. Sie war wieder in der Welt, in der Orang-Utans daheim sind.

Ermutigt durch meinen Erfolg, schob ich die Kleine in eine für eine Aufnahme im abnehmenden Licht günstigere Stellung. Obwohl sie dabei einen leisen Schrei ausstieß, blieb Akmads Ausdruck unverändert; sie schien nach innen zu sehen. Ich warf einen Blick zu Achyar hinüber, der mir aufmerksam zusah. Das Staunen auf seinen Zügen war unverkennbar. Auch ich war verblüfft. Bis zu jenem Augenblick hatte ich nicht geahnt, in welchem Maße mich Akmad akzeptierte.

Fünfzehn Jahre zuvor, 1971, war ich in Kalimantan, dem indonesischen Teil der Insel Borneo, angekommen, um Orang-Utans in ihrem natürlichen Lebensraum zu beobachten. Allerdings sah ich mich beinahe gleichzeitig der Aufgabe gegenüber, Wildfänge aus der Gefangenschaft zu retten und wieder an ihre natürliche Umgebung zu gewöhnen, Orang-Utans, die als Haustiere gehalten oder an zoologische Gärten, Zirkusse und Tierversuchslabors verkauft worden waren. Stets war es meine Überzeugung, daß die Rettung von Orang-Utans ebenso wichtig ist wie die Erforschung ihrer Lebensgewohnheiten. Mit der Auswilderung wollte ich den ortsansässigen Handel mit Menschenaffen unterbinden und so die in freier Natur lebenden Orang-Utans schützen. Im Laufe der Jahre konkurrierten Forschung und Tierschutz miteinander oder aber sie unterstützten sich gegenseitig, doch sie vermischten sich nie.

Akmad war einer der ersten der vielen Orang-Utans, die ich befreit und in den Wald zurückgebracht hatte. Obwohl sie schon seit einigen Jahren ein unabhängiges Leben führte, kehrte sie gelegentlich aus dem Wald zurück und kam zu den täglichen Fütterungen ins Lager.

Bis zu jenem Augenblick war mir nicht klar gewesen, wie sehr ich mich mit Akmad identifizierte und wie eng unser beider Leben miteinander verwoben war. Sie war in Freiheit geboren worden und wieder in den Wald zurückgekehrt. Doch wegen eines Teils ihres Lebenswegs unterschieden sich ihre Erfahrungen deutlich von denen anderer Orang-Utans, die ihr ganzes Leben in den großen Waldgebieten Borneos verbringen. Akmad war ganz jung von Menschen gefangen worden. Nach ihrer Rettung hatte sie eine Weile als meine Orang-Utan-«Adoptivtochter» bei mir im Lager gelebt, war aber nach und nach in den Wald und die Freiheit zurückgekehrt.

Auch ich folgte wie Akmad einem Lebensweg, der sich grundlegend von dem meiner Angehörigen, meiner Kindheitsgefährten und meiner Freunde und Bekannten aus dem Studium unterschied. Im Erwachsenenalter hatte ich die Kultur und Erfahrungen meiner Jugend hinter mir gelassen, um in Kalimantan zu leben. So wurde mir jedoch auch ein tieferes Verständnis des Lebens und der Jugend zuteil, die hinter mir lagen. Wie Akmad war ich mit zwei Welten in Berührung gekommen, jener der Menschen und jener der Orang-Utans. Ich sammelte Erfahrungen im tropischen Regenwald, lernte von den Orang-Utans und den Dajak, den Ureinwohnern Borneos, und kehrte dann, wie es in T. S. Eliots Gedicht heißt, an meinen Ausgangspunkt zurück. Erneut entdeckte ich Kanadas Wälder, in denen ich als Kind gespielt hatte, die Wälder meiner litauischen Vorfahren und schließlich die tropischen Regenwälder, aus denen einst unsere Urahnen hervorgegangen sind – unser Garten Eden, das Paradies.

Die Wege, auf denen Akmad ihr Leben gezwungenermaßen verbracht hatte, waren parallel zu denen verlaufen, die ich mit voller Absicht und bewußt gewählt hatte. Akmad und ich waren verwandte Seelen.

Zum ersten Mal sah ich «Akmad» – wie wir sie später nannten – einen bloßen Monat nach meiner Ankunft in Borneo, als sie sich vor der Tür unserer Hütte an den Arm unseres Helfers Hamzah klammerte. Er brachte sie herein, löste sie vom Arm und ließ sie zu Boden gleiten. Noch im Aufstehen hielt sie sich an ihm fest. Ihr schmales Gesichtchen sah gleichmütig aus, ihre feucht schimmernden braunen Augen waren von dichten Wimpern verhangen. Unwillkürlich dachte ich bei ihrem Anblick: «Sie sieht aus wie eine Pariserin, eine richtige Dame!»

Die folgenden Wochen bestätigten meinen ersten Eindruck. Akmad war eine Dame. Sie war die Liebenswürdigkeit in Person. Nie rannte sie, sondern ging stets. Nie riß sie etwas an sich, immer nahm sie es manierlich. Selbst ihre Schreie klangen weniger wild als die anderer Orang-Utans.

Mit ihrem klugen Gesicht, das stets stumm zu fragen schien, machte sie einen geradezu menschlichen Eindruck, sie sah aus wie ein orangefarbener Zwerg. Wie alle Orang-Utans hatte Akmad eine dunkelorangefarbene Behaarung. Die Haare sind zwar rauher und dicker als beim Menschen, aber ähnlich verteilt. Gesicht, Handinneres und Fußsohlen sind unbehaart, und die kleinen Ohrmuscheln, die fast genauso aussehen wie die von Menschen, stehen nackt aus dem Haupthaar hervor. Doch wenn sich Akmad erhob, baumelten ihre langen Arme bis zu den Knien, und ihre Beine waren verglichen mit unseren kürzer und leicht gebogen. Was aber ihren Körper am meisten von dem eines Menschen unterschied, war der runde Bauch, der den Eindruck erweckte, als wäre sie fortwährend trächtig, obwohl sie zu jener Zeit für eine Fortpflanzung noch viel zu jung war. Wo bei Jungtieren weißliche Hautstellen Augen und Mund umgeben, war ihr Gesicht bereits dunkel, wenn auch nicht so schwarz, wie es werden würde, wenn sie erst einmal vollständig ausgewachsen war.

Ihr Gesichtsausdruck wirkte aufmerksam und beherrscht. Was für Empfindungen auch immer sie haben mochte, in ihren sanften braunen Augen war nichts davon zu lesen. Orang-Utans sind verglichen mit den Schimpansen, ihren lebhaften afrikanischen Vettern, gleichmütig und gelassen. Doch selbst unter ihresgleichen zeichnete sich Akmad als besonders ruhig aus. Wir nannten sie nach Sjamsiah Akmad, einer Beamtin des indonesischen Wissenschaftinstituts, die sich nach unserer Ankunft in Jakarta als freundlich und hilfreich erwiesen hatte.

Zu jener Zeit war Akmad rund sechs Jahre alt, hatte also im Lebensablauf eines Orang-Utans das Stadium eines jungen Mädchens erreicht. Angesichts ihrer Vergangenheit war ihre Freundlichkeit um so erstaunlicher, denn man hatte sie unter offenbar besonders brutalen Umständen entführt.

Einige Wochen nach unserer Ankunft auf Borneo erfuhren wir von Leuten aus der Umgebung, daß Holzfäller in der Nähe einen jungen weiblichen Orang-Utan gefangen hatten und ihn in ihrem Lager unmittelbar außerhalb des Reservats von Tanjung Puting, in dem unsere Forschungsstation lag, in einem roh gezimmerten Käfig hielten. Zwar verstieß es gegen die Gesetze des Landes, in freier Natur lebende Orang-Utans zu töten, zu fangen und zu verkaufen, doch wurde ihnen selten Geltung verschafft. Ich war entschlossen, das zu ändern.

Damals war ich mit Rod Brindamour verheiratet. Nicht nur war «Mr. Rod», wie ihn die Indonesier nannten, tatkräftig, von ihm gingen auch die für Amtshandlungen erforderliche Selbstsicherheit und Entschlossenheit aus. Während ich in den Wald aufbrach, um Orang-Utans zu beobachten, machte er sich mit Hamzah und einem jungen Beamten der Forstverwaltung auf, den verwaisten Orang-Utan zu konfiszieren, etwa so, wie in westlichen Ländern Fürsorger oder Sozialarbeiter vernachlässigte oder mißhandelte Kinder aus dem Elternhaus holen.

Die indonesische Gesetzgebung, also auch die Vorschriften, die den

Schutz der Orang-Utans betreffen, gehen auf die einstige niederländische Kolonialverwaltung zurück und stützen sich nicht auf örtliche Wertvorstellungen und Bräuche. Doch hatte uns Mr. Widajat, der Mann an der Spitze der Forstverwaltung von Kalimantan, unter seine Fittiche genommen und seinen Beamten deutlich zu verstehen gegeben, daß er von ihnen Unterstützung für unsere Arbeit erwarte. Jeder ihm unterstehende Indonesier würde es für seine Pflicht halten, uns zu helfen, ganz gleich, wie seine persönliche Einstellung aussehen mochte.

Als nun Hamzah und Rod zum Lager der Holzfäller gingen, folgte ihnen der Beamte der örtlichen Forstverwaltung unwillig. Noch einmal fragte er zweifelnd: «Sind Sie sicher, daß ich das Tier konfiszieren muß?»

Ohne zu zögern bestätigte Rod: «Ja.»

Also legte der Mann sein Gesicht in amtliche Falten und erklärte: «Es verstößt gegen das Gesetz, einen Orang-Utan ohne ausdrückliche Erlaubnis zu halten.»

Akmad wurde Rods Obhut übergeben.

Zwar erfuhr er die genauen Umstände nicht, unter denen sie ihre Eltern verloren hatte, doch besteht die einzige Möglichkeit, an einen wilden Orang-Utan zu gelangen, darin, daß man die Mutter tötet und ihr Junges einfängt. Vermutlich hatten also die Holzfäller Akmads Mutter umgebracht. Zwar regeln in Indonesien strenge Bestimmungen Besitz und Gebrauch von Schußwaffen, doch dürften außer Polizei und Armee auch die Lagerwächter Waffen besessen haben, einerseits zum Schutz des gefällten Holzes, andererseits aber auch, um frisches Fleisch zu beschaffen. Meist jagten sie Hirsche und Wildschweine. Die bei den Abholzarbeiten in den Wald geschlagenen breiten Schneisen veranlaßten Orang-Utans, sich auf die freien Flächen zu wagen, und damit wurden sie «Freiwild».

Junge Orang-Utans wurden oft ins Ausland verkauft. Holzfäller oder Dajak-Jäger erhielten etwa hundert Dollar (das entsprach zu jener Zeit auf Borneo mehreren Monatsgehältern) für einen Orang-Utan, der dann zum Doppelten oder Dreifachen dieses Betrags an einen Kapitän oder Seemann weiterverkauft wurde, der über Beziehungen im Ausland verfügte. Das Jungtier kam in einen Verschlag, wurde unter Deck verstaut und blieb oft tagelang ohne Futter und Wasser, bis das Schiff die indonesischen Hoheitsgewässer verlassen hatte. Obwohl von fünf aus dem Land geschmuggelten jungen Orang-Utans unterwegs mindestens drei ums Leben kamen, ließ der zu erwartende Gewinn das Wagnis lohnend erscheinen, denn ein Orang ließ sich in Hongkong oder Singapur für fünftausend Dollar oder mehr verkaufen. In jenen Tagen war der Handel mit Menschenaffen ein offenes Geheimnis, und zoologische Gärten in Asien kauften ebenso wie Privatsammler in Asien und im Westen wilde Orang-Utans.

Zwar gibt es keine fotografischen Belege für den Raub von Orang-Utans, doch haben im Inneren der Insel tätige Missionare gesehen und beschrieben, was dabei geschieht. Haben die Räuber eine Mutter mit einem Jungen entdeckt, scheint der Rest sehr einfach zu sein. Bei Gefahr eilt das Jungtier sogleich zur Mutter und klammert sich fest an sie, was diese in ihren Bewegungen behindert und zu einer leichten Beute macht. Vermutlich hatte Akmads Mutter beim Herannahen der Menschen warnende Laute ausgestoßen und als Äußerung der Angst Zweige hinabgeworfen. Ein oder zwei gut gezielte Schüsse dürften genügt haben, die im Fallen schreiend nach Ästen greifende Orang-Frau aus dem Baum herunterzuholen. Sofern nicht schon die Kugeln den Tod hervorgerufen hatten, dürfte er durch den Sturz eingetreten sein. Statt zu fliehen, hatte sich Akmad vermutlich an die Mutter geklammert, bis man sie von ihrer Seite riß. Möglicherweise hatte sie versucht, die Angreifer zu beißen, konnte aber mit ihren neun bis zwölf Kilo keinen besonders heftigen Widerstand leisten. Den Berichten der Missionare folgend könnte Akmad den letzten Schrecken erlebt haben, als sie, mit einem Seil oder einer Kette gefesselt, mit ansehen mußte, wie man ihrer Mutter das Fell abzog, sie ausweidete und zum Verzehr zubereitete. Vereinzelt wird das in Streifen geschnittene Fleisch des Alttiers zum Trocknen in die Sonne gelegt und das Jungtier für ein späteres Festessen gemästet.

Am Abend ihres ersten Tages bei uns lockte ich Akmad in einen der vor unserer Hütte stehenden Jackfruchtbäume, eine Art wilder Brotfruchtbaum. Ohne große Umstände kletterte sie hinauf, baute ein Nest und schlief ein. Obwohl sie mit Leichtigkeit das Weite hätte suchen können, entschied sie sich zu bleiben. Als ich am nächsten Morgen das Frühstück machte, kletterte sie herab und kam zu mir.

Das war bei aus der Gefangenschaft befreiten Tieren ihres Alters keineswegs die Regel; manche ergriffen bei der ersten sich bietenden

Gelegenheit die Flucht. Obwohl sie kein Jungtier mehr war, schloß sie sich mir an, der einzigen Frau im Lager. Von Zeit zu Zeit klammerte sie sich an meine Seite und ließ nicht eher los, bis ich meinen gesüßten Tee mit ihr teilte. Sie folgte mir auf Schritt und Tritt und kannte nur ein Ziel: Sie wollte von mir adoptiert werden.

Unsere Hütte, die ausschließlich mit Materialien hergestellt war, die der Wald liefert, eignete sich mit ihrem Dach aus Palmwedeln in geradezu idealer Weise für Orang-Utans. Manche hockten auf den Dachbalken und sahen grübelnd herab, andere zerrten an den Rindenwänden und zerfetzten die Dachbedeckung, als wäre die Hütte Teil des Waldes. Nicht so Akmad. Die anderen ließen, wenn sie ihre Milch ausgetrunken hatten, die Blechbecher, mit denen sie auf die Dachbalken emporgeturnt waren, hinunterfallen wie Schalen oder Kerne von Früchten auf den Waldboden. Akmad hingegen stellte sie säuberlich auf einem Balken ab. Auf diese Weise kam immer eine ganze Sammlung davon zusammen, bis Rod hinaufstieg, um sie zurückzuholen.

Er und ich verließen das Lager meist kurz nach der Morgendämmerung und gingen an einem *ladang* entlang, einem aufgegebenen Trockenreisfeld, das sich durch das links und rechts davon erstreckende Moor wie eine Zunge aus festem Boden bis in den dahinter liegenden dichten Wald zog. Dort legte ich auf der Suche nach Orang-Utans bis zu fünfzehn Kilometer am Tag zurück, wobei mir Rod den Weg bahnte. Es war eine schwierige und anstrengende Aufgabe. Oft kehrte ich nicht nur schweißbedeckt und erschöpft ins Lager zurück, sondern auch entmutigt, fest überzeugt, daß sich alle Orang-Utans aus dem Untersuchungsgebiet zurückgezogen hatten, um mir einen Streich zu spielen. Wie freute es mich da, wenn Akmad auf mich wartete! An den meisten Nachmittagen teilte sie die gewöhnlich aus Reis, Sardinen und gesüßtem Tee bestehende Mahlzeit mit mir.

Mehrere Monate nachdem sie zu uns gekommen war, beschlossen wir, unsere Unterkunft an eine andere Stelle zu verlegen. Ich wollte mehr Zeit im Wald und weniger Zeit mit dem Hin- und Rückweg verbringen. Ich hatte gehofft, Akmad mitzunehmen, doch am Tag unseres Umzugs war sie nicht im Lager. Zögernd brachen wir ohne sie auf.

Nachdem ich drei Monate später endlich mehr oder weniger regelmäßig auf Orang-Utans stieß, war ich bereit, wieder nach Camp Leakey zurückzukehren. Außer einer leuchtendroten Kakaodose mit der Abbildung einer Nonne und ihrer Flügelhaube wies nichts auf Akmad hin. Sie lag auf meiner Matratze unter dem hellrosa Moskitonetz, das von den Deckenbalken hing, und wies Spuren von Eckzähnen auf. Es war, als hätte mir Akmad damit zeigen wollen, was sie von meinem Verschwinden hielt.

Die Monate gingen ins Land. Ich machte mir Sorgen. Was mochte Akmad zugestoßen sein? Zwar war sie alt genug, um auf sich allein gestellt leben zu können, doch hatte sie mir den Eindruck gemacht, für das Leben im Wald zu unselbständig, fast zu «zahm» zu sein. Ich befürchtete das Schlimmste. Ein halbes Jahr später sah ich eines Morgens ein vertrautes Orang-Utan-Gesicht aus den Bäumen in der Nähe unserer Hütte spähen. Akmads Backenknochen standen hervor, ihr Gesicht war schmaler geworden, und die Augen waren riesig darin.

Rasch mischte ich etwas Vollmilchpulver mit Wasser (damals auf Kalimantan die einzige Möglichkeit, Milch zu bekommen) und reichte ihr den Becher. Begierig leerte sie ihn und gab ihn mir zurück. Erst nachdem sie ihn dreimal ausgetrunken hatte, stellte sie ihn sacht auf den Tisch, an dem ich saß. Ihre Rückkehr bedeutete, daß sie nach wie vor eine Mutterfigur brauchte. Aber sie hatte volle sechs Monate in der Wildnis überlebt!

Auch wenn sie sich im Laufe der Zeit immer weniger im Lager aufhielt, gab sie ihren Platz dort nie auf. Sie begrüßte, sonst meist zurückhaltend und sanftmütig, jedes weibliche Tier, das aus der Gefangenschaft neu zu uns kam, mit einem leichten (oder auch etwas kräftigeren) Zwicken, als wollte sie zeigen, wer «Herrin im Hause» war. Noch heute, nach über zwanzig Jahren, ist Akmad das ranghöchste Weibchen in Camp Leakey. Möglicherweise trägt ihre gesetzte Art zu der Achtung bei, mit der die anderen sie behandeln. Es kann aber auch einfach daran liegen, daß sie die erste war, sozusagen «Mutter des Nests», was alle anderen anerkennen.

Je älter Akmad wurde und je seltener sie im Lager erschien, desto lockerer wurde unsere Beziehung. Einmal blieb sie ein ganzes Jahr lang fort. Bei den wenigen Gelegenheiten, da sie ins Lager kam, eilte sie stets vor Anbruch der Dunkelheit in den Wald zurück, um sich dort ein Schlafnest zu bauen. Bis eines Tages die Alpträume begannen.

In einer stillen pechschwarzen Tropennacht schwang sich ein vor Schrecken kreischender Orang-Utan auf das Dach unserer Hütte. Der

Grund war mir unerfindlich. Zwar schreien Jungtiere nachts häufig, doch ausgewachsene Orang-Utans leben nach sehr alten Rhythmen: Sie schlafen bei Sonnenuntergang ein, haben gewöhnlich einen tiefen Schlaf, in dessen Verlauf sie bisweilen schnarchen, und erheben sich mit Sonnenaufgang aus dem Nest.

Rod fuhr mit einem Ruck hoch und rief aus: «Was zum Teufel ist das?» Er griff nach dem Rinder-Stachelstock, den wir auf Dr. William Lemmons Empfehlung mitgebracht hatten. Lemmon, ein klinischer Psychologe, der in Oklahoma eine Kolonie gefangener Schimpansen eingerichtet hatte, mithin ein Fachmann, war der festen Überzeugung, einen solchen Stock brauche jeder, der mit großen Menschenaffen arbeitet. Er hatte selbst erlebt, wie ausgewachsene Schimpansen schlagartig und ohne Vorwarnung angreifen. So sehr hatten uns seine Worte überzeugt, daß wir tatsächlich einen solchen Stachelstock mit nach Borneo genommen hatten und ihn eine Weile in Bereitschaft hielten.

Rod sprang aus dem Bett, öffnete die Tür und hielt den Stachelstock in die feuchte Dunkelheit hinaus. Verblüfft rief er: «Großer Gott, es ist Akmad!»

Er legte den Stock beiseite, öffnete die Tür weiter, und Akmad stürmte herein, nach wie vor kreischend. Sie kletterte unter das Dach unseres Vorratsraums, legte sich dort auf den Boden – und schlief sofort ein. Auch Rod fiel bald wieder in Schlaf. Ich aber lag wach, ganz Mutter, und rätselte über ihr Verhalten. So entsetzlich mußte der Alptraum gewesen sein, der sie geweckt hatte, daß sie aus ihrem Nest, in dem sie allein schlief, zu mir, ihrer Adoptivmutter, geeilt war, um Schutz zu finden. Was für Gedanken und schreckliche Erinnerungen hinter ihren ausdruckslosen Augen und ihrem freundlichen Gesicht tobten, konnte ich nur ahnen.

Als ich ihr in der Morgendämmerung die Tür öffnete, glitt sie hinaus und verschwand so leise, wie sie lärmend gekommen war.

Einige Wochen später erschien sie erneut laut kreischend mitten in der Nacht. Ihr Versuch, in unserem Bett zu schlafen, lag inzwischen fast sechs Jahre zurück. Jetzt wurde sie wie eine Klette. So war sie gewesen, als wir sie aus dem Holzfällerlager befreit hatten. Sie setzte sich mir auf den Schoß und klammerte sich an mich, als ginge es um ihr Leben.

Dies Klettenstadium endete etwa sechs Monate später so unvermittelt, wie es begonnen hatte. Akmad kam nicht mehr ins Lager, um im Arm gehalten zu werden. Wenn sie mich sah, ging sie vorüber und schien mich kaum zu kennen. Ich begann zu vermuten, daß ihre Alpträume mit dem Erwachsenwerden zusammenhingen. Inzwischen war sie dreizehn oder vierzehn Jahre alt und kehrte von ihren Zügen durch die Wildnis häufig in Begleitung junger Männchen zurück. Vermutlich begann sie sich mit ihnen zu paaren, doch dauerte es zwei Jahre, bis sie trächtig wurde.

Bei ihrer ersten Geburt war Akmad etwa sechzehn Jahre alt. Ihr Junges nannten wir «Arnold». Vorher aber kam ein großes vierjähriges weibliches Tier ins Lager, dem wir den Namen «Carey» gaben und das sehr liebebedürftig war. Da ich inzwischen selbst Mutter war und mich um den kleinen Binti kümmern mußte, konnte ich einem anspruchsvollen, sich an mich klammernden verwaisten Orang-Utan nicht als Ersatzmutter dienen. Auch sonst bot sich niemand im Lager für diese Aufgabe an.

Also versuchte die von den Menschen zurückgewiesene Carey ihr Heil bei unseren Orang-Utans. Zuerst wandte sie sich an Sobiarso, ein wuscheliges junges Weibchen von gewinnendem Wesen. Der sonst so umgänglichen Sobiarso waren jedoch Careys Annäherungsversuche so lästig, daß sie sie einmal auf den Bohlendamm schleuderte und davonrannte. Zwar hatte die energische Zurückweisung Carey aus der Fassung gebracht, geschehen aber war ihr dabei nichts. Ich sah auch, wie sie sich an ein fast ausgewachsenes Männchen zu klammern versuchte. Es las sie von seinem Körper ab wie einen widerwärtigen Parasiten.

Schließlich wandte sie sich an Akmad. Trotz der anfänglichen Zurückweisung (einmal zählte ich, wie Akmad sie in einer halben Stunde siebzig Mal von ihrem Körper entfernte) gab Carey nicht auf. Am Schluß gab Akmad klein bei. Sie, die einst von einem Angehörigen einer anderen Art bemuttert worden war, wurde jetzt Adoptivmutter eines fremden Tieres der eigenen Art.

Bis zu ihrer Niederkunft trug Akmad Carey überall mit hin und ließ Carey sogar saugen. Die Trächtigkeitsdauer von Orang-Utans beträgt acht Monate, und so hatte Carey bei Arnolds Geburt schon einige Monate lang gesaugt. Akmad brachte ihn in einem Nest zur Welt, das sie auf einem niedrigen Ast eines Baumes nahe am Rand des Lagers gebaut hatte. Ich stieg, so hoch ich konnte, auf einen in der Nähe stehenden Baum, um dabei zuzusehen. Nach der Geburt wirkte Akmad ermattet und blieb lange im Nest. Gewöhnlich verzehrt die Mutter die Nachgeburt, doch in diesem Fall verschlang Carey den Mutterkuchen, so daß ihr Gesicht und ihre Hände mit Arnolds Lebensblut beschmiert waren. Das Bild wurde für mich zum Symbol der Beziehung, die zwischen diesen beiden Tieren entstand.

Ich begann mir Sorgen zu machen, wie Akmad mit der Situation fertig werden würde. Gewöhnlich bringt ein Orang-Utan erst dann wieder ein Kind zur Welt, wenn das vorige alt genug ist, um sich allein zurechtzufinden. Wie ich nach vielen Jahren der Forschung entdeckte, beträgt der durchschnittliche Abstand zwischen zwei Geburten in freier Wildbahn fast acht Jahre, und es gibt weder Zwillingsgeburten noch Beispiele dafür, daß ein Tier das Junge eines anderen Weibchens adoptiert hätte. Ich fragte mich, welchen Preis Akmad dafür würde zahlen müssen, daß sie sich um zwei Junge kümmerte.

Ich glaube nicht, daß ich je eine strapazierte Mutter gesehen habe als Akmad, weder bei Menschen noch Orang-Utans. Wenn sie ins Lager kam, hing ihr das sonst ordentlich aussehende Haar in wirren Strähnen um die Stirn, unter den Augen hatte sie tiefe Tränensäcke, und ihr Gesichtsausdruck war angespannt. Sogar wenn sie ging, saugten Carey und Arnold wild an ihren Brüsten, so daß sie im Rhythmus von Akmads Schritten schaukelten. Beide Jungtiere wuchsen und gediehen; Akmad mußte darunter leiden. Oft sah ich ihr zu, wie sie langsam ins dreißig Meter über dem Erdboden liegende oberste Stockwerk des Waldes stieg, ein Kind auf der Schulter, das andere an ihre Seite geklammert.

Während Arnold heranwuchs, zeigte sich, daß er für sein Alter bemerkenswert selbständig war. Im ersten Lebensjahr halten junge Orang-Utans fast ständigen Körperkontakt mit der Mutter. Sie bleiben auch danach gewöhnlich noch ein Jahr lang in ihrer unmittelbaren Reichweite und lassen sie nicht einmal im Alter von fünf Jahren aus den Augen. Doch Arnold blieb schon mit drei Jahren zeitweilig weit zurück, wenn Akmad nahe dem Lager zu ebener Erde über die Moorflächen zog, auf denen während der Trockenzeit kein Wasser stand. Es ist möglich, daß er damit das Verhalten seiner älteren Stiefschwester Carey nachahmte, aber unter Umständen hat ihn seine Mutter so oft getragen, damit sie nicht auch Carey mit sich schleppen mußte. Eins war sicher: Carey kam dabei nicht zu kurz, es war Arnold, der unter der Doppelbelastung seiner Mutter zu leiden hatte.

Mit gut vier Jahren verschwand er. Am Tag danach kam Akmad spätnachmittags zur Fütterung ins Lager. Ich sah gerade zu ihr hin, als sie mit einem Mal ihre Bananen fallen ließ. Sie stieg auf den höchsten Baum, von dem aus man den Damm sehen konnte, und zeigte eine Reihe von Verhaltensweisen, die bei Orang-Utans große Bestürzung und Betrübnis ausdrücken. Sie begann mit Schnalz-Quieken, auf das langgezogene, leise Grunzlaute folgten. Ihre Augen starrten wie besessen in die Ferne. Dann begann sie Zweige abzubrechen, die sie voller Zorn in Richtung auf das ferne Etwas schleuderte. Das Ganze dauerte über eine Stunde. Nicht ein einziges Mal löste sie dabei den Blick von dem Punkt, dem ihre Konzentration galt.

Ich wanderte umher und bemühte mich zu erkennen, was Akmad so sehr aufgebracht hatte. In der Ferne sah ich einen großen Indischen Schlangenhabicht mit einem Beutetier in den Fängen sitzen. Das aber war auf Kalimantan nichts Ungewöhnliches, und der Vogel befand sich hinter Akmad und nicht vor ihr. Ich überlegte hin und her, was Akmads heftigen Unwillen erregt haben mochte, bis ich schließlich ein großes Wildschwein entdeckte.

Die auf Borneo heimischen schmutzig-weißen Wildschweine können eine Schulterhöhe von gut einem Meter erreichen. Am Ende ihres langen Rüssels sitzt eine Reihe rauher Borsten, denen sie die Bezeichnung «Bartschweine» verdanken, und ihre über die Oberlippe aufwärts gekrümmten Hauer verleihen ihnen einen grausamen Ausdruck. Ihre kleinen Knopfaugen blicken kurzsichtig unter dicken Fett- und Knorpelwülsten hervor. Sie ernähren sich vorwiegend vegetarisch und sammeln sich unter Bäumen, deren reife Früchte zu Boden gefallen sind. Gelegentlich allerdings töten sie auch kleine Tiere wie Enten, Hühner und sogar angepflockte Ziegen. Ich hatte auch Berichte gehört, in denen es hieß, sie hätten mit ihren rasiermesserscharfen Hauern Einheimische aufgeschlitzt. In der Umgebung unseres Lagers waren die Schweine häufig zu sehen, und meist achteten weder die Menschen noch die Orang-Utans weiter auf sie.

Unvermittelt verschwand Akmad in den Baumwipfeln, ohne etwas gegessen zu haben. Einer nach dem anderen entfernten sich auch die übrigen Orang-Utans, die zur täglichen Fütterung auf dem Bohlendamm erschienen waren. Schweigend schob Achyar den Karren mit den Resten der Abendmahlzeit ins Lager zurück. Als er in Hörweite war, fragte ich ihn besorgt: «Wissen Sie, was Arnold zugestoßen sein könnte? Was ist mit ihm geschehen?»

«Ich glaube, ein Schwein hat ihn gefressen, *Ibu*.» *Ibu* ist die achtungsvolle Anrede für Frauen.

«Sind Sie sicher?» fragte ich ihn ungläubig.

«Bestimmt», gab er traurig zur Antwort. «Ich habe es zwar nicht gesehen, aber wo sollte er sonst sein?» Nach einer Weile wiederholte er: «Bestimmt.» Mit den Worten *«Permissi, Ibu»* nahm er die Griffe des Karrens und schob ihn über den Bohlendamm dem Lager zu.

Ich war mit meinen Gedanken unter dem dunkler werdenden Abendhimmel allein. Achyar hatte wohl recht; es gab keine andere Erklärung für Akmads ungewöhnliches Verhalten. Ich erinnerte mich an das letzte Mal, als ich Arnold gesehen hatte, weit hinter Carey und Akmad, eine leichte Beute, da keine hohen Bäume in der Nähe standen. Er wog weniger als zehn Kilo, und ein Bartschwein mit seinen gewaltigen Kiefern und riesigen Hauern hätte ihn nahezu am Stück verschlingen können.

Mittelbar hatten Careys ständige Ansprüche an Akmad zu Arnolds Tod geführt. Dennoch konnte ich ihr keine Vorwürfe machen – sie hatte lediglich einen Ersatz für die Mutter gesucht, die von den Menschen bei ihrer Gefangennahme getötet worden war. Doch Arnold war tot, bei Akmads ständigen Bemühungen, das eigene Kind zusammen mit dem Pflegekind aufzuziehen, auf der Strecke geblieben. Da ich selbst so viele verwaiste kleine Orang-Utans gepflegt hatte, verstand ich Akmads Verhalten. So nachdrücklich und bezwingend stellen kleine Orangs ihre Forderungen, daß es schwerfällt, persönliche Bedürfnisse um ihretwillen nicht zurückzustellen. Wie oft hatte ich ihnen mein eigenes Essen gegeben, hatte zugelassen, daß sie sich zwischen meinen Mann und mich drängten und uns dabei fast von unserer Matratze vertrieben! Letztlich jedoch war Arnold das Opfer des gesetzwidrigen Handels mit in freier Natur gefangenen Orang-Utans, der Carey und andere zu Waisen machte.

Nun war Akmad erneut Mutter geworden, und ich fotografierte ihr Neugeborenes. Sie lebte in Freiheit und hatte ein Kind, das gleichfalls in Freiheit lebte. Mir wurde plötzlich bewußt, was für eine enge Bindung ich zu Akmad hergestellt hatte. Sie hatte mich für eine einzigartige Ehre ausersehen: Zwar gehörte ich einer anderen Art an, doch hatte sie mir, ihrer Adoptivmutter, das Vorrecht eingeräumt, Anteil an ihrem Neugeborenen zu nehmen. Wahrscheinlich war ich als erster Mensch in der Geschichte wahrhaftig Großmutter eines jungen Orang-Utans.

Der unwirkliche Schimmer, der den Bohlendamm erleuchtet hatte und die Baumreihe in der Ferne nahezu überirdisch schön erscheinen ließ, schwand. Der mechanische Rhythmus des Gesangs, den die Zikaden anstimmten, und das verglimmende Tageslicht sendeten Signale aus, die so alt waren wie die Zeit. Langsam ließ Akmad den Blick über den weiten Wald gleiten. Es war Zeit zum Nestbau. Ohne zu mir herzusehen, ging sie davon.

Über ein Jahrzehnt des täglichen Zusammenlebens mit Orang-Utans in ihrer Waldheimat war nötig gewesen, bis ich schließlich verstand, daß es sich bei ihnen keineswegs lediglich um eine vereinfachte Ausgabe unserer selbst handelt. All die Jahre, in denen Orang-Utans an mir vorübergezogen waren, ohne mich, wie es schien, zur Kenntnis zu nehmen, hatten mich beinahe an der Aussicht verzweifeln lassen, sie je zu erreichen. Einen Sekundenbruchteil lang nun hatte mir Akmad einen deutlichen Blick in ihr Universum gestattet. Und doch hatte ich, ohne es zu merken, schon Jahre zuvor Zutritt zu ihrer Welt erlangt. Worin ich Gleichgültigkeit und Zurückweisung gesehen hatte, war in Wahrheit ein Hinweis darauf gewesen, daß mich die Orang-Utans akzeptierten. Ich hatte sie nach menschlichen Maßstäben des geselligen Verhaltens behandelt und sie falsch verstanden. In jenem Augenblick wurde alles belanglos, was ich je durchgemacht hatte – Hitze, Schlamm, Feuchtigkeit, Sturzbäche von Regen, Feuerameisen, Blutegel, Kobras, Pythons und Grubenottern, Sumpffieber, Todesfälle und Enttäuschungen. Ich wußte, daß meine vor Jahren begonnene Reise, meine persönliche Odyssee zur Erkundung der Tiefen des Regenwaldes und des Wesens der Orang-Utans, wahrhaft begonnen hatte.

In gewissem Maße spiegeln Orangs die Unschuld wider, die wir Menschen im Paradies verloren haben, bevor wir mit unserer gesellschaftlichen Organisation, dem aufrechten Gang und der Herstellung von Werkzeug die «Herrschaft über den Planeten» antraten. Wenn wir Orang-Utans verstehen, verschafft uns das einen verschwommenen Einblick in einen Teil dessen, was wir waren, bevor wir ganz und gar Menschen wurden. Ein solcher Einblick ist das Äußerste, was wir erhoffen können, es sei denn, man erfände eine Zeitmaschine, die uns tatsächlich zu unseren Vorfahren zurückbrächte, so daß wir sie in Fleisch und Blut sehen, ihren Schweiß riechen und ihre Stimmen hören könnten.

Intuitiv hatte ich Orang-Utans verstanden, ohne es zu merken. Jetzt kristallisierte sich diese Intuition. Damit, daß ich Akmad die Freiheit gegeben und sie in ihrer Unabhängigkeit bestärkt hatte, war es mir gelungen, die intensivste aller möglichen Bindungen herzustellen: die zwischen einer Mutter und ihrer erwachsenen Tochter. Mein eigentliches Ziel war es, gefangene Orang-Utans wieder in das Leben unter ihren in Freiheit lebenden Artgenossen einzugliedern. Ich wollte, daß sie die in der Gefangenschaft verbrachte Zeit vergaßen, in der sie den Menschen ausgeliefert gewesen waren. Aber da ich selbst ein Mensch bin, konnte ich ein Gefühl des Verlustes nicht unterdrücken, wenn sie in den Wald zogen und darin verschwanden. Ich empfand in etwa wie Mütter, wenn ein Kind zum Studium aufbricht: ein Gefühl von Erfolg und Erleichterung, in das sich leises Bedauern mischt. Doch der Abstand war weit größer. Mit ihrer Rückkehr in den Urwald überschritten die Orang-Utans, die man einst gefangengehalten hatte, die Linie, die ihre Art seit Jahrtausenden von der unseren trennt. Ganz gegen jede Vernunft hatte ich mich wie eine Mutter verhalten, die sich beklagt: «Nie ruft einer an, nie schreibt einer.» Jetzt aber erkannte ich, daß sich Akmad auf ihre eigene und ganz besondere Orang-Utan-Weise erinnerte.

Noch lange nach Einbruch der Dunkelheit blieb ich auf dem Bohlendamm sitzen und überlegte, welchen Namen ich dem Neugeborenen geben sollte. Er mußte mit A anfangen, damit sich Angehörige der einzelnen Familiengruppen leichter unterscheiden ließen. Ich dachte an meine eigene Familie, die in Nordamerika lebte, so weit von Südostasien entfernt. Meine Schwester Aldona kam mir in den Sinn, und ich sah ihr schönes, freundliches Gesicht vor mir. Akmad mit ihrer Sanftheit ähnelte ihr sehr. Auch wenn ich keine Zeit hatte, ihr so oft zu schreiben, wie ich das gern getan hätte, dachte ich häufig an sie. Also nannte ich den winzigen Orang-Utan «Aldona».

Es dauerte fast ein Jahr, bis ich wieder in enge Berührung mit Akmad kam. Ich saß auf dem Bohlendamm, ebendem, auf dem ich ihr Neugeborenes fotografiert hatte. Es war Fütterungszeit. Plötzlich tauchte

Akmad aus dem Wald auf. Sie kam stracks auf mich zu, setzte sich und lehnte sich an mich, während sie aß. So blieb sie über eine Viertelstunde sitzen. Als sie mit ihrer Mahlzeit fertig war, ließ sie die dunkelbraunen Augen kurz über mein Gesicht schweifen. Dann stand sie auf, rückte sich die einjährige Tochter Aldona wie eine übergroße Haube auf dem Kopf zurecht und machte sich davon.

Der abendliche Gesang der Zikaden stieg in die feuchte Luft, während Akmad bedächtig ganz in der Nähe unter dem Blätterdach ihr Nest baute. Ich war überglücklich. Zweimal im Laufe dieses Jahres hatte sie, wenn auch nur flüchtig, die Beziehung bekräftigt, die wir über fünfzehn Jahre zuvor miteinander eingegangen waren. Nunmehr begriff ich, welche Bände der Blick eines Orang-Utans sprechen kann. Diese Menschenaffen leben seit zahllosen Generationen die größte Zeit als Einzelgänger unter dem Blätterdach des feuchten, dunklen Waldes. Sie haben es nicht nötig, wie Schimpansen, Gorillas und vor allem die Menschen, ihre Beziehungen fortdauernd auf die Probe zu stellen und zu bestätigen. Fünfzehn Jahre hatte es gedauert, bis ich begriff, daß für einen Orang-Utan eine einmal eingegangene Bindung auf immer Bestand hat.

2 NATÜRLICHE AUSLESE

Wir fragen uns immer wieder, warum wir hier sind!

Thomas Hardy

Zwei große Kränkungen ihrer naiven Eigenliebe hat die Menschheit im Laufe der Zeiten von der Wissenschaft erdulden müssen. Die erste, als sie erfuhr, daß unsere Erde nicht der Mittelpunkt des Weltalls ist, sondern ein winziges Teilchen eines in seiner Größe kaum vorstellbaren Weltsystems. [...] Die zweite dann, als die biologische Forschung das angebliche Schöpfungsvorrecht des Menschen zunichte machte, ihn auf die Abstammung aus dem Tierreich und die Unvertilgbarkeit seiner animalischen Natur verwies.

Sigmund Freud

Soweit ich zurückdenken kann, hat mich die Frage nach dem Ursprung des Menschen fasziniert. Unaufhörlich fragte ich mich: Wer waren unsere Vorfahren? Wo, wann und wie haben sie gelebt? Welche Stellung nimmt die Menschheit im Verhältnis zum Ganzen ein? Wo stehen wir in bezug auf unsere nächsten lebenden Verwandten, die großen Menschenaffen? Als Kind habe ich über die Frage nachgegrübelt, die wohl jedem Kopfzerbrechen bereitet: Warum gibt es den Menschen überhaupt?

Der hinter dieser Frage stehende Wunsch, den Ursprung des Menschen zu verstehen, hatte mich dazu gebracht, die Orang-Utans im dichten Dschungel von Zentralborneo zu beobachten. Aus Büchern wußte ich, daß unsere frühesten Vorfahren die tropischen Regenwälder verlassen hatten, um auf den Steppen und Savannen Afrikas zum *Homo sapiens* fortzuschreiten. Mich aber fesselten die großen Menschenaffen, deren Ahnen sie in jenen uralten tropischen Regenwäldern, unserem einstigen Garten Eden, zurückgelassen hatten: Schimpansen, Gorillas und Orang-Utans.

Noch heute, während ich dies schreibe, leben die Orang-Utans tief in den Wäldern Borneos und Sumatras im Schatten der Baumdächer. Sie sind mit uns verwandt, sind unseresgleichen. Da sie das Paradies nie verlassen haben, haben sie auch ihre Unschuld nicht verloren: Nie haben sie kompliziertes Werkzeug hergestellt, nie den Gebrauch des Feuers erlernt und nie Krieg geführt. Sie streben nicht danach, zu herrschen, brauchen nicht erlöst zu werden, sind den Urahnen nahe, die nicht mehr auf unserer Erde weilen. Und sie zeigen die Richtung, in die wir gehen. Ich arbeite in einem jahrtausendealten natürlichen Labor.

Der schwedische Naturforscher Carl von Linné hat im 18. Jahrhundert das biologische Ordnungssystem geschaffen, das in seinen Grundzügen noch heute verwendet wird. Er faßte Pflanzen und Tiere entsprechend ihren gemeinsamen ähnlichen Merkmalen in Klassen zusammen, die er hierarchisch anordnete. Der Art, der wir angehören, gab er den Namen *Homo sapiens* (sinngemäß «der mit Verstand begabte Mensch») und wies uns zusammen mit den Halbaffen und Affen der Ordnung der Primaten (Herrentiere) zu. Damit erkannte er die Ähnlichkeit an, die zwischen den Affen und uns besteht. Er schrieb dazu: «Es ist bemerkenswert, daß sich der intelligenteste Affe so wenig vom klügsten Menschen unterscheidet.» Doch bedeutete für Linné «ähnlich» nicht «verwandt» im Hinblick auf die Abstammung. Er ordnete den Menschen in die Familie *Hominidae* ein (die heute uns und unsere unmittelbaren Vorfahren, die Hominiden, umfaßt), faßte aber die Menschenaffen in einer anderen Familie zusammen, jener der *Pongidae* (zu der wir heute Orang-Utans, Gorillas, Bonobos und Schimpansen zählen).

Linné, ein Anhänger der biblischen Schöpfungslehre, war überzeugt, daß Gott jeder Tierart einzeln seinen Lebensodem eingehaucht hatte. Dennoch hat er die unter Lebewesen bestehenden Beziehungsmuster erkannt und eingeräumt, daß zwischen Menschenaffen und Menschen eine besonders enge Beziehung besteht. Ihm verdanken wir das «Was» bei der Erklärung der Verwandtschaftsmuster; auf Charles Darwin hingegen führen wir das «Wie» zurück.

Darwin, ein mittelmäßiger Theologiestudent und begeisterter Naturkundler, verließ die Universität Cambridge mit zweiundzwanzig Jahren, um an einer Forschungsreise auf dem englischen Schiff *Beagle* teilzunehmen. Im Lauf der fünf Jahre, die sie dauerte, umrundete es den ganzen Erdball. An jedem Ankerplatz unternahm Darwin Ausflüge ins Landesinnere, notierte Angaben zur Geologie und sammelte Fossilien, Pflanzen und Tiere. Er kehrte in der Überzeugung nach England zurück, daß Pflanzen und Tiere Ergebnis einer allmählich verlaufenden Entwicklung sind. Ein Aufsatz des Geistlichen Thomas Malthus zur Frage der Bevölkerungsentwicklung brachte ihn auf den Mechanismus der Evolution: Da jede Generation von Pflanzen oder Tieren mehr Nachkommen hervorbringt als überleben, konkurrieren Individuen miteinander um Nahrung, Lebensraum und Geschlechtspartner. Auch treten in jeder Generation Veränderungen im Erbgut (Mutationen) auf, durch die manche Individuen besser als andere an ihre Umwelt angepaßt sind. Das verbessert ihre Aussichten gegenüber ihren Konkurrenten. Von ihrer Nachkommenschaft überleben mehr als von jener der anderen, und da die Nachkommen die Anpassungen erben, werden sie an nachfolgende Generationen weitergegeben, und die Population verändert sich.

Schon seit Jahrhunderten hatte der Mensch durch Auslese auf künstlichem Weg Pflanzen und Tiere mit bestimmten Merkmalen hervorzubringen versucht. Doch der Gedanke an eine *natürliche Auslese* war übersehen worden.

Darwin veröffentlichte seine Theorie 1859. *Über den Ursprung der Arten durch natürliche Zuchtwahl* spaltete in kürzester Zeit Biologen, Theologen und sogar Politiker in zwei Lager. Darwin wurde nicht nur als Ketzer, sondern auch als Verräter an der gesellschaftlichen Klasse, der er angehörte, angeprangert, obwohl er das Wort «Evolution» in seinem Buch vermied und es unterließ, seine Theorie auf den Menschen anzuwenden. Diesem Punkt widmete er einen einzigen zurückhaltenden Satz, den er am Ende des Werks versteckte: «Licht wird auch fallen auf den Menschen und seine Geschichte.» Zehn Jahre vergingen, bis sich Darwin dem Thema der Evolution des Menschen zuwandte. Letzten Endes kam er zu dem Ergebnis, unser Ursprung wie auch der unserer nächsten lebenden Verwandten, der großen Menschenaffen, sei in Afrika zu suchen.

Naturwissenschaftlern, die sich heute mit Primaten beschäftigen, ist die zwischen Menschen und Menschenaffen bestehende Beziehung klar. Wir untersuchen Primaten weitgehend, weil wir so Erkenntnisse über Wesen und Ursprung des Menschen gewinnen können. Zwar sind sie keine lebenden Fossilien, liefern aber Hinweise auf unsere Herkunft und unsere Vorfahren. Einfach gesagt führt der Weg vom Urprimaten über Halbaffen, Affen und Menschenaffen zum Frühmenschen.

Alle Primaten gleichen sich in gewissen Merkmalen, die sie von einem gemeinsamen auf Bäumen lebenden Vorfahren ererbt haben. Ihre (außer beim Menschen) an das Klettern und Greifen angepaßten Hände und Füße besitzen je fünf Finger und Zehen und statt der Krallen Nägel. Die Augen sind nach vorn statt zur Seite gerichtet, und der Gesichtssinn ist besser entwickelt als der Geruchssinn. Wo andere Tiere die Umwelt mit der Nase oder den Zähnen erkunden, greifen Primaten nach Gegenständen, betasten und betrachten sie. Außerdem haben sie ein für Tiere ihrer Größe vergleichsweise großes Gehirn, bringen jeweils nur ein oder zwei Junge zur Welt (also keinen Wurf) und verwenden viel Zeit auf deren Aufzucht. Sie leben in dauerhaften Gruppen, die aus Angehörigen beider Geschlechter und aller Altersstufen bestehen, auch wenn dieses Merkmal nicht bei allen Arten gleich stark ausgeprägt ist.

Halbaffen sind gewöhnlich klein, nachtaktiv und bewegen sich springend und kletternd fort. Sie sind mit ihrem flachen Schädel, dem ausdruckslosen, starren Gesicht, den beweglichen Ohrmuscheln, der spitzen Schnauze und feuchten Nase (wie beim Hund) am wenigsten als unsere Verwandten erkennbar. Zweierlei aber weist auf ihre Primatenabkunft hin: das vergleichsweise große Gehirn und die Greiffinger. Halbaffen kommen in Afrika und Asien vor: Vorherrschend sind sie auf der Insel Madagaskar vor der afrikanischen Südostküste, wo die nur dort vorkommenden Lemuren dank fehlender Konkurrenz durch andere Affenarten die verschiedensten ökologischen Nischen besetzen.

Als echte Vierfüßer bedienen sich Affen zur Fortbewegung grundsätzlich aller vier Gliedmaßen, ob sie nun von Baum zu Baum springen oder über den Boden laufen. Wie Katzen, Hunde und viele andere Säuger haben sie einen schmalen und tiefen Brustkorb. Der Kopf sitzt auf einer langen, beweglichen Wirbelsäule, die sich zum Schwanz verjüngt.

Affen sind gesellige Tiere. Die meisten Arten leben in Trupps, zu denen Angehörige beider Geschlechter und aller Altersgruppen gehören und in denen eine Rangordnung herrscht. Alle Mitglieder eines

Millie und Pola bei der Paarung

◁ Kusasi, ein fast ausgewachsenes Orang-Männchen

Trupps handeln gemeinsam, ob es um Schlafen oder Nahrungsaufnahme oder darum geht, von einem Ort zum anderen zu ziehen.

Gegenwärtig leben Affen entlang dem Äquator in einem breiten Gürtel, der die ganze Erde umgibt. Man findet sie im Süden Mexikos, in Mittel- und Südamerika, im gesamten tropischen Afrika (außer auf Madagaskar) und in Asien. Paviane und Makaken sind von allen nichtmenschlichen Primaten am weitesten verbreitet und besetzen die unterschiedlichsten Lebensräume. Paviane leben in wechselfeuchten Gebieten am Rande der Sahara; Makaken haben sich dem Leben auf abgelegenen Inseln Nordjapans angepaßt, wo sie nicht einmal den Schnee fürchten. Während die Zahl der großen Menschenaffen Tag für Tag abnimmt, wächst die der Affen an, und die Regierungen mancher Länder stufen einige Affenarten wegen ihrer Übergriffe auf die Ernte als Schädlinge ein.

Auch wenn die Begriffe «Menschenaffe» und «Affe» (mitunter zur Abgrenzung auch «Tieraffe» genannt) oft nicht sauber voneinander getrennt werden, sind die Menschenaffen weit enger mit uns als mit den Tieraffen verwandt. Erkennen läßt sich das an ihrer breiten, flachen Brust, ihren beweglichen Schultern und den langen Armen und Fingern. Außerdem sind sie schwanzlos wie der Mensch.

Man teilt die Menschenaffen in zwei Hauptgruppen ein. Die kleinwüchsigen Gibbons und die kaum größeren Siamangs, von denen manche ausgewachsen lediglich ein Gewicht von rund zehn Kilo erreichen, werden «Langarmaffen» oder, wegen ihrer geringen Größe, «kleine Menschenaffen» genannt. Der Gibbon ist der Kletterkünstler unter den kleinen Menschenaffen. Seine langen Arme gestatten es ihm, an Ästen entlangzuhangeln und sich von einem Baum zum anderen zu schwingen; er hat sich sozusagen den Luftraum erobert. Gibbons sind ein Leben lang monogam, und Paare verteidigen ihr Revier eifersüchtig gegen eindringende Artgenossen. Außerdem stimmen sie, wie die Vögel, weithin hallende Gesänge an, die in einer Abfolge aufsteigender und fallender Halbtöne ganze Symphonien bilden.

Zur Zeit finden sich Gibbons, mit ihren neun Arten und Millionen Exemplaren der erfolgreichste Zweig der Menschenaffen, in großer Dichte in den tropischen Regenwäldern Südostasiens, und sie sind dabei, auf das Gebiet Chinas vorzustoßen.

Die «großen Menschenaffen» sind die größten aller Primaten. Die in Afrika heimischen Schimpansen und Gorillas weisen eine kurze, rauhe

Behaarung auf. Obwohl sie gleich den sich von Baum zu Baum schwingenden Gibbons breite Schultern und lange Arme haben und geschickte Kletterer sind, fühlen sie sich auf dem Erdboden ebenso wohl. Dort gehen sie auf allen vieren, wobei sie die Handgelenke steif halten und sich auf die Knöchel aufstützen, die das Hauptgewicht des Körpers tragen. Allerdings kommt es auch vor, daß sie kurze Entfernungen auf zwei Beinen zurücklegen.

Schimpansen finden sich vorwiegend in tropischen Regenwäldern, doch haben sich einige Populationen dem Leben im Trockenwald und sogar in der Savanne angepaßt. Gewöhnlich bilden sie lose Verbände aus dreißig oder mehr Individuen. Auch wenn die Mitglieder nicht gemeinsam nach Futter suchen oder umherstreifen, behandeln sie nicht dazugehörige Tiere mit Mißtrauen und oft feindselig. Der Schimpanse verfügt über ein differenziertes Repertoire von Lauten, mit denen er seine Gegenwart ankündigt, Kontakt aufnimmt, meldet, wo reife Früchte zu finden sind, und Konkurrenten verscheucht. Die starke Bindung zwischen Mutter und Kind dauert auch dann noch an, wenn die Kinder herangewachsen sind, und kann Generationen umfassen. Eine brünstige Schimpansin paart sich gewöhnlich mit mehreren Männchen, die sich später nicht um den Nachwuchs kümmern. Wohl aber kommt es vor, daß sich ältere Brüder «väterlich» verhalten. Die Angehörigen beider Geschlechter, die sich nicht sehr unterscheiden, erreichen eine Größe von etwa einem Meter zwanzig und ein Gewicht von rund fünfundvierzig Kilo.

Bei den Schimpansen unterscheiden wir zwei eng miteinander verwandte Arten: die eigentlichen Schimpansen und die kleineren, häufiger aufrecht gehenden Zwergschimpansen mit rosa Lippen (sie sind auch unter dem Namen Bonobos bekannt). Während die Schimpansen einst einen sich quer über ganz Äquatorialafrika hinziehenden breiten Landstreifen bewohnten, findet man sie heute nur in isolierten Waldregionen. Bonobos leben ausschließlich in einem Regenwaldgebiet in Zaire.

Der Gorilla ist der größte unter den großen Menschenaffen und damit der größte aller Primaten. Im Unterschied zu den etwa halb so schweren Weibchen können ausgewachsene männliche Tiere ohne weiteres bis zu zweihundert Kilo wiegen. Man erkennt sie an einem großen knöchernen Scheitelkamm auf dem Schädel, der zur Befestigung ihrer gewaltigen Kiefer und Kaumuskulatur dient, sowie einem silbergrau behaarten Rücken, dem sie die Bezeichnung «Silberrücken» verdanken. Gewöhnlich leben Gorillas in einem Familienverband. Er besteht aus einem Silberrücken, zugleich das ranghöchste Tier, sowie mehreren ausgewachsenen Weibchen und deren Jungen. Angesichts der gewaltigen Körpergröße erstaunt es nicht, daß Gorillas einen großen Teil ihrer Zeit mit der Nahrungsaufnahme und auf dem Boden verbringen. Sie sind weniger lebhaft und lautstark als Schimpansen und erheben sich zu voller Größe eigentlich nur, wenn sie sich bedroht fühlen. Dann stoßen sie auch laute Schreie aus, die bei männlichen Tieren von Brusttrommeln untermalt werden.

Es gibt zwei Unterarten: Der Berggorilla mit einem Bestand von vielleicht noch sechshundert Tieren findet sich im Gebiet der Virunga-Vulkane, dort, wo Uganda, Ruanda und Zaire aneinandergrenzen. Der Flachlandgorilla ist in ganz Zaire sowie in Kamerun, am Kongo, in Gabun und in Angola verbreitet. Der Gesamtbestand an Flachlandgorillas dürfte dreißigtausend kaum übersteigen.

Der Orang-Utan ist der einzige überlebende große Menschenaffe Asiens. Fossilfunde deuten darauf hin, daß er einst aus Afrika zugewandert ist, wobei er sich stets in tropischen Regenwäldern aufgehalten hat. Einst fanden sich Orang-Utans in ganz Asien bis nach China hinein, doch heute beträgt ihre Zahl weniger als dreißigtausend, und ihr Verbreitungsgebiet ist auf die Inseln Borneo und Sumatra beschränkt.

Im Unterschied zu den afrikanischen Menschenaffen hat der Orang-Utan eine spärliche rötliche Behaarung, deren Tönung zwischen dunkelbraun und hellblond variiert. Als größter auf Bäumen lebender Primat verbringt er seine Zeit vorwiegend im oberen Stockwerk des Regenwalds, wo er sich mit kräftigen Armen vorwärts hangelt, die nahezu doppelt so lang sind wie die Beine. Die Hüftgelenke und Beine sind ebenso beweglich wie Schultern und Arme, und Hände und Füße sind lang und hakenförmig ausgebildet.

Ein ausgewachsenes männliches Tier kann mit knapp hundertfünfzig Kilo doppelt so schwer werden wie ein Weibchen und eine Körpergröße von rund einem Meter achtzig in aufgerichtetem Zustand und eine Armspanne von knapp zweieinhalb Metern erreichen. Ausgewachsene Männchen sind an den großen, länglichen Backenwülsten sowie am herabhängenden Kehlsack erkennbar, der als Resonanzkörper für die weithin hallenden, langen Rufe dient, mit denen sie auf ihre

Gegenwart aufmerksam machen. Orang-Utans leben nur zum Teil gesellig; meist streifen sie allein – Mütter mit den noch nicht selbständigen Jungen – umher und suchen nach Nahrung. Bei Eintritt der Geschlechtsreife beginnen männliche Tiere zu nomadisieren; Weibchen beschränken sich auf ein Revier, das sich unter Umständen mit dem der Mutter überschneidet.

Obwohl die Abstammung der Hominoiden (Menschenaffen und Menschen) im einzelnen noch rätselhaft und umstritten ist, besteht kein Zweifel, daß alle großen Menschenaffen und der Mensch einen gemeinsamen Vorfahren haben – das läßt sich an Ähnlichkeiten im Körperbau, Verhalten und in der DNS nachweisen. Der Orang-Utan hat sich vermutlich vor etwa vierzehn bis zehn, der Gorilla vor etwa zehn bis acht Millionen Jahren von unserem gemeinsamen Stammbaum entfernt. Die Entwicklungslinien, die zum Menschen und zum Schimpansen führen, haben sich vor rund fünf Millionen Jahren getrennt; die Trennung zwischen Bonobos und Schimpansen liegt wahrscheinlich nicht einmal eine Million Jahre zurück.

Als «Blutsverwandter» des Menschen hat der Schimpanse nahezu 99 Prozent des Erbmaterials mit uns gemeinsam. Bei übereinstimmenden Blutgruppen kann eine Blutübertragung vom Schimpansen (nicht aber vom Gorilla oder Orang-Utan) auf den Menschen vorgenommen werden. Tatsächlich sind manche Wissenschaftler überzeugt, daß es eine künstliche Unterteilung bedeutet, Mensch und Schimpanse unterschiedlichen Entwicklungslinien zuzuweisen. Der Mensch, erklären der Physiologe Jared Diamond und andere, sei die dritte Schimpansenart.

Schon seit Darwin wird nach dem «fehlenden Bindeglied» gesucht, der Zwischenform zwischen Mensch und Menschenaffe. Raymond Dart, ein in Großbritannien geborener Anatom, der in jungen Jahren nach Südafrika auswanderte, vertrat wie Darwin die Ansicht, daß man Fossilien unserer Vorfahren nicht in üppigen tropischen Wäldern, sondern in der offenen Savanne Afrikas finden würde, wo der härtere Kampf um das Überleben der Evolution Vorschub leistete. 1924 schickte ihm eine Studentin Fossilien aus den Taung-Höhlen, unter denen sich ein kleiner versteinerter Gesichts- und Schädelabdruck befand. Dart war überzeugt, daß es sich dabei um die Überreste eines jungen Hominiden handelte. Doch die wissenschaftliche Welt war nicht bereit, einem Geschöpf mit so kleinem Hirn eine Rolle in der Menschheitsentwicklung zuzubilligen. Einer der wenigen, die Dart unterstützten, war der Arzt Robert Broom. Gemeinsam entdeckten Dart und Broom mehrere Exemplare des zierlichen *Australopithecus africanus* (wörtlich «südlicher Affe aus Afrika»), der später der wichtigste Anwärter auf die Position eines Vorfahren der Hominiden wurde. Ebenso fanden sie Exemplare von robusteren Vormenschen, die inzwischen als Nebenlinien der Menschheitsentwicklung gelten.

Nicht lange nachdem Dart das sogenannte *Kind von Taung* entdeckt hatte, machte sich ein anderer Anthropologe und Paläontologe weiter nördlich in Afrika auf die Suche nach unseren Vorfahren. Louis Leakey, der in Kenia geborene und unter Angehörigen des Kikuyu-Stammes aufgewachsene Sohn eines englischen Missionar-Ehepaars, konzentrierte sich auf die Olduwaischlucht in Tansania. Sie gehört zum großen afrikanischen Graben, der sich über fast zweitausend Kilometer erstreckt und den Osten Afrikas vom übrigen Kontinent trennt. Einst war dort ein Fluß geflossen und hatte eine hundert Meter tiefe Schlucht in das Gestein gefressen, die Olduwaischlucht. Wer zu ihrem Boden hinabsteigt, kann sozusagen die Seiten des Buches der Zeit durchblättern, während er an den verschiedenen geologischen Schichten vorüberkommt. So gelangt man Schicht für Schicht zu Formationen, die nahezu zwei Millionen Jahre alt sind. Dies Buch der Zeit zu entziffern hat sich Louis Leakey sein Leben lang bemüht. Schon bei seinem ersten Besuch stieß er auf Steinwerkzeuge und vermutete, daß auch Überreste ihrer Verfertiger hier anzutreffen sein müßten.

Achtundzwanzig Jahre lang hat er mit seiner zweiten Frau Mary Belege für das gesammelt, was sie für das früheste von Hominiden verfertigte Steinwerkzeug hielten, ohne aber auf das kleinste Stückchen fossiler Hominidenknochen zu stoßen. Erst 1953 zahlte sich die Ausdauer der Leakeys endlich aus.

Fiebernd lag Louis im Zeltlager. Mary ging mit ihren Dalmatinerhunden, die ihr die Löwen vom Leibe halten sollten, zur Schlucht und wanderte langsam an deren unterster Schicht entlang. Dabei fiel ihr Blick auf ein Schädeldach, das die Erosion kurz zuvor freigelegt hatte. Sie lief zum Zelt zurück und rief: «Ich hab ihn! Ich hab ihn!» Als Louis den Sinn ihrer Worte erfaßte, vergaß er sein Fieber und eilte an die Fundstelle.

Das Hominidenfossil erwies sich als eindrucksvolles Exemplar eines äußerst robusten Vormenschen, den die Leakeys *Zinjanthropus boisei* nannten. Nach diesem Fund entdeckten sie eine ganze Anzahl weiterer Hominidenfossilien. Die Olduwaischlucht besaß gegenüber den Kalksteinhöhlen Südafrikas, aus denen die anderen Vormenschenfunde stammen, einen besonderen Vorzug: Zwischen ihren geologischen Schichten lag Vulkanasche, die sich mit großer Genauigkeit datieren läßt. Als die Werte aus dem Labor zurückkamen, war Leakey begeistert: Die Aschenprobe oberhalb seines *Zinjanthropus* war 1,75 Millionen Jahre alt, und das bedeutete, daß der Fund selbst wahrscheinlich ein Alter von zwei Millionen Jahren hatte.

Leakey erklärte *Zinjanthropus* unverzüglich zum «ältesten Menschen». Er verknüpfte sein persönliches Charisma mit dem wissenschaftlichen Ansehen der in Washington ansässigen National Geographic Society und wurde zu einem ausgesprochenen Medienstar. Man nannte ihn den «Darwin der Evolution des Menschen». Er dürfte der erste Wissenschaftler gewesen sein, der lächelte und Späßchen machte, während er die Bedeutung seiner Funde herausstellte, und der erste, der seine Ergebnisse über den Rundfunk und das neue Medium Fernsehen unter das Volk gebracht hat.

Später setzte er, gestützt auf eine Entdeckung, die sein Sohn Jonathan gemacht hatte, an die Stelle des Werkzeug verfertigenden *Zinjanthropus* einen anderen Vorfahren, den *Homo habilis* («geschickter Mensch»).

Je länger Leakey in der Olduwaischlucht forschte, desto stärker wurde seine Überzeugung, daß Steine und Knochen nicht genügten. Er wollte das Gegenwärtige mit dem Früheren zur Deckung bringen, die zerfallenen Knochen mit lebendem Fleisch bedecken. Seiner Ansicht nach ließen sich durch die Beobachtung großer Menschenaffen, unserer engsten lebenden Verwandten, Erkenntnisse darüber gewinnen, wie die Hominiden einst gelebt hatten. Diese Vorstellung war zu jener Zeit keineswegs üblich.

In den fünfziger Jahren sahen die meisten Anthropologen in Menschen, die auf technologisch primitiver Stufe standen, Modelle des frühen Menschen. Leakey widersprach dem und erklärte, es führe in die Irre, wenn man Vormenschen der Frühzeit mit neuzeitlichen Jägern und Sammlern wie den Pygmäen des Kongo oder den Buschleuten der Kalahari (den !Kung San) vergleiche. Bei ihnen handle es sich im biologischen Sinne um Menschen der Neuzeit, die nicht nur identisch mit uns sogenannten Zivilisierten seien, sondern überdies in einer Umwelt lebten, die sich deutlich von jener der Hominiden unterscheide.

Die großen Menschenaffen hingegen unterschieden sich in bezug auf Anatomie, Verhalten und die von ihnen bewohnte ökologische Nische nicht besonders von ihren Vorfahren, auch wenn sie sich im Lauf der Jahrtausende allmählich weiterentwickelt hatten. Der Mensch hingegen habe sich grundlegend von seinen Vorfahren entfernt, sowohl was die Anatomie betreffe wie auch in bezug auf seine Anpassung an die jeweiligen Lebensumstände. Mithin bestehe eine größere Ähnlichkeit zwischen den großen Menschenaffen der Neuzeit und unseren Vorfahren als zwischen diesen und uns. Über wilde Menschenaffen aber wußte man in den fünfziger Jahren nur sehr wenig.

Robert Yerkes hatte 1927 alles damals verfügbare Material über große Menschenaffen zusammengetragen und ein Buch mit dem unscheinbaren Titel *The Great Apes* veröffentlicht. Die meisten Angaben stammten von Entdeckungsreisenden, Forschern und Missionaren, mit vereinzelten Kommentaren von Naturforschern. Zu den besten Beschreibungen gehörten die des viktorianischen Naturforschers Alfred Russel Wallace über das Leben der Orang-Utans auf Borneo. Detailgetreu hatte er ihr Verhalten aufgezeichnet. Am bewegendsten aber waren seine Schilderungen vom Sterben der Orang-Utans. Methodisch hat er Dutzende von ihnen umgebracht und ihren Todeskampf mit klinischer Exaktheit beschrieben. Mit seiner Haltung stand Wallace damals nicht allein. Die Naturforscher jener Zeit verfertigten liebevolle Beschreibungen und brachten dann den Gegenstand ihrer Untersuchung um. Das Bestreben, Sammlungsexemplare mit nach Hause zu bringen, hatte einen weit höheren Stellenwert als ethische Erwägungen.

Zum ersten Mal mit wissenschaftlichen Methoden systematisch beobachtet wurden in Freiheit lebende Menschenaffen in Asien. Bei seiner Beobachtung von Weißhandgibbons in Thailand entdeckte Clarence Ray Carpenter in den dreißiger Jahren entscheidende Artmerkmale wie Revierverhalten und Monogamie. Allerdings wurden alle Gibbons anschließend erschossen, teils wegen der Felle und Skelette, teils, weil man ihren Mageninhalt untersuchen wollte. Es sollte nahezu dreißig Jahre dauern, bis es zu einer weiteren und gänzlich anders gearteten Freilandstudie kam.

In Tansania waren Louis Leakey Schimpansen aufgefallen, die auf den spärlich bewaldeten Hängen der unmittelbar vom Ufer des Tanganjikasees aufsteigenden Berge umhertollten. Das Gelände eignete sich in idealer Weise zur Beobachtung von Menschenaffen in freier Natur. Leakey brauchte jemanden, der bereit war, ohne allen Komfort an einem abgelegenen und heißen Ort zu leben, jemanden, der die Ausdauer und Geduld besaß, über Monate, ja über Jahre hinweg Feldforschung zu betreiben. Ihm war klar, daß ein Vordringen in die Welt der Schimpansen ebenso schwierig sein würde wie das Aufspüren der einstigen Bewohner der Olduwaischlucht.

Den Menschen, den er suchte, fand er in der jungen Britin Jane Goodall, die wegen ihrer Tierliebe nach Afrika gekommen war. Er stellte sie als Sekretärin und Assistentin ein und nahm sie zu den Ausgrabungen in der Olduwaischlucht mit, bevor er sie fragte, ob sie bereit sei, im Reservat am Gombe Schimpansen zu beobachten. Sie stimmte sogleich zu und begann schon bald darauf, im Jahr 1960, ihre Langzeitbeobachtung.

Viele Wissenschaftler hatten nichts als Spott und Hohn dafür übrig, als sich Louis entschloß, Schimpansen von seiner Sekretärin beobachten zu lassen. Da Jane außerdem attraktiv und fotogen war, las man in der Presse Überschriften wie «Blondine zieht Schimpansen Männern vor». Niemand glaubte, sie werde durchhalten – außer Leakey.

Jane Goodall ignorierte die Kritiker. Ein Jahr nach ihrer Ankunft am Gombe hatte sie mehr erreicht als je ein Forscher vor ihr. Sie hatte das Vertrauen der Schimpansen gewonnen und sie so an sich gewöhnt, daß sie sie aus der Nähe beobachten konnte. Sie unterschied Einzeltiere und Familien und sah Verhaltensweisen, die noch niemand zuvor beobachtet hatte. Eine nach der anderen stellte sie die bis dahin bestehenden Definitionen davon in Frage, was den Menschen vom Menschenaffen unterscheidet. Eine von ihnen sah den Hauptunterschied zwischen Menschenaffe und Frühmensch darin, daß unsere Vorfahren Jäger waren. Jane Goodall sah Schimpansen, die nicht nur jagten, sondern das offenkundig in Gruppen taten, die zusammenarbeiteten und sich später das Fleisch teilten. Einer anderen Definition zufolge zeichnet sich der Mensch vor anderen Primaten dadurch aus, daß er Werkzeug herstellt. Jane sah, wie Schimpansen einfaches Werkzeug verfertigten und Jungtiere die Herstellungsverfahren von ihrer Mutter lernten. Man werde, erklärte Leakey stolz, sowohl die

Definition davon revidieren müssen, was den Menschen ausmacht, wie auch die, was ein Werkzeug ist. Sei man zu diesem Schritt nicht bereit, müsse man den Schimpansen als Menschen anerkennen! Seit Linné und Darwin hatten Grundannahmen von der Einzigartigkeit des Menschen keinen so erschütternden Schlag erlitten. Die Schimpansen verhalten sich nur allzu menschlich: Sie kennen sogar eine Art Kriegführung und Kannibalismus.

Die wissenschaftliche Welt kam nicht darum herum, Jane Goodalls Arbeit mit größtem Respekt zu betrachten. Über ihre Aufsätze in der angesehenen Zeitschrift *National Geographic*, Bücher und gemeinsam mit ihrem ersten Mann, dem Fotografen Hugo van Lawick, produzierte Fernsehsendungen sowie Vortragsreisen wurde aus dem täglichen Treiben eines Trupps wilder Schimpansen eine Familiensaga für das breite Publikum. «Flo» und «Fifi» wurden zu Mitgliedern der amerikanischen Durchschnittsfamilie. Lange bevor *Denver Clan* und *Dallas* über die Bildschirme flimmerten, wuchs eine Generation junger Amerikaner mit «Mike», «Melissa» und «David Greybeard» auf. «Flo» dürfte das einzige in Freiheit lebende Tier sein, dem die Londoner *Times* je einen Nachruf gewidmet hat.

1959 und 1960 hatte George Schaller über viele Monate hinweg Berggorillas im Gebiet der Virunga-Vulkane beobachtet – allerdings aus großer Distanz – und ihre Verhaltensmuster in groben Zügen beschrieben. Louis Leakey wollte Genaueres wissen und suchte jemanden, der – wie Jane Goodall die Schimpansen – über einen längeren Zeitraum hinweg Gorillas aus der Nähe beobachtete.

Etwa um diese Zeit erfüllte sich die einunddreißigjährige Dian Fossey, eine amerikanische Beschäftigungstherapeutin, die mit behinderten Kindern arbeitete, ihren Lebenstraum: eine Safari in Ostafrika. Sie bereiste die Serengeti, stattete der Olduwaischlucht einen Besuch ab, traf mit Louis und Mary Leakey zusammen und machte sich dann zu den Berggorillas auf. Dian sagte später, sie habe sogleich gewußt, daß sie wiederkehren würde. Nach ihrer Rückkehr in die Vereinigten Staaten verfaßte sie einen Artikel über die Gorillas, der Leakey auffiel. Als sie einander bei einem Vortrag in Kentucky erneut begegneten, schlug er ihr vor, sein «Gorillamädchen» zu werden (so hat sie es berichtet).

Nahezu völlig auf sich allein gestellt hat Dian Fossey im Verlauf von achtzehn Jahren einen Wandel des Bildes bewirkt, das die Öffentlichkeit vom Gorilla hatte. Aus dem bedrohlichen Ungeheuer King Kong wurde der friedliche Pflanzenfresser. In den von frühen Forschungsreisenden so gefürchteten gewaltigen Silberrücken von zweihundert Kilo Gewicht erkannte man Patriarchen, denen das Wohl der Ihren am Herzen lag, geduldige und beschützende Väter und Lebenspartner. Freundlich waren sie nicht immer; Dian Fossey hat von wilden Kämpfen der Männchen um die Weibchen und auch davon berichtet, daß gelegentlich Jungtiere getötet wurden. Das Bild, das sich ergab, zeigte vielschichtige, intelligente Menschenaffen, deren Existenz von der Jagd und einer zunehmenden Zerstörung ihres Lebensraums bedroht war. Immer mehr entwickelte sich Dian Fossey zur Beschützerin der Gorillas, die sie beobachtete. Sie geriet in Konflikt mit Wilderern, Bauern und Viehhirten, was schließlich auf tragische Weise zu ihrer Ermordung geführt haben mag. Ihre größte Leistung ist, daß sie die Berggorillas vor der Ausrottung bewahrt hat.

Dian Fosseys Erfolg gab Leakeys Plänen ungeheuren Auftrieb. Nach den Schimpansen und Gorillas waren die Orang-Utans, die dritte große Menschenaffenart, an der Reihe.

Alfred Russel Wallace und andere hatten berichtet, die tief in den Wäldern Borneos und des nördlichen Sumatra lebenden großen roten Menschenaffen seien Einzelgänger und begegneten nur selten anderen Angehörigen ihrer Art. Geselliges Leben aber ist eins der Hauptmerkmale, die den Primaten auszeichnen – wieso wich der Orang-Utan davon ab?

Bis in die sechziger Jahre hatten erst wenige Naturwissenschaftler einen in freier Natur lebenden Orang-Utan auch nur zu Gesicht bekommen. Clarence Ray Carpenter hatte einen kurzen Bericht über die auf Sumatra heimischen Orang-Utans verfaßt. George Schaller brachte auf dem Rückweg von seiner Beobachtung der Berggorillas mehrere Wochen im Dschungel von Nordborneo mit dem Versuch zu, die scheuen Tiere zu beobachten, bekam aber kaum mehr zu sehen als verlassene Nester. Zwei japanische Primatenforscher, K. Yoshiba und später T. Okano, suchten dasselbe Gebiet auf. Der eine bekam keinen einzigen Orang-Utan zu Gesicht; der andere sichtete einmal ein einzelnes weibliches Tier. Barbara Harrisson hat wilde Orang-Utans beobachtet, allerdings nicht in systematischer Weise. Ihre Hauptsorge galt aus der Gefangenschaft befreiten verwaisten Jungtieren. Mitte der sechziger Jahre verzeichnete R. K. Davenport während eines elfmonatigen Aufenthalts in Sabah, Malaysia, nur zweiundneunzig Beobachtungsstunden und gab frustriert auf.

So blieb der Wissenschaft nichts anderes übrig, als am Bild der großen roten Menschenaffen festzuhalten, die allein durch die riesigen Regenwälder Borneos und Sumatras streifen, heute hier und morgen dort, nahezu unsichtbar für den Beobachter. Im Laufe der Zeit hatten diese Menschenaffen den nahezu mystischen Ruf gewonnen, unerforschbar zu sein.

3 LOS ANGELES

Das ist eine Story darüber,
wie wir anfangen, uns zu erinnern.

Paul Simon

Tatsächlich ist aus Los Angeles die Metropole geworden,
die ihre schamlosen Fürsprecher vorausgesagt haben.

Joseph Giovanini

Ich bin auf die Welt gekommen, um Orang-Utans zu erforschen. Meinen Hintergrund bilden neben Kanada, dem Land, in dem ich aufgewachsen bin, die großen Wälder Litauens, des Landes, aus dem meine Vorfahren stammen. Gegenwärtig verbringe ich den größten Teil des Jahres in den tropischen Regenwäldern Indonesiens, in denen der Orang-Utan heimisch ist. Trotz der gewaltigen Entfernungen zwischen diesen Wäldern scheint es mir unausweichlich, daß ich, die Baltin, eine solche innere Nähe zu den «Waldmenschen» empfinde (denn nichts anderes bedeutet der Name Orang-Utan). Ich bin auf die Welt gekommen, um Orang-Utans zu erforschen, weil sie ebenso wie ich dem großen Wald angehören.

Ich erinnere mich an Erzählungen meiner Eltern von den Bergen, Mooren und Wäldern ihrer Heimat Litauen. Und ich erinnere mich an den grauen Beton der beiden kanadischen Großstädte Toronto und Vancouver, in denen ich aufgewachsen und zur Schule gegangen bin. Ich lasse vor meinem inneren Auge die tropischen Regenwälder erstehen, in denen ich seit über zwanzig Jahren die Orang-Utans studiere. Nachdem ich meine ersten siebzehn Lebensjahre in Kanada verbracht hatte, habe ich in den Vereinigten Staaten studiert, in Los Angeles, der Stadt der Engel. Dort bin ich Louis Leakey begegnet, und dort hat in gewisser Weise mein Leben begonnen.

Louis Leakey, ein Mann mit vielen Interessen, war der festen Überzeugung, daß man etwas lernt, indem man es tut. Der große Anthropologe, der sich der Erforschung des Frühmenschen und der afrikanischen Kulturen verschrieben hatte, hatte den Anspruch, altüberlieferte Fertigkeiten selbst zu erlernen. Eine seiner Lieblingsbeschäftigungen war das Fadenspiel, das auch afrikanische Kinder kennen und das er äußerst geschickt beherrschte. Zuerst bildete er aus dem Faden die einfache Figur einer Leiter, aus der er dann mit raschen Bewegungen etwas unglaublich Verwickeltes machte. Noch eine Bewegung, und das komplizierte Muster hatte sich wieder aufgelöst.

Immer, wenn ich zusah, wie Louis mit flinken Fingern spielte, hatte ich das Gefühl, in unserem Leben seien Menschen und Ereignisse Bestandteil eines größeren und sich stets wandelnden Planes, Muster, die darauf warten, mit Hilfe der Fäden eines ungeheuer großen Fadenspielers Wirklichkeit zu werden.

Louis Leakeys Erforschung der Frühmenschen, Jane Goodalls und Dian Fosseys Arbeit mit Schimpansen und Berggorillas wie auch meine eigene mit Orang-Utans sind unauflöslich und zwangsläufig miteinander verknüpft. Die Schlinge in dem unsichtbaren Fadenspiel, das mich in das Muster mit einbezog, hat sich in Los Angeles geschlossen. Obwohl mir das damals nicht klar war, bestand mein erster Schritt auf dem Weg zur Arbeit mit den Orang-Utans auf Borneo darin, daß ich nach Kalifornien zog.

Meine Geschichte beginnt im 19. Jahrhundert in Litauen, der Heimat meiner Eltern. Das an die Ostsee grenzende nordeuropäische Land mit Torfmooren und sanft gewellten Hügeln war einst von dichten, düsteren Wäldern bedeckt. Gewiß hatten sie, die jahrhundertelang einen Kontakt der Bewohner mit der Außenwelt verhindert hatten, auf das Wesen der Menschen abgefärbt. Das baltische Volk ist gleichmütig, zäh und anpassungsfähig, und mit diesen Eigenschaften hat es den Stürmen der Zeit getrotzt. Das heutige Litauisch war schon zu der Zeit eine alte Sprache, als die Menschen in Indien Sanskrit und in Griechenland Altgriechisch sprachen. Während ich das schreibe, erleben Litauen und die benachbarten Länder Lettland und Estland Umwälzungen, denen anzumerken ist, mit welchem Nachdruck sich diese alten Nationen seit jeher gegen eine Zerstörung ihrer Sprache und Kultur gestemmt haben.

Meine Ururgroßeltern lebten zur Zeit der ersten Besetzung Litauens durch Rußland, die von 1795 bis 1918 dauerte, als freie Bauern im ostlitauischen Bezirk Utena. «Krunkiskis», ihr Hof, stand außerhalb des Dorfes am Rande eines Waldes.

Während der Besatzung hat Rußland Litauer für das zaristische Heer zwangsrekrutiert, in dem sie fünfundzwanzig Jahre lang in den fernen Regionen des ausgedehnten russischen Reiches dienen mußten. Viele von ihnen haben das Land über die grüne Grenze verlassen, in der Hoffnung, über Deutschland nach Amerika auswandern zu können. Einer von ihnen war mein Großvater, Dominikas Slapsys, der 1907 auf der Einwandererinsel Ellis Island vor New York eintraf. Er hatte Verwandte in Amerika, die Litauen im 19. Jahrhundert verlassen hatten. Bei einem Besuch in der Heimat lernte er Maria Sirutyte kennen, eine schöne junge Frau mit himmelblauen Augen und langem goldenem Haar. Nach seiner Rückkehr nach New York, wo er in einem Bahnbetriebswerk arbeitete, schrieben Dominikas und Maria einander lange Briefe und verlobten sich bald. Meine Großmutter erreichte Amerika 1914 auf dem letzten Passagierschiff, das vor dem Ausbruch des Ersten Weltkriegs den Atlantik überquerte. Sie heirateten im Jahre 1916, und das erste Kind, eine Tochter namens Bronice, kam in Brooklyn zur Welt.

Bronice, meine älteste Tante und das erste Familienmitglied, das mit der Geburt die amerikanische Staatsbürgerschaft erwarb, sollte sich später als entscheidender Bestandteil des Musters aus unsichtbaren Fäden herausstellen, das mich schließlich nach Los Angeles zog. Im selben Jahr, da Bronice geboren wurde, endete der Erste Weltkrieg, Litauen löste sich aus dem russischen Reich und erklärte sich unabhängig. Das gab der Familie Slapsys die Möglichkeit, sich ihren Traum zu erfüllen: Sie wollten nach Litauen zurückkehren, mit dem Ersparten ihren Bauernhof modernisieren und friedlich den Rest ihres Lebens dort verbringen. Als erste brach meine erneut schwangere Großmutter mit der zweijährigen Bronice auf; ihr Mann folgte ein Jahr später.

Großmutter hat beschrieben, wie sie den Bauernhof ihrer Vorväter von einem Hügel herab wiedersah: ländlich, ruhig, «ein Märchenland im Sonnenschein». Haus und Nebengebäude standen in einem Kirschgarten; im Süden und Westen erhoben sich hohe Ahornbäume, Eichen und Birken wie Schildwachen. Dahinter lagen grüne Felder und hinter ihnen der dunkle grüne Wald. Meine Großmutter wollte für immer dort bleiben.

Im Sommer 1920 wurden auf dem Hof der Großeltern meine Tante Eugenie geboren und 1925 meine Mutter Filomena. Alles ging gut bis zum außergewöhnlich kalten Winter von 1928 auf 1929. Die ganze Familie samt Knechten und Mägden erkrankte an der damals grassierenden Grippeepidemie. So sah sich mein ebenfalls von der Krankheit geschwächter Großvater gezwungen, die Wirtschaft allein zu führen. Von allen, die auf dem Hof erkrankt waren, starb er, das einzige Opfer der Epidemie. Er war achtundvierzig Jahre alt.

Nun war meine Großmutter Witwe und mußte sich um drei kleine Kinder kümmern. Zwar hielten viele Männer um ihre Hand an, doch sie heiratete nicht wieder und führte den Hof allein weiter. Meine Mutter erinnert sich gern an ihre Kindheit auf dem alten Krunkiskis-Hof, wo sie «auf den Wiesen Blumen pflückten, im Sommer Beeren ernteten und im Herbst Pilze sammelten». Vor allem im Sommer luden ihre Schwestern an Samstagabenden die ganze Dorfjugend zum Tanz ein.

Doch die Idylle war nicht von Dauer. Nach Ausbruch des Zweiten Weltkriegs teilten Nazideutschland und die Sowjetunion entsprechend einem 1939 abgeschlossenen Geheimabkommen Kontinentaleuropa unter sich auf. Das winzige Litauen wurde, wie die anderen baltischen Länder, am 15. Juni 1940 von der Sowjetarmee besetzt. Mit seinen dreieinhalb Millionen Einwohnern hatte es nicht die geringste Aussicht, sich dagegen zur Wehr zu setzen.

Mit Hilfe von Kollaborateuren stellte das sowjetische Regime geheime Listen von Menschen zusammen, die liquidiert oder verschleppt werden sollten. Ein Hausierer, der mit seinem Einspänner durch die Dörfer zog, teilte meiner Großmutter mit, er habe ihren Namen auf einer Liste von Menschen gesehen, die nach Sibirien deportiert werden sollten. Zwar dürfte eine Witwe mit drei Töchtern für die Sowjetmacht kaum eine Bedrohung bedeutet haben, doch da meine Großmutter sechs Jahre in den Vereinigten Staaten gelebt hatte, nannte man sie «die Amerikanerin». Überdies besaß sie einen ansehnlichen Bauernhof, der wohl Begehrlichkeit wecken mochte.

Also mußte meine Mutter mit ihren Angehörigen fliehen. Verglichen mit anderen hatten sie Glück. Da Tante Bronice gerade einen Angehörigen des baltendeutschen Kleinadels geheiratet hatte und

Deutsche und Russen verbündet waren, konnten sie alle mit den Papieren von Bronices Ehemann ganz legal in den Zug nach Berlin steigen. Zwar mußten sie all ihre Habe zurücklassen, doch blieb ihnen das Schicksal Hunderttausender ihrer Landsleute erspart, die man ohne Lebensmittel und Wasser in Viehwaggons sperrte und in sibirische Zwangsarbeitslager brachte.

Die entsetzlichste Zeit war für die meisten Litauer der Juni 1941, als unmittelbar vor dem Überfall Deutschlands auf Rußland die Nazis ins Land kamen. Jetzt fing der Schrecken für Litauer jüdischer oder tatarischer Abkunft wie auch für solche, deren Vorfahren Zigeuner gewesen waren, erst an. Der freundliche Hausierer, der meine Großmutter gewarnt hatte, so daß sie mit ihren Angehörigen fliehen konnte, dürfte in einem Vernichtungslager der Nazis umgekommen sein.

Nachdem am 8. Mai 1945 die Führung des Dritten Reichs kapituliert hatte, sammelten die Alliierten alle ausländischen Flüchtlinge in Lagern, so auch die Familie meiner Mutter. In einem solchen Lager in der Nähe von Stendal lernten meine Eltern einander bei einer Tanzveranstaltung kennen. Filomena verliebte sich in den hochgewachsenen, muskulösen Antanas Galdikas. Er war allein aus Litauen geflohen, da seine Verwandten, überzeugt, ihr Land werde bald wieder die Unabhängigkeit erlangen, keine Notwendigkeit sahen, Heimat und Besitz im Stich zu lassen.

In seiner Begleitung verließ die Familie meiner Mutter das Lager und strebte weiter nach Westen. Im Juni 1945 heirateten meine Eltern in der Kleinstadt Öbisfelde. Da die Rote Armee näherrückte, zog die Familie mit rund zwei Dutzend anderen Flüchtlingen zu Fuß weiter. Ihre Habseligkeiten führten sie auf Handwagen mit sich. Gelegentlich wurden sie von einem Bauern auf dem Pferdefuhrwerk bis ins nächste Dorf mitgenommen, und schließlich erreichten sie den Teil Deutschlands, der inzwischen amerikanisch besetzte Zone hieß. Dort wurde ich ein Jahr später geboren.

Zwar hieß das Ziel der gesamten Familie Amerika, doch war eine Auswanderung in die Vereinigten Staaten nicht so einfach zu bewerkstelligen, denn die Amerikaner waren wählerisch. Weil Tante Eugenies Familie und meine Großmutter nicht so lange warten wollten, entschieden sie sich für Australien. Meine Großmutter hat Amerika nie wiedergesehen. Tante Bronice allerdings brauchte nicht zu warten. Es genügte, daß sie ihre in Brooklyn ausgestellte Geburtsurkunde vorlegte, denn sie besaß die amerikanische Staatsbürgerschaft, obwohl sie Amerika im Alter von zwei Jahren verlassen hatte und kein Wort Englisch sprach. Jemand hatte bereits die unsichtbaren Fäden gezogen, die mich zu Louis Leakey führten, denn später nahm meine Tante ihren Wohnsitz in Los Angeles.

Mein Vater wanderte 1948 nach Kanada aus, um in der Provinz Quebec nahe der Stadt Rouyan-Noranda in den Gold- und Kupferbergwerken zu arbeiten. Drei Monate später folgten ihm meine Mutter und ich. Nachdem wir eineinhalb Jahre in Quebec gelebt hatten, wo mein Bruder Vytas Anthony geboren wurde, zogen wir nach Toronto. Dort kamen meine Schwester Aldona und mein Bruder Al zur Welt, und meine Eltern erwarben ihr erstes Haus.

Da sie nicht nur aktiv der litauischen katholischen Pfarrgemeinde angehörten, sondern auch verschiedenen litauischen Organisationen, die es in Kanada gab, waren sie bald in eine wachsende baltische Gemeinde integriert. In Toronto ging ich an Samstagvormittagen zur litauischen Grundschule, die ich bis zum Abschluß der achten Klasse besuchte. Auf ihre eigene konservative Weise drehte sich das Leben der litauischen Gemeinde in ganz Nordamerika um die Kirche, und diese kümmerte sich um ihre Mitglieder.

Es mag an den aufwühlenden Ereignissen gelegen haben, die meine Familie aus ihrer Heimat vertrieben hatten, daß sich meine Eltern entschlossen, auf eine gute Ausbildung für uns Kinder Wert zu legen. Sie erklärten, da wir als «Neukanadier» keinerlei Familienverbindungen im Land besaßen, sei das für uns die einzige Möglichkeit, im Leben voranzukommen. Da ich die Älteste war, kam meiner Ausbildung nach Ansicht meiner Mutter die größte Bedeutung zu. Von einem Mathematiklehrer hörte ich, der höchste erreichbare akademische Grad sei der Doktortitel, und so nahm ich mir vor, diesen Abschluß zu erreichen. Meine Mutter allerdings hätte es für nützlicher erachtet, wenn ich Ärztin geworden wäre.

Zu den prägenden Ereignissen meiner frühen Kindheit gehörte ein Besuch in der öffentlichen Bibliothek. Ich war damals in der ersten Klasse und ging am nächsten Tag allein erneut hin, um mir zum ersten Mal ein Buch auszuleihen – es ging darin um einen Forscher im Dschungel, der einen hellgelben Tropenanzug trug, und seinen ungebärdigen, unaufhörlich Bananen fressenden Affen namens «Georg

Naseweis». In der zweiten Klasse wußte ich, was ich einmal werden wollte: Forschungsreisende.

Ganze Tage lang streifte ich durch den High Park, der lediglich zwei Straßen von unserem Haus entfernt lag. Auch wenn er seine Ursprünglichkeit inzwischen eingebüßt hat – man hat ihn umgestaltet und mit Blumenbeeten und Bänken für die Besucher versehen –, bleibt er in meiner Erinnerung eine Art Wildnis, in der man auf Landschildkröten und nistende Stockenten stieß, wenn man kleinen Bächen unter überhängenden Weiden folgte. An manchen Tagen machte der Park einen so unberührten Eindruck, daß es mich nicht gewundert hätte, wenn Huronen im Federschmuck und im Gänsemarsch auf dem Weg zu einer Zusammenkunft mit französischen Fellhändlern in einem nahegelegenen Fort vorübergekommen wären. In meiner Vorstellung erforschte ich eine unberührte Wildnis.

Für den Fall, daß sich mein Wunsch, Forschungsreisende zu werden, nicht erfüllte, wollte ich Ballettänzerin werden. Als Kind hatte ich mehrere Jahre lang Ballettunterricht. Wer die Position einer Ballerina, diesen Gipfel weiblicher Vollkommenheit, erreichen wollte, mußte mühevoll trainieren und hart arbeiten – in den feinen Ballettschuhen stecken blutig getanzte Füße. Wahrscheinlich hat mir die strenge geistige und körperliche Zucht, die letzten Endes über Schweiß und Schmerz zur Schönheit und Leichtigkeit des Tanzes führt, in späteren Jahren in Indonesien sehr geholfen.

Ich tanzte gern, erkannte aber schließlich, daß ich keine Ballerina werden wollte. Dennoch verehrte ich meine Ballettlehrerin, die wir lediglich «Madame» nannten. Sie war Russin, und trotz zweier Weltkriege und einer Revolution, die die Welt erschüttert und sie ins Exil geschickt hatte, tanzte sie bis ins hohe Alter und blieb, was für sie das Wichtigste war: eine Tänzerin. Als ich sie zum letzten Mal sah, trug sie in einem Programm des kanadischen Fernsehens eine ukrainische Tracht und tanzte immer noch. Ich erinnere mich an ihr Gesicht mit dem konzentrierten Ausdruck, um das wirbelnde bunte Bänder flogen. Das Vorbild, das sie mir war, hatte Bestand. Wie meine Mutter hat sie mir gezeigt, daß einer Frau aus der Echtheit ihrer Überzeugungen Kraft zufließen kann, hat mir gezeigt, daß Geduld und Ausdauer zu allen Zeiten einen Wert haben.

Wir verließen Toronto, als ein Immobiliengeschäft meiner Eltern in einer Zeit wirtschaftlicher Flaute fehlschlug, wobei sie alles verloren.

Vater fand eine Anstellung im Uranbergbau am Elliot-See im nördlichen Ontario. In der Elliot Lake High School mußte ich zum ersten Mal ernsthaft Hausaufgaben machen, und statt meine Freizeit mit Tanzen und Herumstreifen zu verbringen, verdiente ich mit Gelegenheitsjobs ein wenig Geld.

Auf der Oberschule begann ich mich für Orang-Utans zu interessieren. Ich verschlang jedes Buch, dessen ich habhaft wurde. Die roten asiatischen Affen sprachen mich an, weil ich annahm, sie müßten den Vorfahren des Menschen ähneln, die am Anfang der Vorgeschichte standen.

Während sich meine Eltern bemühten, wieder festen Boden unter die Füße zu bekommen, dachten sie unablässig daran, wie wohl es meinem Onkel und meiner Tante in der Sonne Kaliforniens ging. Immerhin hörte man von Los Angeles, daß man dort leicht Arbeit finden könne. So begannen sie gegen Ende der fünfziger Jahre, einen Umzug nach Los Angeles zu erwägen.

Doch dauerte es drei Jahre, bis wir nach Kalifornien kamen. Obwohl meine Eltern inzwischen kanadische Staatsbürger waren, wurden sie von den Behörden der Vereinigten Staaten als Litauer eingestuft, für die eine Einwanderungsquote von hundert Personen pro Jahr festgesetzt war. Wer mit einem amerikanischen Bürger verwandt war, rückte allerdings auf der Liste der Antragsteller weiter nach vorn. Tante Bronice zog den entsprechenden Faden im Fadenmuster. In der Wartezeit zogen wir nach Vancouver, nach Meinung meiner Eltern der Los Angeles am nächsten gelegene Ort Kanadas.

Kurz nach meinem siebzehnten Geburtstag schrieb ich mich an der Universität von British Columbia ein. Sie war nach heutigen Maßstäben ungeheuer altmodisch. Mein Studienberater, ein gesetzter Mann in britisch anmutendem Tweedjacket mit den unvermeidlichen aufgesetzten Ellbogenflecken, riet mir, Infinitesimalrechnung, physikalische Chemie, Physik und Kirchengeschichte des Mittelalters zu belegen. Von den Dozenten, die sogar in den Vorlesungen ihre akademischen Kopfbedeckungen und wehenden Umhänge trugen, hatte man bisweilen den Eindruck, daß sie eher für sich selbst lasen als für die Studenten.

Vom Stipendium der Regierung von British Columbia, das ich für das folgende akademische Jahr bekam, machte ich keinen Gebrauch.

Sobald ich meine letzten Klausuren hinter mir hatte, bestieg ich einen Greyhound-Bus, um meiner Familie nach Los Angeles zu folgen.

Los Angeles sah haargenau so aus wie auf den Postkarten. Sogar die schlanken Palmen wiegten sich, wie es sich gehörte, im Wind Kaliforniens.

Unser erstes Haus dort war ein von Avocadobäumen umgebener Bungalow. Schwer von Früchten, bogen sich ihre Äste fast bis zum Boden. Ein halbes Jahr lang arbeitete ich in einer Ganztagsstelle und besuchte Abendkurse am City College. Als meine Ersparnisse für die Gebühren einer Einschreibung als externe Studentin der Universität des Staates Kalifornien in Los Angeles (UCLA) genügten, schrieb ich mich 1965 dort ein.

Verglichen mit der Universität von British Columbia war es eine andere Welt. Ich hatte den Eindruck, nicht nur in einem anderen Land, sondern auch in einem anderen Jahrzehnt und einem anderen Universum zu leben. Die UCLA vibrierte vor Tatendrang und Forschergeist. Studentinnen trugen Jeans, Dozenten hielten in Hemdsärmeln Vorlesungen, und man konnte sie einfach ansprechen. Es gab sogar einige weibliche Fakultätsmitglieder.

Um das Maximum aus meinen Studiengebühren herauszuholen, belegte ich die verschiedensten Kurse, von Biologie wirbelloser Meerestiere bis hin zu Arbeitspsychologie. Ich eilte von Seminar zu Seminar, verbrachte Stunden in der Bibliothek, besuchte Filmfestivals und Rockkonzerte und beteiligte mich auch am Strandleben.

Kurz nach meinem neunzehnten Geburtstag hatte ich ein eigenartiges und geradezu mystisches Erlebnis. Ich saß unter über zweihundert Studenten in der hintersten Reihe eines der riesigen Hörsäle für Vorlesungen in Psychologie (damals die beliebteste Studienrichtung an der UCLA). Als der Dozent beiläufig einige Worte über «die junge Britin, die mit Schimpansen lebt» fallen ließ, drang von fernher ein kristallklarer Ton zu mir. Er hallte eine Weile nach und schwand dann allmählich. Mir ist klar, daß derlei nur im Kino vorkommt, aber so war es tatsächlich. Noch heute sehe ich das Gesicht, die Haltung und den Ausdruck des Vortragenden vor mir, weiß noch, wo er im Augenblick stand, in dem ich den fernen Ton hörte.

Sogleich wußte ich, daß der Professor von mir sprach. Gewiß, ich war weder Britin, noch begeisterte ich mich für Schimpansen, aber etwas in mir war angerührt. Mir fällt ein Zitat des Physikers Stephen Hawking ein, mit dem ein Roman Margaret Atwoods beginnt: «Wenn wir uns an die Vergangenheit erinnern können, warum dann nicht an die Zukunft?» In jenem Augenblick erinnerte ich mich an die Zukunft, und zwar mit solcher Klarheit, daß er mir wie in Glas geritzt vor Augen steht.

Zwei Jahre vergingen, bis ich in einem Anthropologiekurs den Namen jener Britin erfuhr. Sie hieß Jane Goodall.

Etwa um dieselbe Zeit wurde ich auf ein Foto aufmerksam, das einen halbwüchsigen Orang-Utan auf Sumatra mit schütterem Bart und intelligenten Augen zeigte. Mich faszinierten der menschenähnliche Ausdruck, die Flachheit des Gesichts und das Weiß um die braune Iris der Augen. Lediglich die großen Zähne und vorspringenden Kiefer verrrieten ihn als großen Menschenaffen. Zwar sieht der Orang-Utan dem Menschen tatsächlich sehr ähnlich, doch hob speziell dieses Foto die Verwandtschaft besonders hervor. Andere Fotos zeigten junge Orang-Utans, denen das Haar aufrecht wie ein Heiligenschein um den Kopf stand. Wie sie so der Kamera die Zunge herausstreckten, sahen sie aus wie kleine Einsteins. Wenn ich die Bilder betrachtete und die spärlichen Angaben dazu las, fühlte ich mich zu den Orang-Utans hingezogen wie zu alten Bekannten.

Ich träumte davon, die ausgedehnten Wälder des Fernen Ostens zu durchstreifen, um Orang-Utans zu erforschen. Die Vorstellung wurde zur Besessenheit. Ich schrieb Briefe an die Regierung des seit neuestem unabhängigen Malaysia, zu dem die Länder Sarawak und Sabah im Nordteil der Insel Borneo gehörten. Ich drückte mich vor den Dienstzimmern der Professoren an der UCLA herum. Ich schrieb an den Direktor des Museums von Sarawak, Tom Harrisson, nachdem ich gelesen hatte, daß seine Frau Barbara Orang-Utans gehalten hatte. Doch weder er noch die Malaysier würdigten mich einer Antwort, und die Professoren konnten mir keinen Rat geben, der mir etwas genützt hätte.

Die unsichtbare Schlinge im Fadenspiel, das mich nach Los Angeles geführt hatte, brachte auch Rod Brindamour dorthin.

Diese Begegnung, die inzwischen über fünfundzwanzig Jahre zurückliegt, ist noch frisch in meiner Erinnerung. Auf meinem Heimweg von der Universität kam ich im Studebaker meines Vaters, der jetzt mir gehörte, an einem jungen Mann in einer schwarzen Lederjacke vorbei, der an einer Ecke stand. Unsere Blicke trafen sich, er lächelte mir zu, und ich hätte das Auto beinahe auf den Gehweg gelenkt und den jungen Mann angefahren. Dann sah ich, daß mein jüngerer Bruder neben ihm stand. Ein gemeinsamer Freund hatte sie gerade miteinander bekannt gemacht, und sie suchten nach einem Laden am Sunset Boulevard.

Bei Rod und mir war es Liebe auf den ersten Blick, verbunden mit gegenseitiger Achtung. Es war nicht schwer, diesen gelösten, umgänglichen und natürlichen Menschen zu mögen. Von unserer Einstellung her standen wir beide der Ehe ausgesprochen feindlich gegenüber. Meiner Ansicht nach diente sie lediglich der Versklavung der Frau; Rod zufolge machte sie die Männer zur Beute der Frauen. In unserer Ablehnung der Ehe einig, verlobten wir uns schon nach wenigen Tagen.

Wie ich war Rod kanadischer Staatsbürger. Er war in British Columbia in den Bergen aufgewachsen und begeisterte sich für Naturwissenschaften. Ursprünglich hatte er gehofft, ein College-Stipendium zu bekommen. Jetzt aber war sein einziges Ziel zu reisen. Wir waren ein vollkommenes Paar: die bebrillte Neunzehnjährige, die eifrig und ernsthaft an der UCLA studierte, und der siebzehnjährige Motorradfahrer mit seiner blauen Harley-Davidson. Ich wollte in die Wildnis von Borneo und Sumatra, und er wollte die Welt sehen. Vermutlich hätte ich ihm irgendwann sagen müssen, daß es nicht meine Absicht war, zurückzukehren.

Nach dem Grundstudium in Psychologie, das ich 1966 mit *summa cum laude* abschloß, schrieb ich mich für das Aufbaustudium im Fach Anthropologie mit dem Spezialgebiet Archäologie ein. Dabei nutzte ich jede Gelegenheit, mich an den Wochenendausgrabungen zu beteiligen – weniger wegen eines besonderen Interesses an der amerikanischen Vorgeschichte als wegen der Möglichkeit, auf diese Weise praktische Erfahrungen zu machen. Auch verbrachte ich ein Semester mit Freilandarbeit an der Universität Arizona, wo ich an einer Grabungsstätte mitten im Reservat von Fort Apache mitarbeitete.

Dort wies man mir Judy Amesbury als Partnerin zu. Gemeinsam legten wir in den nächsten Monaten eine Begräbnisstätte an einem kleinen Hang frei, wobei wir die Erde auf das sorgfältigste mit Zahnarztwerkzeug und winzigen Kellen abtrugen. Judy erzählte mir, daß sie einmal an Louis und Mary Leakey geschrieben habe, um anzufragen, ob es möglich sei, in der Olduwaischlucht zu arbeiten, und daß das Ehepaar sie ermutigt hätte zu kommen.

«Heißt das, die haben tatsächlich geantwortet?» fragte ich. «So berühmte Wissenschaftler schreiben zurück?»

«Klar», sagte Judy. «Die Leakeys haben mir geantwortet.»

In ihr begegnete ich zum ersten Mal einer Kommilitonin, die unmittelbaren Kontakt mit einem berühmten Wissenschaftler gehabt hatte. Von all den Professoren und Wissenschaftlern, an die ich mich mit meinem Traum vom Beobachten wilder Orang-Utans wandte, hatte ich bisher keinerlei Unterstützung erhalten. So beschloß ich, nach meiner Promotion zu sparen und auf eigene Faust in die Wälder Südostasiens zu gehen.

Rod und ich sprachen endlos darüber, und er war ebenso besessen wie ich. Während ich an meiner Magisterarbeit schrieb, überlegte ich, daß ich mindestens noch zehn Jahre brauchen würde, um in die Heimat des Orang-Utans zu gelangen. Nie wäre ich auf den Gedanken gekommen, daß sich der verschlungene Weg, der meine Eltern aus Litauen über Toronto und Vancouver nach Los Angeles geführt hatte, für mich letztlich als der direkte Weg nach Borneo erweisen würde. Auch wenn ich es noch nicht wußte, die Orang-Utans warteten schon auf mich – hier, in Los Angeles. Es war, wie gesagt, die Stadt der Engel.

4 LOUIS

> Ich unterstütze jeden, der weiß, was er will,
> und bereit ist, es auch wirklich zu tun.
>
> *Louis Leakey*
>
> Sie können das auf keinen Fall tun. Es ist hirnrissig.
> Leakey wird sich zur Erforschung der Orang-Utans eine
> andere junge Frau suchen müssen.
>
> *Amerikanischer Anthropologie-Professor*

Im März 1969 hielt Louis Leakey an der UCLA eine Vorlesung über seine Fossilienfunde. Dr. Rainer Berger, Professor für Anthropologie und Geophysik und ein Freund Leakeys, hatte ihn als Gastreferenten eingeladen.

Um die Gesundheit des untersetzten, über sechzigjährigen Herrn, der das weiße Haar über dem langen, schmalen, typisch angelsächsischen Gesicht kurzgeschnitten trug, stand es nicht mehr zum besten. Doch er erwies sich als charismatischer Redner, obwohl er kaum noch Zähne hatte und ohne Stock nicht gehen konnte. Wie ein gutgelaunter Weihnachtsmann zwinkerte er mit den Augen, und die Worte entströmten seinem Mund so rasch, daß sie sich fast überstürzten. Er verbreitete im Hörsaal den Eindruck einer unglaublichen Lebenskraft, die seine Gebrechlichkeit Lügen strafte. Ich erkannte in ihm einen Menschen, der durch bloße Willenskraft überlebt hatte. Seine Fähigkeit, Menschen zu begeistern, wirkte geradezu unheimlich; gewiß hätte er ein bedeutender Politiker und Volkstribun werden können. Mit seiner Selbstsicherheit und der Überzeugung, daß wichtig war, was er glaubte, machte er fast den Eindruck eines Erweckungspredigers. Ich erinnere mich, daß einer meiner akademischen Lehrer, James Sackett, Leakey für ein exzentrisches Genie hielt. Er meinte, als Sohn eines

Missionar-Ehepaares suche Leakey «den Menschen der Frühzeit hinter jedem brennenden Dornbusch». Es sei ohne weiteres möglich, spekulierte er, daß Leakey weder in der Welt der Kikuyu, in der er aufgewachsen war, noch in jener der Briten wahrhaft heimisch geworden und in eine Kluft zwischen beiden gefallen sei. Als er mit etwa sechzehn Jahren von Afrika nach England gegangen war, um seine Ausbildung dort fortzusetzen, hatten ihn seine Klassenkameraden für einen seltsamen Kauz gehalten. Beispielsweise hatte er sich angewöhnt, wie die Kikuyu zu gehen, indem er einen Fuß vor den anderen setzte, als zöge er über die schmalen Pfade im afrikanischen Busch. Sein Humor war afrikanisch geprägt, und er lachte über Dinge, die seine britischen Schulkameraden in keiner Weise lustig fanden. Andererseits hatte er dadurch, daß er teils in Großbritannien, teils in Afrika aufgewachsen war, eine einzigartige Stärke gewonnen. So machte er sich wenig aus den Ansichten anderer Forscher; vielleicht war ihm das Urteil der Kikuyu, die ihn zum Stammesältesten ernannt hatten, wichtiger.

An jenem Tag an der UCLA geriet Leakey bei der Beantwortung von Fragen aus dem Publikum in Feuer. Jemand wollte wissen, welchen Stellenwert die Untersuchung von Primaten für das Verständnis der Evolution des Menschen habe. «Den höchsten!» erklärte er und fügte hinzu, daß lebende Primaten Modelle liefern, anhand derer wir die Knochen ausgestorbener Hominiden mit Fleisch bedecken könnten.

«Im übrigen», triumphierte er, «habe ich gerade ein Telegramm bekommen, in dem mir Dian Fossey mitteilt, die Berggorillas hätten sich so sehr an ihre Anwesenheit gewöhnt, daß einer von ihnen ihr die Schuhbänder öffnet.» Zur Bekräftigung klopfte er auf seine Hemdtasche, in der sich das Telegramm wohl befand.

Als Leakey über die Erforschung von Primaten zu sprechen begann, hatte ich den Eindruck, er habe meine Gedanken gelesen und wisse, daß ich da sei. Gleich nach der Vorlesung stürzte ich auf ihn zu und teilte ihm mit, daß ich Orang-Utans beobachten wolle. Daß ich bereits an die malaysische Regierung und verschiedene Forscher geschrieben und mich an praktischen Übungen in der Archäologie beteiligt hätte. Ich erwähnte auch meinen Brief an Tom Harrisson. Bei diesem Namen horchte er auf. Ernst musterte er mein Gesicht. Dann kam Professor Berger, der ihn beiseite nehmen wollte, und irgend jemand machte eine

Aufnahme von uns. Ich wußte, daß die Erfüllung meines Traumes, die Orang-Utans zu erforschen, in greifbare Nähe gerückt war. In einem winzigen Augenblick kreuzten sich all die unsichtbaren Fäden, die Litauen, Toronto und Nairobi mit Los Angeles verbanden. Zwischen uns allen – Louis Leakey, Rod, Barbara Harrisson, Jane Goodall, Dian Fossey und mir – bestand eine Verbindung. Leakey wartete schon auf mich, als ich in sein Leben trat.

Benommen verließ ich den Hörsaal. Im Arbeitszimmer, das ich mit anderen Assistenten teilte, stieß ich auf Reiner Protsch, einen deutschen Forschungsstipendiaten, der in Dr. Bergers Radiokarbon-Labor arbeitete und Leakey bei einer früheren Vortragsreise kennengelernt hatte. Ich berichtete ihm, daß ich gerade mit ihm gesprochen hatte, und erklärte, mein Traum, die Orang-Utans zu studieren, sei der Verwirklichung nahe. Er war begeistert. Schon bald teilte er lauthals jedem mit, daß mich Leakey dazu ausersehen hätte, wilde Orang-Utans zu beobachten. Das war mir peinlich, zumal ihn die anderen im Raum ansahen, als hätte er den Verstand verloren oder als wäre es meine Absicht, kleine grüne Männchen auf dem Mars zu erforschen.

Als ich an jenem Nachmittag heimkehrte, war meine sonst so ruhige und gelassene Mutter fast aus dem Häuschen. Jemand hatte in Louis Leakeys Auftrag angerufen und ausgerichtet, ich solle ihn am nächsten Tag in seinem Haus in der Nähe der UCLA aufsuchen. Da meine Mutter den Namen kannte, vermutete sie, daß die Verabredung wichtig sei. Ich war verblüfft – und erleichtert, daß nicht ich die Initiative zu übernehmen brauchte.

Am nächsten Morgen legte Leakey mir eine Reihe «Intelligenztests» vor, wie man sie als Denksportaufgaben in Zeitschriften findet. Später erklärte er mir, er stelle Menschen gern auf die Probe, einfach, um etwas über sie zu erfahren.

Er legte ein Spiel Karten mit den Farben nach unten auf den Wohnzimmertisch. «Welches sind die roten und welches die schwarzen?» fragte er.

Die Zeichnung auf dem Rücken aller Karten war identisch, und ich gab zur Antwort: «Das weiß ich nicht, aber die eine Hälfte der Karten hat einen leichten Knick und die andere nicht.»

Tatsächlich hatte er die schwarzen Karten kaum wahrnehmbar nach hinten gebogen. Strahlend teilte er mir mit, Jane Goodall wie auch

Dian Fossey hätten diese Aufgabe mit Bravour gelöst, alle Männer hingegen versagt.

Bereits bei dieser ersten Begegnung legte er mir seine Ansichten zu den Unterschieden zwischen Mann und Frau dar. Ich sollte sie später immer wieder hören. Seiner festen Überzeugung nach beobachten Frauen besser als Männer, sind scharfsinniger und besser imstande, Einzelheiten zu erkennen, die im Augenblick unerheblich scheinen mögen. (Untersuchungen weisen darauf hin, daß das zutreffen könnte, zumindest bei Nordamerikanerinnen.) Außerdem seien Frauen geduldiger und lösten bei männlichen Primaten nicht im gleichen Maße Aggressionsverhalten aus wie Männer, auch wenn das diesen nicht bewußt sei. Dafür, meinte er, seien Männer bessere Lagerleiter.

Er teilte mir mit, er werde Erkundigungen über einen geeigneten Ort für die Forschungsarbeit und darüber einholen, auf welche Weise sich Mittel dafür lockermachen ließen. Bis dahin solle ich mit ihm in Verbindung bleiben und mich bis September zum Aufbruch bereit machen. Da ich vor meiner Abreise noch mein Magisterexamen ablegen und mich vom Fachbereich als Doktorandin aufnehmen lassen wollte, schlug ich den Januar des folgenden Jahres vor. Achselzuckend erklärte er sich einverstanden und fügte hinzu: «Ich verspreche Ihnen nichts.» Er sagte auch, er wisse noch nicht genau, ob ich «seine Kandidatin» für die Arbeit mit Orang-Utans sei oder nicht. Doch ich wußte, daß ich es war. Bei unserer nächsten Begegnung tätschelte er mir väterlich die Hand und bestätigte, daß er sich schon damals im Hörsaal an der UCLA entschlossen habe.

«Ich habe von Anfang an gewußt, daß Sie die Richtige sind», gab er mir zu verstehen, «und daß ich Sie bei einer Langzeitstudie über Orang-Utans so weit wie möglich unterstützen würde.»

Leakeys Beistand war für mich entscheidend. Wer würde einer Studentin ein Forschungsstipendium geben, die lediglich das erste Examen hinter sich hatte und keinerlei Erfahrung mit der praktischen Erforschung von Primaten besaß? Als von Leakey favorisierte Kandidatin hatte ich durchaus Aussichten, daß man mich ernst nahm – immerhin wollte ich etwas scheinbar Unmögliches erreichen, nämlich Orang-Utans beobachten, die sich bislang den Bemühungen weithin bekannter und altgedienter Freilandforscher entzogen hatten.

Naiv wie ich war, nahm ich an, seine Unterstützung werde augenblicklich Ergebnisse zeitigen. In Gedanken begann ich fast schon zu packen. Doch so schnell sollte es nicht zur Abreise kommen. Mit zweiundzwanzig Jahren hatte ich Louis Leakey kennengelernt, und mit fünfundzwanzig brach ich schließlich nach Borneo auf.

Der Januar 1970 kam und ging. Als Louis hörte, daß ich verlobt sei, war er begeistert. Noch bevor er Rod kennenlernte, fand er, daß mich mein Mann als Projektfotograf und Lagerleiter begleiten müsse. Gemeinsam warteten Rod und ich und zählten die Tage. Für einen jungen, begeisterten Menschen können sich ein oder zwei Jahre zur Ewigkeit dehnen. In der Zwischenzeit heirateten wir. Zweimal. Wir erfuhren, daß unsere in Mexiko geschlossene Ehe in Kalifornien möglicherweise nicht gültig war, und so heirateten wir in Los Angeles noch einmal.

Rod nutzte die Wartezeit, um in Kanada seinen Schulabschluß nachzuholen und das College zu besuchen. Ich erfüllte unterdessen bis auf die Abfassung der Doktorarbeit alle Voraussetzungen für meine Promotion. Dann begann ich, auf der Stelle zu treten. Ich schrieb Gedichte, las, machte Spaziergänge und drückte mir die Nase an Schaufenstern platt. Da ich kein anderes Ziel kannte, als nach Borneo oder Sumatra zu gehen, machte mich die Untätigkeit fast rasend. Ich saß da und fühlte mich völlig unnütz.

Zu meiner Ruhelosigkeit und der ständigen Frage, wann ich wohl meine Arbeit beginnen würde, kam die Peinlichkeit, wenn ich Freunden und Bekannten begegnete. Auf ihren Gesichtern konnte ich förmlich lesen: «Bist du noch nicht weg? Vielleicht wird ja doch nichts draus.» Als ich eines Tages an der UCLA einen Aufzug betrat, sah mich ein Bekannter an, als hätte er soeben ein Gespenst gesehen. «Nanu? Seit wann bist du denn wieder da?» wollte er wissen. Ich mußte gestehen, daß ich noch gar nicht fortgewesen war.

Ein anderer sah mich an einer Tür neben zwei Koffern stehen (sie gehörten nicht mir). Er eilte herbei, schüttelte mir die Hand, nahm die Koffer, geleitete mich durch die Tür und wünschte mir alles Gute!

Louis Leakey kam regelmäßig nach Los Angeles, und wir trafen einander häufig. Zwar waren Rod und ich bereit, mit nichts als dem Flugschein und unseren persönlichen Ersparnissen nach Indonesien aufzubrechen, doch Louis fand, wir müßten außer den Flugkosten noch über mindestens fünftausend Dollar verfügen. Zwar klagte er immer wieder über nordamerikanische Wissenschaftler, die kostbare Mittel dadurch vergeudeten, daß sie in Luxushotels abstiegen und in Flaschen abgefülltes Trinkwasser importierten, doch wollte er auch nicht, daß wir mitten in einem riesigen Waldgebiet mittellos dasaßen.

Manchmal hatte ich den Eindruck, das Orang-Utan-Projekt werde nicht einmal mit Leakeys Hilfe auf die Beine kommen. Schon früh hatte er angeregt, ich solle mich als Alternative mit der Erforschung von Bonobos vertraut machen. Als die Sache einmal besonders trostlos aussah, denn es standen weder Gelder noch eine Regierungsgenehmigung in Aussicht, meinte er resigniert: «Na, jetzt sind es wohl doch die Zwergschimpansen.»

Mein Herz sank. Ich bemühte mich, ihm zu erklären, da ich so intensiv darauf hingearbeitet hatte, Orang-Utans zu beobachten, könne ich auch noch ein wenig länger warten. Er ist nie wieder auf das Zwergschimpansen-Projekt zu sprechen gekommen. Oft habe ich mich gefragt, wie wohl Rods und mein Leben verlaufen wäre, wenn ich begeistert auf Louis' Anregung eingegangen wäre, nach Zaire zu fliegen und Bonobos zu beobachten.

Bald darauf kam von der indonesischen Regierung die Genehmigung zu einer Orang-Utan-Studie. Ich war überglücklich, auch wenn die Reaktion einiger Angehöriger des Fachbereichs Anthropologie an der UCLA nicht dazu angetan war, mich zu ermutigen. Die Mehrzahl dieser Zweifler, die überzeugt waren, Leakey habe einfach eine «Schwäche» für mich, waren junge und nicht fest angestellte Wissenschaftler. Möglicherweise neideten sie es mir, daß ich auf Leakey und er auf mich verfallen war.

Mein nächstes Treffen mit Louis Leakey fand in der Wohnung der Familie Goodall in London statt. Endlich lernte ich die Frau kennen, die ich so bewunderte. Der Zufall wollte es, daß auch Dian Fossey auf einige Tage zu Besuch kam.

Jane Goodall machte mir anfänglich einen recht kühlen Eindruck, und ich hatte großen Respekt vor ihr. Doch als wir erst einmal anfingen, über Schimpansen zu reden, erkannte ich die Warmherzigkeit hinter ihrem reservierten britischen Äußeren. Ich lernte ihren wunderbar trockenen Humor schätzen, der mitunter durchaus etwas derb werden konnte. Eines Tages fragte jemand bei einem stimmungsvollen Abendessen: «Wie zeigen Schimpansen eigentlich, daß sich ein Tier einem Ranghöheren unterwirft?» Wortlos sprang Jane vom Tisch auf, drehte den verdutzten Zuhörern ihr Hinterteil zu und sagte: «So!» Louis brach in ein brüllendes Gelächter der Zustimmung aus.

Mich beeindruckte die herzliche Beziehung zwischen Jane, ihrer Mutter Vanne, ihrer Schwester Judy und Louis Leakey, der die Rolle eines geliebten und sie alle verwöhnenden Onkels spielte. Zumindest zeitweise in diesem Familienkreis zugelassen worden zu sein rechnete ich mir als hohe Ehre an. Hugo van Lawick hingegen, Janes Mann, stets elegant und gelassen, wirkte distanziert, unnahbar und geistesabwesend, auch wenn er mit fotografischen Ratschlägen nicht geizte. Stets öffnete er Dian Fossey, die ihn mit ihren gut ein Meter achtzig deutlich überragte, mit der Selbstsicherheit eines wahren Aristokraten die Türen.

Dian, die für mehrere Tage nach London gekommen war, hatte Jane kennengelernt, als sie vor der Aufnahme ihrer eigenen Tätigkeit im Gebiet der Virunga-Vulkane auf einige Tage an den Gombe gekommen war. Jane erzählte mir, sie habe bei dieser ersten Begegnung nicht so recht gewußt, was sie von Dian halten sollte, doch ihre Offenheit habe sie bald in ihren Bann geschlagen.

Während meines Aufenthalts bei den Goodalls beschäftigten Louis Leakey und ich uns stundenlang mit Listen für Versorgungsgüter, logistischer Planung und Fragen der Finanzierung des Orang-Utan-Projekts. Er war zuversichtlich, hatte er doch gerade Verbindung mit einem finanzkräftigen amerikanischen Filmproduzenten aufgenommen, der bereit war, mein Forschungsvorhaben zu finanzieren, wenn er im Gegenzug die Filmrechte bekam. Louis hielt das für einen guten Gedanken, immerhin galt Hugo van Lawicks Film über die Schimpansen vom Gombe bereits als Klassiker. Beim Gedanken an die einzelgängerisch lebenden, scheuen Orang-Utans beschlichen mich zwar gewisse Bedenken, die ich aber schließlich beiseite schob. Wenn sich Louis einmal für etwas erwärmt hatte, war es schwer, ihn davon abzubringen.

Zweieinhalb Jahre vergingen. Der Filmproduzent aus Hollywood zog sein Angebot zurück. Eine Enttäuschung kam zur anderen. Die Ungewißheit bedrückte mich ebensosehr wie Rod.

Schließlich kam das erste Geld von der Wilkie Brothers Foundation, bei der sich Louis nachdrücklich für mich eingesetzt hatte. Ich war in guter Gesellschaft. Leighton und Robert Wilkie hatten nicht nur die Erstförderung für Jane Goodall und Dian Fossey übernommen, sondern auch Raymond Dart unterstützt, der mit seiner Entdeckung des ersten südafrikanischen Vormenschen unserem Verständnis von der Evolution der Hominiden ein neues Kapitel hinzugefügt hatte.

Die nächsten Gelder stellte die Jane and Justin Dart Foundation zur Verfügung, ebenfalls nach einer dringlichen Beschwörung durch Leakey. Auch die National Geographic Society trug zur Finanzierung bei. Am 1. September 1971, dreißig Monate nachdem ich Louis Leakey kennengelernt hatte, brachen Rod und ich endlich nach Südostasien auf.

Unseren ersten Zwischenhalt legten wir in Washington ein, wo Rod von Mary Griswold Smith und Bob Gilka in der Hauptverwaltung der National Geographic Society nicht nur eine Fotoausrüstung geliehen bekam; sie ließen ihm auch eine ausführliche Beratung und moralische Unterstützung angedeihen und versorgten ihn mit Filmen.

Von Washington flogen wir nach London und von dort nach Ostafrika. In der kenianischen Hauptstadt Nairobi waren wir mehrere Wochen Gäste im Heim der Leakeys. Louis verwöhnte uns nach Strich und Faden und bestritt bei unserem Aufenthalt in Afrika viele unserer Ausgaben aus eigener Tasche. Er fuhr uns nach Fort Ternan, wo er und seine Mitarbeiter aus dem Miozän stammende wichtige Fossilien von Hominoiden entdeckt hatten, und an andere interessante Orte.

Rod und ich suchten auch die Olduwaischlucht auf, wo Mary Leakey nach wie vor arbeitete. Sie machte erst einen mürrischen Eindruck und teilte uns klipp und klar mit, was sie von Primatenforschern im allgemeinen und im besonderen von den Frauen unter ihnen hielt. Dian tat sie als «total verrückt» ab. Ihre Abneigung Jane Goodall gegenüber schien völlig unbegründet zu sein, wahrscheinlich ging sie auf Janes gutes Aussehen und das große Maß an Aufmerksamkeit zurück, das ihre Arbeit auf der ganzen Welt erregt hatte.

Später begriff ich, daß ihre Vorbehalte weniger der Primatenforschung als der Tatsache galten, daß Louis uns drei Forscherinnen sozusagen adoptiert hatte und seine Kraft und Arbeit in einem Maße an uns «verschwendete», daß davon sogar seine Gesundheit beeinträchtigt wurde. Er nannte Jane seine «Märchen-Stieftochter» und machte ähnliche Aussagen über Dian. Wir «Trimates»[1], wie er uns nannte, wetteiferten mit Mary und ihren Kindern um seine Aufmerksamkeit, Zeit, Energie und Kräfte. Während Mary unter äußerst primitiven Bedingungen in Olduwai schuftete, flog er um die halbe Welt, wurde als Berühmtheit gefeiert und brachte Geldmittel für archäologische Forschungen und Beobachtungen an großen Menschenaffen auf. Kein Wunder, daß sie uns nicht leiden konnte!

Schließlich taute Mary jedoch auf, erzählte Geschichten und scherzte mit uns. Am Ende unseres Besuchs meinte sie: «Ihr seid nicht wie die anderen» (womit sie zweifellos Primatenforscher meinte).

Louis arrangierte für uns einen Besuch im Nationalpark am Gombe. Es war eindrucksvoll, an Ort und Stelle Zeuge von Jane Goodalls gewaltiger Leistung zu sein. Drei freilebende Schimpansen waren so an menschliche Präsenz gewöhnt, daß sie den Beobachtern nicht die geringste Aufmerksamkeit mehr schenkten. Gombe erschien uns fast wie ein irdisches Paradies – üppiges Grün mit bunten Blüten und einem blitzenden Wasserfall. Da Jane zurück nach London mußte, streiften wir einige Tage lang auf eigene Faust durch die Täler. Doch auch wir hatten nicht viel Zeit, denn wir wurden in Nairobi zurückerwartet. Am liebsten hätten wir uns auch noch die Berggorillas im Gebiet der Virunga-Vulkane angesehen. Leider hielt sich Dian Fossey gerade nicht im Lager auf, und wir entschieden, daß wir nicht auf ihre Rückkehr warten konnten. Wir mußten endlich nach Indonesien.

Ich genoß die letzten Tage, die uns in Nairobi mit Louis blieben. Es hieß zwar, er komme mit anderen Männern nicht aus, aber mit Rod verstand er sich glänzend. Rod und ich scherzten stets, das liege daran, daß er kleiner sei als Louis. Dennoch ist unbestreitbar, daß Louis Leakey eine Vorliebe für Frauen hatte. Allerdings begriffen die wenigsten Leute, daß es nicht den geringsten Unterschied machte, ob es sich dabei um eine schlanke Zweiundzwanzigjährige im Minirock handelte, der das Haar bis zu den Hüften fiel, oder um eine untersetzte Fünfundsechzigjährige in Kampfstiefeln. Das Äußere spielte für ihn keine Rolle.

Ich hatte stets den Eindruck, daß er in Frauen Wesen sah, die sich grundlegend von Männern unterscheiden, und vermute, daß er wäh-

---

[1] Wortspiel mit «primates» (Primaten), der Vorsilbe «tri» (drei) und «mates» (Partner, Partnerin) (Anm. d. Ü.)

rend seiner Kindheit unter den Kikuyu keine engen Beziehungen zu Mädchen oder Frauen gehabt hatte. Als er dann in jungen Jahren nach England ging und mit einem Mal die Weiblichkeit entdeckte, dürften ihn diese einst verbotenen Geschöpfe fasziniert haben. Das spiegelte sich in seiner lebenslänglichen Leidenschaft für Frauen. Er liebte sie – aber eher kollektiv denn als Einzelwesen. Nordamerikaner neigen dazu, Liebe mit Sexualität gleichzusetzen, doch Louis' Frauenliebe war, mit Sicherheit zu der Zeit, in der ich ihn kannte, von platonischer Art.

Louis brauchte weibliche Aufmerksamkeit und Wärme. Am wohlsten schien er sich in Anwesenheit von Frauen zu fühlen, die ihn bewunderten. Es war offenkundig, daß er seine Frau liebte; sie war der wichtigste Mensch in seinem Leben. Doch die untersetzte, zigarrenrauchende Mary, die kein Blatt vor den Mund nahm, verbrachte den größten Teil ihrer Zeit in der Olduwaischlucht. Louis erzählte mir einmal, man habe sie beide, als sie noch zur Kolonialzeit vor dem Zweiten Weltkrieg nach Angola reisten, stets mit «Dr. und Mr. Leakey» statt mit «Dr. und Mrs. Leakey» angeredet. Mary war nicht bereit, die übliche Rolle der Ehefrau zu spielen.

Außer den gemeinsamen Söhnen gab es zwar eine Tochter aus Louis' erster Ehe, die aber in England lebte und offenkundig mit dem Leben ihres Vaters in Afrika nichts zu tun haben wollte. Also «adoptierte» er Frauen, die ihn bewunderten. So füllte er immer wieder die «Lücke», die seine Tochter hinterlassen hatte.

Auch Jane, Dian und ich wurden seine Töchter, aber auf einer anderen Ebene. Ähnlich wie Mary traten wir ihm nicht mit blinder Verehrung entgegen. Wir sahen seine Schwächen und Eigenheiten durchaus. Dann und wann vertraten wir eine andere Ansicht als er und setzten uns ihm gegenüber gelegentlich auch durch. Aber wir liebten ihn trotzdem. In dieser Hinsicht wurden Jane, Dian und ich Geschwister. Wie richtige Geschwister wählten wir einander nicht aus, sondern waren vom Schicksal zur Rolle der «Trimates» bestimmt, wie man uns häufig nannte.

An dem Tag, da Rod und ich Afrika verließen, sah ich Louis zum letzten Mal. Er war nun sehr gebrechlich und sollte nicht mehr lange leben, doch noch triumphierte sein Geist über den Körper. Mit einem breiten, stolzen Lächeln stützte er sich auf seinen Stock und winkte uns munter von der Eingangstür des Museums für Naturgeschichte nach, in dem er sein Büro hatte. Ich muß daran denken, wie Dian sagte, daß sie beim Start ihrer Maschine von Nairobi seine Aluminiumkrücke in der Sonne hatte blitzen sehen, mit der er ihr von der Terrasse des Flughafengebäudes aus nachgewinkt hatte. Vor meinem inneren Auge hatte sein breites Lächeln die gleiche Wirkung. Ich sah es noch vor mir, als unsere Maschine abhob, und war mit meinen Gedanken bei ihm. Wieviel ich ihm verdankte! Die Reise, die für mich erst begann, näherte sich für ihn dem Ende.

5 Kalimantan

...die teilnahmslose Unendlichkeit der Natur.
Sir Henry Morton Stanley

Und was ist mit den Schlangen?
Filomena Galdikas

Die Maschine landete in der Abenddämmerung auf dem Flugplatz von Jakarta, der Hauptstadt Indonesiens, ein Land, das aus siebzehntausend Inseln besteht. Ich taumelte aus dem klimatisierten Flugzeug in die drückende Hitze und schleppte mich zum Abfertigungsgebäude, das noch im Bau zu sein schien. In seinem Inneren tauchten Leuchtstoffröhren alles in ein trübes grünliches Licht, was meinen Eindruck der Unwirklichkeit noch verstärkte. Fluggäste, Gepäckträger und Zollbeamte drängten sich aneinander vorbei. Hier und da übertönten einzelne Rufe den allgemeinen Lärm. In der Luft hing der Geruch von Zigaretten mit Nelkenparfüm. Dieser leicht süßliche Gewürzduft sollte für mich kennzeichnend für Indonesien werden.

Benommen drängte ich mich durch die Menge, suchte nach dem Gepäckförderband, auf dem unsere grünen Rucksäcke liegen mußten. Rod an meiner Seite schwieg, auch er schien wie betäubt zu sein. Nachdem wir unser Gepäck an uns genommen hatten, bahnten wir uns langsam den Weg durch die Personen- und Gesundheitskontrolle zum Zoll. Die Beamten, die dem Grund unserer Einreise völliges Desinteresse entgegenzubringen schienen, stempelten unsere Pässe mit einem Ausdruck der Müdigkeit, als laste die Hitze auf ihren Schultern.

Vor dem Flughafen bot sich ein chaotisches Bild. Dutzende von Taxis waren ineinander verkeilt, alle Fahrer hupten und gaben sich Mühe, mit durchdringenden Rufen die Aufmerksamkeit der herauskommenden Fluggäste auf sich zu lenken. Es war vergeblich, nach einem Taxi mit Zähluhr zu suchen, und so feilschten wir hartnäckig, entschlossen, den Preis für die Fahrt unter den eines Flugscheins zu drücken.

Bis wir unser Hotel erreicht hatten, war es pechschwarze Nacht, und es regnete in Strömen. Nachdem wir unser Zimmer bezogen hatten, nahmen wir um Mitternacht in einer verlassenen Imbißstube unsere erste Mahlzeit in Indonesien ein. Der Regen fiel so laut, daß er unser Gespräch übertönte.

Am nächsten Morgen war mein erster Eindruck von Jakarta der eines gewaltigen Basars voller Läden, Stände, Buden, Flachwagen und Straßenmärkte. Überall türmte sich die Ware zu Bergen. Die Hauptstraßen quollen über von einer unvorstellbaren Ansammlung uralter Lastwagen und Busse, von dreirädrigen Fahrrad- und Motorradrikschas, die allesamt als öffentliche Verkehrs- und Transportmittel dienten. Die verschiedenen herüberwehenden Gerüche, die Geräusche und Farben kamen mir wie eine Untermalung der Märchen aus Tausendundeiner Nacht vor. Doch ist Jakarta auch eine moderne Hauptstadt mit Monumentalbauten und Denkmälern. An Stadtteile mit baumbestandenen Flanierstraßen und von Mauern umgebenen weißen Villen grenzen Wolkenkratzer mit schimmernden Fassaden und sich weithin erstreckende Barackensiedlungen.

Den lebhaftesten und nachhaltigsten Eindruck aber machten mir die Menschen. Alle Indonesier lächelten. Wohin auch immer ich sah, jeder schien zu lächeln, ob es zur Situation paßte oder nicht. Anfangs bereitete mir dies unaufhörliche Lächeln Unbehagen, und ich fand es geradezu krankhaft, doch nachdem ich mich erst einmal daran gewöhnt hatte, fand ich es herrlich tröstend. Wie schön, von Menschen umgeben zu sein, die als erste Reaktion auf Schwierigkeiten lächeln!

Wir fanden uns nicht leicht zurecht in der Stadt. Weder Rod noch ich beherrschten die Landessprache. Zwar hatten wir die Zahlen gelernt, weil man uns gesagt hatte, man müsse unbedingt feilschen können, doch gingen unsere Kenntnisse kaum darüber hinaus. Als wir uns zu unserer ersten Regierungsstelle vorgearbeitet hatten, stellten wir erleichtert fest, daß viele Beamte Englisch sprachen.

Nachdem wir die nötigen Formalitäten bei der Polizei, der Ausländerbehörde und anderen Stellen hinter uns hatten, meldeten wir uns bei der Forstverwaltung in der Stadt Bogor, sechzig Kilometer südlich von Jakarta. Diese vor fünfhundert Jahren erbaute Stadt, in deren Mitte ein riesiger, üppiger botanischer Garten liegt, war einst Verwaltungssitz der niederländischen Kolonialbehörden. Heute ist sie gleichermaßen Verwaltungszentrum wie Sitz wissenschaftlicher und akademischer Einrichtungen. Außerdem ist es die Gewitterhauptstadt Indonesiens, wenn nicht der Welt. An zwei von drei Tagen ziehen spätnachmittags Gewitter von den Bergen herüber.

Unser erster Gesprächspartner in Bogor war Walman Sinaga, Leiter der P.P.A., Indonesiens Behörde für Natur- und Artenschutz, die der Forstverwaltung des Landes untergeordnet ist. Der nach indonesischen Maßstäben große und breitschultrige Sinaga, ein energischer, umgänglicher Batak aus dem Norden Sumatras, hatte im Guerillakrieg gekämpft, als dessen Ergebnis Indonesien die Unabhängigkeit von der niederländischen Herrschaft errungen hatte. Seine Offenheit und Herzlichkeit vermittelten uns sogleich das Gefühl, willkommen zu sein. Louis Leakey hatte ihm geschrieben, und er erwartete schon ungeduldig unser Eintreffen. Er lud uns ein, in seinem Haus zu wohnen, wo man uns mit größter Zuvorkommenheit behandelte. Seine nachhaltige Unterstützung hat mir in Indonesien viele Hindernisse aus dem Weg geräumt.

Inzwischen waren wir im Besitz aller Genehmigungen, die wir zur Gründung einer Forschungsstation brauchten. Nun stellte sich die Frage, wo wir sie einrichten wollten. Aus den verschiedenen in unserem Besitz befindlichen Schreiben ging lediglich hervor, daß wir Orang-Utans im Freiland beobachten wollten. Ich hatte zuletzt Sumatra erwogen, da die wenigen bis dahin veröffentlichten Studien über Orang-Utans ausnahmslos auf Borneo durchgeführt worden waren und deshalb nur wenig über die auf Sumatra heimische Unterart bekannt war. Doch Sinaga hatte bereits beschlossen, uns das Reservat von Tanjung Puting in der Provinz Kalimantan Tengah im Süden des indonesischen Teils von Borneo zuzuweisen. Er erklärte, niederländische Wissenschaftler hätten vor kurzem eine Untersuchung an Orang-Utans im Norden Sumatras begonnen. Die in Kalimantan Tengah lebenden Orang-Utans seien jedoch praktisch unbekannt, denn noch niemand habe vor mir dort Freilandstudien durchgeführt. Seit Menschengedenken habe kein Ausländer das Reservat von Tanjung Puting betreten, wir wären also dort die ersten Besucher aus dem Westen. Außerdem sei für die ganze Provinz kein einziger Nationalparkwärter

Borneo

abgeordnet, und der nächste Beamte der P.P.A. befinde sich Hunderte von Kilometern entfernt. Zwar hielten sich die Beamten der Forstverwaltung in der Gegend auf, doch bestehe deren Hauptaufgabe darin, das Abholzen der Wälder zu beaufsichtigen; der Naturschutz komme erst in zweiter Linie. Immerhin erziele die Forstverwaltung mit dem Verkauf von Abholzungskonzessionen höhere Einkünfte als mit dem Schutz der Wälder.

Er selbst war offenbar ein überzeugter Naturschützer und balancierte meisterhaft auf dem schmalen Grat zwischen Forstwirtschaft und Naturschutz. Das gelang ihm zum Teil dadurch, daß er seine Kinder und andere Familienmitglieder in Außenstellen der P.P.A. eingeschleust hatte. Eine solche Vorgehensweise ist in Südostasien gang und gäbe. Schließlich ist es sinnvoll, sich mit Menschen zu umgeben, mit denen man gut zurechtkommt und auf die man sich verlassen kann. Mit wem aber kommt man besser zurecht und auf wen kann man sich besser verlassen als auf die eigenen Angehörigen? Da Sinaga in Kalimantan Tengah über keine Beamten verfügte, würden wir ihm dort als seine «Augen und Ohren» dienen und unsere Berichte unmittelbar an ihn senden. «Übrigens», fügte er hinzu, «haben P. P. A.-Leute erst vor drei Monaten in Tanjung Puting Orang-Utans gesehen.»

Das gab den Ausschlag. Ich erklärte mich ohne weitere Diskussion mit seiner Empfehlung einverstanden.

Sinaga schien mich zu mögen und meinen Wunsch, die Welt der Orang-Utans zu erforschen, zu verstehen. Bei jener ersten Begegnung kam er mehrfach auf seinen Briefwechsel mit Louis Leakey zu sprechen, als hätte er diesem ein Versprechen gegeben.

«Eines sollten Sie klar sehen», sagte er. «Ich werde alles tun, was in meiner Macht steht, Ihnen zu helfen, aber ich wünsche keine öffentliche Kritik.»

Er forderte uns auf, ihn persönlich anzusprechen, wenn wir mit etwas nicht einverstanden seien, nicht aber ihn oder seine Behörde in der Öffentlichkeit anzuprangern. Konstruktive Vorschläge werde er wohlwollend prüfen. «Sie sind meine Gäste», erklärte er mit Nachdruck. «Ein höflicher Gast kritisiert den Gastgeber nicht in dessen eigenem Haus.» Er hielt inne und sah uns nachdenklich an, bevor er fortfuhr: «Die Menschen des Westens haben einen unseligen Hang, an anderen herumzukritteln.»

Nachdem ich mich bereit erklärt hatte, nach Kalimantan Tengah zu gehen, rief Sinaga seine rechte Hand herbei, den schlanken und etwas gebeugt gehenden Mr. Sugito. Er machte einen zurückhaltenden und unauffälligen Eindruck. Sinaga war wie alle Batak herzlich und offen heraus, Sugito hingegen verkörperte die bei Javanern übliche Zurückhaltung und Ehrerbietung. Solange Sinaga, Rod und ich sprachen, sagte er kein Wort. Später sollte ich erfahren, daß sich hinter seinem Schweigen beachtliche Tatkraft, unendliche Geduld und intime Kenntnis der Verwaltung und der lokalen Bräuche verbargen.

Sugito sollte uns nach Tanjung Puting begleiten und alle für unsere Reise nötigen Vorkehrungen treffen. Da er aber zuvor anderen Verpflichtungen in Bogor nachzukommen hatte, mußten wir uns in Geduld üben.

Wieder fühlte ich mich in eine Zeit-Verwerfung gestoßen – nun war ich Borneo so nahe und mußte immer noch warten. Zwar lebten die Orang-Utans auf der Nachbarinsel, doch hatte ich mit jedem Tag, der verging, den Eindruck, als entglitten sie mir. Statt lebende Orangs zu beobachten, mußte ich mich damit begnügen, im Naturkundemuseum von Bogor die Sammlung von Orang-Utan-Skeletten und

-Fellen zu betrachten. Ich hatte abends Angst vor dem Einschlafen, weil ich fürchtete, der Traum werde enden und ich in Los Angeles erwachen.

Um die Zeit zu nutzen, kauften Rod und ich auf den Märkten Vorräte ein. Eines Tages erwarben wir aus Neugier eine Durian. Von dieser annähernd volleyballgroßen Frucht hatte ich gehört, daß die Orang-Utans sie mit Vorliebe verzehren. Ihre Schale ist mit spitzen Stacheln besetzt, so daß sie wie ein Morgenstern aus dem Mittelalter aussieht. Wenn die Frucht reif ist, platzt sie auf, und das gelbe, weiche Fruchtfleisch, in das große, harte Samen eingebettet sind, quillt heraus. Die übliche Beschreibung der Durian – «sie schmeckt himmlisch und riecht teuflisch» – stimmte nur zur Hälfte. Der Wunsch, davon zu essen, schien mir mit der Vorstellung vergleichbar, mit einem Stinktier auf meinem Kopfkissen zu schlafen. So durchdringend war der Gestank der Frucht, daß ich schon Kopfschmerzen bekam, als wir sie öffneten, und so gaben wir den Rest schleunigst dem Koch. Man muß sich daran gewöhnen; erst viel später war ich in der Lage zuzugeben, daß es sich tatsächlich um die Königin der Früchte handelt.

Während sich die Tage des erzwungenen Wartens dahinschleppten, bekam ich allmählich einen Einblick in das Verhältnis der Indonesier zu dieser Zeit. Ungeduld zu zeigen ist ebenso sinnlos wie der Versuch, auf eine rasche Erledigung zu drängen. Man hält die Zeit für ein in unendlicher Menge vorhandenes Gut. Da sie nie zu Ende geht und stets genug davon zur Verfügung steht, bedeutet sie wenig. Abgesehen von Angehörigen der Armee sind Indonesier nicht bereit, sich dem Diktat der Uhr zu beugen. Das bedeutet nicht, daß sie grundsätzlich zu spät kämen, sondern einfach, daß man nie weiß, wann etwas geschieht. Indonesien ist das einzige Land, in dem ich je erlebt habe, daß eine planmäßige Linienmaschine zwei Stunden zu früh abflog. Wird ein Indonesier zu einer Veranstaltung eingeladen, fragt er höflich: «Militärzeit oder Gummizeit?»

Nach zwei Wochen, die sich endlos dehnten, verließen wir Bogor und flogen über die Javasee nach Borneo, im Jahre 1971 ein äußerst rückständiges Gebiet. Als wir uns vor unserer Abreise aus Amerika bei der indonesischen Botschaft in Washington erkundigt hatten, zeigte sich, daß nicht einer ihrer Mitarbeiter je auf der Insel gewesen war. Niemand konnte uns sagen, ob die Kopfjägerei dort noch üblich sei.

Unser gesamtes Wissen stammte aus Büchern, die Forscher und Abenteurer um die Jahrhundertwende verfaßt hatten. Es war so ähnlich, als beziehe man bei einer Reise nach Arizona sämtliche Informationen aus Berichten einer Zeitung des 19. Jahrhunderts über Apachenüberfälle. In mancher Hinsicht waren diese frühen Angaben durchaus noch gültig. Im Inneren Borneos war die Zeit stehengeblieben. Nach wie vor gingen Männer im Lendenschurz mit Blasrohren auf die Jagd; Frauen mit tief herabhängenden Ohrläppchen trugen ihre Säuglinge wie eh und je in Rückentragen. Obwohl die Kopfjägerei allem Anschein nach nicht mehr ausgeübt wird, sind Knochensäuberungs-Zeremonien noch immer an der Tagesordnung. Dabei werden die Knochen Verstorbener exhumiert, gesäubert und nach vielem Tanzen, Trinken und Singen wieder beigesetzt.

Nach Grönland und Neuguinea ist Borneo die drittgrößte Insel auf der Erde und mit einer Fläche von fast 750 000 Quadratkilometern gut doppelt so groß wie Deutschland, so daß man sie beinahe als kleinen Kontinent ansehen könnte. Geologisch gehören Borneo und Sumatra, die einzige weitere Insel, auf der noch Orang-Utans in freier Natur leben, zum Malaiischen Archipel, jener Inselkette, die sich zwischen Asien und Australien über den Äquator erstreckt. In das nördliche Drittel der Insel Borneo, deren Name eine anglisierte Form von «Brunei» ist, teilen sich das winzige unabhängige Sultanat Brunei Darussalam, das reich an Öl ist, sowie die Staaten Sarawak und Sabah, die zum heutigen Malaysia gehören. Die übrigen zwei Drittel, die zu Indonesien gehören, heißen in der Landessprache «Kalimantan». Niemand weiß so recht, woher dieser Name kommt. Manche vermuten, er bedeute «Fluß der Edelsteine» oder «Fluß der Diamanten» (es gibt in einigen Gegenden reiche Diamantvorkommen), andere wieder meinen, es heiße «Land der vielen Flüsse». Unterteilt ist Kalimantan in die vier Provinzen West-, Süd-, Ost- und Mittelkalimantan. Das Schutzgebiet, in dem ich meine Arbeit aufnehmen sollte, liegt auf einer großen Halbinsel Mittelkalimantans, die in die Javasee vorspringt.

Unser Flugzeug landete in Banjarmasin, der Hauptstadt Südkalimantans. Diese alte, von Kanälen und Flüssen durchzogene Stadt, deren Häuser auf Pfählen stehen und die durch ihre schwimmenden Märkte bekannt ist, liegt an den Ufern des sich windenden Flusses Martapura, der in den sehr viel breiteren Barito mündet. Am nächsten Tag fuhren wir mit einem Langboot flußaufwärts nach Palangkaraya, der Provinzhauptstadt von Kalimantan Tengah, und anders als Banjarmasin eine neue Stadt mit Betonbauten und gepflasterten Straßen, die 1957 auf Anordnung des damaligen indonesischen Präsidenten Sukarno erbaut wurde. Kalimantan Tengah ist als Dajak-Provinz bekannt, weil ihre Gründung auf Betreiben der Dajak erfolgte, die sich aus der vorwiegend von Melayu bewohnten Provinz Südkalimantan gelöst hatten. Die Provinzverwaltung von Kalimantan Tengah lag in den Händen von zwei Dajak, doch waren viele der von der Zentralregierung dorthin entsandten Beamten Javaner.

Nach einer kurzen Begegnung mit dem Dajak-Gouverneur wurden wir Mr. Widajat vorgestellt, dem für die Provinz zuständigen Leiter der Forstverwaltung. Dieser, ein hochgewachsener Javaner mit kantigem Gesicht, strahlte vor Freundlichkeit, nahm aber seine Stellung und Aufgaben offenkundig ernst. Bei unserer ersten Begegnung legte er Karten des Reservats Tanjung Puting auf den Tisch. In der Zentralverwaltung der P. P. A. in Bogor hatte uns Sinaga gesagt, das Schutzgebiet umfasse rund dreitausend Quadratkilometer. Nicht nur hatte es auf Widajats Karten die Größe einer Briefmarke, auch in der Wirklichkeit war es auf weniger als ein Drittel seiner ursprünglichen Größe zusammengeschrumpft und umfaßte nur noch neunhundert Quadratkilometer. Schlimmer noch, Widajat wies auf mehrere Stellen innerhalb des Schutzgebiets, für die man Konzessionen zum Abholzen vergeben hatte. Entsetzt wandte ich mich an Sugito, der schweigend dabeisaß.

«Was heißt das?» fragte ich ungläubig.

Sugitos Gesichtsausdruck blieb unverändert, und er murmelte: «Darüber reden wir später.»

Ich konnte mich nicht beherrschen und sagte, zu Widajat gewandt: «Aber Mr. Sinaga hat uns gesagt, das Schutzgebiet umfasse mehr als dreitausend Quadratkilometer.»

Widajat lächelte mir freundlich zu und antwortete: «Nun, das hätte er gern.»

In meiner Naivität nahm ich an, die widersprüchlichen Angaben müßten auf einem Fehler beruhen. Kaum hatten wir den Besprechungsraum verlassen, fragte ich Sugito erneut. Er schien in keiner Weise besorgt. «Ich werde Mr. Sinaga Mitteilung davon machen, sobald ich wieder in Bogor bin», war seine einzige Reaktion auf meine Empörung. Es war die erste von zahlreichen Lektionen, die mir zeigten, daß die Dinge in Indonesien nicht immer so einfach sind, wie sie aussehen. Für einen Menschen aus dem Westen ist die Vorstellung undenkbar, daß ein Nationalpark auf einer Karte eine bestimmte Größe hat und – beim Übergang von der Zentralverwaltung zur Provinzverwaltung – auf einer anderen auf weniger als ein Drittel davon schrumpft. Ebenso unverständlich war, daß sich Sugito, ein hoher Beamter der Forstverwaltung, so wenig Gedanken über die Sache zu machen schien.

Im Gespräch mit Widajat und anderen Beamten lernte ich allmählich die Geschichte der Nationalparks kennen und erfuhr, wie man in Indonesien den Naturschutz handhabte. Das ihm zugrundeliegende System stammte aus der Zeit der niederländischen Kolonialherren, die zwei Arten von Reservaten geschaffen hatten: Naturschutzgebiete und Wildschutzgebiete. In den Naturreservaten – von denen es nur wenige gab – durfte niemand auch nur ein Blatt oder ein Steinchen anrühren. In den Wildreservaten, und zu ihnen gehörte Tanjung Puting, waren die Tiere geschützt, nicht aber ihr Lebensraum. So war es durchaus mit den Gesetzen vereinbar, in diesen Gebieten Bäume zur Holzgewinnung zu fällen oder Brandrodungs-Feldbau zu betreiben. Ein Tier aber, das durch Abholzen oder Abbrennen seines Lebensraums beraubt wird, kann nicht überleben. So konnte es nicht ausbleiben, daß Artenschutz und Naturschutz umstrittene Fragen waren.

Zur Zeit unserer Ankunft verschaffte niemand den zum Schutz der Tierwelt erlassenen Gesetzen Geltung. So hatte man beispielsweise Tanjung Puting einst ausdrücklich als Schutzgebiet für Nashörner, Orang-Utans und Nasenaffen ausgewiesen, doch waren die Nashörner bereits ausgestorben. Ihr Horn, das zu Pulver zerstoßen als Aphrodisiakum gilt, aber auch zur Behandlung von Fieberanfällen dient, war auf überseeischen Märkten, insbesondere in China und Singapur, äußerst begehrt. Davon, daß diese Tiere einst in großer Zahl im Schutzgebiet gelebt hatten, zeugten nur noch einige eingetrocknete Suhlen, in denen sich inzwischen Wildschweine wälzten. Auch die Orang-Utans und Nasenaffen waren in hohem Maße gefährdet. Andere im Schutzgebiet heimische Primaten (Gibbons, Languren, Koboldmakis und Plumploris) waren ebenso geschützt wie die nur auf Borneo vorkommenden Muntjaks (die auch als «Bellhirsche» bezeichnet werden). Malaienbären und die Reste von Herden wilder Banteng-Rinder wurden aber nach wie vor gejagt. Niemand kannte auch nur den ungefähren Bestand dieser Arten, ganz zu schweigen von solchen, die man nur selten zu Gesicht bekommt, wie beispielsweise der scheue und nachts jagende Nebelparder. Nicht einmal Vertreter der Naturschutzbehörde schienen überzeugt zu sein, daß man etwas für diese bedrohten Arten tun müsse.

In Palangkaraya begegneten wir zum erstenmal gefangenen Orang-Utans. 1971 waren westliche Besucher vergleichsweise selten, und so sprach sich unser Interesse an den Menschenaffen rasch herum. Die meisten Menschen schienen sich zu wundern, daß jemand eine so große Entfernung ausschließlich deshalb zurücklegte, um einen Orang zu sehen, taten aber ihr Bestes, uns gefällig zu sein, berichteten von eigenen Erlebnissen und machten uns auf Häuser aufmerksam, in denen man Orang-Utans als Haustiere hielt. Obwohl ich nur wenige zu Gesicht bekam, erhielt ich den Eindruck, daß gefangene Orang-Utans an der Tagesordnung waren. Der Anblick eines Jungtiers in einem kleinen, verdreckten Käfig, der im Hof eines Hauses stand, entsetzte mich.

«Verstößt die Haltung von Orang-Utans nicht gegen das Gesetz?» fragte ich Sugito.

«Gewiß», erklärte er freundlich.

«Warum unternimmt dann die Forstverwaltung nichts? Warum beschlagnahmt die P.P.A. gefangene Orang-Utans nicht?»

Er antwortete nicht sogleich, doch der Blick, den er mir zuwarf, bedeutete vermutlich, daß er mich für unfaßbar naiv hielt.

«Warum sie keine gefangenen Orang-Utans beschlagnahmt?» wiederholte er und gab schließlich achselzuckend zur Antwort: «Vielleicht wird sie das eines Tages tun.»

Während ich innerlich vor Wut schäumte, betrachtete er die gefangenen Orang-Utans mit wohlwollenden Blicken und tauschte mit ihren Besitzern Artigkeiten aus. Ich kam mir ein wenig vor wie Alice im Wunderland, wo nichts so ist, wie es aussieht.

Zu den ersten gefangenen Tieren, denen ich begegnete, gehörte ein junges Weibchen namens «Cempaka». Ihre Halter waren ein pensionierter Forstbeamter und dessen Frau, die in ihr offensichtlich einen Ersatz für ihre erwachsenen Kinder sah, die nicht mehr im Elternhaus lebten. Das Tier schlief nachts unter einem Moskitonetz bei der Frau im Bett, wurde einen großen Teil des Tages über umhergetragen, wie ein Kind gehätschelt und nahm seine Mahlzeiten mit der Besitzerin ein. Im

Ramadan, dem Fastenmonat der Moslems, bekam es wie die anderen Familienmitglieder von der Morgen- bis zur Abenddämmerung nichts zu essen. Wenn die Frau etwas zu erledigen hatte, mußte es in den Käfig, da es nicht stubenrein war und im Haushalt oft großen Schaden anrichtete.

Bei unserer Ankunft befand sich Cempaka im Käfig. Meinem Wunsch, das Tier außerhalb des Käfigs zu sehen, kamen die Besitzer gern nach. Es kostete den Mann nahezu eine Viertelstunde, bis er den Käfig von allen Sicherungseinrichtungen befreit und geöffnet hatte. Das Gewirr von Drähten, Bändern und sonstigen Verschlüssen, das Cempaka daran hindern sollte, den Käfig zu verlassen, ähnelte einer Tinguely-Maschine, nur ohne Räder und lärmerzeugende Einrichtungen. Der Eigentümer erklärte, gewöhnliche Schlösser und Ketten zu öffnen sei für einen Orang-Utan ein Kinderspiel.

Kaum hatte er Cempaka freigelassen, als sie die höchste Kokospalme im Hof erkletterte und nicht mehr herunterkommen wollte. Mit meinen wenigen Brocken Indonesisch versuchte ich zu erklären, daß sie bei ihren Artgenossen in der freien Natur leben sollte. Die Eigentümer schienen mich nicht zu verstehen. Ich wußte nicht, ob das an meinen geringen Sprachkenntnissen lag oder ob ihnen der Gedanke nicht in den Kopf wollte, daß auch Tiere ihre eigenen Bedürfnisse haben.

Als wir Cempaka kennenlernten, hatten wir keine Vorstellung vom Ausmaß des Problems. Später erfuhren wir, daß sich unter den Haltern von Orang-Utans nicht nur Angehörige der oberen Mittelschicht, sondern sogar Regierungsbeamte befanden. Offenkundig war in Kalimantan der Besitz eines Menschenaffen ein Statussymbol. Der einzige höhere Regierungsvertreter in Palangkaraya, der keinen Orang hielt, war der Gouverneur selbst, ein Dajak. Zwar besaß er ein Ingenieurdiplom, war aber in einem Langhaus im Landesinneren zur Welt gekommen und im Wald aufgewachsen. Sicherlich sah er in Orang-Utans etwas Alltägliches, vielleicht sogar ein Symbol des technisch rückständigen Lebens, das er hinter sich gelassen hatte.

Bevor wir von Palangkaraya aufbrachen, fügte Widajat unserer Gruppe ein weiteres Mitglied bei, Mr. Heurybut, einen Forstbeamten, der kurz zuvor Teile des Reservats von Tanjung Puting besichtigt hatte, um festzustellen, wieviel Holz man dort noch schlagen konnte. Er war außerdem bildender Künstler; von ihm stammten die Flachreliefs mit Bäumen und Tieren auf den Außenwänden von Widajats Bürogebäude. Obwohl wir wenig miteinander gesprochen hatten, war mir Heurybut sogleich sympathisch.

Nachdem wir uns von Widajat verabschiedet hatten, flogen wir nach Pangkalanbuun, der dem Reservat von Tanjung Puting nächstgelegenen Stadt, die über einen Flugplatz verfügt. Sie lag am Fluß Arut nahe der Südküste, war damals eine verschlafene Kleinstadt von rund zehntausend Einwohnern und erinnerte mich an den alten Wilden Westen. In der Trockenzeit waren die Straßen staubbedeckt und in der Regenzeit schlammig. Die wenigen Läden in der Stadt führten lediglich Ölsardinen, aus der Volksrepublik China eingeführte Schweinshaxen in Dosen und abgepackte Nudeln. Ein kleiner Teil der landwirtschaftlichen Produkte der Gegend wurde täglich auf einem Markt nahe dem Fluß an Ständen angeboten. In der ganzen Stadt gab es lediglich sechs oder sieben Geländefahrzeuge, einige uralte Lastwagen und ein halbes Dutzend Motorräder.

Am Flugplatz holte uns eine Abordnung von Forstbeamten aus der Umgebung ab, die neben dem Flugfeld Aufstellung genommen hatten. Offensichtlich waren sie von Sugitos hoher Position beeindruckt. Sie schüttelten uns die Hand, nahmen unser Gepäck und brachten uns in die für wichtige Gäste vorgesehene Unterkunft.

Bevor wir uns dort häuslich einrichteten, statteten wir dem *bupati* einen Höflichkeitsbesuch ab. Dieses Amt geht noch auf die Zeit vor der Kolonialherrschaft zurück. Ursprünglich war der *bupati* Beamter des herrschenden Sultans; heute untersteht er dem Provinzgouverneur. Ganz Indonesien ist in Bezirke *(kabupaten)* unterteilt. Innerhalb eines solchen Bezirks übt ein *bupati* beträchtliche Macht aus. Noch vor zwanzig Jahren galt es als selbstverständlich, daß sich jeder Neuankömmling dem *bupati* vorstellte, ihm den Grund seiner Anwesenheit erklärte und seine Billigung einholte. Er konnte ausweisen lassen, wen er wollte, ob Wissenschaftler oder Tourist, ohne daß er jemandem darüber hätte Rechenschaft ablegen müssen.

Zur Zeit unserer Ankunft bekleidete ein einstiger Major der indonesischen Armee von der kleinen Insel Madura das Amt des *bupati*. Die Bewohner dieser Insel sind Seefahrer und in ganz Indonesien für ihre Gastfreundschaft, ihr Ehrgefühl, ihre Loyalität zum eigenen Clan und ihre Fehden bekannt. Es heißt, wer sich mit einem Bewohner Maduras anlegt, müsse schließlich gegen dreißig kämpfen. Major Rafi war der erste amtliche Vertreter, dem wir begegneten, der nicht Englisch

Eine Mutter teilt Nahrung mit ihrem Kind

Rod Brindamour,
B. Galdikas' erster Mann,
und die Autorin bei einem
Besuch in den USA
in den siebziger Jahren

◁ Eine aufrecht stehende Orang-Frau in Camp Leakey

sprach. Obwohl das Gespräch kurz war und er unsere Absichten nicht genau zu verstehen schien, hieß er uns willkommen.

Nachdem wir uns durch unser protokollgerechtes Verhalten freie Bahn geschaffen hatten, kehrten wir in unser Zimmer im Gästehaus der Regierung zurück. Von den Wänden des großen Raums blätterte die weiße Farbe, und die Vorhänge an den hohen Fenstern waren so knapp bemessen, daß neugierige Passanten ohne weiteres hineinschauen konnten. Der Bau sprang zum Teil über den Fluß Arut vor; durch zahlreiche Löcher im Holzfußboden konnten wir auf das unter uns fließende Wasser blicken. Als Toilette diente ein kleiner Verschlag außerhalb des Hauses, der unmittelbar über dem Fluß stand. Dieser war zugleich die öffentliche Badestube, und ungläubig sah ich, wie sich Menschen wenige Meter von unserem Abort entfernt unbekümmert wuschen und die Zähne putzten.

Trotz dieser nach unseren Maßstäben unhygienischen Zustände dürften die Indonesier das reinlichste Volk der Erde sein, denn sie baden zwei- oder dreimal täglich. Das Baden kann man fast als nationale Leidenschaft bezeichnen. Ich hingegen blieb in den wenigen Tagen, die wir in Pangkalanbuun verbrachten, ungewaschen, denn es gab keinerlei Privatsphäre.

Während unseres Aufenthalts in Pangkalanbuun besuchte uns der ortsansässige römisch-katholische Priester, ein Deutscher. Er und seine Schwester, eine Nonne, waren weit und breit die einzigen ständig ansässigen Europäer. Da sein Englisch nicht besonders gut war und wir nicht Deutsch sprachen, unterhielten wir uns in einem sonderbaren Gemisch aus Englisch und Indonesisch.

Offenkundig hatte er uns eine dringende Mitteilung zu machen. Nachdem wir lange in Wörterbüchern nachgeschlagen hatten, verstanden wir, daß er «rote Zwiebeln» meinte. Er machte sich ernsthaft Sorgen, daß wir unvorbereitet in den Regenwald gehen und dort verhungern könnten. Viele Menschen stellen sich unter Urwald ein tropisches Paradies vor, in dem Ananas, Bananen, Papayas und so weiter nur darauf warten, gepflückt zu werden. Doch obwohl der Regenwald den Eindruck üppiger Fruchtbarkeit macht, gibt es für Menschen dort kaum etwas zu essen. Daher hat man die Tropen auch ein «falsches Paradies» genannt. Der Priester wollte uns erklären, daß man mit Hilfe roter Zwiebeln und einiger Gewürze aus dem weißen Reis, der in Asien nicht nur die Stelle von Brot und Kartoffeln vertritt, sondern das einzige jederzeit erhältliche Nahrungsmittel ist, eine schmackhafte Mahlzeit zubereiten könne.

Unterdessen gab der Leiter der Forstbehörde in Pangkalanbuun unserer immer mehr anwachsenden Eskorte mit Mr. Yusuran noch einen weiteren Beamten bei. Außerdem bestand seine Behörde darauf, daß sie alle Vorkehrungen für unsere Fahrt nach Tanjung Puting selbst traf. Ich konnte es kaum abwarten, endlich die letzte Etappe unserer Reise in die großen Wälder anzutreten.

Einige Tage später wurden unsere Vorräte auf ein Geländefahrzeug der Forstverwaltung geladen, und unsere – inzwischen fünf Personen umfassende – Gruppe fuhr nach Kumai. Obwohl dieser Ort lediglich fünfzehn Kilometer von Pangkalanbuun entfernt liegt, dauerte die Fahrt dorthin fünf Stunden, da sich die unbefestigte Straße in unwegsamen Schlamm verwandelt hatte.

Auf Borneo lassen sich Entfernungen nicht in Kilometern messen. Es gibt nur wenig trockenes Land. So reist man statt zu Fuß oder mit Radfahrzeugen meist mit Booten, und daher sind die Flüsse die eigentlichen Verkehrsadern des Landes. Da Pangkalanbuun und Kumai an zwei verschiedenen Flüssen liegen, hätten sie sich ebensogt auf verschiedenen Erdteilen befinden können. Von Pangkalanbuun aus führt der Fluß ins Landesinnere, und von dort aus geht es ins weit entfernte Herz Borneos weiter, wo die Dajak leben. Das an der Küste gelegene Kumai ist als Ansiedlung von Fischern und Bootsbauern zur See hin orientiert und hat daher mit Orten im Landesinneren und der dort herrschenden Kultur nur wenig zu tun.

Auch in anderer Hinsicht lagen Welten zwischen Pangkalanbuun und Kumai. Weil Pangkalanbuun *kabupaten*-Hauptstadt ist, also Sitz der Bezirksregierung, lebten dort außer Beamten von Java, Madura, Sulawesi (Celebes) und anderen Inseln des Landes auch Dajak aus dem Inneren von Borneo, chinesische Kaufleute und Küstenmalaien, die als Melayu bezeichnet werden. Wer durch die Stadt ging, hörte nicht nur das Indonesische, sondern auch ein Dutzend anderer im Lande üblicher Dialekte. Moslems, Katholiken, Protestanten, Hindus, Buddhisten und Anhänger von Naturreligionen waren bunt gemischt. Im Gegensatz dazu bestand die Bewohnerschaft Kumais in jenen Jahren ausschließlich aus moslemischen Melayu. Sie bilden eine eigenständige ethnische Gruppe, deren Angehörige inzwischen auch in Dörfern an den Küsten Borneos leben. Ihre von der Malaienhalbinsel stammenden

Vorfahren waren stark von den arabischen Reisenden beeinflußt worden, die im 14. Jahrhundert den Islam nach Indonesien gebracht hatten, und so sind die Melayu bis auf den heutigen Tag orthodoxe Moslems.

Wohl hatte man uns in Pangkalanbuun angestarrt, doch in Kumai sammelten sich geradezu Menschentrauben um uns. Vermutlich waren wir seit der Kolonialzeit die ersten Menschen aus dem Westen.

In Kumai stieß noch ein weiteres Mitglied zu unserer Gruppe. Der Mann wurde uns nicht mit Namen vorgestellt, es hieß lediglich, er sei unser Koch. Später erfuhren wir, daß er mit Nachnamen Hamzah hieß. Ohne uns zu fragen, ob uns an einem Koch oder irgendwelchen anderen Haushaltshelfern lag, nahm man einfach als selbstverständlich an, daß wir Begleitung wünschten. In Indonesien reist niemand allein. Den Menschen dort fiele das ebensowenig ein, wie in Los Angeles jemand auf den Gedanken käme, zu Fuß zum Supermarkt zu gehen. So stieß also auf jeder Etappe unserer Reise ein weiteres Mitglied zu unserer Gruppe: in Palangkaraya der Forstbeamte Heurybut, in Pangkalanbuun Yusuran, ebenfalls Forstbeamter, und zu guter Letzt in Kumai unser Koch Hamzah.

Endlich luden wir unser Hab und Gut mitsamt den Vorräten auf zwei Schnellboote, die unsere Gruppe nach Tanjung Puting bringen sollten. Mir kam der Aufbruch von Kumai nach all den Jahren des Planens, Träumens und Wartens in Nordamerika, nach den sich lange hinziehenden feuchtheißen Wochen in Indonesien fast plötzlich vor.

Wir folgten dem breiten, brackigen Kumai-Fluß mit der Strömung südwärts in Richtung auf die Javasee, wandten uns dann nach links in die Mündung des Sekonyer, dessen beide Ufer dicht von Nipapalmen bestanden waren. Dieser Schwarzwasserfluß hat die Farbe verdünnter Cola. Etwa fünfzehn Kilometer flußaufwärts weichen die massigen Wände der Nipapalmen, die zu ihrem Gedeihen salzhaltiges Wasser brauchen, den hohen Bäumen und dem Lianengewirr des tropischen Regenwaldes.

Knapp zwei Kilometer nachdem wir die letzten Nipapalmen gesehen hatten, erreichten wir in einem Gebiet mit Namen Tanjung Harapan das von einigen hundert Melayu bewohnte Dorf Sekonyer. Damals lag es innerhalb des Schutzgebiets von Tanjung Puting und bestand aus einer Ansammlung kleiner Hütten. Sie waren auf Pfählen errichtet, nicht nur, um Feuchtigkeit und Schlangen fernzuhalten, sondern auch, um den Bewohnern Schutz vor den häufigen Überschwemmungen und – in früheren Zeiten – vor den Überfällen der Kopfjäger zu gewähren.

Gut zwanzig Kilometer hinter dem Dorf teilt sich der Fluß. Sein linker Arm, der Sekonyer Kiri, führt nordwestwärts zu Lagern und Dörfern, um die herum die Einheimischen später Gold wuschen. Zu jener Zeit waren es lediglich kleine Ansiedlungen von Brandrodungsbauern und Kautschukzapfern. Der rechte Flußarm, der Sekonyer Kanan, tritt in das Schutzgebiet ein und wird deutlich schmaler, während er sich nach Nordosten windet, bleibt aber tief. Die Vegetation an beiden Ufern ist so dicht, daß sie das Wasser nahezu verdunkelt. Wenn die Einheimischen den Wasserlauf nicht offenhielten, würde er unter seiner eigenen Vegetation ersticken. Der für meine Station vorgesehene Standort lag ungefähr acht Kilometer flußaufwärts.

Der Führer des Schnellboots jagte förmlich den Fluß hinauf und umrundete die Krümmungen mit todesverachtender Geschwindigkeit. Von Zeit zu Zeit tauchte der Bootsrand ein, so daß Wasser überschwappte. Ich befürchtete, daß das Forschungs- und Schutzprojekt für Orang-Utans auf dem Grunde des Sekonyer enden würde, bevor es angefangen hatte. Es gab keine Rettungswesten an Bord, und ich stellte mir vor, wie wir alle, reichlich mit roten Zwiebeln gewürzt, ein Festmahl für Krokodile abgaben.

An der Stelle, wo sich der Sekonyer in die Zweige Kanan und Kiri gabelt, stiegen wir auf zwei kleine Einbäume um, die urplötzlich am Ufer erschienen. Unseren steuerte ein schweigender Melayu; Rod und ich paddelten abwechselnd. Es regnete unablässig. Während eines großen Teils der Fahrt saß ich pitschnaß vorgebeugt in der Mitte des Bootes und versuchte erfolglos, Rod und mich mit einem Regenschirm zu schützen. Lautlos glitt der Einbaum durch einen unheimlich wirkenden, dunklen und allem Anschein nach endlosen Wald. Ich sah im grauen Regen keinerlei Tiere, nicht einmal Vögel. Selbst die gelegentlich am Ufer auftauchenden Hütten wirkten verlassen. Der Wald war völlig still, eine undurchdringliche pflanzliche Festung.

Dann öffnete sich mit einem Mal hinter einer Biegung der Fluß zu einem breiten See, hohe, einzelne Bäume stiegen majestätisch aus dem Dunst empor, fast, als schwebten sie über Wasser. Unser Einbaum glitt in einen zweiten und einen dritten See und wandte sich dann zur Seite; der Steuermann suchte am morastigen Flußufer einen Anlegeplatz.

Wir waren endlich in Camp Leakey, wie ich die Forschungsstation später nannte, angekommen.

Es gab eine kleine Hütte ähnlich jenen, an denen wir im Regen vorübergekommen waren. Ihre Wände bestanden aus Baumrinde, und das Dach war mit Palmwedeln gedeckt. Holzfäller hatten sie errichtet und etwa ein Jahr zuvor aufgegeben. Sie war in so schlechtem Zustand, daß Rod Wochen später sagte, er sei mehr oder weniger überzeugt gewesen, daß ich nach einem Blick darauf verlangen würde, nach Kumai zurückzukehren. Doch er hatte sich geirrt. Nach den Stunden, die wir im Regen auf dem Fluß zugebracht hatten, war sie mir ein willkommenes Obdach. Das wichtigste aber war, daß ich endlich den Regenwald erreicht hatte, die Heimat der Orang-Utans. Außerdem nahm ich an, die Hütte werde uns nur behelfsmäßig als Unterkunft dienen; sicherlich würden wir uns bald einen festen Bau aus Holz errichten.

Eilends brachten wir unsere Habseligkeiten vor dem Regen in Sicherheit. Am Abend ging die Sonne rasch unter. Nach einer Weile hörten wir die Stimmen von Wanderfeldbauern. Fetzen ihrer traurigen, nahezu klagenden Lieder kamen über den See, vermischten sich mit dem Gesang der Zikaden und ließen die Nacht beinahe mystisch wirken.

Die Männer bereiteten im Dunkeln ein Gericht aus Reis und gebratenen Sardinen zu – mit roten Zwiebeln gewürzt. Aber meine Hochstimmung und meine Müdigkeit hinderten mich gleichermaßen daran, etwas zu essen. Ich schlief auf einer abgewetzten Schilfrohrmatte ein, vom Regen und dem Bewußtsein in den Schlaf gewiegt, meinen Bestimmungsort erreicht zu haben.

Sugito teilte mir später mit, am Abend jenes 6. November 1971 habe ein Orang-Utan-Mann ausdauernd und wiederholt aus der Ferne gerufen.

Am nächsten Tag begannen wir uns in der primitiven Hütte einzurichten. Die «Behelfsunterkunft», von deren Wänden die schokoladenbraune Baumrinde abblätterte, sollte mehrere Jahre hindurch unser Zuhause sein. Sie besaß nur ein einziges, kleines Fenster, und so lag ihr Inneres ständig im Halbdämmer. Auf einer Seite war eine Art Vorraum abgeteilt; auf der anderen lagen ein großer Raum mit offenen Deckenbalken und ein kleinerer Lagerraum oder *gudang*, der mit einer

Bohlendecke nach oben abgeschlossen war. Wir legten eine Matratze auf die Art Dachboden, der den oberen Abschluß des *gudang* bildete, und hatten damit sozusagen ein Hochbett.

In meiner ersten Woche in Tanjung Puting kam ich mir vor wie eine Strafgefangene. Jahrelang hatte ich davon geträumt, auf der Suche nach Orang-Utans «allein mit der Natur» durch den Regenwald zu streifen, und nun war ich mit fünf Männern in eine winzige, stickige Hütte gesperrt. Eine Art Privatsphäre hatte ich erst nach Sonnenuntergang, wenn das Licht der aus kleinen Sardinendosen hergestellten Öllämpchen den größten Teil der Hütte im Dunkeln ließ, so daß ich mich in den Schatten zurückziehen konnte.

Meine indonesischen Begleiter waren weder bereit, mich allein noch mit Rod irgendwohin gehen zu lassen, verspürten aber auch keine besonders große Lust, mich zu begleiten. Sie erklärten, was da so geheimnisvoll und verlockend vor der Tür leuchte, sei nicht Wald, sondern Moorgebiet, *rawa*. Wenn man sie darüber sprechen hörte, konnte man glauben, *rawa* sei das furchterregendste Wort in der indonesischen Sprache.

An unserem ersten Vormittag führten uns Sugito und die Forstbeamten über offenes Gelände zu einem fast zwei Kilometer entfernten Waldstück. Ich erinnere mich, wie ich über riesige gestürzte Stämme kletterte und mich verzweifelt anstrengte, mit den Männern Schritt zu halten. Sie alle, auch Rod, schienen in glänzender körperlicher Verfassung zu sein. Es sah ganz so aus, als hätten sie ihr Leben lang nichts anderes getan, als durch diesen Wald zu ziehen. Stolz hatte Louis Leakey allen möglichen Leuten verkündet, ich trainierte am Trapez und Trampolin für die körperlichen Belastungen, die im tropischen Regenwald auf mich warteten. In der ersten Woche dort wünschte ich, ich hätte es getan. In Wirklichkeit hatte ich lediglich lange Spaziergänge unternommen – damals war in Amerika das Joggingfieber noch nicht ausgebrochen – und gelegentlich Kurse für modernen Tanz besucht. Noch bevor wir den Wald erreichten, war ich in Schweiß gebadet.

Den größten Teil jener Woche allerdings verließen wir die Hütte kaum. Unsere Ankunft fiel in die Regenzeit. Gewöhnlich regnete es den ganzen Tag, und sofern es einmal morgens noch nicht regnete, dann bestimmt am Nachmittag. Unsere indonesischen Begleiter schienen eine unerklärliche Angst vor dem Regen zu haben, die ich erst nach

Jahren verstand. Auch hatte ich den Eindruck, daß sich meine Begleiter entsetzlich vor den Blutegeln fürchteten, die mit dem Regen kamen. Ich sehe noch vor mir, wie Heurybut, der junge Forstbeamte aus Palangkaraya, mit einem Taschentuch und einem Ausdruck äußersten Ekels die Blutsauger von seinem Hosenbein ablas. Sugito, der zuvor so sanftmütig und entgegenkommend gewirkt hatte, drang darauf, daß wir von Ausflügen in den Wald unbedingt bis elf Uhr morgens zurückkehren müßten, um den gefürchteten Regen zu vermeiden.

Da die Dunkelheit erst gegen sieben Uhr abends hereinbrach, mußten wir täglich acht Tageslichtstunden in der Hütte oder ihrer unmittelbaren Umgebung verbringen. Nachmittags kamen wir uns auf diesem engen Raum ständig in die Quere, außerdem gab es keinerlei Mobiliar. Nachdem wir mehrere Tage auf dem Fußboden gesessen hatten, knüpften Rod und ich unsere in Singapur aus überschüssigen Armeebeständen erworbenen Hängematten an die Stützbalken der Hütte. So hatten wir es vergleichsweise bequem, langweilten uns aber entsetzlich. Der einzige Lesestoff, den ich mir mitzubringen gestattet hatte, waren zwei Hefte der Zeitschrift *National Geographic*, deren Hauptartikel die Arbeiten Jane Goodalls und Dian Fosseys zum Gegenstand hatten, sowie ein Buch über die Schlangen Malaysias, das ich in Singapur antiquarisch gekauft hatte. Wir warteten auf den unvermeidlichen Regen, entzündeten unser Räucherwerk zur Abwehr der Moskitos, versuchten unsere nasse Kleidung zu trocknen, aßen Reis mit Sardinen und gingen dann schlafen.

Unsere vier indonesischen Gefährten waren trotz der Beengtheit stets guter Dinge. Sie plauderten miteinander, machten längere Nikkerchen, wuschen ihre Kleidung und plauderten erneut auf indonesisch. Wenn sich unsere Blicke begegneten, lächelten sie, doch fiel es mir immer schwerer, ihr Lächeln zu erwidern.

Eines Tages war ich mit Heurybut allein. Als hätte er auf diese Gelegenheit gewartet, setzte er sich sogleich hin, beugte sich mit einem Gesichtsausdruck, in dem sich Besorgnis mit Neugier mischte, zu mir vor und fragte auf englisch: «Haben Sie eigentlich keine Angst?»

«Wovor?» fragte ich ein wenig verärgert.

«Ganz allein wilde Orang-Utans zu beobachten.»

«Nein, warum sollte ich?» wollte ich wissen.

«Sie sind eine junge Frau. Es könnte gefährlich sein.» Es schien ihm sehr ernst zu sein. «Wissen Sie», fuhr er fort, «manchmal nehmen Orang-Utans Frauen mit in die Bäume hinauf und vergewaltigen sie.»

Ich wußte nicht, was ich sagen sollte. Welchen Unsinn diese Leute glauben, dachte ich bei mir. Schließlich sagte ich, um eine diplomatische Antwort bemüht: «Nun, das ist schon möglich. Aber ich habe keine Angst.»

Heurybut blickte zweifelnd, sagte aber nichts mehr. Er ging hinaus und überließ mich meinen Gedanken über eine Frage, die in Büchern über Primatenkunde nicht vorkommt. Als ich später Rod von dem Gespräch berichtete, lachten wir beide über die Leichtgläubigkeit der Einheimischen. Wie konnte Heurybut, der immerhin einen Studienabschluß vorzuweisen hatte, glauben, daß männliche Orang-Utans Frauen vergewaltigten!

Gegen Ende der Woche ruhten Sugito und ich uns an einem der seltenen sonnigen Vormittage nach einem Ausflug in den Wald aus. Wir saßen unter einem der Jackfruchtbäume, die neben dem Camp standen. Ich hätte ihn gern vieles gefragt, vor allem über in Gefangenschaft gehaltene Orang-Utans. Doch damals sprach ich noch kein Indonesisch, und Sugitos Englisch schien recht begrenzt. Auch fing er selten von sich aus ein Gespräch an. Doch diesmal begann er. Er sah ins Blattwerk empor und sagte: «Überlegen Sie nur: Eines Tages werden genau in diesem Baum freigelassene Orang-Utans sitzen. Und Sie werden sie freilassen.»

Ich war höchst erstaunt; das paßte überhaupt nicht zu ihm. Er hatte einen klar umrissenen Auftrag, und der lautete, dieses nordamerikanische Paar nach Kalimantan Tengah zu bringen, die beiden bei den richtigen Beamten einzuführen, ihnen ein paar Tips zu geben und sie wohlbehalten im Wald von Tanjang Puting abzuliefern. Dieser stille, umgängliche Mann war nicht auf Konfrontationen aus, denn er wußte, wie verzwickt die Situation des Naturschutzes in Indonesien war. Andererseits schien er zu verstehen, daß ich unbedingt etwas unternehmen wollte.

Mit seiner Aussage «Eines Tages werden genau in diesem Baum freigelassene Orang-Utans sitzen. Und Sie werden sie freilassen» gab er mir die Erlaubnis, das Programm zur Auswilderung gefangener Orang-Utans in Tanjung Puting in die Wege zu leiten, und bot mir seine Unterstützung an, während er sich zugleich für den Fall bedeckt hielt, daß etwas mißlang. Möglicherweise nahm er an, Außenstehende könnten mehr bewirken als Einheimische, da diese nicht in die politischen und wirtschaftlichen Auseinandersetzungen verwickelt waren. Außerdem würde ich als Ausländerin mehr Aufmerksamkeit erregen können.

Einen kurzen Blick hatte ich auf freilebende Orang-Utans bereits werfen können. Von unserem kleinen Einbaum aus hatte ich in der Nähe der Gabelung des Sekonyer einen roten Fleck gesehen, der sich rasch vom Fluß entfernte und dem ein kleinerer orangefarbener Fleck folgte: eine Orang-Mutter mit ihrem Jungen. Sie waren unter das Blätterdach gestiegen, so hoch sie konnten, und hatten uns kreischend und johlend mit Ästen beworfen. Ich hatte an Land gehen wollen, um die beiden besser sehen zu können, Heurybut war aber dagegen gewesen. Vermutlich hatte er recht. Ohne irgendeine Art von Weg und ohne Ausrüstung war es unmöglich, fliehende Orang-Utans durch das bis zu den Achseln reichende Moor zu verfolgen.

Trotzdem ergriff mich ein Hochgefühl. Es mochte schwierig sein, diesen scheuen roten Menschenaffen zu folgen und sie zu beobachten, aber immerhin hatte ich welche gesehen und damit die zweifelnden Professoren an der UCLA widerlegt, die mir vorausgesagt hatten, ich würde meine Studienobjekte erst gar nicht zu Gesicht bekommen. Ich wußte, daß die Orang-Utans da waren, wie seit Jahrhunderten und Jahrtausenden.

Nachdem sich Sugito seines Auftrags entledigt hatte, uns zu den Orang-Utans zu bringen, konnte er nach Bogor zurückkehren. Die erst einige Monate zuvor gegründete private Fluggesellschaft Bouraq Airlines flog jeden Samstagmorgen mit einer DC-3 von Pangkalanbuun, aber um welche Uhrzeit die Maschine ankommen oder starten würde, ließ sich nicht vorhersagen. Die Etikette gebot, daß wir alle Sugito zum Flugplatz begleiteten. So standen wir an jenem Freitagmorgen vor Sonnenaufgang auf, um mit dem Boot der Forstverwaltung, das am Vorabend eingetroffen war, nach Kumai zu fahren. Dort verbrachten wir die Nacht. Am nächsten Vormittag stieß der örtliche Forstbeamte zu uns, und alle gemeinsam fuhren wir mit einem Geländefahrzeug nach Pangkalanbuun. Am Flugplatz setzten wir uns auf eine harte Holzbank ohne Rückenlehne und versuchten, höfliche Konversation zu machen. Stunden vergingen, doch kein Flugzeug kam.

Schließlich sagte Sugito: «Sie brauchen nicht mit mir zu warten; Sie können ruhig nach Tanjung Puting zurückkehren.» Wir erhoben Einspruch, doch er ließ nicht locker. Sehr viel später erfuhren wir, daß der Arme eine volle Woche auf der harten Holzbank hatte sitzen müssen, denn die Maschine kam erst am folgenden Samstagmorgen.

In Pangkalanbuun verabschiedeten wir uns auch von Heurybut und fuhren mit Hamzah und Yusuran nach Kumai zurück. Als wir am Spätnachmittag das Boot zur Rückkehr nach Tanjung Puting bestiegen, erfuhren wir überrascht, Yusuran werde uns begleiten. Niemand hatte uns gesagt, daß die Forstverwaltung in Pangkalanbuun ihn für das Reservat Tanjung Puting abgestellt und ihn angewiesen hatte, uns auf jede ihm mögliche Weise zu unterstützen.

Meine deutlichste Erinnerung an die erste Zeit in Tanjung Puting ist die an Regen und Nässe. Camp Leakey lag nur etwa einen Meter über der Moorfläche in einer Waldlichtung. Rundum war Wasser. Unmöglich, das Lager zu Fuß zu verlassen. Um nach Kumai zu gelangen, mußten wir zwei Flüsse überqueren, den Sekonyer und den Kumai, letzterer so breit wie der Mississippi.

Der Untergrund des Waldgebiets, das an die Lichtung stieß, auf der unser Lager stand, war ein tropisches Torfmoor. Das abgefallene Laub und die abgestorbene Vegetation des Sumpfwalds verdichten sich am Boden, doch da es im nassen Untergrund keinen Sauerstoff gibt, verrottet die Masse nicht. Sie sammelt sich an und bildet eine Schicht, die in manchen Fällen eine Mächtigkeit von zwanzig Metern erreicht. Im Laufe der Zeit entsteht daraus Torf und nach Jahrmillionen Kohle; aus ihr können unter bestimmten Bedingungen theoretisch Diamanten werden. In dem Fall wären solche Moorwälder der eigentliche Ursprung der Edelsteine, die in Südkalimantan abgebaut werden.

In einem tropischen Torfmoor gibt es keinen wahrhaft festen Boden. Zwischen Riesenbäumen mit freiliegenden Wurzeln steht das Wasser in Tümpeln an der Oberfläche und sickert nur allmählich nach unten, wobei es die dunklen organischen Stoffe mitnimmt, die den Schwarzwasserflüssen ihren Namen geben.

Noch oft würde ich in den vor mir liegenden Tagen und Nächten bis zu den Achseln durch das saure, teefarbene Wasser waten und den Hals recken, um wenigstens einen Blick auf die Orang-Utans zu erhaschen, die unter dem Blätterdach der gewaltigen, dreißig Meter hohen Baumriesen dahinzogen. Trotz der Nähe des Äquators ließ mich die Kälte des Moorwassers, auf das nie die Sonne scheint, zittern, meine Finger und

Zehen wurden taub, meine Haut wurde vom ständigen Aufenthalt im Wasser runzlig und reagierte allergisch auf die darin enthaltenen Tannine und Giftstoffe.

Ein gänzlich anderer Lebensraum war der in der Ferne liegende tropische Heidewald. Er erhebt sich auf einer Schicht sehr dünnen, durchlässigen Bodens. Wegen ihrer geringen Fruchtbarkeit finden sich dort neben krüppeligen Bäumen auch offene Flächen, so daß der Wald kein durchgehendes Blätterdach aufweist. Werden diese Bäume gefällt, waschen die heftigen Regenfälle den größten Teil der Nährstoffe aus dem nunmehr freiliegenden Boden. Dieser verwandelt sich in Sand, auf dem kaum mehr als Riedgras wächst, ein Lebensraum, in dem sich vor allem Schlangen wohl fühlen. Der tropische Heidewald ist ein Vetter des tropischen Moorwalds, nur daß dort der Boden trocken ist. Beide finden sich häufig in unmittelbarer Nachbarschaft.

Die Wälder von Tanjung Puting entsprachen nicht dem, was ich mir vorgestellt hatte. Meine naive Vorstellung vom tropischen Regenwald ging auf alte Hollywood-Filme zurück, aber auch auf Sir Arthur Conan Doyles *Versunkene Welt* und Reiseberichte des 19. Jahrhunderts sowie die künstlichen Tropen, die man aus einem botanischen Garten oder einem Arboretum kennt. Der Regenwald meiner Vorstellung war ein Dschungel voll bunter Blüten, riesiger Schmetterlinge und kreischender Vögel, in dem sich Pythons um jeden Ast wanden. Nicht nur Tiere gab es in ihm zuhauf, sondern auch riesige Bäume, die den Himmel zu stützen schienen. Inzwischen ist mir klar, daß mein Phantasiewald ein Flickwerk aus Bildern war, ähnlich den Abbildungen in meinen Kinderbüchern, auf denen sich die in Asien heimischen Gibbons und die südamerikanischen Tukane mit den Löwen und Giraffen Afrikas tummelten.

Aus Büchern wußte ich, daß die Insel Borneo zum großen Teil gebirgig ist. Sie ist berühmt für ihre steilen, stark bewaldeten Berge und Gebirgsgrate, ihre tiefen Schluchten und ihre dahinschießenden Flüsse mit trügerischen Stromschnellen. Ihre Unzugänglichkeit ist einer der Gründe, warum die dort heimischen Dajak und ihr natürlicher Lebensraum so lange mehr oder weniger im ursprünglichen Zustand erhalten geblieben sind. Doch Tanjung Puting liegt an der Küste. Das Gelände ist eben und zeigt dem ungeübten Auge keine besonderen Merkmale. Die Moorwälder des Tieflands sind mir ans Herz gewachsen, ähnlich, wie man einem unansehnlichen Kind mehr Aufmerksamkeit zuwendet als einem hübschen, weil man weiß, daß es verletzlicher und mehr auf Fürsorge und Schutz angewiesen ist.

Zumindest oberflächlich betrachtet unterscheidet sich der tropische Heidewald nicht besonders von Wäldern auf der nördlichen Halbkugel. Auf den ersten Blick wirkte der Wald, der Tanjung Puting umgab, mit seinem von gelegentlichem Braun unterbrochenen eintönigen Grün recht unauffällig. Das untere Stockwerk war ein Gewirr aus Sämlingen, jungen Bäumen und kleineren Schlingpflanzen. Zwar wirkte das dreißig bis fünfzig Meter hohe Blätterdach, aus dem einzelne Bäume bis zu einer Höhe von sechzig Metern herausragen, im Vergleich mit dem vieler anderer Wälder hoch, ist aber dennoch nicht besonders eindrucksvoll, wenn man sich daneben die am höchsten aufragenden Wälder der Erde vorstellt, wie beispielsweise die auf Nordborneo und die Redwoodwälder in Kalifornien. Dort erreichen Bäume eine Höhe von rund einhundert Metern, so daß man ihre Kronen kaum noch zu sehen vermag. Anfänglich schienen mir die Bäume des Waldes um Tanjung Puting den Wäldern der gemäßigten Zone verwirrend ähnlich zu sein. Erst nachdem ich mich eine Weile mit den Einzelheiten beschäftigt hatte, erkannte ich den Unterschied. Wo sich in den Wäldern der gemäßigten Zone alles unendlich wiederholt, findet sich im tropischen Regenwald eine erstaunliche Artenvielfalt. In den Wäldern des Nordens stehen Bäume in Gruppen der gleichen Art beieinander. Im äquatorialen Regenwald sind die Arten über große Gebiete verstreut; benachbarte Bäume gehören selten der gleichen Art an. Eine Arbeitsgruppe nordamerikanischer und brasilianischer Naturwissenschaftler hat jüngst im Regenwald an der Küste Brasiliens die vergleichsweise kleine Fläche von etwa einem Hektar untersucht und darauf die erstaunliche Zahl von 450 verschiedenen Baumarten gefunden, von denen dreizehn bis dahin noch nicht bekannt gewesen waren. In einem Wald der gemäßigten Zone finden sich auf einer Fläche gleicher Größe etwa zehn Baumarten.

Abgesehen von Bäumen, Schlingpflanzen und Epiphyten (auf Bäumen wachsende Pflanzen) scheinen im tropischen Regenwald viele Arten kleiner zu sein als ihre Verwandten in anderen Ökosystemen. Der Malaienbär wiegt keine fünfzig Kilo. Der Java-Tiger ist nicht annähernd so schwer wie sein sibirischer Artgenosse, und das einst in Tanjung Puting heimische Sumatra-Nashorn nimmt sich neben seinen afrikanischen Verwandten aus der Savanne geradezu winzig aus. Auch die goldhäutigen Melayu, denen ich im Wald begegnete, wo sie Kautschuk sammelten, waren zierlich und nur selten größer als etwa einen Meter fünfzig.

Kennzeichnend für die tropischen Regenwälder sind weniger Gaviale – eine riesige Krokodilart – und gewaltige Elefanten als allerlei Ameisen, Käfer und Kakerlaken sowie Heerscharen anderer Insekten und Spinnen, eine Vielfalt wirbelloser Tiere und zahlreiche Amphibien, Reptilien und Fledermäuse, von denen die meisten gut getarnt sind.

Dem ungeschulten Auge bleibt ein großer Teil dieser Artenvielfalt ebenso verborgen wie ihre Schönheit. Mit ihr verhält es sich wie mit der Schönheit mancher Frauen. Anfangs wirken sie reizlos, dann aber wenden sie den Kopf, das Licht trifft in einem bestimmten Winkel auf ihr Gesicht, und mit einem Mal sind sie wie verwandelt. Dann wechselt die Beleuchtung erneut, und man kann nicht sagen, was man noch einen Augenblick zuvor so schön fand. Ebenso ergeht es mir mit den düsteren Wäldern um Tanjung Puting: Die wechselnden Lichtmuster machen aus der düsteren Eintönigkeit eines stumpfen Grüns, von dem der Regen grau herunterrinnt, ein Spektrum der verschiedensten Grün- und Smaragdtöne, in denen sich die Sonnenstrahlen und das Licht brechen. Die Lichtverhältnisse ändern sich so außerordentlich, als ob der Wechsel der Jahreszeiten im Verlauf weniger Stunden stattfindet.

Übertroffen wird diese schwer greifbare Schönheit noch von der Musik des Waldes. Sie ändert sich von einer Stunde zur anderen. Ihre Grundmelodie ist der Gesang der Zikaden, der abwechselnd an- und abschwillt und alle anderen Geräusche überlagert. Er hallt im Innenohr wider, dringt bis in die Knochen und schwingt noch im Mark nach. Manchmal erinnert er an das Dröhnen des Verkehrs oder an den Lärm eines startenden Düsenflugzeugs, ein anderes Mal an den Klang von tausend Geigen, die gleichzeitig gestimmt werden, dann wieder ist er ein bloßes Summen, aber er ist ständig gegenwärtig. In den Wäldern von Kalimantan lebt man keinen Augenblick ohne die Musik der Zikaden.

Doch das auffälligste Merkmal des Regenwaldes ist die bedrückende Feuchtigkeit, die den Menschen belastet wie die Kugel an der Fußkette den Galeerensträfling. Sie durchdringt alles und ist geradezu greifbar. Man kann sie auf der Zunge schmecken, und von ihr geht ein an

Moschus und Schimmel erinnernder Geruch aus, der die Nasenlöcher füllt. So dicht legt sich der schwere, unsichtbare Schleier der Feuchtigkeit um den Menschen, daß er in dessen Falten zu ersticken meint.

Während ich auf der Suche nach Orang-Utans, den größten auf Bäumen lebenden Säugern dieser Erde, durch den Wald streife, erinnert mich das Hintergrundsummen der Zikaden daran, daß die meisten der hier lebenden Arten Insekten sind, die zum größten Teil von der Wissenschaft noch nicht beschrieben, ihr noch unbekannt sind. Die zahllosen Pflanzen und Tiere des tropischen Regenwalds sind bestens an eine verwirrende Fülle ökologischer Nischen angepaßt. Auf Borneo und Sumatra gibt es bestimmte Arten von Feigenbäumen, die nur bestimmte Wespenarten befruchten können; keiner der beiden Partner könnte ohne den anderen überleben und sich fortpflanzen. Tausende von Orchideenarten haben unterschiedliche Formen und Gerüche entwickelt, um bestimmte Insekten anzulocken, die ihrerseits ihren Körperbau entsprechend angepaßt haben, um an den Nektar einer ganz bestimmten Art zu gelangen. Es gibt insektenfressende Pflanzen, räuberische Insekten, die aussehen wie harmlose Blumen, Raupen, die sich vor den Vögeln schützen, indem sie das Aussehen giftiger Insekten annehmen. Die bloße Vielfalt des Lebens, der Erfindungsreichtum der Evolution überwältigen den Menschen, der das alles beobachtet. Nirgendwo sonst auf der Erde ist die unsichtbare Hand der natürlichen Selektion oder die gegenseitige Abhängigkeit von Tier- und Pflanzenwelt anschaulicher am Werk.

Während ich dasitze, den Rücken an einen feuchten, moosbedeckten Baumstamm gelehnt, und mit den Augen das Blätterdach über mir absuche, mich bemühe, mit den Ohren das Krachen eines fernen Astes wahrzunehmen, der auf die Bewegung eines Orang-Utans in den Wipfeln hinweist, sinniere ich über die Suche des Menschen nach Gott. Der tropische Regenwald ist das Komplexeste, was ein Mensch auf diesem Planeten erleben kann. Wer hier umhergeht, hat Zugang zu den Vorstellungen Gottes.

6 Beth

Du sanfte Verwandte aus des Waldes Grün...

John Keats

Homo silvestris, der Orang-Utan, meint, die Erde sei für ihn erschaffen worden und er werde eines Tages wieder Herr über sie sein.

Carl von Linné

Seit fast zwei Monaten war ich in Kalimantan, und nachdem ich zwei Tage nach meiner Ankunft in Tanjung Puting die ersten wilden Orang-Utans gesehen hatte, war ich ihnen tagaus, tagein auf der Fährte. Von Tagesanbruch bis zum frühen Abend streifte ich durch den Regenwald, mit Notizbuch, Feldstecher, Buschmesser und einer Flasche kaltem Kaffee ausgerüstet. Zwar wimmelte es im Gebiet um Camp Leakey nur so von Vögeln und Insekten, doch Primaten schien es keine zu geben. Auch wenn ich viele Schlafnester in den Bäumen sah, ein stummer Hinweis auf die Anwesenheit von Orang-Utans, so kam ich an die Tiere selbst nicht heran.

Noch zweimal sichtete ich vom Sekonyer aus Orang-Utans. Kaum aber hielt ich mit meinem Einbaum auf das Ufer zu, flohen sie in den Moorstreifen daneben. In den seltenen Fällen, da ich Orang-Utans im Wald sah, waren sie unter dem hohen Blätterdach fast verborgen. Kaum hatte ich sie einige Minuten beobachtet, waren sie wieder fort.

Schon im voraus hatte ich beschlossen, ihnen nach Jane Goodalls Beispiel Namen zu geben und dabei für Tiere, von denen ich wußte, daß zwischen ihnen eine Beziehung bestand, den gleichen Anfangsbuchstaben zu verwenden. Bisher war «Alice» der einzige Orang-Utan, den ich zu erkennen vermocht hatte, weil ihr großes schwarzes Gesicht mit den vorstehenden Backenknochen unverwechselbar war. Dreimal hatte ich sie mit ihrem Kind «Andy» gesehen, doch jedesmal war sie schon nach wenigen Minuten wieder verschwunden. Ganze Tage vergingen, an denen ich nicht den Schatten eines Orang-Utans sah.

Gewöhnlich stolperte ich am Spätnachmittag heimwärts durch den inzwischen kochenden *ladang*, das von Elefantengras und Farn überwucherte Trocken-Reisfeld in der Nähe des Camps – müde, durstig und niedergeschlagen.

Vor meiner Ankunft auf Borneo hatte ich Geschichten von fünf Meter langen, menschenfressenden Krokodilen gehört, von giftigen Kobras und Vipern, von Pythons, dick wie ein Oberschenkel, von unberechenbaren Malaienbären, von Bartschweinen, die mit ihren rasiermesserscharfen Hauern einen Menschen entzweischneiden können, sowie von dem geheimnisvollen Nebelparder, der wie aus dem Nichts auftaucht und zuschlägt.

Die Indonesier, denen ich in den ersten Monaten in Tanjung Puting begegnete, schmückten diese Liste mir angeblich drohender Gefahren noch aus. So mahnte mich ein Melayu, mich nie auf hohle Baumstämme zu setzen, weil diese, wie er erklärte, hie und da Kobranester enthielten. Yusuran, der Forstbeamte, der mit uns ins Lager zurückgekehrt war, riet mir mehrfach: «Setzen Sie sich im Wald nie auf einen Stamm!» Auf meine Frage nach dem Grund murmelte er etwas von brennenden Baumstämmen. Ich hielt das für derart abwegig, daß ich nicht weiter an seinen Rat dachte. Das sollte ich später bedauern.

Die Kautschuksammler, die auf ihrem Weg in den Wald durch unser Lager kamen, waren felsenfest von der Existenz des *ut ut* überzeugt, eines langbeinigen menschenähnlichen Wesens, das Schläfern den Kopf abschneidet. Sie erklärten, ein solches *ut ut* lasse sich daran erkennen, daß seine Knie im Sitzen seinen Kopf überragten. Sie rieten mir, nie im Wald zu schlafen, schon gar nicht, wenn ich allein sei. Wie viele andere Indonesier ziehen auch die Melayu keine scharfe Trennlinie zwischen dem Natürlichen und dem Übernatürlichen; das eine verschmilzt übergangslos mit dem anderen.

Manche Melayu fassen das aus dem Malaiischen stammende Wort *orang utan*, das «Waldmensch» bedeutet, im wörtlichen Sinn auf. Einer Überlieferung zufolge sind die Waldmenschen Abkömmlinge von Menschen, die der Sprache beraubt und in den Wald verbannt wurden, weil sie die Gottheit gelästert hatten. In ähnlicher Weise hält man das *ut ut* für ein zwar nicht greifbares, aber durchaus wirkliches Lebewesen, vergleichbar den Orang-Utans und Nebelpardern, die man ebenfalls nur selten zu Gesicht bekommt.

Als Naturwissenschaftlerin und Mensch des Westens sah ich im *ut ut* eine Ausgeburt der Phantasie, vergleichbar dem Yeti, dem Schneemenschen. Später jedoch erfuhr ich, daß die Legende möglicherweise historische Hintergründe hat, denn die Dajak aus dem Landesinneren nennt man auch *Ut* (oder *Ot*) *Danum*. Sie legten früher bei ihren Kopfjagdunternehmungen große Entfernungen zurück und erbeuteten ihre bluttriefenden Trophäen von Fremden. Die marodierenden und muskulösen Dajak mit ihren kunstvollen Tätowierungen, dem langen Haar, der sonderbaren Bekleidung und der fremden Sprechweise könnten den Melayu wie Wesen aus dem Wald erschienen sein, die nur eine entfernte Verwandtschaft zum Menschen aufwiesen.

Die wahren Gefahren des Regenwalds gingen aber weder von natürlichen noch übernatürlichen Wesen mit Mordgelüsten aus, sondern von kleinen lästigen Lebewesen, von Viren, Parasiten, Insekten und von Pflanzengiften. Egel gab es in so großer Zahl, daß man abends nicht mehr wußte, wie viele davon man im Lauf eines einzigen Tages von sich abgenommen hatte. Vollgesogen mit Blut ließen sie sich aus den Socken oder dem Halsausschnitt fallen oder wanden sich aus der Unterwäsche.

Die auf Borneo heimischen Landegel haben keine Ähnlichkeit mit den großen im Wasser lebenden Egeln, die Humphrey Bogart mit dem Film *African Queen* berühmt gemacht hat. Sie leben im tropischen Moorwald und sehen, solange sie nicht vollgesogen sind, wie harmlose Raupen aus, nur daß ein unverkennbarer gelber Streifen über ihren Rücken läuft. Ansonsten sind sie ebenso braun wie alles, was den Waldboden bedeckt. Mit ihrer Umgebung verschmolzen, verharren sie in Hungerstarre. Sobald ein Warmblüter vorüberkommt, bewegen sie ihr mit Saugnäpfen versehenes vorderes Körperende heftig hin und her, um die Beute mit Hilfe von Wärmesensoren zu orten.

Eines Abends klomm im Verlauf unserer Mahlzeit, die wir auf dem Fußboden einnahmen, ein solcher Egel an unserer Kerze empor. Wir fanden es amüsant, eine volle halbe Stunde lang mit anzusehen, wie er abwechselnd an ihr hinauf- und hinabglitt. Er strebte der Flamme entgegen, machte kehrt, als sie ihm zu heiß wurde, und begann auf halber Höhe, unwiderstehlich von der Wärme angezogen, den Anstieg erneut.

Meist aber sind diese Blutsauger in keiner Weise amüsant. Um an warmes Säugetierblut zu gelangen, durchbeißen sie die Haut mit rasiermesserscharfen Zähnchen. Diese sitzen auf drei winzigen Kieferplatten, deren Anordnung an den Mercedes-Stern erinnert. Dabei sondern ihre Speicheldrüsen Hirudin ab, das eine Gerinnung des Blutes ihrer Opfer verhindert, so daß sie sich damit vollsaugen können. Auch nachdem sich der Egel abgelöst hat, blutet die Wunde weiter, mitunter eine ganze Stunde lang. Oft habe ich einen Biß erst wahrgenommen, wenn ich mein warmes Blut auf der Haut spürte. Die Egel übertragen eine nicht genau bekannte Blutkrankheit, doch besteht die eigentliche Gefahr, die von ihnen ausgeht, darin, daß die Wunden eitern und nässen. Oft schließen sie sich monatelang nicht und hinterlassen dauerhafte Narben.

Die kleinen Draculas des Regenwaldes sind entfernte Verwandte des Regenwurms, und da ich annahm, es würden zwei neue Egel entstehen, wenn man sie durchschnitt, schnitt ich alle, die mir in die Hände fielen, vorsichtshalber in drei Teile.

Auch zahllose Generationen von Moskitos, Sandmücken und anderen Quälgeistern ernährten sich von meinem Blut. Winzige rote Zekken, die wie über die Haut verstreutes rotes Chilipulver aussahen, bohrten ihre Köpfe in Kniekehlen, Arm- und Leistenbeugen, wo jede Berührung Zuckungen wie von einem elektrischen Schlag hervorrief. Große Wolfsspinnen und behaarte schwarze, tarantelähnliche Tiere huschten durch unsere Hütte; kleine schwarze Spinnen mit einem sanduhrförmigen roten Muster auf dem Rücken woben ihre Netze unter den Balken unseres Dachs. Feuerameisen fielen in Heeren von Zehntausenden nachts über unsere Hängematten her, so daß wir aufschreiend hochfuhren.

Doch mehr als unter allem Jucken und Bluten litt ich wohl unter der Ungeduld und Enttäuschung und unter der Furcht vor einem Fehlschlag. Wenn ich Tag um Tag, Stunde um Stunde durch den Wald streifte, ohne mit jemandem reden zu können, vor allem aber – noch schlimmer –, wenn ich nichts Berichtenswertes entdeckte, geriet ich ins Grübeln. Ich konnte keinesfalls mit leeren Händen in die USA zurückkehren, nicht einmal zu einem Besuch. Jeder Rücken eines im Geäst verschwindenden Orang-Utans, jedes verlassene Schlafnest, das ich sah, steigerte meine Entschlossenheit. Ich wußte nicht, ob es wie verborgene Gestalten auf einem Vexierbild um mich herum Orang-Utans gab oder ob ich einfach Glück gehabt hatte, anfangs einige zu sehen, und jetzt alle abgewandert waren. Nur eines wußte ich: daß ich sie finden mußte. Ich war es mir und meinem Mentor Louis Leakey schuldig, durchzuhalten.

Ich rief mir in Erinnerung, wie er sich in Nairobi über den Tisch gebeugt und mit einem Augenzwinkern gesagt hatte: «Und wenn alle gegen Sie sein sollten und sagen, daß Sie unrecht haben, ich werde Sie immer unterstützen.» Seine Augen blitzten noch mehr als sonst, während er wiederholte: «Ich werde Sie immer unterstützen. Denn *ich* weiß, daß Sie recht haben.»

Dann hatte er schallend gelacht, als hätte er einen Witz gemacht, den nur er verstand. Seine feste Überzeugung, daß ich Erfolg haben würde, gründete sich auf eine lebenslange Erfahrung. Er hatte sein Leben der Fossiliensuche in der Olduwaischlucht gewidmet; es hatte mehr als ein Vierteljahrhundert gedauert, bis er und Mary ein Hominidenfossil gefunden hatten.

Er hatte mir einmal gesagt: «Von mir aus haben Sie zehn Jahre Zeit, mit einem Orang-Utan Kontakt aufzunehmen.» Da konnte ich kaum jetzt schon aufgeben. Dennoch: Zwei Monate waren vergangen, und ich hatte noch keinerlei Fortschritt zu verzeichnen.

Um Orang-Utans zu beobachten, mußte ich sie erst einmal aufspüren. Diese großen und meist stillen Menschenaffen sind vergleichsweise langsam. Sie leben als Einzelgänger und streifen nicht wie Schimpansen in großen, lärmenden Trupps oder wie Gorillas in Gruppen durch den Wald. Wenn man einen Orang-Utan sieht, heißt das nicht unbedingt, daß noch andere in der Nähe sind. Sie klettern unter dem Blätterdach des dichten tropischen Regenwalds in einer Höhe von dreißig Metern und sind Meister des Versteckspiels – jetzt sind sie hier, und im nächsten Augenblick sind sie verschwunden.

Zuerst konnte ich einfach nicht verstehen, wie ein hoch aufragender Orang-Mann von neunzig bis hundertvierzig Kilo Gewicht, der noch dazu mit einem leuchtendroten Fell bedeckt ist, praktisch mit den dunklen Schatten des Blätterdachs verschmelzen kann. Schließlich kam ich zu dem Ergebnis, daß er deswegen nahezu vollständig dem Blick entschwand, weil keinerlei Licht auf die Spitzen seiner schütteren

Behaarung fällt. Alles, was man sieht, ist die dunkle Haut. Nur im Sonnenschein leuchten die Haare, als stünde das Tier in Flammen.

Ein im dichten Blattgewirr hoch in den Baumkronen verborgener Orang-Utan wird zu einem gestaltlosen schwarzen Schatten. Um meine Fertigkeit im Aufspüren zu verbessern, mußte ich lernen, wonach ich zu suchen hatte: nicht nach Gestalt und Farbe großer, leuchtender Orang-Utans, sondern nach schwarzen, umrißlosen Schatten.

In erster Linie aber mußte ich die Ohren spitzen. Wenn sich Orang-Utans durch die Bäume nähern, verkünden brechende Äste das deutlicher, als Trompetenschall es könnte. Da sie außer dem Menschen keine Feinde haben, brauchen sie nicht besonders vorsichtig zu sein. Solange sich ein Orang-Utan bewegte, konnte ich ihn noch aus einer Entfernung von hundert Metern finden. Hielt er aber in seiner Bewegung inne, war unter Umständen der einzige Hinweis auf seine Anwesenheit das ferne Knacken eines Zweiges, das Rascheln von Laub oder das regelmäßige Geräusch, mit dem Fruchtkerne durch das Blattwerk zu Boden fielen. In einem solchen Fall wartete ich mitunter still und fast mit angehaltenem Atem eine oder zwei Stunden lang auf ein zweites Knacken oder Rascheln, bis ich aufgab und weiterzog.

Immer wieder blieb ich stehen und lauschte. Der Waldboden liegt beständig im Schatten. Die Sicht ist schlecht. Erst wenn ein alter Baum abstirbt oder vom Sturm entwurzelt wird, dringt ein wenig goldener Sonnenschein durch die allgemeine Düsternis. Wenn ich eine solche Lichtung erreichte, setzte ich mich und ließ mich genußvoll von der Sonne bescheinen. Doch schon nach wenigen Minuten wurde es unerträglich heiß, und ich ging rasch weiter. Selbst im Schatten lief mir der Schweiß herunter, bis ich glaubte, es könnte keiner mehr fließen.

Bei unserer Ankunft in Tanjung Puting gab es lediglich einen einzigen Fußpfad durch den Wald. Er diente den *jelutung*, den Melayu-Männern, die den Kautschukbäumen die Milch abzapften. Der Latex – die wäßrige weiße Masse, die man dabei gewinnt und die sie in Behältern auf dem Rücken aus dem Wald trugen – fand seinen Weg schließlich als Kaugummi in die Länder der westlichen Welt. Rod und unsere Mitarbeiter machten sich daran, im Dschungel meines Untersuchungsgebiets ein Netz aus einander überschneidenden schmalen Pfaden anzulegen. Zwar war es durchaus möglich, sich mit einem Kompaß im weglosen Wald zurechtzufinden, doch würden es mir Wege deutlich erleichtern, den Orang-Utans zu folgen – wenn ich sie erst gefunden hatte.

Der Heilige Abend begann wie jeder andere Tag. Rod und ich standen vor Morgengrauen auf, verließen das Camp und überquerten den *ladang*. Im Wald begann er Pfade zu bahnen, ich hingegen machte mich auf die Suche nach Orang-Utans.

Ich sah gerade auf die Uhr und trug das Datum in meinem Notizbuch ein, als ich das typische Geräusch knackender Äste hörte. Ich fuhr herum. Die Blätter eines hohen Baums ganz nahe dem Pfad bebten. Ich erspähte ein Weibchen mit einem Jungen auf der Schulter, das rasch den Stamm emporkletterte. Es mußte mich zuerst gesehen haben, denn es versuchte sich hoch auf den Baum zurückzuziehen. Doch diesmal befand ich mich weder im Moor noch auf dem Fluß, sondern auf trockenem Boden und hatte daher Aussicht, es nicht aus den Augen zu verlieren. Unwillkürlich stieß ich einen Freudenschrei aus und rief nach Rod.

«Beth», wie wir sie nannten, zeigte zwar ihr Mißbehagen an unserer Anwesenheit, indem sie Äste herabwarf, tutete und schnalzende Quieklaute von sich gab. Sie floh aber nicht, wie es andere Orang-Utans stets getan hatten. Sie hielt sich in geringer Entfernung und begann hoch im Baum etwas zu fressen, das ich nicht erkennen konnte. Sie war mittelgroß und mochte rund dreißig bis fünfunddreißig Kilo wiegen. Wie Alice, die im selben Gebiet lebte, hatte sie hohe, weit auseinanderstehende Backenknochen, aber eine deutlich erkennbare Runzel unter einem Auge. Ihre Behaarung war dunkelrot, ihr Gesicht machte einen gleichgültigen Eindruck, fast hätte man es als ausdruckslos bezeichnen können. Das Junge, das wir «Bert» nannten, saß ihr als kleine orangefarbene Flauschkugel auf der Schulter. Nachdem Beth uns über eine Minute lang durchdringend angesehen hatte, baute sie ein kleines Tagesnest, indem sie Zweige zu einer kreisförmigen Plattform zusammendrehte, die sie mit einer Schicht belaubter Zweige bedeckte. Sie stieg hinein, gab weiterhin Laute von sich und schüttelte drohend Äste in unsere Richtung. Von Zeit zu Zeit flocht sie einen weiteren Zweig in ihr Nest hinein. Dann, keine Viertelstunde später, verließ sie es und zog langsam durch die Bäume weiter, wobei sie fortfuhr, schnalzende Quieklaute von sich zu geben.

Erst nach drei Stunden machte Beth in einem hohen Baum halt und begann zu fressen. Sie nahm ein Stück Borke in die Hände und benagte es methodisch, wie jemand, der einen Maiskolben rundherum abißt. Die Enden mehrerer Äste des Baums waren kahl, ein Hinweis darauf, daß sie oder ein anderer Orang-Utan schon zuvor hier gewesen war. Beth nahm an jenem Tag fünfmal Nahrung zu sich, und zwar Früchte und Rinde. Bert umschlang wie ein lebender Schal mit den Armen den Nacken der Mutter und verließ ihren Körper nie. Mit seinen großen runden Augen sah er, ohne zu zwinkern, auf uns herab. Ich sollte im Laufe der Zeit noch merken, daß dieses unverwandte Starren typisch für junge, in freier Natur lebende Orang-Utans ist. Der Blick ihrer Augen wirkt abwesend, in ihnen liegt kein Hinweis auf Neugier oder Erkennen.

Im Verlauf der zehn Stunden, die wir Beth an jenem Tag folgten, verzeichnete ich Anfang und Ende jeder Aktivitätsphase und alles, was mir bemerkenswert erschien: was sie fraß, wie die jeweiligen Früchte oder die Rinde aussahen, auf welche Art sie daran gelangt war oder wie sie sie behandelt hatte, wie hoch sie sich im Baum befand, eine wie lange Strecke sie zwischen verschiedenen Fruchtbäumen und Schlingpflanzen zurücklegte und auf welche Weise sie mit ihrem Söhnchen kommunizierte. Ich füllte damit nahezu dreißig Seiten meines Notizbuchs. Auch sammelte ich die Reste von Rinden und Früchten auf, die sie fallen ließ, um sie näher zu untersuchen und zu bestimmen.

Auch wenn Beth an jenem ersten Tag kaum mehr als einen guten halben Kilometer zurücklegte, war ich erschöpft. Nicht nur die ungeheure Konzentration strengte mich an, auch mein Nacken schmerzte, weil ich unaufhörlich hinauf in die Bäume sehen mußte. Trotzdem nahm ich den Blick nicht von Beth, fürchtete ich doch, mir könne etwas Wichtiges entgehen.

Es war deutlich zu sehen, daß unsere Anwesenheit Beth ärgerte, doch ließ sie sich von uns in ihrem gewohnten Tagesablauf offenbar nicht unterbrechen. Endlich baute sie in einer Baumkrone ein Schlafnest und zog sich zurück. Auch wir konnten rechtzeitig vor Sonnenuntergang ins Camp zurückgelangen. Ich war überglücklich. Zum ersten Mal war ich einen ganzen Tag lang einem in Freiheit lebenden Orang-Utan gefolgt.

Am nächsten Morgen kehrte ich bei Tagesanbruch zu Beths Nest zurück, setzte mich darunter und wartete. Die Sonne ging auf; die

Morgenrufe der Gibbons verhallten, Vögel sangen und tirilierten. In Beths Nest rührte sich nichts. Ohne auf mich zu achten, bearbeitete ein Zwerghörnchen mit den Krallen die Risse in der Rinde eines großen Baums, der kaum einen Meter entfernt stand. So nah war es, daß ich mich fragte, ob es kurzsichtig sei. Inzwischen hatte sich der Morgendunst verzogen. Hell schien die Sonne von einem glänzend lapislazuliblauen Himmel. Allmählich wurde ich unruhig. Kein Blatt, kein Zweig regte sich im Nest über mir. Ich war fest überzeugt: Beth hatte uns vorgegaukelt, sie gehe schlafen, war aus dem Nest verschwunden, kaum daß wir gegangen waren, oder hatte sich in den Stunden vor der Morgendämmerung davongemacht.

Dann begann das Nest im Baum zu beben. Mehrere Äste bewegten sich und knackten; kleine Zweige und Blätter fielen rings um mich zu Boden. Zum Schluß kam Beth mit dem kleinen Bert um den Nacken zum Vorschein. Erst da fiel mir ein, daß Weihnachten war. Wie Beth da an jenem Vormittag aus ihrem Nest kletterte, war für mich das schönste Weihnachtsgeschenk, das ich je bekommen hatte. Ohne etwas von meinem Hochgefühl oder davon zu ahnen, daß Feiertag war, saß sie auf einem Ast in der Nähe und ließ anhaltend Wasser ab.

Den ganzen Weihnachtstag hindurch tat Beth, was sie wahrscheinlich immer tat: Sie fraß, zog ein Stück weiter und fraß wieder. Ich sah zu, wie der kleine Bert an der Mutter saugte. Dann sah ich verblüfft, wie er auf ihrem Schenkel sitzend ganz wie ein Menschenkind am Daumen zu lutschen begann. Nach einer Weile schob er sich unter ihren rechten Arm. Einige Sekunden später erhob sich Beth von dem großen Ast, auf dem sie saß, und suchte die gegenüberliegende Seite des Baums auf – als hätte ihr Berts Bewegung das Signal dazu gegeben: Mutter und Kind schienen in vollkommenem Einklang miteinander zu stehen, einander ihre Bedürfnisse und Wünsche wortlos mitzuteilen.

Wieder fraß Beth. Nach wie vor auf dem Leib der Mutter sitzend, griff Bert mit der rechten Hand nach einem vor ihm hängenden Zweig, ungefähr so, wie ein Kind mit einem Mobile spielt. Er beschäftigte sich eine Weile damit, während seine Mutter mit Zunge und Zähnen die Samen aus großen, stacheligen Hülsen herausklaubte, die bei den Einheimischen *sindur* heißen. Der *sindur*-Baum gehört, wie Bohnen und Erbsen in ihrer Kulturform, zur Familie der Leguminosen.

Einige Wochen zuvor hatte ich einen Orang-Mann auf demselben Baum fressen gesehen. Unwillkürlich mußte ich an seine gewaltige

Größe denken; Beth war kaum halb so groß. Fast hätte man glauben können, daß die Tiere verschiedenen Arten angehörten. Wie beim Gorilla unterscheiden sich beim Orang-Utan die Geschlechter sehr. Der Mensch mit den vergleichsweise geringen Unterschieden zwischen Mann und Frau ähnelt eher dem Schimpansen. Ohne die Genitalien als Anhaltspunkte lassen sich bei uns Menschen die Geschlechter oft nur aufgrund von Kleidung, Schmuck und Frisur unterscheiden – zum Teil gibt es nicht einmal Unterschiede in der Körperhaltung und der Art zu gehen. Bei Orang-Utans ist das anders. Nie und nimmer könnte ein ausgewachsenes männliches Tier als Transvestit auftreten, denn mit noch so viel Make-up oder Schmuck würde es sogleich durch seine gewaltige Größe und die dicken Backenwülste auffallen. Während ich meinen Gedanken nachhing, beschäftigte sich Beth konzentriert mit den *sindur*-Hülsen.

So verging der Tag. Beth fraß ungefähr eine Stunde lang auf einem Baum, suchte einen anderen auf, fraß, säugte den kleinen Bert, ruhte sich aus und zog weiter. Davon abgesehen, daß sie an jenem Tag auch frische Blätter verzehrte, kam es zu «keinen besonderen Vorfällen». Es ist kennzeichnend für Orang-Utans, daß sie als Einzelgänger bedächtig umherziehen, um Nahrung zu suchen. Verglichen mit dem Menschen, dem Schimpansen und den meisten anderen Primaten scheint sich ein Orang-Utan wie in Zeitlupe zu bewegen, so, als hätte er beliebig viel Zeit. Jahre später sagte Jane Goodall, es habe mich zwei Jahre gekostet, um bei den Orang-Utans ebenso viele Gruppenaktivitäten zu beobachten wie sie bei Schimpansen in zwei Stunden!

Der dritte Tag war eine Wiederholung der beiden vorigen. Einmal sah mich Beth, während sie mucksmäuschenstill saß und Bert säugte, sechs oder sieben Minuten lang unverwandt an. Doch kam mir ihr Blick eher neugierig als feindselig vor, und weder warf sie so viele Äste herab wie am Vortag, noch gab sie Unmutslaute von sich.

Am vierten Tag wechselte Beth in die moorigen Gebiete über. Auf den ersten Blick sah der Moorwald nicht viel anders aus als der Heidewald, in dem sie die vergangenen drei Tage zugebracht hatte, doch hat man dort nicht durchgehend festen Boden unter den Füßen. Kleine Flecken Erde, auf denen Bäume mit freistehenden Wurzeln und dichtes Unterholz wachsen, wechseln mit Tümpeln schwarzen Wassers ab. Das Vorankommen war schwierig. Entweder ging es aufwärts zu einer Wurzel oder einem Stück festen Boden, oder es ging abwärts ins dunkle Moorwasser. Nach einer Stunde auf diesem unebenen Gelände schwankte ich wie ein Seemann. Für Beth hingegen unterschied sich der Moorwald in keiner Weise vom Heidewald. Sie zog gemächlich unter dem Blätterdach entlang, schwang sich von einem Ast zum anderen und kletterte vorsichtig, aber trittsicher durch das verschlungene Netz aus Lianen und Ästen, die ihren luftigen Weg bildeten. Alle großen Menschenaffen sind geschickte Kletterer, aber nur der Orang-Utan ist ein echter Baumbewohner. Seine Hüftgelenke sind ebenso beweglich wie die Schultern, und die vier langen Hände, deren Finger zu Haken gekrümmt sind, machen ihn für das «Schwinghangeln» in den Baumwipfeln ebenso geeignet, wie es der Mensch für das Umhergehen auf festem Boden ist. Im Moor bedeutete diese Fähigkeit, sich durch die Bäume fortzubewegen, einen klaren Vorteil.

Kein einziges Mal stieg Beth an den Tagen, an denen ich ihr folgte, auf den Boden herab, auch nicht, um zu trinken. Ihre Lieblingsnahrung fand sie hoch in den Bäumen, und da wir uns auf dem Höhepunkt der Regenzeit befanden, waren die frischen Blätter und fleischigen Früchte voller Saft, so daß sie genügend Flüssigkeit bekam.

Nachdem ich etwa dreißig Meter weit ins Moor vorgedrungen war, reichte mir das zuvor knöcheltiefe Wasser bis zu den Hüften. Beth begann übelriechende eichelähnliche Früchte zu verzehren, von denen ihr eine Art schwerer brauner Sirup aus dem Maul auf den Arm troff. Sie führte den Oberarm zum Mund und leckte sich die Reste aus der Behaarung. Es begann zu regnen. Eilig schob ich Notizbuch und Feldstecher unter mein Hemd. Regentropfen klatschten mir auf das Gesicht, und es fiel mir schwer, die Augen offenzuhalten, wenn ich den Blick hob. Unbeeindruckt fuhr Beth fort zu fressen. Die zerbrochenen samtigen Schalen der grünlichen Früchte fielen in die Moortümpel. Bald aber ging das Geräusch, mit dem sie aufprallten, im prasselnden Regen unter.

Am fünften Tag blieb Beth vorwiegend im Moorwald, wo sie sich von den stinkenden Eichelfrüchten ernährte, während es mit unverminderter Heftigkeit weiterregnete. Am Abend war ich wie gerädert. Tag für Tag hatte ich bis zu zwölf Stunden ununterbrochen beobachtet und Notizen gemacht. Die unaufhörliche Nässe hatte mich ausgelaugt, und die durchnäßten Kleidungsstücke vom Vortag wieder anzuziehen, wurde zur Qual. Mein Körper war mit den Stichen von Moskitos und anderen Insekten, unverheilten Wunden und Ausschlägen übersät.

Füße und Knöchel bluteten von Egelwunden. Trotz all dieser körperlichen Strapazen war ich überglücklich.

Ich hatte mir selbst bewiesen, daß es möglich war, wilden Orang-Utans über mehrere Tage hinweg zu folgen. Nach fünf Tagen verzeichnete ich bereits fünfzig Beobachtungsstunden. Noch befriedigender war, daß Beth sich am fünften Tag von meiner Anwesenheit weniger stören ließ als zuvor. Sie schien sich an mich zu gewöhnen! Die Gewöhnung ist entscheidend für die Freilandbeobachtung, denn nur dann gehen Tiere ihrem gewohnten Tun so nach, als wäre man nicht da.

Damals kam es mir wie ein kleines Wunder vor, daß ich auf Beth gestoßen war und ihr folgen konnte. Erst später begann ich zu verstehen, warum sie meine Gegenwart duldete. Ausgewachsene männliche Orang-Utans legen auf der Suche nach Futter und Weibchen beträchtliche Entfernungen zurück. Weibliche Orangs hingegen beschränken ihre Futtersuche häufig auf einen ihnen vertrauten Bereich von zehn bis zwölf Quadratkilometern. Das Gebiet, in dem sich Beth heimisch fühlte, befand sich zufällig zwischen Camp Leakey und dem Sekonyer auf der einen und dem tropischen Heidewald auf der anderen Seite. Wir hatten uns in ihrem Revier angesiedelt. Es war ohne weiteres möglich, daß sie mich schon seit Wochen beobachtet hatte, bevor sie mir ihre Anwesenheit zu erkennen gab.

Am Nachmittag des fünften Tages meiner Beobachtung von Beth und Bert spürte ich ein Brennen an meinem Hinterteil. Da ich annahm, es handle sich um einen Insektenstich, achtete ich nicht weiter darauf. Doch am nächsten Morgen war der brennende Schmerz so stark, daß ich mich kaum rühren konnte. Als ich mir den «Insektenstich» mit Hilfe eines Spiegels ansah, erschrak ich: eine große schwarze Hautfläche wie eine verbrannte Scheibe Toast. Mir fiel ein, daß ich am Vortag mehrere Stunden lang im Moor auf einem nassen Stamm gesessen hatte. Zu spät kam mir Yusurans nachdrückliche Warnung in den Sinn, mich nicht auf Stämme zu setzen. Vermutlich hatte der Stamm eine Flüssigkeit abgesondert, die mir das Hinterteil verbrannt hatte.

Eine volle Woche hindurch mußte ich auf dem Bauch schlafen, bis die Stelle geheilt war. Das gab mir reichlich Zeit, mir die fünf Tage durch den Kopf gehen zu lassen, die ich mit Beth und Bert verbracht hatte. Beth schien die Lehrmeinung, Orang-Utans seien Einzelgänger, die sich lediglich zur Paarung zusammenfinden, zu bestätigen. Doch die

Vorstellung vom «Einzelgängertum bei Menschenaffen» lief allem Wissen über die höheren Primaten zuwider. Zwar gibt es unter den niederen Primaten gelegentlich Einzelgänger (wie bei den Loris und einigen Lemuren), doch die große Mehrheit aller Affenarten lebt ganzjährig in Gruppen oder Verbänden zusammen. Tatsächlich gehört das ständige Beisammensein zu den Unterscheidungsmerkmalen der höher entwickelten Primaten.

Ganz allgemein setzt der Mensch Alleinsein mit Einsamkeit und Liebesentzug gleich. Etwa um jene Zeit fuhren Rod und unsere beiden Helfer nach Kumai, so daß ich fünf Tage lang allein war. Eine Gruppe von Melayu-Frauen, die ihre Kinder in leuchtenden Schlingen aus Batiktuch trugen, kam zum Lager gepaddelt. Sie waren ohne männliche Begleitung mit dem Kanu vom Dorf Sekonyer aus dem Gebiet Tanjung Harapan gekommen, um Schilfrohr zur Herstellung von Matten zu sammeln. Sie waren entsetzt, mich allein zu sehen, und fragten, ob ich keine Angst hätte.

«Nein. Wovor?» wollte ich wissen.

«Vor dem Alleinsein», gaben sie zur Antwort. Der Gedanke war mir noch nie in den Sinn gekommen; eigentlich genoß ich es, eine Weile allein zu sein.

«Wenn ich allein wäre, würde ich weinen», sagte eine Frau und rieb sich zur Untermalung theatralisch die Augen. *Takut* (Angst) und *menangis* (Weinen) gehörten zu den ersten indonesischen Wörtern, die ich nach dem furchterregenden *rawa* (Morast) lernte.

Die Identität dieser Frauen wurzelt in der Familie, ihre Unabhängigkeit ist mit den Frauen vorbehaltenen Tätigkeiten verknüpft, die sie in ausschließlich weiblichen Gruppen ausüben. Das gab den Melayu-Frauen ihre eigene Wirklichkeit, die nicht minder machtvoll war als meine.

Indem ich das Alleinsein mit Frieden und Ruhe gleichsetzte, hatte ich mehr mit Beth und anderen Orang-Utans gemein als mit diesen Frauen. Von allen höheren Primaten, die im Reservat lebten, waren an jenem Abend vielleicht nur Beth, die anderen Orang-Utans und ich mit dem Schicksal zufrieden, allein zu sein. Ich überlegte, ob das ein Bestandteil der Lockung war, die der Regenwald und die Orang-Utans auf mich ausübten.

Später beobachtete ich, wie einzelne Orang-Utans in den Bäumen einander begegneten, ohne sich mehr als einen flüchtigen Blick zuzuwerfen. Es war fast wie in einer Großstadt, wo die Menschen in einer belebten Straße aneinander vorübereilen, nur daß die Luft-Gehwege der Orang-Utans nicht überfüllt sind und sie sich an keinen erkennbaren Zeitplan halten müssen. Sie fraßen auch dann nicht auf demselben Baum, wenn einer in der Nähe des anderen lebte. Viele Jahre sollten vergehen, bis ich mit Hilfe Akmads und anderer Orang-Utans die Bedeutung des kurzen Blicks begriff, den sie miteinander wechseln, wenn sie ihrer getrennten Wege gehen. Sie sind zu lang andauernden Beziehungen imstande, aber sind nicht darauf angewiesen, sich ständig der Anwesenheit der anderen zu versichern, und sie fürchten weder Alleinsein noch Einsamkeit.

Die nächsten Wochen brachte ich damit zu, die Notizen abzutippen, die ich mir zu Beths Verhalten gemacht hatte. Außerdem schrieb ich Briefe. Einer der ersten war ein triumphierender Bericht über meine fünftägige Beobachtung an Louis Leakey. Wie ich später erfuhr, informierte er alle Welt ebenso stolz von meinen Briefen und Telegrammen wie vorher von denen Jane Goodalls und Dian Fosseys.

Nachdem mein verbranntes Hinterteil geheilt war, machte ich mich wieder auf die Suche nach Orang-Utans, während Rod weiterhin Wege anlegte und das Untersuchungsgebiet kartographisch erfaßte. Obwohl ich hier und da einen Orang-Utan sah und auch Beth und Bert einmal wiederbegegnete, kam es nur gelegentlich zu flüchtigen Beobachtungen.

Rod und ich beschlossen, zwei zusätzliche Lager tiefer im Wald anzulegen, damit ich das Untersuchungsgebiet besser erforschen konnte. Zu Ehren meiner Geldgeber nannten wir sie Camp Wilkie und Camp Dart. Sie waren noch primitiver als Camp Leakey. Auch wenn die Hütte dort altersschwach war, hatte sie doch zumindest Wände. In den beiden kleineren Lagern bot lediglich eine auf allen Seiten offene einfache Plattform mit einem Schilfrohrdach Schutz vor der Witterung. Da es keine Wände gab, verschmolzen wir mit dem Rhythmus der Natur, wurden Teil des Regenwalds, hörten seine Geräusche und spürten die drückende Feuchtigkeit, die einen Sturzregen ankündigte.

Fünf Monate waren seit unserer Ankunft vergangen. Unser spartanisches Leben, das Waten im Moor, die Wunden und die fortwährenden Fieberanfälle begannen sich auszuwirken. Rod und ich waren immer müde, durchnäßt und hungrig.

In den zivilisierten Ländern des Westens denken die Menschen nicht besonders viel an ihren Körper, weil sie sich meist wohl fühlen. Auf Borneo wird man seines Körpers in äußerstem Maße bewußt. Meist schwitzt man in der Hitze oder fröstelt im Regen. Man ist mit Ausschlägen und Wunden bedeckt, leidet unter Juckreiz und Fieber. An den Füßen bekommt man Blasen, sie werden rissig, oder man vertritt sich den Knöchel. Der Körper wird zur Last und behindert den Willen. Trotz meiner Jugend konnte ich nicht so intensiv nach Orang-Utans Ausschau halten, wie ich das wollte, einfach, weil meine Energie erschöpft war.

Rod und ich lebten von einfachem weißen Reis und Ölsardinen, eine eintönige und auch nicht besonders gehaltvolle Kost. Um uns auf den Beinen zu halten, tranken wir viel Kaffee und Tee, in die wir Unmengen von Zucker rührten. Eine Fahrt zur nächstgelegenen Marktstadt Pangkalanbuun bedeutete eine größere Expedition und beanspruchte zwei oder drei Tage. Wir fuhren jeweils nur im Abstand mehrerer Monate hin, denn viel zu kaufen gab es ohnehin nicht. Da es weder dort noch im Lager Möglichkeiten zur Kühlung gab, mußten wir ohne frisches Gemüse, frisches Obst, frische Milch und jegliches Fleisch auskommen. In den ersten Monaten dürften wir beide je zehn bis elf Kilo verloren haben. Im Rückblick bin ich überzeugt, daß unsere damalige Erschöpfung damit zu tun hatte, daß wir halb verhungert waren. Ich hatte einen solchen Heißhunger auf Speiseeis, Pizza und mexikanische Küche, daß es zur Manie wurde. Sehnsüchtig dachte ich an all die Leckereien, die meine Mutter uns in Kanada auf den Tisch gestellt hatte: dunkles Brot, Heringe und Salzkartoffeln. Das Verlangen nach einem punktgenau gebratenen Steak, aus dem rot der Saft trieft, rief in mir geradezu lustvolle Empfindungen wach (dabei aß ich normalerweise kaum rotes Fleisch).

Da Rod und ich entschlossen waren, mit dem wenigen Geld, das wir hatten, so lange wie möglich auszukommen, begnügten wir uns gemeinsam mit fünf Garnituren Kleidung: khakifarbene Safarihemden, Bluejeans und je eine Khakihose für «besondere» Anlässe. Um das Lager gab es keine freie Fläche, auf der man eine Wäscheleine hätte aufhängen können, außerdem goß es während der Regenzeit ohnehin Tag für Tag. Ohne großen Erfolg versuchten wir, unsere Kleidung abends über einem offenen Feuer zu trocknen. Eines späten Abends fing eine unserer kostbaren Jeans Feuer, und wir mußten den Verlust eines

Hosenbeins beklagen. Rod fertigte aus einem weißen Laken ein neues an.

Die Vorstellung, heiß zu baden oder zu duschen, war wie ein Traum, an den man sich erinnert. Selbst ein Bad im Fluß war ein seltener Luxus: Um ihn zu erreichen, mußten wir einen halben Kilometer Moor überwinden. An den meisten Tagen wuschen wir uns aus Eimer und Schüssel oder seiften uns einfach ein und stellten uns zum Abspülen in den Regen. Anschließend zogen wir unsere saubere, aber feuchte Kleidung an.

Vor unserem Aufbruch hatte mich Barbara Harrisson, die viele Jahre im nördlichen Teil Borneos gelebt und Orangs aufgezogen hatte, vor «geheimnisvollen Fieberanfällen» gewarnt. Bei manchen davon dürfte es sich um Malaria gehandelt haben, die von Moskitos übertragen wird. Sie waren überall und kamen in Schwärmen aus dem Moor in unser Lager. Ihr beständiges Summen war wie ein Hintergrundrauschen, dem man nie ganz entkam. Zu unseren wichtigsten Einkäufen gehörte immer Räucherwerk gegen Moskitos. Andere Fieberanfälle hatten keine erkennbare Ursache; sie kamen und gingen. Noch geheimnisvoller waren die Ausschläge. Hitzepickel kannte ich schon, weil ich die in meinem ersten Sommer in Los Angeles auch bekommen hatte. Doch worauf die anderen Ausschläge zurückgingen, ob auf Allergien, Krankheiten oder Parasiten, wußten wir nicht. Wir behandelten einfach alles mit Cortisonsalbe.

Meine Suche nach Orang-Utans im Regenwald gab einem in Neuguinea spielenden Film, dessen Titel übersetzt *Oben Himmel, unten Schlamm* lautet, einen neuen Sinn. Jeden Tag quälte ich mich durch Moorwasser, schleppte mich von einem Tümpel mit glitschigem Grund zum nächsten. Stets mußte ich auf meine Füße achten, damit ich nicht ausglitt, stolperte oder hinfiel. Die glatten, moosbedeckten Baumstämme waren trügerisch. Mehr als einmal griff ich nach einem Ast, um mich daran aus dem Schlamm zu ziehen, nur um in letzter Sekunde zu sehen, daß sich eine wunderschöne grüne Giftschlange darum geringelt hatte. Gleichzeitig aber mußte ich die Augen auf die Kronen der Bäume richten, wo ich nach Orang-Utans ausschaute sowie nach Anzeichen von Regen, um mein Notizbuch rechtzeitig unter meiner Kleidung in Sicherheit zu bringen. Nachdem ich häufiger Orang-Utans sichtete und ihnen folgte, «regnete» es Zweige, Fruchtschalen und Rinde – sowie Urin. Die Füße im Schlamm unten, die

Augen vor der von oben kommenden Überschwemmung geschützt, mußte ich mit derselben Genauigkeit Notizen machen, als säße ich im fleckenlosen weißen Kittel in einem hell erleuchteten High-Tech-Labor.

Sobald ich einen Orang-Utan entdeckte, wickelte ich an der Stelle, wo ich den gebahnten Weg verließ, ein weißes Taschentuch um einen Baumstamm, damit mich Rod finden konnte. Meist funktionierte das einwandfrei: Das Taschentuch stach vor der Düsternis des Dschungels ab wie ein Leuchtfeuer. Doch oft verloren wir einander. Die Schwärze des Waldes verband sich mit der beklemmenden Feuchtigkeit der Luft; es war, als müßte ich mir den Weg durch Vorhänge aus schwarzem Samt bahnen. Oft hat man mich gefragt, ob ich nicht Angst hätte. Einerseits war das natürlich der Fall; doch andererseits konnte ich mir Angst gar nicht leisten. Nach Einbruch der Dunkelheit allein im Wald zu sein ist vielleicht der Angst des Schwimmers vor dem Ertrinken vergleichbar: Wer aufgibt, taucht möglicherweise nie wieder auf. Also macht man weiter.

Zwar hatte ich damit gerechnet, weit von der Zivilisation entfernt zu sein, doch hier war unsere Isolierung vollständig. Das Moor beengte unsere Bewegungsfreiheit auf allen Seiten. Da wir weder ein Funkgerät noch andere Kommunikationsmittel besaßen, bildete der Fluß unsere einzige Verbindung zur Außenwelt. Unser einziges Verkehrsmittel war zu jener Zeit ein Einbaum aus Eisenholz. Mit ihm dauerte die Fahrt nach Kumai mindestens zwanzig Stunden. (Noch nachdem wir ein kleines Boot mit Außenbordmotor gekauft hatten, machten Wasserpflanzen den Fluß oft so schwer passierbar, daß die Reise ebenso lang und mühevoll war wie zuvor.) Doch war der Fluß nicht nur unsere Nabelschnur; er war auch wie ein Wallgraben, der uns umringte und uns abschloß.

Unsere indonesischen Mitarbeiter waren stets höflich und fleißig, doch kam es, da mich meine Untersuchungen ganz in Anspruch nahmen und wegen der Verständigungsschwierigkeiten, zu keiner freundschaftlichen Beziehung. Weder Hamzah noch Yusuran sprachen besonders gut Englisch, und ich war abends viel zu abgekämpft, als daß ich noch hätte Indonesisch lernen können. Rod allerdings unterhielt sich ziemlich oft mit Yusuran, und sein Indonesisch wurde zusehends besser. Nachdem Hamzah und Yusuran eine andere Hütte in der Nähe bezogen hatten, marschierte er oft hinüber, um sein Indonesisch zu üben. Ich beneidete ihn um die Leichtigkeit, mit der er mit unseren beiden Helfern Kameradschaft halten konnte.

Mir war klar, daß ich als junge Frau, die zugleich «Chefin» war, mich nicht verhalten konnte wie er. Es gehörte sich einfach nicht. Auch in einem so toleranten Land wie Indonesien freunden sich Frauen nicht mit Männern an, die nicht zu ihrer Verwandtschaft gehören, denn die Gesellschaft ist überwiegend islamisch geprägt. Ebensowenig ziemt es sich, daß man vertrauten gesellschaftlichen Umgang mit seinen Mitarbeitern pflegt. Außerdem wird vorausgesetzt, daß man gewisse Formen wahrt. Es gilt als Zeichen von schlechter Kinderstube, Menschen außerhalb der eigenen Familie mit Vornamen anzureden, ohne Herr oder Frau (auf Indonesisch *pak* oder *ibu*) hinzuzufügen. Während mich die meisten Menschen «Mrs. Biruté» nannten, verwendete Yusurans Vorgesetzter von der Forstverwaltung grundsätzlich die Anrede «Madame Rodney», wobei ich jedesmal ein Lachen unterdrücken mußte.

In Pangkalanbuun waren zu jener Zeit christliche Missionare die einzigen Botschafter der westlichen Welt. Die nahezu übertriebene Ehrerbietung, die mir vor allem ältere Menschen entgegenbrachten, ging zum großen Teil auf die Dankbarkeit für die Wohltätigkeit der Missionare zurück. Es kam vor, daß mich Fremde «Schwester» nannten, als wäre ich eine Nonne oder Pflegerin. Zwar war diese Anrede schmeichelhaft, führte aber auch zur Isolierung. Abgesehen von Rod konnte ich mit niemandem so reden, wie mir ums Herz war.

Doch am schwierigsten war für mich, daß ich nicht wußte, wie lange es dauern würde, bis ich mit der regelmäßigen Beobachtung von Orang-Utans anfangen konnte. Es gibt unzählige Bücher und Berichte über erfolgreiche Feldstudien, doch nirgendwo liest man etwas darüber, daß Forscher nach Monaten aufgegeben oder zwei Jahre lang Material gesammelt haben, das sich als unergiebig erweist, so daß sie nie eine Doktorarbeit schreiben. Schon gar nicht liest man etwas über solche, die im Feld ums Leben kommen. Während des Studiums allerdings hatte ich von Fehlschlägen erfahren. Über die Hälfte der Anthropologie-Doktoranden in der UCLA, die Freilandstudien in Angriff genommen hatten, mußten vor dem angestrebten Abschluß aufgeben. Ich versuchte, eines nach dem anderen zu tun. Ich war sicher, daß ich letztlich Erfolg haben würde, aber mir war auch klar, daß es nicht leicht sein würde.

Inzwischen hatte sich meine anfängliche Begeisterung darüber, daß ich Beth hatte folgen können, gelegt. Damals dachte ich, einen entscheidenden Durchbruch erzielt zu haben und die Tür zur Welt der Orang-Utans stünde mir weit offen. Dann wurde mir klar, daß ich lediglich einen Blick durch das Schlüsselloch erhascht hatte. In Louis Leakeys Angabe des Zeitrahmens sah ich inzwischen weniger einen Vertrauensbeweis als eine schicksalhafte Prophezeiung. Er hatte mir zehn Jahre zugestanden, ich mir selbst das ganze Leben. Ich begann zu vermuten, daß ich das ganze Leben brauchen würde.

7 CARA

Ich bin die Tochter von Erde und Wasser und der Schützling des Himmels.

Percy Bysshe Shelley

Weil Gott nicht überall sein konnte, hat er die Mütter erschaffen.

Jüdisches Sprichwort

Ende Februar hielten Rod und ich uns in Camp Wilkie auf. Auch wenn ich inzwischen regelmäßig Orang-Utans aufspürte, hatte ich noch keine Gelegenheit gehabt, so etwas wie die lange Beobachtung von Beth zu wiederholen, und auch kaum mehr als flüchtige Blicke auf Alltagsverhalten wie Essen und Schlafen erhascht. Bis Cara kam.

Es war am Ende einer besonders enttäuschenden Woche. Fünf Tage lang hatte ich keinen einzigen Orang-Utan gesehen oder gehört. Außer einigen Wildschweinen, dem gelegentlich aufblitzenden weißen Spiegel eines Hirsches und einem oder zwei umherhuschenden Eichhörnchen hatte ich keinerlei Lebensäußerungen von Tieren wahrgenommen. Der Wald wirkte wie tot. Der größte Teil des Lebens findet im Dschungel dreißig Meter über dem Erdboden unter dem Blätterdach statt. Es ist der größte unerkundete Lebensraum auf Erden, in der Fülle seiner Geheimnisse dem dunklen Boden des Ozeans vergleichbar. Außerdem sind in den Tropen viele Säugetiere nacht- oder dämmerungsaktiv. Nur die Orang-Utans streifen auf der Suche nach Nahrung am hellen Mittag unter dem Blätterdach umher. Ihre kleineren, leichteren Vettern, die Gibbons und die Languren, halten in der Mittagshitze Siesta.

Während ich mir, am Rande des Moors, etwa eine halbe Stunde Fußweg von Camp Wilkie entfernt, Mut für den sechsten Tag der Suche im allen Anschein nach leeren Wald zusprach, hörte ich in den Ästen ein lautes Krachen und erkannte in den Bäumen neben dem gebahnten Weg eine große rötliche Silhouette.

Es war meine erste Begegnung mit dem Orang-Weibchen, das ich später «Cara» nannte. Sie tat ihren Ärger durch ein lautes, leidenschaftliches Schnalzen kund, stieg aber nicht höher zum Blätterdach empor. Sie blieb, wo sie war, nämlich im Banitan-Baum, von dem sie aß. Ihr schon recht großer halbwüchsiger Sohn, den ich «Carl» nannte – ich schätzte ihn auf mindestens acht Jahre –, befand sich einige Bäume weiter entfernt. Er hatte einen dicken runden Bauch, und auf seinem Gesicht lag ein selbstzufriedener Ausdruck. Anfangs sah er mich nicht, doch Augenblicke später gab er Unmutslaute von sich und warf Äste herab. Während dieses Ausbruchs jugendlicher Empörung fiel mir auf, daß die Geschlechtsteile seiner Mutter ungewöhnlich weiß und angeschwollen waren. Ich erinnerte mich, gelesen zu haben, daß das bei Orang-Weibchen ein Hinweis auf Trächtigkeit ist.

Carl hatte sich mehrere Bäume von Cara fortbewegt. Als sie seinem Beispiel nicht folgte, eilte er zu ihr zurück und setzte sich neben sie. Sie knabberte Banitan-Nüsse. Er stibitzte ihr ein Stück aus dem Mund und begann zufrieden zu kauen.

Im Laufe der Zeit merkte ich, daß diese Nüsse eine Lieblingsspeise der Orang-Utans von Tanjung Puting sind. Der Banitan-Baum wächst im Moor oder in dessen Nähe. Seine runde grüne Frucht schließt zwei Kerne ein, die so hart sind, daß man sie mitunter nicht einmal mit einem Buschmesser öffnen kann. Jeder enthält ein winziges Stückchen Fruchtfleisch, dessen Geschmack mich an leicht verdorbene Kokosnuß erinnert. Ein Orang-Utan bringt bis zu acht Stunden damit zu, mit den Zähnen die Nüsse aufzuknacken, um an das wenige Fruchtfleisch zu gelangen. Jungtiere und Halbwüchsige können sie gewöhnlich noch nicht öffnen, und so holen sie sich von Zeit zu Zeit Stücke aus dem Mund der Mutter, die sie mit ihren gewaltigen Kiefern knackt.

Diesmal war Cara bereit, mit Carl zu teilen. Während beide kauend dasaßen, zeigte sich weiter unten in den Bäumen ein junges Männchen. Zwar war es größer als Cara, doch fehlten ihm die dicken Backenwülste und der lose herabhängende Kehlsack, die den ausgewachsenen Orang-Mann kennzeichnen. Ohne auf mich zu achten, kletterte er unterhalb von Cara am Stamm empor. Als er sich ihr näherte, entleerte sie ihre Blase; ich konnte die Tropfen auf seiner Behaarung glitzern sehen. Ohne sich davon abschrecken zu lassen, legte er die Arme um sie und rieb das Gesicht an ihren Genitalien. Cara wich zurück, so daß er sie nicht erreichen konnte. Zu meiner Verblüffung näherte sich nun Carl und klammerte sich an die Seite des Männchens, als wollte er von ihm getragen werden. Da dieses nicht reagierte, zog sich Carl wieder zurück.

Jetzt sah das Männchen mich und erstarrte. Stumm und bewegungslos saß es mehrere Minuten lang da und sah unverwandt herab, als hätte es der Anblick des ausgemergelten weißen Primaten da unten gebannt. Dann begann es mit einer Geste, die bei den Orang-Utans wohl soviel wie ein Achselzucken bedeutet, gleichfalls Banitan-Nüsse zu verzehren. Wegen seines untypischen Schweigens nannte ich ihn anfangs den «Stummen», doch da mir das kein vernünftiger Name zu sein schien, entschied ich mich schließlich für «Howard». Während er die Früchte pflückte, von ihrer Schale befreite und das Fruchtfleisch in den Mund steckte, sah er weiter neugierig zu mir herab, als wisse er nicht, was er von mir halten sollte.

Nach mehreren Minuten näherte sich Carl dem Älteren erneut und legte ihm die Hand auf die Lippen. Ich konnte seinen Gesichtsausdruck nicht sehen, doch bettelte er vermutlich um ein Stück Nuß. Offensichtlich wollte Howard nicht mit ihm teilen, was aber Carl nicht weiter zu stören schien. Schon bald begannen die beiden, Scheinkämpfe miteinander zu führen; sie rangen und schlugen spielerisch aufeinander ein.

«Endlich!» dachte ich bei mir. Es hatte mich Monate gekostet, bis ich eine solche Szene, eine freundliche Interaktion, beobachten konnte.

Howard wich Cara und Carl den ganzen Tag nicht von der Seite und baute sich am Abend ein Nest in beider Nähe. Allmählich erkannte ich, mit welchem Geschick Orangs ihre Nester herstellen. Die Leichtigkeit, mit der sie dabei vorgehen, täuscht über den komplizierten Aufbau hinweg. Wichtigste Voraussetzung ist eine feste Unterlage – ein kräftiger Ast, oder, weniger häufig, die zusammengebogenen Spitzen zweier junger Bäume oder die Astgabel eines großen Baumes. Als nächstes biegen und winden sie kleinere Zweige des jeweiligen Astes im Winkel von neunzig Grad, so daß eine elastische runde Plattform entsteht, die Ähnlichkeit mit einer Sprungfeder hat. Diese Vorarbeiten nehmen kaum mehr als drei oder vier Minuten in Anspruch. Dann aber verbringen Orangs bis zu einer halben Stunde damit, belaubte Zweige zusammenzutragen und so aufeinander zu türmen, daß sie eine fünfundzwanzig bis dreißig Zentimeter dicke Unterlage bilden. Das Ergebnis ist eine bequeme, elastische «Matratze», die allerdings recht klein ist. Daher müssen sie sich entweder zusammenrollen oder ihre Gliedmaßen über den Nestrand hängen lassen. Obwohl junge Orang-Utans instinktiv Zweige über oder unter ihren Körper biegen, ist ihnen das Nestbauverhalten nicht, wie den Vögeln, angeboren. Sie müssen jahrelang üben, wobei sie mit Spielnestern beginnen und erst später richtige Nester bauen.

Es erstaunte mich ein wenig zu sehen, daß Cara, Carl und Howard bei meiner Rückkehr am nächsten Morgen noch beisammen waren. Rod begleitete mich, weil er hoffte, einige Aufnahmen machen zu können. Der Tag begann friedlich. Gemächlich zogen die drei Tiere weiter und fraßen.

Mit einem Schlag aber wurde die Morgenstille durchbrochen. In geringer Entfernung krachte ein abgestorbener astloser Baum zu Boden. Gleich danach erscholl der eindrucksvolle Langruf eines erwachsenen Orang-Manns. Ein solcher Langruf besteht aus einer Reihe tiefer Brummtöne, auf die ein lautes Röhren folgt. Abschließend ertönen weitere Brummtöne und Seufzer. Dieser Ruf trägt manchmal über eine Entfernung von zwei bis drei Kilometern. Noch nachdem er verhallt war, schien er über dem Regenwald zu hängen.

Howard zog einen Baum weiter in Richtung des Rufers und tutete mehrfach leise, wobei er angestrengt in die Ferne spähte. Quiekend eilte Carl zu seiner Mutter, klammerte sich an sie und sog an ihrer Brust. Doch Cara reagierte nicht darauf. Sie blieb völlig entspannt sitzen und hielt mit hoch über den Kopf erhobenen Armen einen Ast umklammert. Der Ausdruck auf ihrem Gesicht war so hintergründig wie bei Mona Lisa. Sie sah nicht einmal in die Richtung, aus welcher der Ruf gekommen war. Ich hatte den Eindruck, daß sie genau wußte, wer da gerufen hatte.

Keine zwanzig Minuten später wußten auch wir es. Der Boden schien zu beben, Zweige knackten, und abgestorbene Äste stürzten herab. Ohne zu zögern verschwand Howard. Cara und Carl folgten ihm. Allerdings sah ich viel zu angespannt auf den näher kommenden rötlichen Riesen, als daß ich etwas davon gemerkt hätte. Er war noch etwa dreißig Meter entfernt, als wir ihn hoch unter dem Blätterdach wahrnahmen. Bei unserem Anblick hielt er ruckartig inne und änderte seine Richtung. Wir sahen ihn lediglich wenige Sekunden lang, bevor er sich geräuschlos entfernte, und so gelang Rod nur eine Aufnahme von ihm. Dies plötzliche lautlose Untertauchen des Kolosses im Schatten war bezeichnend für die unheimliche Fähigkeit dieser großen Tiere, wie aus dem Nichts aufzutauchen und wieder zu verschwinden. Kein Wunder, daß manche der einheimischen Melayu behaupteten, Backenwulst-Männchen seien keine Tiere, sondern Gespenster.

Immer wieder folgte ich im Verlauf der nächsten Wochen Cara. Sie unterschied sich grundlegend von Beth und war alles andere als eine Einzelgängerin. Während sich Beth freundlich und scheu verhielt, war Cara selbstsicher und frech. Als mich Beth zum ersten Mal gesehen hatte, war sie in die Äste des höchsten erreichbaren Baumes gestürzt; Cara blieb, wo sie war. Beth und der kleine Bert verbrachten ihre Tage meist für sich; Cara war selten allein. Beth ließ sich meine Anwesenheit teilnahmslos gefallen, blieb aber hoch in den Bäumen; Cara hingegen hatte offenbar nichts anderes im Sinn, als sich meiner zu entledigen. Dabei ist mir eine Szene unvergeßlich geblieben.

Ich folgte ihr durch den Heidewald. Gerade war ich über einen riesigen Baumstamm von über einem Meter Durchmesser geklettert, als ich auf der anderen Seite sogleich einen weiteren, noch dickeren, entdeckte. Bei meinem Versuch, ihn zu überwinden, kam ich mir vor wie ein Fisch auf einer Sandbank, der sich mit allen Kräften zurück ins Meer zu gelangen bemüht.

Mit einem Mal hörte ich ein Knacken über mir. Ich sah auf und entdeckte zu meinem Schrecken, daß Cara offenbar einen riesigen, abgestorbenen Baum dorthin bog, wo ich zwischen den beiden gewaltigen Stämmen eingekeilt war. Mein erster Gedanke war, mich zu verstecken, doch gab es keinen Hohlraum. Ich saß in der Falle, und Cara wußte das.

Sie hockte über mir im Licht der Sonne, die von einem saphirblauen Himmel schien, und sah zu mir her. Der riesige Baumstumpf knackte. Natürlich kennt niemand die Gedanken eines Orang-Utans, doch ist er dem Menschen so nah verwandt, daß man sie erraten kann. Cara wollte mich umbringen. Sie sah mir unverwandt in die Augen und drückte den Stamm immer wieder in meine Richtung. In ihrem Blick lag ein Ausdruck höchster Konzentration. Sie schien beschlossen zu haben, sich des bleichen Störenfrieds ein für alle Mal zu entledigen.

Erneut knackte es, aber der Stamm brach nicht. Er war nicht trocken genug. Ein erwachsenes Männchen bricht einen Stumpf mit Leichtigkeit und gibt ihm schließlich den entscheidenden Stoß, der ihn mit großer Zielsicherheit genau dort zu Boden gehen läßt, wohin es ihn haben will. Aber Cara war nur halb so groß wie ein Backenwulst-Männchen und schien auch nicht besonders geschickt zu sein. Als sie schließlich aufgab und zu ihrer hohen Warte zurückkehrte, konnte ich mich des Eindrucks nicht erwehren, daß sie enttäuscht war.

Mein Gesicht fühlte sich heiß an, ich zitterte am ganzen Leib. Noch nie hatte ich gehört, daß sich Orang-Utans abgestorbener Bäume als Waffen bedienen. Schließlich kam ich zu dem Ergebnis, daß es sich hier um eine Tradition unter den in diesem Teil Borneos lebenden Orangs handeln müsse: Da dieses Verhalten nicht zum allgemeinen Repertoire gehört, dürfte es durch Lernen von einer Generation an die nächste weitergegeben werden. So, wie ein Mensch Fremdsprachen lernt, lernen manche Menschenaffen, mit einem Stock nach Termiten zu angeln oder mit Steinen Nüsse zu öffnen oder aber abgestorbene Bäume als Waffe oder Signal zu benutzen.

Ich sah in Cara weder eine Psychopathin noch eine «Mörderäffin». Sie hatte lediglich einen unerwünschten Eindringling aus ihrer Waldheimat entfernen wollen. Zwar kam sie mir nie wieder nahe genug, um einen Angriff gegen mich zu führen, doch drückte sie dann und wann abgestorbene Bäume in meine Richtung. Diese Szene war in mancherlei Hinsicht kennzeichnend für sie. Sie bewegte sich rasch und entschlossen und wich nie – wie das Beth zu tun schien – ins Blätterwerk der Baumkronen zurück, wenn sich ein Artgenosse näherte. Sie wurde aktiv, ob sie nun floh oder sich dem Störenfried stellte. Kraftvoll zog sie durch die Bäume, daß die Äste bebten und krachten. Nach einer Weile konnte ich sie schon beinahe am Geräusch erkennen.

Nach unserer ersten Begegnung verlor ich Caras Fährte, hatte aber den Eindruck, daß sie sich nach wie vor in unserem Untersuchungsgebiet aufhielt. Wenige Tage später, ich war stehengeblieben, um einen Blutegel von meinem Fußgelenk zu entfernen, sah ich aus dem Augenwinkel etwas Schattenhaftes im Unterholz. Während ich mich näherte, um nachzusehen, sauste der Schatten einen Baum hinauf. Einige Sekunden später begriff ich, daß es sich um Cara handelte. Ihr Sohn Carl hatte sich über ihr in den Bäumen aufgehalten.

Ich folgte beiden, die sich rasch durch die Bäume bewegten, den Rest des Tages hindurch. Oben in einem Baum, der über das Blätterdach hinausragte, begannen sie zu fressen. Ein Gewitter braute sich zusammen. Ich konnte sie vor dem dunkler werdenden Himmel nicht deutlich erkennen, und mein Nacken schmerzte vom Hinaufsehen. Der Wind flaute ab, und nach einer Weile merkte ich, daß keine Reste von Früchten mehr zu Boden fielen. Ich sprang auf und suchte mit den Augen den hohen Baum ab. Weder von Cara noch von Carl war etwas zu sehen. Doch ich hatte Glück, ich entdeckte sie rund sechzig Meter entfernt, wie sie sich über einen langen Ast davonstahlen. Sie hatten die kurze Ablenkung, das vorübergehende Nachlassen meiner Aufmerksamkeit, genutzt, um sich aus dem Staub zu machen.

Cara schien aufgebracht, daß es ihr nicht gelungen war, meiner Aufmerksamkeit zu entrinnen. Wütend brach sie ein halbes Dutzend Äste ab und ließ sie auf mich niederprasseln. Doch wie es ihrer Art entsprach, floh sie nicht. Statt dessen baute sie hoch in einem Baum ein Nest, in das sie sich zurückzog. Nach einigen Minuten der Unschlüssigkeit gesellte sich Carl zu ihr, und nach der Stille zu urteilen, die bald darauf eintrat, schliefen beide sogleich ein.

Als ich am nächsten Morgen die Stelle erneut aufsuchte, gab sich Cara große Mühe, mir zu imponieren. Sie warf Äste herab und versuchte erneut, einen abgestorbenen Baum umzustürzen. Zu meinem Glück rührte er sich nicht vom Fleck. An jenem Tag tauchte ein fast ausgewachsenes Männchen auf, das ich noch nicht kannte. (Namen gab ich den Orangs immer erst, wenn ich sie lange genug beobachtet hatte oder so eindeutige Merkmale an ihnen wahrnahm, daß ich sie später mit Sicherheit wiedererkennen würde.) Aufmerksam betrachtete er Caras angeschwollenen Geschlechtsteil, leistete ihr etwa eine Stunde lang Gesellschaft und zog dann weiter. Bis zum Abend blieben Cara und Carl allein.

Auch am folgenden Morgen war sie allein, aber nicht lange. Howard kam und machte sich sogleich daran, Caras Schwellung zu prüfen. Es sah ganz so aus, als müßten sich die Männchen vergewissern, ob Cara immer noch trächtig war. Irgendwie geriet Carl dabei zwischen Howard und Cara. So dicht saßen die drei beieinander auf dem Ast, daß man kein Blatt Papier hätte zwischen sie schieben können. Carl, der sich bei Howard ausgesprochen wohl zu fühlen schien, war nach einem Scheinkampf. Einen Arm um den Gegner gelegt, schoben und drängten die beiden einander, versuchten sich gegenseitig zu beißen, purzelten dann als rot-orangefarbene Fellkugel über den Ast und schlugen sich, an einem Arm hängend, mit der freien Hand gegenseitig auf die Schulter und ins Gesicht. Auf Howards Behaarung konnte ich Speichel sehen, wo ihn Carl hatte beißen wollen. Obwohl er größer war als Carl, war er weder darauf aus, ihn zu überwältigen, noch ihn zu verletzen. Ich überlegte, ob er vielleicht ebenfalls ein Sohn Caras und damit Carls älterer Bruder war.

Um sechs Uhr verschwand die Sonne über den Bäumen. Die Moskitos begannen vernehmlich zu summen. Cara baute ein Schlafnest und stieg hinein, Carl folgte ihr. Howard baute einige Bäume weiter sein eigenes Nest und legte sich hin. Bald waren alle drei still. Mehrere Minuten vergingen. Das Summen der Moskitos wurde lauter. Ich sah einer Kolonne von Feuerameisen im gefallenen Laub zu. In den Nestern der Orang-Utans blieb es ruhig. Während ich unter dem Baum saß und nach Moskitos schlug, überlegte ich, ob ich gehen oder bleiben sollte. Ich dachte an eine Tasse dampfenden heißen Tee und einen Teller Reis.

Bei anderer Gelegenheit hatte mich Howard in die Irre geführt, indem er erst ein Schlafnest und dann noch eines gebaut hatte und anschließend vor Tagesanbruch verschwunden war. Ich wollte die Fährte von Cara und Carl nicht wieder verlieren und beschloß, noch ein wenig zu warten.

Ohne Vorankündigung krachte ein toter Baum mit Getöse zu Boden. Sekunden später hallte ein weithin hörbarer Langruf durch die Bäume, worauf ein weiteres lautes Krachen folgte. Howard sprang aus dem Nest und glitt in einer einzigen Bewegung den Baum hinab. Arme und Beine um den Stamm gelegt, hielt er knapp vier Meter über dem Boden inne, spähte aufmerksam umher und lauschte. Der Lärm kam näher. Ich sah lediglich Äste, die hin und her schwangen. Man hätte denken können, ein gewaltiges außerirdisches Wesen zöge unter dem Blätterdach vorbei. Zwanzig Sekunden darauf verschwand Howard.

Der Riese – derselbe, der schon einmal in die Dreiergruppe eingebrochen war – hatte offenbar meine Anwesenheit bemerkt, denn er quiekte schnalzend und zerbrach Äste. Unaufhaltsam näherte er sich Caras Nest, warf einen Blick über dessen Rand und zog dann lärmend weiter, indem er ein ununterbrochenes Dröhnen aus seinem aufgeblasenen Kehlsack ertönen ließ. Es klang wie Wasser, das durch ein Stahlrohr schießt.

Cara und Carl waren im Verlauf der ganzen Vorstellung in ihrem Nest geblieben. Man sah und hörte nicht das leiseste Rauschen von Blattwerk; nicht das kleinste Blättchen zitterte. Zwar konnte ich nicht glauben, daß sie während des Tumults tief schliefen, doch da sie sich offenkundig nicht bedroht fühlten, vermutete ich, daß das Imponierverhalten des großen Männchens Howard galt. Wie bei einer Kraftprobe unter Revolverhelden oder bei einer Kneipenschlägerei ging es um eine Angelegenheit unter Männern, die mithin Cara und Carl nicht betraf. Also nahmen sie auch keine Kenntnis davon.

Am folgenden Morgen waren Cara und Carl zwar nicht in ihrem Nest, doch fand ich sie in der Nähe beim Verzehren roter Beeren. Sie blieben nicht lange allein; Cara schien andere Orang-Utans geradezu magnetisch anzuziehen. Im Verlauf einer einzigen Stunde stießen ein ausgewachsenes Weibchen und ihr großer halbwüchsiger Sohn zu den beiden, der etwas weiter entwickelt war als Carl. Ich kannte die beiden von einer flüchtigen Begegnung und hatte ihnen die Namen «Priscilla» und «Pummel»[1] gegeben.

Die Mutter stolperte durch die Baumwipfel wie eine Orang-Utan-Greisin, obwohl ihr Sohn noch jung war. Meist bewegen sich Orangs zielstrebig und schwungvoll durch die Bäume, Priscilla hingegen wirkte langsam und zögernd, zog unentschlossen erst hierhin und dann dorthin. Ihr gerader Haaransatz lag weit hinten, und Haarbüschel standen in alle Richtungen, als hätte sie sich an jenem Morgen nicht gekämmt. Pummel sah seiner Mutter sehr ähnlich, und obwohl ich einen Orang-Utan nie häßlich nennen würde, war er mit seinem Mopsgesicht kaum anders zu beschreiben.

Priscilla machte sich bald ans Fressen, wenn sie dabei auch immer wieder innehielt und den Blick in die Wipfel hob. Mit einem Mal zeigte sich im selben Baum Beth mit Bert. Ihnen folgte ein weißgesichtiges halbwüchsiges Tier, das ich nicht identifizieren konnte. Sieben Orang-Utans auf ein und demselben Baum: Cara und Carl, Beth und Bert, Priscilla und Pummel sowie das unbekannte Halbwüchsige! Dergleichen hatte ich bis dahin noch nicht erlebt. Die Gruppe zog, von Priscilla angeführt, gemeinsam von einem Freßbaum zum anderen. Auf einem mittelgroßen Baum mit vielen jungen Blättern verschwanden alle

---

[1] Im Original «Pug», wegen seines Mopsgesichts (Anm. d. Ü.).

sieben im Blattwerk. Man hörte kein Kauen, und es fielen auch keine Nahrungsreste herab. Wer nichtsahnend unter dem Baum entlang gegangen wäre, hätte nie vermutet, daß es sich sieben große Menschenaffen dort oben wohl sein ließen.

Als der Trupp nach einer Weile wieder zum Vorschein kam, mußte ich an eine Zirkusnummer denken, bei der in endloser Zahl Clowns aus einem VW-Käfer zu purzeln schienen. Sie zogen weiter. Lediglich Priscilla und das Halbwüchsige äußerten ihren Ärger über meine Anwesenheit; den anderen schien es nichts auszumachen, daß ich mich auf dem Waldboden aufhielt. Wie zur nächsten Arena machten sich die sieben zu einer großen tropischen Eiche auf und begannen deren flache Früchte zu verschlingen.

Dann brach ohne Vorwarnung die Hölle los. Wilde, kehlige Schreie und lautes Kreischen zerrissen die Luft. In all den Monaten, die ich im Wald verbracht hatte, waren mir solche Laute noch nicht zu Ohren gekommen. Es dauerte mehrere Sekunden, bis ich begriff, was oben im Baum ablief. Priscilla und Cara, die ineinander verkrallt waren, bissen sich gegenseitig und rissen sich an den Haaren. Nach einigen Minuten ließen sie voneinander ab, und Priscilla schwang sich zu einem weiter unten liegenden Ast herab. Der Spuk hörte ebenso schlagartig auf, wie er begonnen hatte. Als Priscilla zu einem in der Nähe stehenden Baum zog, folgte ihr der gesamte Trupp. Der Friede schien wieder eingekehrt zu sein.

Doch keine halbe Stunde später balgten sich hoch oben unter dem Blätterdach Priscilla und Cara in einem Klumpen aus rotem Fell erneut. Wieder erfüllten wilde Schreie und lautes Kreischen die Luft. Diesmal führte der Streit zur Trennung der Gruppe. Priscilla und Pummel verließen den Baum in eine Richtung, der Rest schlug, von Cara angeführt, eine andere ein. Ihnen folgte ich. Der Halbwüchsige machte sich später allein davon; Cara, Beth und ihre Kinder hingegen blieben den ganzen Tag beisammen und bauten für die Nacht in nebeneinanderliegenden Bäumen Nester, die nur etwa fünf Meter voneinander entfernt lagen.

Am folgenden Morgen – die Sonnenstrahlen badeten schon die Baumwipfel, waren aber noch nicht bis zum Waldboden durchgedrungen – stahl sich Beth mit Bert am Hals davon. Mit Cara und Carl wieder allein, fiel es mir schwer zu glauben, daß sich erst gestern eine Gruppe von sieben Orangs hier aufgehalten hatte. Allem Anschein nach verhielten sich Weibchen nicht immer so einzelgängerisch wie bisher angenommen. Allmählich enthüllte sich mir ihre Welt.

Im weiteren Verlauf des Vormittags brach Cara auf. Gewöhnlich folgte der halbwüchsige Carl seiner nahezu doppelt so großen Mutter selbständig, ohne sich an sie zu klammern. Diesmal aber sah ich verblüfft, daß sie eine auffordernde Bewegung zu ihm hin machte. Mit einem Arm ergriff sie den Ast eines in der Nähe stehenden Baums, zog ihn zu sich und hielt inne, wobei ihr freies Bein in der Luft baumelte. Ohne einen Augenblick zu zögern, kletterte Carl über die Schultern seiner Mutter, die eine lebende Hängebrücke bildete. Kaum war er auf dem anderen Baum in Sicherheit, als Cara den Ast losließ und sich mit beiden Armen auf den Baum zog. Sie schien genau zu wissen, was sie tat. Trotz seiner Größe befand sich Carl noch unter dem Schutz und der Fürsorge seiner Mutter, doch ihre Beziehung wandelte sich vor meinen Augen.

Kurz darauf hörte ich eine Reihe durchdringender Klagelaute. Was vorgefallen war, konnte ich durch das Laub nicht sehen, merkte aber bald, daß Cara ihren Sohn entwöhnte. Kaum unternahm Carl den Versuch, an ihr zu saugen, ruckte sein Kopf zurück, als hätte sie sich zurückgezogen oder als wäre ihre Milch versiegt. Dann rannte er jedesmal laut kreischend mit aufgeregt schlagenden Armen über den Ast, bis seine Schreie verstummten. Dann näherte er sich erneut der Brust seiner Mutter, und die ganze Szene wiederholte sich.

Gegen Mittag baute Cara in der noch belaubten Spitze eines ansonsten dürren Baums ein Tagesnest. Carl, der nachts im selben Nest wie sie schlief, folgte ihr. Etwa eine halbe Stunde später verließ sie es, fraß kurz am Ende eines Asts, baute dann etwa drei Meter unterhalb des ersten Nests rasch ein zweites und legte sich nieder.

Carl blieb im oberen Nest, spähte aber immer wieder über dessen Rand zu seiner Mutter hinab. Er schien zu fürchten, sie könnte nicht mehr dasein. Offenbar wollte ihm Cara etwas klarmachen. Ich begriff, daß die Entwöhnung nicht nur die Lösung von der Mutterbrust, sondern auch das Ende der mütterlichen Fürsorge bedeutet. Sofern Cara trächtig war, wie ich annahm, war das sinnvoll, denn bald würde sie sich um einen neuen Nachkommen kümmern müssen, den es zu säugen und mit sich herumzutragen galt.

Fünf Monate lang hatte ich zu Orang-Utans emporschauen müssen;

mein schmerzender Nacken erinnerte mich immer wieder daran, daß ich es mit Baumbesuchern zu tun hatte. Einmal glaubte ich Cara auf dem Boden überrascht zu haben, doch war die Bewegung so rasch, daß ich nicht sicher sein durfte. Vielleicht hatte ich nur ihren Schatten gesehen.

An jenem Tag zog Cara jedoch kurz vor Mittag in der geringen Höhe von lediglich drei bis dreieinhalb Metern über dem Waldboden durch die Bäume. Jedesmal, wenn ich mich ihr näherte, zog sie sich rasch zurück. Ich blieb stehen, um ihr den Abstand zu lassen, auf den sie offenbar Wert legte. Sie sprang zu Boden und ging auf allen vieren auf eine kleine Lichtung zu, die dadurch entstanden war, daß ein großer, abgestorbener Baum bei seinem Sturz viele durch Schlingpflanzen mit ihm verbundene kleinere Bäume umgerissen hatte. Mit einer Armbewegung drehte Cara einen toten Stamm um und begann zu fressen.

Ich schlich mich näher heran, um besser sehen zu können. Sie war so beschäftigt, daß sie nicht auf mich achtete. Sie saß auf dem Boden, hielt den Stamm eines kleinen Baums mit einem Arm umschlungen, fuhr mit der freien Hand in den Erdboden und holte etwas heraus, das mir wie Wurzelklumpen erschien. Carl saß gut zehn Meter über uns in einem Baum und ließ sie nicht aus den Augen.

Nach fünfundzwanzig Minuten stand sie schließlich auf, erkletterte den Stamm des Baums, auf dem Carl wartete, und setzte sich auf einen Ast unmittelbar unter ihm. Aus dem Mund hingen ihr noch einzelne «Wurzeln». Jetzt konnte ich sehen, daß es sich in Wirklichkeit um ein Termitennest handelte. Sie ließ es in eine Hand fallen und stocherte mit den Fingern der anderen darin herum. Ab und zu hielt sie Carl Stücke entgegen, und dieser bediente sich.

Nach wenigen Minuten war nicht mehr viel übrig. Carl griff nach einem weiteren Stück. Diesmal entzog ihm Cara ihre Hand ruckartig, was er mit lautem Protestgeheul quittierte. Er raste am Ast empor, drehte sich blitzschnell um und kehrte, nach wie vor heulend und um sich schlagend, zu seiner Mutter zurück. Cara tat, als nähme sie ihn nicht wahr. Dann streckte sie ihm beiläufig etwas hin, bevor sie sich das letzte Stück in den Mund schob. Eine so lange andauernde Insektenmahlzeit hatte ich bis dahin noch nicht beobachtet.

Anschließend zogen beide weiter. Eineinhalb Stunden später begann es zu regnen. Cara riß zwei große belaubte Äste ab und hielt sie sich mit einer Hand über den Kopf. Sie waren knapp einen Meter lang und bildeten einen durchaus brauchbaren Regenschutz. Carl drängte sich an sie. Später machte ich die Erfahrung, daß Orang-Utans häufig «Regenschirme» oder andere Schutzdächer benutzen, ein Verhalten, das bei Schimpansen oder Gorillas bisher nur selten beobachtet worden war. Ich erinnerte mich deutlich, Fotos durchnäßter und kläglich aussehender Schimpansen gesehen zu haben, die im Regen kauerten. So hatte mich Cara mit einer weiteren Orang-Utan-Neuigkeit erstaunt: Werkzeuggebrauch. Andere Tiere mögen im Regen ein Obdach *suchen*, Orang-Utans *machen* sich eines. Ich für meinen Teil hockte unten, wie ein Schimpanse bis auf die Haut durchnäßt.

Nach einer Weile zogen Mutter und Sohn weiter, Cara pausierte, um ein Termitennest von einem Stamm herunterzureißen, und kletterte dann auf einen Banitan-Baum. Wieder folgte das alte Spiel: Carl wollte saugen oder ein Stück Nuß aus ihrem Mund fischen, und wenn ihm Cara das verweigerte, bekam er einen Tobsuchtsanfall. Gelegentlich gab sie auch nach. Dieses Hin und Her zwischen beiden dauerte an, bis sie ihr Schlafnest aufsuchten. Bevor ich an jenem Abend heimkehrte, hörte ich zweimal durchdringendes Kreischen. Vermutlich hatte Carl zu saugen versucht und Cara ihn beiseite gestoßen.

Wie das bei Orang-Utans häufig der Fall ist, schliefen Cara und Carl am nächsten Morgen lange und verließen ihr Nest erst etwa eine Stunde nach Tagesanbruch. Nachdem Cara ihre Blase entleert hatte, brach sie zwei kleine Zweige ab und warf sie hinunter – womöglich ein Hinweis darauf, daß sie meine Anwesenheit zur Kenntnis genommen hatte. Allerdings gab sie keinen Unmutslaut von sich. Vielleicht gewöhnte sie sich allmählich an meine Gegenwart.

Den ersten Halt legten die beiden in einer tropischen Eiche ein, deren große, flache weiße Früchte Cara auf allen vieren stehend kaute, wobei sie Carl ein kurzes Saugen gestattete. Anschließend ging es auf einen Banitan-Baum. Carl saß dicht an seine Mutter gedrängt, die Hand mit bittender Gebärde vor ihren Mund haltend. Er kreischte inzwischen so regelmäßig, daß ich gar nicht hinzusehen brauchte, um zu wissen, worum es ging. Sobald Cara eine Nuß geknackt hatte, schob er ihr mit den Fingern die Lippen auseinander und angelte nach einem Bissen. Wenn ihm das mißlang, gab er seinen Unwillen mit lautem Kreischen und heftigem Herumgehopse zu verstehen.

Bald darauf hielt Cara inne, spähte in die Ferne und verließ den

Baum mit großen Sprüngen. Carl sah in die gleiche Richtung und eilte ihr dann nach, wobei er Wasser ließ und den Darm entleerte. Ein großes, fast ausgewachsenes Männchen näherte sich in den Bäumen. Cara hielt sich dicht ans untere Ende eines halb abgestorbenen Stammes geklammert, als wollte sie sich verstecken. Doch der neugierige Carl, der sich etwa fünf Meter über ihr befand, verriet sie.

Das junge Männchen näherte sich Carl, nicht etwa Cara, und beide begannen einen Scheinkampf, sie rangen und ohrfeigten einander. Damals hielt ich Carl für außergewöhnlich kontaktfreudig, lernte aber im Laufe der Zeit, daß alle Orang-Utans eine gewisse Geselligkeit entwickeln, während sie sich von der Mutter lösen. Nach ihrer Entwöhnung suchen sie in einer Phase, die mehrere Jahre dauert, gleichaltrige Spielgefährten und folgen hin und wieder auch ausgewachsenen Weibchen, bei denen sie gleichsam Ersatz für die Mutter suchen. Carl stand am Anfang dieser Phase.

Die drei machten es sich in einem Baum gemütlich, dessen winzige rote Beeren sie mit Behagen verzehrten. Als Cara den Baum verließ, wartete Carl auf das junge Männchen. Nach einer Weile begannen alle drei, in einem anderen Baum junge Blätter zu essen, und Carl setzte sich nicht neben seine Mutter, sondern neben das junge Männchen. Es sah etwa eine oder zwei Minuten lang zu mir herab, was mir Gelegenheit gab, es näher zu mustern. Es machte einen robusten Eindruck, hatte ein großes, markantes Gesicht, buschige, zusammengewachsene Brauen und deutlich erkennbare Linien unter der Nase. Ich beschloß, es «Glen» zu nennen.

Während Carl und Glen erneut einen Scheinkampf miteinander fochten, verließ Cara rasch den Baum. Man hätte glauben können, sie nutze die Gelegenheit, sowohl ihrem Sohn als auch dem fast ausgewachsenen Männchen zu entrinnen. Glen baute ein Tagesnest und stieg hinein. Carl, der über ihm hing, sah ihm zu und gesellte sich dann zu ihm. Zwar konnte ich sie nicht mehr sehen, doch den Geräuschen nach kämpften sie wieder spielerisch miteinander.

Zehn Minuten später tauchten beide erneut auf und stießen zu Cara. Im Verlauf der nächsten Stunde streiften alle drei in der für freilebende Orang-Utans kennzeichnenden Weise umher und suchten Nahrung. Dann baute Glen ein weiteres Tagesnest. Diesmal blieben er und Carl nur zwei Minuten darin. Wie junge Menschen schien auch diese beiden Jugendlichen nichts längere Zeit fesseln zu können.

Rio, ein befreiter Orang, versucht eine Socke anzuziehen

Akmad, B. Galdikas' erste «Adoptivtochter»

◁ B. Galdikas und Sugito, der erste befreite Orang

Irgendwann machte sich Cara so rasch davon, daß ich ihr kaum folgen konnte. Selbst Glen fiel zurück. Nahezu eine Stunde später hatte er Cara schließlich eingeholt. Sie saß mit dem leise wimmernden Carl in einem Banitan-Baum, und Glen betrachtete prüfend den weißen Bereich um ihre Scheide. Wie die anderen Männchen, denen sie begegnet war, schien auch er zu wissen, daß sie trächtig war, und unternahm keinen Paarungsversuch. Nicht lange darauf verschwand er unvermittelt und wie vom Teufel gejagt in Richtung Südosten. Davon offensichtlich unbeeindruckt zogen Cara und Carl weiter. Binnen weniger Minuten zeigte sich Howard. Ich konnte mir nicht recht vorstellen, warum Glen vor Howard Angst haben sollte, und fragte mich, ob ihn vielleicht etwas anderes in die Flucht geschlagen hatte.

Cara, Carl und Howard waren erst eine kurze Weile miteinander umhergestreift, als sich von Osten her ein weiteres, fast ausgewachsenes Männchen näherte, das ich nicht kannte. Cara warf einen einzigen Blick auf ihn, gab als Ausdruck ihres Ärgers laute, schmatzende Schnalzlaute von sich und zog weiter. Beim Überqueren einer Lücke im Blätterdach faßte sie die Spitze eines fast abgestorbenen Baums und bog sie so tief nach unten, daß Carl dessen Äste erfassen und die Lücke allein überqueren konnte. Es war fast so, als hätte ihm Cara eine Tür aufgehalten, die sie dem Neuankömmling wohl am liebsten vor der Nase zugeschlagen hätte. Da sich aber Howard dazwischenschob und Carl zurückfiel, hatte der Neue Gelegenheit, aufzuschließen.

Inzwischen war es später Nachmittag. Der Monsunregen fiel so dicht, daß ich mir wie unter Wasser vorkam. Fast keuchend mußte ich um Atem ringen. Schließlich begannen die Orangs mit dem Nestbau: Den Anfang machten Cara und Carl; Howard entschied sich für einen benachbarten Baum. Der Neuankömmling baute sein Nest etwa dreißig Meter entfernt.

Kalt und dunstig dämmerte der nächste Morgen herauf, doch wenigstens hatte der Regen über Nacht aufgehört. Als ich bei den Nestern eintraf, waren alle vier Affen etwa dreißig Meter davon entfernt. Cara und Carl zogen allein weiter, was mich vermuten ließ, die Gruppe löse sich auf. Doch schon bald näherte sich der Neuankömmling dem Baum, in dem Mutter und Sohn junge Blätter verzehrten. Eine Minute später kam auch Howard und setzte sich dazwischen, als wolle er den Eindringling im Auge behalten. Sein loser herabhängender Kehlsack war leicht aufgebläht – möglicherweise ein Zeichen von Anspannung.

Um die Mitte des Vormittags war der Neue verschwunden. Die anderen zogen weiter durch den feuchten, dunklen Wald und ließen sich immer wieder nieder, um zu fressen. Am Abend bauten sie Nester in nebeneinanderstehenden Bäumen. Bei meiner Rückkehr am folgenden Morgen waren alle drei Orang-Utans fort. Da es die ganze Nacht hindurch heftig geregnet hatte, war es ihnen im Nest wohl unbehaglich geworden, und sie waren im Lauf der Nacht weitergezogen. Diese Erfahrung, daß man in einer regnerischen Nacht die Fährte eines Orang-Utans verliert, sollte ich noch häufig machen.

Bis ich Cara und Carl das nächstemal sah, verging ein voller Monat. Rod und ich saßen im Wald in der Nähe eines Pfads, als wir das Geräusch hörten, das ein Orang-Utan verursacht, wenn er mit seinen kräftigen Kiefern und Zähnen Nüsse knackt.

Cara und Carl saßen in ihrer typischen Haltung, Carl unmittelbar neben der Mutter. Die Hand hatte er an ihrem Mund und wollte ihr die Lippen öffnen. Es kam mir vor, als wäre ich nie von den beiden getrennt gewesen. Doch bald nahm ich kleine Veränderungen in der Art wahr, wie sie miteinander umgingen.

Carl hielt sich nicht mehr so nahe an Cara wie früher. Mitunter entfernte er sich bis zu dreißig Meter von ihr und fraß auf einem anderen Baum etwas anderes. Als sich den beiden ein großes Männchen näherte, sah ich mit großen Augen, daß Carl begeistert auf es zulief und nach ihm schlug! Dann erkannte ich, daß es Carls «Freund» Glen mit den zusammengewachsenen buschigen Brauen war. Anfangs ging Glen nicht auf Carls Aufforderung ein, doch bald saßen sie im selben Baum, wo sie abwechselnd fraßen und Scheinkämpfe austrugen. Nach wenigen Minuten stieß ein weiteres fast ausgewachsenes Männchen zu ihnen. Cara begann zu tuten und sah dann zu mir her, als gebe sie mir die Schuld an all dieser unerwünschten männlichen Aufmerksamkeit. Die beiden Männchen sahen einander mehrere Sekunden starr an. Dann wandte sich Glen ab und fraß weiter.

Cara gab sich keine Mühe, ihr Mißvergnügen über die Anwesenheit des neuen Männchens zu verbergen. Sie wich betont energisch zurück, gab immer wieder Unmutslaute von sich und riß sogar einen abgestorbenen Baum um. Das männliche Tier reagierte darauf, indem es Ast auf Ast abbrach und eine Reihe ungewöhnlich hoher, schmatzender Schnalzlaute von sich gab. Schließlich aber verließ es die Gruppe. Cara beruhigte sich, Carl und Glen rangen weiter miteinander und bauten wie zuvor Spielnester.

Rod hatte ununterbrochen Aufnahmen gemacht. Inzwischen waren die Schatten lang geworden, der Wald lag im Dunkeln. Cara und Carl zogen wie gewohnt rasch weiter. Glen war ein Stück zurückgeblieben und knabberte noch Rinde.

Da ich Cara unbedingt weiter beobachten wollte, folgte ich ihr. Rod blieb zurück, um Glen zu fotografieren. Während ich, den Blick erhoben, durch den Dschungel rannte, wäre ich fast mit einer riesigen grauen Masse zusammengestoßen: Ein großer Orang-Mann saß auf dem Waldboden und holte mit den Nägeln Termitennester aus der Erde. Ich war gut einen Meter von ihm entfernt. Im Dämmerlicht war das große Tier ein bloßer Schatten. Einen Sekundenbruchteil lang fragte ich mich, ob ich mir etwas einbildete. Erst nachdem er fünf Meter hoch in einen Baum gestiegen war und ein lautes schnalzendes Schmatzen ausstieß, traute ich meinen Sinnen wieder. Dann verschwand er – wie ein Gespenst, ganz wie es die Melayu sagen.

An jenem Abend erkannte ich, daß es in der Beziehung zwischen Mutter und Sohn zu einer weiteren Veränderung gekommen war. Cara baute ein Nest, doch statt zu ihr zu kommen, zog Carl weiter durch den Wald. Keine zwei Minuten später verließ Cara das Nest und folgte ihm in einen Baum voller gelber, kirschgroßer Früchte, eine Litschi-Art, deren süßes, glibbriges, saftiges Fleisch einen Kern umschließt. Die Orang-Utans beißen die Schale auf, saugen den Saft aus und spucken dann der Kern aus. Gelegentlich verschlucken sie ihn auch, er geht durch den Verdauungstrakt und landet mitsamt seinem eigenen Düngerklecks auf dem Waldboden. Cara baute ein neues Nest in einem nahestehenden Baum, Carl hingegen fraß noch eine Weile weiter – ein deutlicher Hinweis auf seine beginnende Selbständigkeit.

Am nächsten Vormittag waren beide nicht in ihrem Nest. Im Laufe des Nachmittags sah ich sie in der Nähe eines Pfads wieder, erneut in Glens Begleitung. Bevor sie an jenem Abend Nester bauten, versuchte Carl wieder einmal, an Cara zu saugen, doch muß sie ihn zurückgestoßen haben – jedenfalls stürzte er aufschreiend kopfüber vom Ast. Dabei gewahrte er mein nach oben gewandtes Gesicht. Von einem Augenblick auf den anderen ernüchtert, hörte er auf zu kreischen und kehrte so erschüttert zu seiner Mutter zurück, daß er die Ursache seines Trotzanfalls völlig vergessen zu haben schien.

Noch heute, über zwei Jahrzehnte später, sehe ich mich in Caras und Carls Schuld. Sie haben mir gezeigt, daß Orang-Utans weder so einzelgängerisch noch so scheu sind, wie man angenommen hatte. Für mich war es ein glücklicher Umstand, daß ich Cara und Carl in einer entscheidenden Phase ihres Lebens begegnete: Sie war trächtig, und er wurde gerade entwöhnt. Noch bildeten Mutter und Sohn eine Familieneinheit. Sie zogen gemeinsam umher und teilten sich das Schlafnest. Ich wollte wissen, wann Carl seine Mutter verließ, um das Einzelgängerleben eines Backenwulst-Männchens aufzunehmen. Ich wollte auch in Erfahrung bringen, ob Cara mit Beth oder Priscilla verwandt war oder ob sie nur «Nachbarinnen» waren. Ich fragte mich, ob erwachsene Weibchen, deren Reviere einander überschneiden, in regelmäßiger und vorhersagbarer Weise Kontakt aufnehmen. Bisher war ich lediglich Müttern mit kleinen oder halbwüchsigen Söhnen gefolgt, und ich wollte unbedingt mehr über Mutter-Tochter-Beziehungen wissen.

Carl war jetzt schon fast ein Halbwüchsiger. Bald, nahm ich an, würde er selbständig sein wie Howard, Glen und die anderen fast ausgewachsenen Männchen, die ich beobachtet hatte und die wie Monde von Weibchen angezogen werden und sie auf einander überschneidenden Bahnen umkreisen. Jahre später dann, überlegte ich, würde er wie der große rote Riese sein, Gebieter aller und niemandes Freund. Weibchen ordnen sich den mächtigen Backenwulst-Männchen unter, und jüngere männliche Tiere ergreifen vor ihnen die Flucht. Bedeutet das, daß sie bei der Begattung der geschlechtsreifen Weibchen in ihrem Revier den Vortritt haben und allein Nachkommen zeugen? Was geschieht, wenn sich zwei Orang-Männer im selben Revier befinden, und was, wenn sie einander zufällig über den Weg laufen?

Noch hatte ich keine Antworten auf diese Fragen, aber allmählich nahmen meine Daten Gestalt an. Das Klischee vom Orang-Utan als einem langweiligen Einzelgänger löste sich allmählich auf. Voll Entdeckerfreude war ich überzeugt, daß Cara und Carl den Schlüssel liefern würden, der mir Zugang zum Orang-Utan-Universum verschaffte. Nie wäre ich auf den Gedanken gekommen, daß das Schicksal für sie etwas gänzlich anderes bereithielt.

8 Sugito

Es ist gefährlich, Kinder mit Engeln zu verwechseln.
David Fyfe

Was wiegt weniger als eine Feder?
Ein Kind für seine Mutter.
Großherzog Gediminas von Litauen

Am Ende unserer ersten Woche in Camp Leakey machten wir unseren Antrittsbesuch bei Mr. Aep, dem Leiter der Forstbehörde in Kumai. Wie es landesüblich ist, plauderten wir bei heißem, gesüßtem Tee, und Aep ließ uns in recht gutem Englisch wissen, er sei von seinen Vorgesetzten angewiesen, uns in jeder Weise behilflich zu sein. Er fügte hinzu, jeder unserer Wünsche sei ihm Befehl; ich erinnerte mich unwillkürlich an Sugitos prophetische Worte über die Befreiung gefangener Orang-Utans.

Rod und ich sahen einander an. Es war klar, was unser erster Wunsch sein würde. Wir hatten gehört, daß in Kumai mehrere Orang-Utans in Gefangenschaft gehalten wurden, darunter ein Orang-Baby.

«Sie könnten den kleinen Orang-Utan beschlagnahmen und uns übergeben, damit wir ihn im Schutzgebiet auswildern», regte ich an.

Aep sah fast so bestürzt drein, als hätten wir von ihm verlangt, aus der Küche eines anderen einen Sack Reis zu stehlen. Doch Rod und ich ließen nicht locker. Wir lieferten ihm ein Dutzend Gründe, warum es unerläßlich sei, daß er das Jungtier sofort beschlagnahme. Zögernd erklärte er sich dazu bereit und begleitete uns zu dem Haus, wo es gehalten wurde. In der finsteren Ecke eines kleinen Holzverschlags kauerte, in Lumpen gehüllt, die nach Exkrementen und Urin stanken, ein winziger orangefarbener Orang-Utan. Mit meinem noch ungeschulten Blick schätzte ich ihn auf weniger als ein Jahr.

Nach langem Hin und Her erklärte sich der Besitzer bereit, das Tier herauszugeben, wollte allerdings die Kosten für die Milch und Bananen ersetzt haben, die er verfüttert hatte. Empört forderte Rod den Forstbeamten auf, es einfach zu beschlagnahmen und nicht den Mann auch noch dafür zu bezahlen, daß er gegen das Gesetz verstoßen hatte. Ich nahm Rod beiseite und versuchte ihn flüsternd davon zu überzeugen, daß gegen einen symbolischen Betrag für die Futterkosten nichts einzuwenden sei. Immerhin gestatte eine solche Lösung dem Besitzer, sein Gesicht zu wahren. Schließlich kam man überein, ihm für seine Aufwendungen zweitausend Rupien zu zahlen (damals etwa fünf amerikanische Dollar). Da er für den Orang selbst vermutlich weit mehr gezahlt hatte – zu jener Zeit betrug der Marktpreis etwa hundert Dollar –, war das eine geringfügige Summe.

Obwohl ich nur wenige Brocken Indonesisch konnte, gewann ich den Eindruck, daß der Besitzer des Orangs der Auffassung war, man habe ihn in ungerechter Weise herausgepickt, um ihn zu schikanieren. Zwar existierten die Gesetze gegen die Haltung von Orang-Utans zu jener Zeit bereits seit mindestens vierzig Jahren, doch wurden sie nur selten durchgesetzt. Aep schien es weit weniger an einer Beschlagnahme als an der Schaffung einer entspannten Atmosphäre gelegen zu sein. Weder wollte er es mit uns verderben noch sich den Orang-Besitzer zum Feind machen. Im kleinen spiegelte sich in dieser Zwangslage eine Situation, der man in ganz Indonesien ständig begegnet: Selbst Regierungsbeamte sind auf die Erhaltung von Harmonie bedacht und schieben in vielen Fällen Entscheidungen oder ein Einschreiten hinaus, bis Einigkeit erzielt ist, wozu häufig lange Unterredungen erforderlich sind. Diese Erfahrung sollte ich später immer wieder machen. Im Augenblick aber hatten wir unser Ziel erreicht.

Ich gab dem Besitzer zwei Tausend-Rupien-Scheine. Dann schüttelten alle einander die Hand. Ich beugte mich vor und holte den quiekenden Orang-Utan aus dem Verschlag. Er hielt sich mit aller Kraft fest und klagte herzerweichend, während ich ihm Hände und Füße einzeln von den hölzernen Stäben löste. Doch kaum hatte ich ihn auf dem Arm, als er sich mit der gleichen Kraft an mich klammerte, mit der er noch Sekunden zuvor heftigen Widerstand geleistet hatte. Auch wenn ich keinerlei mütterliche Gefühle für das übelriechende Bündel hegte, das ich da auf dem Arm hielt, empfand ich eine gewisse Hochstimmung. Wir hatten das Junge dem nahezu sicheren Tod in der Gefangenschaft entrissen. Als Haustiere gehaltene Orang-Utans haben gewöhnlich keine besonders lange Lebenserwartung.

Triumphierend trat ich aus dem Halbdämmer des Hauses ins helle Sonnenlicht. Während ich das Kleine mit den vorquellenden Augen und abstehenden Haarbüscheln genauer in Augenschein nahm, überlegte ich, was man mit ihm tun sollte. Weder Rod noch ich hatten Erfahrung mit so jungen Orang-Utans, doch war es vermutlich richtig, ihm Milch zu geben.

«Wo bekomme ich in Kumai Milch?» fragte ich Aep, während wir die Straße neben dem Fluß entlanggingen. Er empfahl mir, es in einem *warong* zu probieren, einer Art Budenrestaurant. Dort bestellte ich ein Glas Milch. Frische Milch war jedoch nicht zu haben; statt dessen bot ich dem Kleinen süße, mit Wasser verdünnte Kondensmilch aus der Dose an. Er trank begierig. Anschließend versuchte er zu entwischen. Er rannte unter Tischen und Stühlen davon und war schon fast zum Fenster hinaus, als wir ihn schließlich packten. Nachdem er wieder sicher auf meinem Schoß saß, trank er noch ein wenig, klagte noch ein wenig und ließ immer wieder Harn ab. Als wir ins Freie traten, war meine Kleidung durchnäßt.

Noch im *warong* hatten wir uns entschieden, dem Kleinen zu Ehren Mr. Sugitos den Namen «Sugito» zu geben. So wie uns Sugito nach Borneo geleitet und unterstützt hatte, sollte der kleine Orang-Utan bei der Auswilderung gefangener Tiere den Anfang machen.

Wir verließen den *warong* und kehrten ins Büro der Forstbehörde zurück. In der Natur klammern sich kleine Orang-Utans an den Körper der Mutter, und so hielt sich auch Sugito unterwegs aus eigenem Antrieb an mir fest. Für mich war es ein ganz besonderer Augenblick. Erst eine Woche in Kalimantan, und schon hatten wir einen gefangenen Orang-Utan befreit!

Ich wollte so rasch wie möglich ins Lager zurück. Aep bot uns an, uns mit dem *kelotok* der Forstbehörde hinbringen zu lassen, einem Motorboot, das der *African Queen* aus dem Film ähnelte. So luden wir unsere Vorräte ein und brachen am Spätnachmittag auf, begleitet von unserem Koch Hamzah und dem Forstbeamten Yusuran. Nicht einmal eine Stunde nach unserer Abfahrt legte das Boot an einer Lichtung an.

Man lud uns zu einer aus weißem Reis und getrocknetem Salzfisch bestehenden Mahlzeit ein, zu der es gesüßten Tee gab. Da Nahrung auf Borneo kostbar ist, gilt als unhöflich, wer eine solche Einladung ausschlägt. Sogar Sugito bekam ein wenig Reis. Bis wir erneut ablegten, war es fast dunkel.

Wir schliefen auf dem Boot, das seine Reise den Sekonyer aufwärts fortsetzte. Ich merkte, daß Sugito von mir fortlief, sobald ich eingeschlafen war. Einmal mußte ich ihn aus dem kleinen Maschinenraum des *kelotok* herausholen. Wenn ich allerdings aufstand oder umherging, kam er jaulend zu mir geeilt und klammerte sich so fest an mich, wie er nur konnte. So hielten Rod und ich ihn abwechselnd und wechselten uns auch beim Schlafen ab.

Am nächsten Vormittag hatten wir den schmalen Sekonyer Kanan erreicht. Sugito haschte nach Wasserpflanzen nahe dem Bootsrumpf. Er zeigte sich äußerst neugierig und griff nach allem, was in seine Reichweite kam. Dabei hielt er sich an mir oder Rod fest. Ich hatte nicht den Eindruck, als litte er unter einem Trauma.

Nach unserer Ankunft in Camp Leakey klammerte sich Sugito an jeden, der ihn gerade hielt. Wurde er jemandem übergeben, ließ er jaulend Wasser. Gelegentlich entleerte er seinen Darm und biß jeden, der ihn seiner «Mutter» fortzunehmen versuchte. Wollte ihn aber derjenige, der ihn zuvor gehalten hatte, wieder nehmen, hätte man glauben können, Sugito litte unter Gedächtnisschwund. Erneut biß er jaulend, pinkelte und kotete.

Yusuran gab zu verstehen, daß ihm nichts daran liege, das Kindermädchen für den kleinen Orang-Utan zu spielen. Da auch Hamzahs Bereitschaft, sich an Sugitos Betreuung zu beteiligen, schon nach drei Tagen erkennbar nachließ, mußten Rod und ich ihn ganz allein bemuttern.

Tag für Tag ging Rod mit Sugito zu einem kleinen, zweieinhalb Meter hohen Jackfruchtbaum, den die früheren Bewohner der Hütte gepflanzt hatten. Sugito war nicht bereit, einen in der Nähe stehenden höheren Baum zu erklettern, wahrscheinlich, weil die Äste so hoch waren, daß er auf ihnen zu weit von seiner Ersatzmutter entfernt gewesen wäre. Eifrig erkletterte er den kleinen Baum, verließ ihn aber jaulend, sobald Rod auch nur die geringste Bewegung machte. Er mußte wie ein Standbild stehenbleiben, während Sugito in den unteren Ästen herumturnte und spielte.

Am dritten Tag kam Rod schon nach weniger als zehn Minuten mit einem Ausdruck des Ekels im Gesicht zur Hütte zurück. Anfangs wollte er nicht mit der Sprache herausrücken, beschrieb aber nach einigem Drängen, wie Sugito, an den Armen von einem Ast über ihm hängend, versucht hatte, ihm seinen Penis ins Ohr zu stecken. Er hatte auch mit Hilfe von Rods Hand zu masturbieren versucht, indem er sie über seinem Glied auf und ab bewegte.

Das dämpfte Rods Begeisterung für Sugito beträchtlich. Unversehens war im Paradies eine winzige Schlange aufgetaucht. Ich fand den ganzen Vorfall – vor allem den Ausdruck des Entsetzens auf Rods Gesicht – äußerst erheiternd, doch er war hellauf empört.

Einige Tage später beschlossen Rod, Yusuran, Hamzah und ich, ein etwa drei Kilometer flußabwärts vom Lager befindliches Heidewaldgebiet in Augenschein zu nehmen. Sugito nahmen wir mit. Nachdem wir unseren Einbaum verlassen hatten, zogen wir über einen schmalen Waldpfad. Anfangs klammerte sich Sugito an Rod. Nach einer Weile hörte der Pfad auf, und die Männer mußten uns mit Macheten einen Weg bahnen. Da ich noch nie ein solches Haumesser benutzt hatte, Rod hingegen aus seiner Zeit in der Wildnis British Columbias damit Erfahrung hatte, übernahm ich Sugito. So ging es mehrere Stunden durch das dichte Unterholz des großen Walds, wobei sich Sugito reglos an mich klammerte. Aufmerksam spähte er ins Blätterdach hinauf und in die uns umgebende Vegetation.

Ich hielt ihn bis zu unserer Rückkehr ins Lager. Da ich von dem langen Marsch durch den Wald schweißnaß war, wollte ich mich rasch hinter der Hütte mit einem Eimer Wasser und einer Schöpfkelle von Kopf bis Fuß waschen und bat Rod, Sugito zu halten. Kaum hatte er den Kleinen angefaßt, als dieser wie gewöhnlich laut klagte, Wasser ließ und um sich biß. Diesmal war alle Mühe vergebens – Rod konnte ihn nicht von mir lösen.

Etwas hatte sich geändert. An der Wildheit, mit der ihn der kleine Orang-Utan abwehrte, erkannten wir, daß er zuvor immer nur zum Schein Widerstand geleistet hatte, ohne die ganze Entschlossenheit, zu der er fähig war. Nun hatte Sugito entschieden, daß er eine eigene Mutter haben wollte, und die sollte ich sein.

Jedes Tier drückt seine Bedürfnisse auf seine ureigene Weise aus, die sich im Verlauf der Evolution als vorteilhaft für seine Art erwiesen hat. Da Orang-Utans nicht in Gruppen leben und die Eltern nicht zusammenbleiben, verbringen Jungtiere die Zeit ausschließlich bei der Mutter. Aus diesem Grund ist die Bindung zwischen beiden äußerst intensiv. Niemand außer der Mutter trägt den kleinen Orang-Utan. Sie ist seine wichtigste Spielgefährtin. In freier Natur lebende Orang-Utans sind es nicht gewöhnt, daß sich mehrere Individuen um sie kümmern. Orang-Kinder haben nur eine einzige Bezugsperson: die Mutter. Da sie also darauf programmiert sind, sich an eine Mutter zu klammern, klammerte sich Sugito an mich.

Allmählich wurde die Sache unangenehm. Rod und ich waren mit Orang-Utan-Kot und -Urin bedeckt, die sich mit unserem eigenen Schweiß vermischten. Rod brüllte. Sugito kreischte, was seine Lunge hergab. Ich war erschöpft.

«Laß nur», sagte ich. «Ich behalte ihn eben zum Waschen bei mir.»

Bis ich mich ausgezogen, ein Handtuch umgelegt und mich rasch gewaschen hatte, war klar, was Sugito wollte. Der Übergang war vollzogen. Nicht nur hatte er die Entscheidung getroffen, er hatte sie auch durchgesetzt. Vielleicht hatte unser Ausflug in den Wald in ihm Erinnerungen daran wachgerufen, wie es einst war, als er mit seiner richtigen Mutter umhergestreift war. Ohne Geburtswehen und ohne das ganze Ausmaß dessen zu erkennen, was da geschah, war ich Mutter geworden.

In den seltenen stillen Augenblicken, in denen Sugito nicht kreischte, um sich schlug und biß oder pinkelte, fragte ich mich, auf welche Weise er in Gefangenschaft geraten sein mochte, ein Schicksal, das er mit vielen anderen Orang-Utans und Primaten teilte. Ich war überzeugt, daß es richtig gewesen war, ihn seinem «Eigentümer» fortzunehmen. Mein größter Wunsch war es, das kleine Geschöpf der freien Wildbahn zurückzugeben.

Zu jener Zeit gab es in Kalimantan keinerlei Zuflucht für aus der Gefangenschaft gerettete Orang-Utans. Ich wollte ihnen ein Asyl schaffen. Dafür war ein Schutzgebiet wie das unsere nötig, denn sonst hätte die Gefahr bestanden, daß man die Tiere tötete oder erneut einfing.

Allmählich gewann ich Einblick in die komplizierte Beziehung zwischen alten Überlieferungen, der modernen Welt und dem Töten und dem Fang von Orang-Utans. Die Dajak bilden die einheimische Bevölkerung Borneos, und die Melayu haben ihre Praktiken in gewissem Umfang übernommen. Als Menschen, deren Heimat der Wald war, sahen die Dajak keinen Anlaß, ihn zu zerstören, verdankten sie ihm doch seit alters her alles, was sie zum Leben brauchten. Nicht nur fällten sie Bauholz für den eigenen Bedarf, sie lebten auch vom Brandrodungs-Feldbau. (Da sie die Anbauflächen nach mehreren Jahren wieder aufgaben und an anderer Stelle neu anlegten, spricht man auch von Wander-Feldbau.)

Die gerodeten Flächen erholen sich rasch wieder, denn die Bevölkerungsdichte war niedrig, und die Felder, auf denen Trockenreis angebaut wurde, waren klein. Nach einem oder zwei Jahrzehnten entsteht mit dem Sekundärwald auf einer solchen Fläche in ganz natürlicher Weise das für Borneos Wälder typische Vegetationsmuster.

Zwar hielten die Dajak Haustiere, doch weit höher als deren Fleisch schätzten sie das freilebender Tiere, insbesondere das des wilden Bartschweins, das sie regelmäßig jagten. Es wirft alljährlich bis zu zwölf Junge und kann daher eine starke Bejagung vertragen. Der intelligente Allesfresser ist imstande, sich nahezu allen Lebensbedingungen anzupassen. Nicht so der Orang-Utan. Er ist ausschließlich an das Leben unter dem Blätterdach des Regenwalds angepaßt und deshalb in der Wahl seines Lebensraums stark eingeschränkt. Das Weibchen bringt jeweils nur ein Junges zur Welt und bekommt über Jahre hinweg kein zweites. Mithin wirkt sich die Tötung eines einzelnen Tiers, vor allem eines Weibchens, nachhaltiger auf die Gesamtpopulation aus als bei den Schweinen.

Die Dajak jagten Orang-Utans nur, wenn ihnen keine andere Wahl blieb. Der Hauptgrund war aber praktischer Art: Orangs sind äußerst schwer aufzuspüren. Auch räumten sie ihnen wegen ihrer Menschenähnlichkeit keineswegs eine besondere Stellung ein. In ihren Augen sind alle Tiere Teil der Natur, und die gesamte Natur besitzt spirituelle Merkmale. In früheren Jahrhunderten waren die Dajak als Kopfjäger verschrien, und es ist denkbar, daß sie damals gegenüber den Menschen, die sie töteten, eine ähnliche Haltung einnahmen.

Nach wie vor deckt die Jagd bei den Dajak, deren Pro-Kopf-Verbrauch an Fleisch ebenso hoch sein dürfte wie der von Nordamerikanern, den größten Anteil des Eiweißbedarfs. Würde ihnen die Jagd verboten, müßten sie entweder Fleisch auf dem Markt kaufen oder vermehrt Haustiere halten. Doch erstens haben die Dajak kaum Zugang zur Geldwirtschaft und zweitens sind große Viehherden für den tropischen Regenwald eine gefährliche Belastung. Deshalb ist der Widerstand der Einheimischen gegen Gesetze zur Beschränkung der

Jagd verständlich. Wie mir einmal ein Dajak gesagt hat: «Für euch ist es Wilderei, aber für uns geht es ums Überleben.»

Jahr für Jahr siedeln sich mehr Zuwanderer aus anderen Teilen Indonesiens in Kalimantan an, die nicht die gleiche Ehrfurcht vor dem Wald haben wie die Einheimischen. Ähnlich wie in Brasilien die Regierung Bauern ins Amazonasgebiet umsiedelt, gehört es zu den Grundsätzen der indonesischen Regierung, Bewohner dichtbevölkerter Inseln wie Java und Bali nach Borneo zu schicken. Ein Teufelskreis entsteht: Menschen siedeln sich in bisher unbewohnten Gebieten an. Man baut Straßen und fällt Wälder, weil man Flächen zum Bau von Wohnungen und zum Anbau landwirtschaftlicher Erzeugnisse gewinnen will. Im Unterschied zum Brandrodungs-Feldbau der Dajak führt aber Dauerfeldbau zu einer Erosion der dünnen Humusschicht. Also muß weiter Land gerodet werden, um die Versorgung der Menschen zu gewährleisten. Bäume werden nicht mehr wie früher, als das Holz dem eigenen Bedarf diente, mit der Handaxt gefällt; inzwischen rückt man dem Wald mit Dynamit und Planierraupen zuleibe. Für den Transport des Tropenholzes zur Küste, von wo es in alle Welt geht, werden weitere Straßen gebaut. Eine Folge davon ist, daß Wilderer in Waldgebiete gelangen, die ihnen bis dahin unzugänglich waren.

Hauptleidtragende dieser «Nutzung» des Regenwalds sind die Orang-Utans. Zum ersten Mal in der Menschheitsgeschichte nimmt die Zahl dieser großen Menschenaffen drastisch ab. Am besten können sie sich noch schützen, indem sie sich stumm unter dem Blätterdach des Waldes verborgen halten. Doch treibt die Waldzerstörung sie zwangsläufig von den Bäumen auf den Boden und auf die freien Flächen, wo sie ein leichtes Ziel bieten.

Weit gefährlicher, als es die Dajak-Jäger früher je waren, ist für die Orang-Utans der Handel mit Menschenaffen, wie er heute betrieben wird. Auch wenn keine genauen Zahlen verfügbar sind, so gibt es doch Hinweise darauf, daß im letzten Jahrzehnt Tausende von Orang-Utans dabei ums Leben gekommen sind. Dieser Wert wird durch die Zahl gefangener Jungtiere in Kalimantan und der aus Indonesien hinausgeschmuggelten Tiere (zwischen fünfzig und hundert pro Jahr) untermauert. Auf jedes Junge, das wie Sugito in der Gefangenschaft gehalten wird, kommen drei oder vier, die in der Gefangenschaft gestorben sind, sowie vier oder fünf Mütter, die beim Einfangen ihrer Jungen umgebracht wurden. Überall, wo man die Wälder abgeholzt hat, werden in praktisch jedem Dorf und jeder Stadt Orang-Utans gefangengehalten. Man sieht also, daß ein entsetzliches Gemetzel stattfindet, das zusammen mit der Zerstörung des Lebensraums der Orang-Utans fast zu ihrer Ausrottung geführt hat.

Neben den Wilderern und Händlern, die am Verkauf junger Affen verdienen, sind jene Menschen, die einen Orang-Utan als Haustier halten, mit verantwortlich für die prekäre Situation dieser Menschenaffen. Der Besitz eines Orangs gilt als Statussymbol. Viele behandeln ihre Affen fast wie einen Kinderersatz, sorgen sich um ihre Gesundheit und füttern sie ordentlich. Doch nur wenige wissen etwas über das normale Verhalten und die normale Entwicklung von Orang-Utans. Die wenigsten denken daran, daß ihre niedlichen, knuddeligen Lieblinge irgendwann zu großen, muskulösen und eigenwilligen Tieren mit mächtigen sexuellen Bedürfnissen heranwachsen. Wenn es soweit ist, müßte man sie auf die eine oder andere Weise «aus dem Weg schaffen». Allerdings erreichen nur wenige der in Gefangenschaft gehaltenen Orang-Utans auch nur das Halbwüchsigenalter.

Indonesien ist keineswegs das einzige Land, in dem man Orangs als Hausgenossen schätzt; der Markt umfaßt die ganze Welt. Manche Affen werden auch an Labors, zoologische Gärten und Unterhaltungskünstler verkauft. Überdies kommen Orang-Utan-Schädel als Souvenirs oder angebliche Erzeugnisse der Dajak auf den Markt, wozu man in Nachahmung der früheren Kopfjägerkultur altüberkommene Muster in sie ritzt. Trotz internationaler Vereinbarungen, die den Handel mit gefährdeten Arten verbieten (insbesondere das unter der Kurzbezeichnung CITES bekannte Artenschutzabkommen), und obwohl den Gesetzen inzwischen häufiger Geltung verschafft wird als früher, existiert auch heute noch ein Schwarzmarkt für Orang-Utans.

Ich hatte mir fest vorgenommen, Sugito eine möglichst gute Pflegemutter zu werden. Meist ließ er mir ohnehin kaum eine Wahl. Ein menschlicher Säugling verlangt weder ständigen Körperkontakt mit der Mutter noch klammert er sich auf die gleiche Weise an sie. Man kann ihn der Oma geben oder in eine Krippe bringen, man kann auch, wie bei manchen Indianerstämmen üblich, das Traggestell mit dem Kind darin an einen Baum hängen. Eine Menschenmutter hat ein gewisses Maß an Freizeit. Mit Sugito war das anders; er brauchte den Körperkontakt unaufhörlich. Manchmal ging es mir entsetzlich auf die

Nerven, daß sich diese kleine orangefarbene Flauschkugel ständig an mich klammerte. Doch meist war ich von meinem Adoptivkind bezaubert. Gern spürte ich seine weiche Behaarung, die dem menschlichen Haar sehr ähnlich ist, und ich mochte die Festigkeit seines muskulösen Leibes.

Da ich ein Mensch und er ein Orang-Utan war, entwickelte sich zwischen uns eine Beziehung, die in mancher Hinsicht stärker gewesen sein dürfte als die zwischen einem jungen Orang-Utan und seiner biologischen Mutter. Orang-Mütter halten ihre Kinder selten fest; sie setzen voraus, daß sie sich aus eigener Kraft anklammern. Gehalten werden sie lediglich kurz nach der Geburt. Im Unterschied zu einer richtigen Affenmutter wiegte und hielt ich Sugito auch später noch, vor allem im Gehen, und er gewöhnte sich daran. Wahrscheinlich habe ich ihm länger in die Augen geschaut und länger mit ihm gespielt, als es eine Orang-Utan-Mutter getan hätte.

Er schien mich so sehr zu brauchen, daß es nahezu zur Belastung wurde. Tag und Nacht klammerte er sich an mich. Das war zwar einerseits wunderschön, doch behinderte es mich auch, vor allem, wenn ich meine Notizen übertragen, die Hütte saubermachen oder andere Arbeiten erledigen wollte. Das Umziehen wurde zur Qual, weil Sugito aus voller Lunge schrie und sich verzweifelt an jedes Kleidungsstück klammerte, das ich ablegte. Er brauchte Wochen, bis er sich daran gewöhnt hatte, daß bestimmte Teile von mir ablösbar waren. Es sah umwerfend aus, wenn er sich in meinen braunen BH verheddert und ihn umklammerte, als handle es sich dabei um Hautfetzen seiner Mutter. Ein- oder zweimal verbrachte ich den Tag im Schlafanzug, weil es sich nicht lohnte, Sugito von meinem Körper zu lösen. Das Baden wurde zu einer Schlacht. Da es Sugito gar nicht behagte, wenn er naß wurde, klammerte er sich noch wilder an meine bloße Haut und grub mir seine winzigen Fingerchen mit ihren scharfen Nägeln ins Fleisch.

Man durfte nicht hoffen, ihn stubenrein zu bekommen. In der Natur entleeren Orang-Utans Blase und Darm, wo ihnen danach ist, ohne sich dabei zu beschmutzen, weil Urin und Kot einfach zu Boden fallen. Das eigene Nest verunreinigen sie normalerweise nicht. Doch unmittelbar nach seiner Ankunft ließ Sugito, der auf unserem «Dachboden» auf meinem Körper schlief, immer wieder mitten in der Nacht Wasser. Es war völlig unmöglich durchzuschlafen. Immer wieder wurde ich davon wach, daß mich eine warme, stark riechende Flüssigkeit benäßte. Sie wurde bald eiskalt, so daß ich unter meiner dünnen nasssen Decke bibberte. Doch war mir klar, daß Sugito sofort aufwachen und ein Klagegeheul anstimmen würde, wenn ich aufstand, um mich umzuziehen.

Selbst wenn er sich still verhalten hätte, wäre ich nachts nicht ohne weiteres aufgestanden, denn dann zogen Schlangen aller Art durch unsere Hütte. Buchstäblich jedesmal, wenn ich aufstand, um auf die Toilette zu gehen oder mir einen Schluck Wasser zu holen, sah ich im Licht meiner Taschenlampe irgendwo eine Schlange. Die meisten waren harmlos. Oft waren es Pythons, nicht einmal einen oder eineinhalb Meter lang. Ein Python ist nicht giftig, sondern tötet seine Beute durch Erwürgen. Solange er nicht eine Länge von mindestens einem Meter achtzig hat, bedeutet er für einen Menschen vermutlich keine Gefahr. Ich sah aber auch Kobras, Bungare und andere Giftschlangen. Es waren so viele, daß ich mich fragte, ob sie nicht mitunter während des Schlafs über uns hinwegglitten.

Im Laufe der Zeit hörte Sugito auf, mitten in der Nacht zu urinieren, und wartete damit, bis er erwachte. Das dauerte manchmal bis halb sechs (wenn es noch pechschwarz war) oder bis sechs (wenn das erste Tageslicht anbrach). Da ich jeden Morgen um halb sechs wach wurde, wartete ich reglos darauf, daß der Gießbach zu fließen begann. Blieb ich im Bett, würde er mich durchnässen, stand ich aber auf, würde ich es mit einem schreienden Sugito zu tun bekommen, der ohnehin Wasser lassen würde.

Schließlich lernte er zu quieken, bevor er urinierte, so daß ich ihn von mir forthalten konnte. Wenn er sich sehr sicher fühlte, kam es auch vor, daß er mich kurz verließ und sich durch eine der Ritzen zwischen den Bodenbrettern erleichterte.

Erst nachdem sich Sugito einen bestimmten Lebensrhythmus angewöhnt hatte, merkte ich, wie traumatisiert er in seinen beiden ersten Wochen in Camp Leakey gewesen war. Damals hatte ihn schon eine unerwartete Bewegung meinerseits dazu veranlaßt, zu jaulen und Wasser zu lassen. Nun, da er entspannter war, hatte er nicht nur seine Ausscheidungsfunktionen besser im Griff, er interessierte sich auch mehr für die Nahrungsaufnahme. Bei den Mahlzeiten begann er sich auf seine dürren Beinchen zu stellen, wobei er sich mit einer Hand fest an mein Hemd klammerte und sein kleines Gesicht unmittelbar neben meins hielt, so daß ich gelegentlich seine warmen Lippen auf meiner

Wange spürte. Er sah so lange unablässig zu mir her, bis ich weich wurde und ihm etwas von meinem Teller gab. Mit meinem Tee gurgelte er, und in meinem Kaffee plätscherte er herum.

Sugitos Anhänglichkeit und auch seine Eifersucht führten nachts immer wieder zu Schwierigkeiten. Kaum berührte mich Rod, erwachte Sugito, ließ Wasser, klagte und biß ihn voll Wut. Auch ich konnte Rod nicht berühren, weil Sugito mich ebenso beobachtete wie ihn. Sein besitzergreifendes Gejammer steigerte sich um so mehr, je älter er wurde.

Ich hatte Verständnis für seine Eifersucht. In freier Natur lebt eine Orang-Frau allein, so daß ihr Junges keinerlei Konkurrenz im Hinblick auf Zuneigung und Aufmerksamkeit zu dulden braucht. Als ich Beth und Bert gefolgt war, hatte mich die gelassene Art beeindruckt, in der Mutter und Kind aufeinander eingingen. Bert war annähernd in Sugitos Alter, suchte aber, während seine Mutter fraß, schon die andere Seite von Bäumen auf, um nach Eßbarem zu suchen, zu spielen oder die Umgebung zu erkunden. Er hatte keinen Rivalen, keinen Grund zur Eifersucht oder Angst. Nicht nur gab es in Beths Leben keine ausgewachsenen Männchen, sie ging ihnen sogar aus dem Weg.

Sugito hingegen sah sich in einer Situation, in der ihn ständig erwachsene Männer umgaben (wenn es auch Menschen waren). Vor allem in den ersten Wochen im Lager klammerte er sich geradezu wild an mich und beäugte Rod, Yusuran und Hamzah mißtrauisch, sobald sie sich näherten, mit mir sprachen oder nur zu mir hersahen. Sein gellendes Jammern endete in einem lauten Grunzen ähnlich dem eines Schweins, eine Lautfolge, mit der junge Orang-Utans gewöhnlich heftigen Zorn ausdrücken.

Sugitos Erzfeind war Rod. Zwar betrachtete er auch Hamzah und Yusuran mit Mißtrauen, doch gingen diese ihm im allgemeinen aus dem Weg. Indonesier wichen Konflikten aus, und Sugitos Jaulen und Beißen hielt sie auf Distanz. Rod aber war häufig in unserer Nähe, und ein- oder zweimal täglich bat ich ihn, Sugito zu halten, um auf die Toilette zu gehen oder mich umziehen zu können. Ganz in der Tradition des Westens schrak Rod vor Konfrontationen nicht zurück und begann meine Bitte, Sugito zu halten, als persönliche Herausforderung anzusehen. «Widerworte» ließ er sich von ihm nicht gefallen. Wenn er sich entschlossen hatte, Sugito zu übernehmen, ließ er nicht locker, bis er ihn hatte.

Daher überrascht es nicht, daß Sugito eine ausgeprägte Abneigung gegen Rod entwickelte. Allmählich wurde die Feindschaft gegenseitig. Sugito unternahm nicht die geringste Anstrengung, sich bei Rod beliebt zu machen. Solange er sich an meinem Körper befand, hatte er keine Angst vor ihm, sondern nutzte im Gegenteil jede Gelegenheit, ihm zuzusetzen. Kam Rod an mir vorüber, verzerrte sich Sugitos Mund zu einem wilden Grinsen, und er schlug nach ihm. Hin und wieder erwischte er ihn mit seinen scharfen Zähnchen und biß ihn.

Unter Rods mißtrauischem Blick wurde Sugito mein Kind. Seine ständige Gegenwart auf meinem Körper steigerte meine Zuneigung zu ihm. Wenn ich zu ihm hinabsah, wie er sich da an mich klammerte, kam es vor, daß ich den winzigen Bruchteil einer Sekunde vergaß, daß er kein Mensch und nicht mein eigenes Kind war. Liebe zu dem niedlichen, wenn auch ungewöhnlich aussehenden embryoähnlichen Geschöpf, ein Elfenbaby, erfüllte mich. Im selben Augenblick fiel mir ein, daß es sich um einen Orang-Utan handelte. Dann liebte ich ihn noch mehr.

Zwischen uns beiden entstand eine Beziehung, die sich täglich vertiefte. Sie wurde die wichtigste in meinem Leben, abgesehen von der zu meinem Mann. Sugito war mein Kind und meine Aufgabe: Er vertrat in seiner rührenden Hilflosigkeit alle Orang-Utans. Er war ein Symbol für mein Bedürfnis und meine Verantwortung, dieser Spezies zu helfen.

Sugito hatte mich ausgewählt, und ich hatte mich entschlossen, ihn möglichst so aufzuziehen wie eine Orang-Mutter. Doch mit Rod gab es eine Unbekannte in der Gleichung: Er war nicht Sugitos Vater, und dieser Faktor entschied letzten Endes über Sugitos weiteres Geschick.

9 KEHLSACK

Manche Orang-Utans haben auffällige Backenwülste und auffällige Kehlsäcke. Andere haben Schlimmeres.

Will Cuppy

Sex zwischen Orang-Utans ist eine sich lang hinziehende und erotische Angelegenheit.

John MacKinnon

Die sexuelle Anziehungskraft ist, ob beim Menschen oder beim Orang-Utan, eine nicht greifbare und unvorhersehbare Eigenschaft. Einen Beleg dafür lieferte «Kehlsack»[1], ein Backenwulst-Männchen in mittleren Lebensjahren. Schon unbedeutende Herausforderungen veranlaßten den griesgrämigen und jähzornigen Orang zu Unmutsäußerungen: Er gab Schmatzlaute von sich, brüllte, stürzte abgestorbene Bäume um und schlug wild auf Pflanzen ein. Auf meinen damals noch ungeschulten Blick wirkte er äußerst sonderbar. Wie der orangefarbene Riese, der Cara verfolgt hatte, war er gewaltig und von abschreckender Häßlichkeit. Es kostete mich Mühe, mir vorzustellen, daß auch der niedliche Sugito eines Tages so riesig und abstoßend aussehen würde. Wegen der großen und tief sitzenden Backenwülste sah es aus, als seien Kehlsacks Augen winzig und lägen eng beieinander. Zu beiden Seiten seines weitgehend kahlen Rückens verlief ein Haarstreifen; es sah aus wie ein Abendkleid mit einem tiefen Rückenausschnitt. Doch das auffallendste an ihm war ein gewaltiger Kehlsack, dem er seinen Namen verdankte – im aufgeblähten Zustand war er so groß wie ein Strandball, mit dem Kinder im Sommer spielen.

Nach Orang-Utan-Maßstäben dürfte Kehlsack ein äußerst ansehnli-

---

[1] Im Original «Throatpouch»

cher Bursche gewesen sein. Seine Bewunderung galt Priscilla. Neben ihm wirkte sie noch unansehnlicher auf mich als sonst. Ich fand, Kehlsack hätte sich ruhig eine attraktivere Gefährtin aussuchen können. Doch wenn man sah, wie er hinter ihr her war, mußte man annehmen, daß sie sexuelle Anziehung besaß. Offenbar war er richtig in sie verknallt.

Eines Tages lag ich in Camp Leakey allein mit Fieber im Bett. Rod war mit Hamzah in den Wald gegangen, um Wege zu bahnen. Mit einem Mal kam Hamzah in die Hütte gestürmt und stotterte, ich müsse sofort aufstehen. Rod sei auf drei Orang-Utans gestoßen und hätte ihn beauftragt, mich zu holen. Das sah Rod gar nicht ähnlich; irgend etwas Wichtiges mußte geschehen sein.

Ich stieg mühsam die Leiter von unserem Dachboden herunter, warf mir etwas über, griff nach einer Flasche mit abgekochtem Wasser und eilte in den Wald, Hamzah dicht auf meinen Fersen. Bei meinem Anblick grinste Rod breit. Er wußte, Orang-Utans hatten immer Vorrang, ob ich nun krank war oder nicht.

Rod war auf Priscilla, ihren großen heranwachsenden Sohn Pummel und ein fast ausgewachsenes Männchen getroffen. Nach Hamzahs Weggang war außerdem ein gewaltiger Backenwulst-Träger erschienen. Rods Worten nach war das fast ausgewachsene Tier, nachdem der Neuankömmling es eine Weile angestarrt hatte, auf den Waldboden gesprungen und verschwunden. Bei meinem Eintreffen saß dieser bewegungslos auf einem niedrigen Baum und sah Priscilla beim Fressen zu. Ich erkannte Kehlsack. Er schien den Blick nicht von ihr wenden zu können. Er fraß nicht einmal, so hingerissen war er von ihrem in meinen Augen recht kahlen Zauber.

Ausgewachsene Orang-Männer sind doppelt so groß wie die Weibchen, dennoch schien die Gegenwart des Riesen Pummel nicht zu beeindrucken, und Kehlsack seinerseits schien Pummels Anwesenheit nicht zu bemerken. So blind war offenbar sein Eifer, an Priscilla heranzukommen, daß er mehrfach fast auf Pummel getreten wäre.

Schon nach kurzer Beobachtungsdauer zeigte sich ohne vorherige Ankündigung ein weiteres Backenwulst-Männchen in geringer Höhe in den Bäumen. Es war der orangefarbene Riese, den wir mit Cara zusammen gesehen hatten. Da mehrere Finger einer seiner Hände verdickt und steif waren, hatte ich ihm den Namen «Harry Handlos»[1] gegeben. Vermutlich hatte er sich die Verletzung im Kampf mit anderen Männchen geholt, denn mit Harry war sicher nicht gut Kirschen essen. Kehlsack vergeudete keine Sekunde und griff ihn an. Die beiden Riesen packten einander wie Sumo-Ringer.

Sie kämpften fast eine halbe Stunde ohne Unterbrechung, wobei sie sich gegenseitig in Schultern, Ohren und Backenwülste bissen. In der Hitze des Gefechts fielen sie mehrfach aus den Bäumen auf den Waldboden. Jedesmal jagte Kehlsack den Gegner zurück in die Bäume, wo sie erneut miteinander rangen. Auf ihrem Rücken glänzten Schweißperlen, und der scharfe Geruch ihres Schweißes lag noch in der Luft über dem Boden, als sie sich wieder hoch unter dem Blätterdach befanden.

Ein tiefes Knurren ertönte aus Kehlsacks Kehle. Gesicht an Gesicht und Kinn an Kinn hielten sich die beiden gewaltigen Affen gepackt. So eifrig waren sie bei der Sache, daß ich mich nahe an sie heranschleichen konnte. Einmal drehte sich Harry um, sah mich an und gab einen schmatzenden Schnalzlaut von sich, bevor er den Kampf wieder aufnahm. Kehlsack schien mich überhaupt nicht wahrzunehmen. Aus der geringen Entfernung konnte ich erkennen, daß sein Kehlsack fast völlig schlaff war.

Schließlich trennten sich die beiden Kämpen. Aus weniger als einem halben Meter Entfernung starrte Harry seinen Gegner an. Er schmatzte, und Kehlsack stieß ein tiefes Knurren aus. Dann begann er an einem in der Nähe stehenden toten Baum herumzudrücken. Als dieser nach einer Weile zu Boden krachte, stieß er einen machtvollen, triumphierenden Langruf aus. Sein Kehlsack zitterte bei jedem neuen Laut. Dann trat Stille ein. Der Kampf war vorüber. Die beiden Widersacher schienen sich, etwa dreißig Meter voneinander entfernt, auf Bäumen auszuruhen. Man konnte hören, wie sich Priscilla und Pummel durch die Bäume davonmachten.

Mein Blick fiel auf die Stelle, wo Harry gesessen hatte – er war fort. Kehlsack begann sich in die Richtung zu trollen, die Priscilla genommen hatte. Er schien kurzatmig zu sein und legte immer wieder Ruhepausen ein. Schließlich erreichte er sie. Unter seinem aufmerksamen Blick machte sich Priscilla dran, ein Nest zu bauen. Als sie sich

---

[1] Im Original «Harry Handless»

schließlich hineinlegte, kam auch Pummel herbei. Der Orang-Mann begann, drei Meter entfernt im selben Baum ein riesiges Nest zu bauen. Zwanzig Minuten nach Einbruch der Dunkelheit hörte das Knacken von Ästen und Zweigen in seinem Nest auf. Das Summen der Moskitos füllte meine Ohren.

Ich hatte einen Kampf zwischen zwei freilebenden Orang-Männern miterlebt, wie ihn noch nie ein Beobachter aus dem Westen gesehen und beschrieben hatte. Zwar ahnte man, daß diese gewaltigen Menschenaffen miteinander Kämpfe austragen, aber niemand hatte es je gesehen. Bei einzelgängerisch lebenden Arten, deren Männchen um die Weibchen konkurrieren müssen, hat die natürliche Selektion einen großen Geschlechtsdimorphismus hervorgebracht, d. h. die Männchen sind sehr viel größer als die Weibchen und weisen oft auffällige sekundäre Geschlechtsmerkmale auf. Diese für Vögel wie für Säuger geltende Regel findet ihre Anwendung auch auf Orang-Utans. Der Kampf, den ich mitbekommen hatte, war eine vorläufige Bestätigung dessen, was die Theorie voraussagte.

Am nächsten Vormittag stieß Kehlsack, unmittelbar nachdem er sein Nest verlassen hatte, einen dürren Baum um und gab einen Langruf von sich. Kurz darauf kamen auch Priscilla und Pummel aus ihrem Nest hervor. Kehlsack folgte ihnen in einer Entfernung von lediglich zehn Metern und bewegte sich von einem dürren Baum zum anderen, als ginge er auf riesigen Stelzen.

Nach einer Weile legte Priscilla eine Pause in der Futtersuche ein. Sie und Pummel setzten sich nebeneinander auf denselben Ast. Obwohl beide oft dicht nebeneinander saßen, interagierten sie nur selten. Anders als Schimpansen und Gorillas treiben freilebende Orang-Utans keine intensive soziale Fellpflege, wahrscheinlich, weil dieses Verhalten der Bindung von Einzeltieren an eine Gruppe dient. Da Orang-Utans nicht in Gruppen leben, bedürfen sie einer solchen Bindung nicht. Wenn sie dennoch Fellpflege treiben, geschieht das in erster Linie um der Hygiene willen.

Jetzt aber beobachtete ich einen stillen Augenblick der Zärtlichkeit zwischen Mutter und Sohn. Pummel faßte nach Priscillas Kehlsack (den auch die Weibchen haben, nur daß er bei den Männchen deutlich größer ist) und hielt sich einige Sekunden lang daran fest. Priscilla gab ein leises «Wu-Wu» von sich, das wie ein Eulenruf klang. Pummel ließ die Hand sinken und entfernte sich. Erneut machte Priscilla «Wu-Wu», so leise, daß es kaum zu hören war. Pummel drehte sich um und kehrte zu ihr zurück. Dann legte Priscilla ihrem Sohn die linke Hand auf den Kopf und hielt ihm die rechte vor das Gesicht. Sanft berührte Pummel ihre Hand mit den Lippen. Es sah aus, als versicherten Priscilla und Pummel einander, daß sie trotz Kehlsacks demonstrativer Gegenwart nach wie vor zusammengehörten.

Wenn wir bei Menschenaffen, die in Gefangenschaft gehalten werden, beobachten, daß sie einander küssen, umarmen und bei den Händen halten, «äffen» sie damit keineswegs uns nach. Es handelt sich vielmehr um Ausdrucksformen, die der Mensch mit den großen Menschenaffen gemeinsam hat. Offensichtlich reicht das Küssen weit in unsere Entwicklungsgeschichte zurück.

Der Augenblick der Zärtlichkeit ging vorüber, und Priscilla zog weiter. Pummel blieb auf dem Ast sitzen. Einige Augenblicke später machte sie «Wu-Wu», und sogleich eilte Pummel zu ihr. Auch Kehlsack kam herbei. Ich überlegte, ob er den Ruf auf sich bezogen hatte.

Wie gestern brachte Kehlsack auch heute den größten Teil seiner Zeit damit zu, daß er Priscilla beim Fressen zusah und selbst kaum etwas zu sich nahm. Obwohl er sicherlich fünfzig Kilo mehr wog als sie, fraß sie doppelt so viel wie er.

Der Vormittag verging friedlich. Wie schon oft hatte ich Sugito mit in den Wald genommen. Meist klammerte er sich an meine Seite oder umschlang meinen Nacken, doch wenn ich stehenblieb, kam es auch vor, daß er in niederes Laubwerk kletterte. Am frühen Nachmittag begann er mit einem Mal zu jammern. Ohne auch nur einen Blick nach unten zu werfen, gab Kehlsack einen weithin hallenden Langruf von sich. Kein anderer Orang-Utan, dem ich gefolgt bin, hat je so heftig auf Sugito reagiert. Die meisten nahmen ihn einfach nicht zur Kenntnis. Immer noch röhrend begab er sich auf den Baum, in dem Priscilla und Pummel dicht beieinander saßen, und ließ sich unmittelbar vor Mutter und Sohn herabfallen.

Sogleich verließen beide die Stelle. Offenkundig spürte Priscilla, daß Kehlsack erregt war. Sie bewegte sich so schnell, wie ich es noch nie zuvor an ihr gesehen hatte. Einmal blieb Pummel zurück. Sie wartete auf ihn und gab ein leises «Wu-Wu» von sich. Sofort schloß er zu ihr auf, und beide zogen weiter, während Kehlsack ihnen beharrlich folgte.

Spät am Nachmittag – die Schatten wurden schon lang, und der rötliche Schein der untergehenden Sonne drang durch die schwarzen Umrisse der Bäume herüber – sah ich von weitem ein zweites Männchen. Wegen der großen Entfernung konnte ich nicht sagen, ob es schon ausgewachsen oder ein besonders großer Halbwüchsiger war. Annähernd zwanzig Minuten später krachte ein toter Baum auf den Waldboden. Kehlsack achtete nicht darauf. Nach einer Weile erkletterte er den Baum, auf dem Priscilla und Pummel kleine rote Beeren fraßen. Sie ließ sich von seiner Ankunft nicht stören, Pummel aber begab sich sogleich auf die gegenüberliegende Seite des Baums.

Ein weiterer toter Baum stürzte um, ohne daß ein Langruf folgte. Dann krachte ein dritter Baum zu Boden; es klang näher. Wieder ertönte kein Ruf. Es war ein windstiller Tag; ich war sicher, daß ein Orang-Utan die Bäume umgeworfen hatte. Dennoch behielt Kehlsack seine überlegene Haltung. Sofern er gehört hatte, wie der Waldboden dreimal hintereinander vom Aufprall einer Tonne toten Holzes widergehallt hatte, ließ er sich das nicht anmerken. Unbeeindruckt fraß er weiter.

Etwa fünfundzwanzig Minuten, nachdem der letzte Baum zu Boden gefallen war, stürmte Kehlsack plötzlich in Richtung Südwesten. Vielleicht hatte er den Bäume umstürzenden Eindringling gesichtet. Seine Haare waren gesträubt, was ihn größer aussehen ließ, und in seiner Leistengegend erkannte ich durch die Behaarung einen roten Fleck, der auf eine Erektion hinwies. Wäre er ein Drache gewesen, hätte er jetzt Feuer gespien. Nach etwa hundertfünfzig Metern hielt er ruckartig inne und setzte sich mit dem Rücken zu mir auf einen großen Ast. Zehn Minuten vergingen, bis er sich wieder erhob. Mit langsamen, schwerfälligen Bewegungen holte er Priscilla wieder ein.

Diese machte sich daran, ein Schlafnest zu bauen, und wenige Minuten darauf begann Kehlsack mit dem Bau des seinen. Kaum hatte er sich hingelegt, als Priscilla ihr Nest verließ und sich rasch davonmachte. Einige Bäume weiter baute sie ein neues. Sogleich folgte Kehlsack ihrem Beispiel, stellte aber ein riesiges Nest in Form eines Adlerhorstes her, von dessen nachlässig bearbeiteten Rändern Zweige in alle Richtungen hervorsahen. Dann legte er sich auf den Rücken, offensichtlich zur Nachtruhe bereit. Es war schon fast dunkel, man konnte im Wald kaum noch Farben erkennen. Der Gesang der Zikaden war ohrenbetäubend.

Dann sah ich, wie Priscilla lautlos den Stamm herabglitt und sich über einen großen Ast aus dem Staub machte. Es war unmißverständlich, daß sie sich davonschlich. Eine Minute später setzte sich Kehlsack in seinem Nest wie vom Blitz getroffen auf. Er sah sich um, als könnte er nicht glauben, was da geschah. Er sprang aus seinem Horst und folgte Priscilla. Sie baute erneut ein Nest. Diesmal wollte sich der Orang-Mann nicht hinters Licht führen lassen. Statt selbst gleich ein Nest zu bauen, setzte er sich in die Krone eines Baums und machte weithin vernehmbare schnalzende Schmatzlaute. Schließlich baute er eine Viertelstunde später zum dritten Mal an jenem Abend ein Nest. Es war nun fast vollständig dunkel. Er gab einen geräuschvollen schnalzenden Schmatzlaut von sich, dann begann tief in seiner Kehle das leise Knurren, das gewöhnlich einem Langruf vorausgeht. Doch dieser blieb aus. Das Knurren endete. Der Vorhang der Nacht fiel. Was sich da vor meinen Augen abgespielt hatte – die Heimlichtuerei, ein Orang-Utan hier, ein Orang-Utan da –, erinnerte mich lebhaft an die Commedia dell'arte.

Am nächsten Vormittag verließen Kehlsack und Priscilla ihre Nester etwa um die gleiche Zeit. Sie streiften gemeinsam umher, hielten hier inne, um einige Blätter zu verzehren, und da, um einige Früchte zu sich zu nehmen. Einmal kletterten sie auf einen Baum voller Früchte, in dem ich vier Orang-Nester zählte – zwei große frische, wahrscheinlich vom Vortag, und zwei alte trockene. Gemeinsam setzten sie sich in eins der neueren Nester und verzehrten kleine schwarze Früchte. Obwohl ich noch nie zuvor zwei ausgewachsene Orangs im selben Nest hatte fressen sehen, schien es mir nicht überraschend für ein Männchen und ein Weibchen, die ein Paar bildeten. Sie setzten ihren Weg gemeinsam fort. Priscillas Backen waren prall von Früchten.

Im späteren Verlauf des Vormittags, als Priscilla einige Blätter haschte, saß Kehlsack auf gleicher Höhe in einem Baum in der Nähe und beobachtete sie. Ich hörte das scharfe Geräusch eines knackenden Astes in der Nähe, sah aber nichts. Sofort begab sich Kehlsack in den Baum, auf dem Priscilla saß, und stieß einen Langruf aus. Dann packte er sie an den Hüften, und sie paarten sich, das Gesicht einander zugewandt. (Als einzige nichtmenschliche Primaten paaren sich Orang-Utans und Bonobos regelmäßig auf diese Weise.) Kehlsacks rhythmische Bewegungen dauerten neunzig Sekunden, hörten auf und gingen dann einige Minuten lang weiter. Während Priscilla unbeteiligt schien, als gehe nichts Besonderes vor, schien Kehlsack völlig vertieft. Einmal wandte mir Priscilla ihr Gesicht zu und sah mich unbehaglich an. Hätte es sich um Menschen gehandelt, würde ich sagen, es war ihr peinlich, bei der Paarung beobachtet zu werden.

Mehrere Minuten später entzog sich Priscilla ihm. Sie setzte sich dreißig Sekunden lang neben Kehlsack, sah ihn an, als wollte sie sich vergewissern, daß der Zeitabstand angemessen war und er nicht gekränkt sein würde, kletterte dann in einen danebenstehenden Baum und begann erneut zu fressen. Sie schien so sehr auf die Nahrungsaufnahme erpicht wie Kehlsack auf sie. Pummel hatte während der Kopulation im selben Baum gefressen. Soweit ich sehen konnte, hatte er nicht ein einziges Mal den Blick von den Blättern erhoben, die er sich eifrig in den Mund stopfte.

Bewegungslos blieb der Orang-Mann sitzen. Während er sich mit beiden Händen an dem Ast über seinem Kopf festhielt, ließ er einen Fuß baumeln. Er sah ziemlich mitgenommen aus, und sein Kehlsack war ein wenig schlaff. Zehn Minuten später bewegte er sich etwa einen Meter über den Ast und ließ sich dann wieder sinken. Im Verlauf der nächsten Stunde machte er nicht die geringste Bewegung.

Während Kehlsack wie benommen auf seinem Ast lag, gab Pummel Schmatzlaute von sich und versuchte, einen kleinen abgestorbenen Baum umzudrücken, was ihm nach mehreren Anläufen auch gelang. Triumphierend schmatzte er wieder und ging zu Priscilla, die sich ausruhte. Er legte seine Arme um sie und sein Gesicht an ihres. Sie schob ihn sanft zurück. Dann aber nahm sie seine Hand und begann mit deren Fingern zu spielen. Pummel legte sich neben sie auf den Ast. Sie nahm seinen Kopf in beide Hände und lauste ihn, dann ließ sie die Arme sinken und blieb bewegungslos sitzen. Pummel lag zufrieden auf dem Ast, beide Hände über dem Kopf ausgestreckt.

Diese friedliche Szene mütterlicher Zuwendung endete mit einem Schlag, als Kehlsack aus seiner Benommenheit erwachte. Er näherte sich Priscilla, die sich mit den Armen an den Ast über ihrem Kopf klammerte, und packte ihre Füße. Er zog und drehte daran, wie um ihren Griff zu lösen, aber sie gab nicht nach. Dann beleckte er ihre Geschlechtsteile und steckte ihr die Finger in die Scheide. Er zerrte lange an ihr herum, bis sie sich in einer günstigeren Stellung befand und begann dann erneut zu kopulieren, wobei er sie an den Füßen festhielt.

Priscilla wand sich und wollte ihn von sich schieben. Mehrfach gab sie ein leises «Wu-Wu» von sich.

Zwölf Minuten später war die Paarung vorüber, und Priscilla lief davon. Sogleich folgte ihr Kehlsack und ließ sich auf demselben Baum nieder wie sie.

Um die Mitte des Nachmittags verzehrten beide auf gegenüberliegenden Seiten eines Baums Beeren. Pummel kletterte in die Nähe seiner Mutter. Priscilla legte ihm einen Arm um die Schulter und begann mit der anderen Hand seinen Rücken zu kraulen. Nach mehreren Minuten fuhren sie Seite an Seite fort zu fressen. Dieser ungewöhnliche Beweis von Zuneigung zwischen Pummel und Priscilla rührte mich. Sie schien ihn beruhigen zu wollen, daß alles in Ordnung sei.

Am Spätnachmittag begann Priscilla hoch in einem Baum ein Nest zu bauen. Kehlsack baute seines in einem anstoßenden Baum und Pummel ein eigenes Nest einige Bäume weiter. Schon bald war alles still. Dann hörte ich einige Minuten später ein leises «Wu-Wu». Pummel spähte über den Rand von Priscillas Nest zu ihr hinein. Dann kletterte er auf den Ast darüber. Bald darauf fing es an zu regnen. Als ich den Blick wieder heben konnte, war von Pummel nichts mehr zu sehen. Offensichtlich war er zu seiner Mutter ins Nest geklettert. Weit davon entfernt, einen Keil zwischen Mutter und Sohn zu treiben, schien die Beziehung zwischen Priscilla und Kehlsack die beiden einander näherzubringen.

Es war meine Absicht gewesen, die drei am nächsten Vormittag weiter zu beobachten. Als ich jedoch vor Morgengrauen erwachte, merkte ich, daß meine Hände voller Geschwüre und Entzündungen waren und ich sie nicht bewegen konnte: Sie waren völlig starr wie Krallen. Nicht einmal eine Faust konnte ich machen. Bis die Antibiotika wirkten, mußte ich mehrere Tage tatenlos in der Hängematte liegen. Vermutlich gingen die Infektionen auf Insektenstiche zurück, die ich aufgekratzt hatte. Im tropischen Regenwald eitern wegen der beständigen Feuchtigkeit schon kleinste Verletzungen. Es dauerte einen ganzen Monat, bis meine Hände geheilt waren und ich meine Notizen auswerten und in den Wald zurückkehren konnte.

Kehlsack sichtete ich eines späten Nachmittags wieder. Er hatte seine Anwesenheit mit einem Langruf verraten. Bei meinem Näherkommen schüttelte er einen toten Baum, gab aber keinen Unmutslaut von sich. Er war immer noch mit Priscilla und Pummel zusammen. Nachdem die drei in unterschiedlichen Bäumen gefressen hatten, begannen sie mehrere Nester zu bauen, bis sich alle drei endlich zum Schlaf betteten. Kehlsack legte sich in ein großes altes Nest, ohne zu dessen Verbesserung auch nur einen einzigen Zweig zu biegen.

Ich fragte mich, ob sie wohl den ganzen Monat hindurch zusammengewesen waren. Der nächste Tag zeigte, daß Kehlsacks Leidenschaft keineswegs abgenommen hatte. Ja, er schien noch verliebter zu sein als zuvor. Während Priscilla sich an Termiten gütlich tat, saß Kehlsack im Sonnenschein und sah ihr dabei volle fünfundzwanzig Minuten lang zu. Im Licht der Sonne schien seine Behaarung zu glühen. Es war ein unvergeßliches Bild.

Im Verlauf des Spätnachmittags stieß er einen Langruf aus und begann mit Priscilla zu kopulieren. Nach wenigen Minuten riß sie sich los und zog weiter. Eine Stunde später machte sich Kehlsack wieder an sie heran. Diesmal dauerten die rhythmischen Bewegungen seines Körpers an die zwanzig Minuten, wobei ein Ausdruck der Glückseligkeit auf seinem Gesicht zu liegen schien. Priscilla sah entschieden unbehaglich drein und gab mehrfach schmatzende Laute von sich. Wie gewöhnlich war sie diejenige, die sich zurückzog. Schon bald fraßen sie und Pummel erneut. Kehlsack lag rücklings auf einem Ast und ließ Arme und Beine baumeln. Er sah vollständig ausgepumpt aus.

Bei seinem Anblick dachte ich: «Der muß von Luft und Liebe leben.» Hinter dieser Redensart steckt eine biologische Wahrheit. Gewöhnlich verbringen Orang-Utans etwa drei Fünftel ihrer Zeit mit der Nahrungsaufnahme. Da sie in erster Linie Früchte und junge Blätter verzehren, muß ein großes Männchen ungeheure Mengen davon zu sich nehmen, um sein Gewicht zu halten. Zu der Zeit aber, da ich Kehlsack mit Priscilla umherstreifen sah, hatte er höchstens einmal hier und da ein wenig genascht. Das ist keinesfalls ungewöhnlich. Auch andere Großsäuger, wie beispielsweise Walroß und Elefant, nehmen während der Paarungszeit nur äußerst wenig Nahrung auf.

An einem der nächsten Tage beobachtete ich im Moorgebiet. Kniewurzeln erhoben sich wie graue Speere aus den Tümpeln schwarzen Wassers. Ein Pflanzengewirr umschloß mich und behinderte meine

Bewegungen. Kleine Lianen legten sich um meine Knöchel und ließen mich straucheln, schleuderten mich gegen die harten Wurzelspitzen. Ich verstand, warum Orang-Utans in den Bäumen leben. Während ich ihrer überlegenen Fortbewegungsart über mir zusah, kam ich mir wie ein verächtlicher, unfähiger Wurm vor, der sich mühevoll durch das Unterholz windet.

Ich tat einige Schritte, um besser zu sehen, was Priscilla fraß. Dabei versperrte mir eine dicke, gewundene Schlingpflanze den Weg. Da meine ganze Konzentration der Beobachtung Priscillas galt, hieb ich mechanisch und mit aller Kraft mit meinem Buschmesser danach. Die Schlingpflanze war wohl nicht annähernd so dick, wie ich angenommen hatte, jedenfalls durchtrennte das Messer sie wie Butter und fuhr mir tief in das linke Knie, bis auf den Knochen.

Ungläubig sah ich hin. Verglichen mit dem leuchtenden Rot und Rosa meines freiliegenden Fleischs wirkte die Haut meines Knies bemerkenswert weiß. Es war ein sauberer Schnitt, und die Wunde blutete nicht stark.

Sollte ich den Orangs weiter folgen oder ins Lager zurückkehren? Es war halb drei am Nachmittag. Schmerzen hatte ich nicht; ich stand unter Schock. Mein Knie sah übel aus. Bedauernd entschied ich mich, den Rückweg anzutreten. Kehlsack, Priscilla und Pummel nahmen meinen Aufbruch in keiner Weise zur Kenntnis. Sie fraßen munter weiter und warfen nicht einmal einen Blick zu mir herab.

Es nieselte. Ich folgte langsam dem Weg über das offene Reisfeld. Plötzlich blieb mein Herz fast stehen. Aus dem hüfthohen Gras am Rand des Pfads tauchte ein dunkler Umriß auf. Es war ein großer, fast ausgewachsener Orang-Mann, der sich auf allen vieren über den Boden bewegte. Ohne innezuhalten, überquerte er den Weg vor mir. Ich stand bewegungslos im Regen. Er schien mich nicht wahrzunehmen und verschwand auf der anderen Seite des Wegs. Ich sah ihm nach, bis das Zittern der Gräser aufhörte.

Ich war wie vom Donner gerührt. Ich kam mir vor wie jemand aus der allerfrühesten Zeit der Menschheitsgeschichte, der einen durch die afrikanische Ursavanne ziehenden Vormenschen gesehen hatte. Es war das erste Mal, daß ich einen freilebenden Orang-Utan auf offenem Gelände über den Boden hatte laufen sehen. Diese Menschenaffen mit ihren langen, gekrümmten Händen und Füßen sind einfach nicht für das Leben auf dem Erdboden geschaffen. Wer hätte geglaubt, daß ein

Orang-Utan vierhundert Meter vom nächsten Baum entfernt über ein Feld laufen könnte!

Ich humpelte ins Lager zurück und berichtete ganz aufgeregt, was ich gesehen hatte. Rod war gebührend beeindruckt. Hamzah und mehrere anwesende Melayu jedoch schienen nicht im mindesten erstaunt zu sein. Hamzah erklärte, er habe einmal beim Überqueren eines *ladang*, das so breit war, daß man im Dunst am Horizont die Bäume nicht mehr sehen konnte, eine Gruppe Orang-Utans auf dem Boden sitzen sehen, die sich an lila *kremunting*-Beeren gütlich taten.

Seine abgeklärte Reaktion enttäuschte mich anfangs. Dann dachte ich darüber nach. Oft sind Einheimischen Dinge bekannt, die wir Wissenschaftler erst «entdecken» müssen. Hätte ich den Melayu berichtet, ich hätte einen Orang-Utan schwimmen oder fliegen sehen, wäre ihre Reaktion anders ausgefallen, denn das wäre tatsächlich ungewöhnlich gewesen. Wir Anthropologen werten das Herabsteigen des Menschenaffen aus den Bäumen als ein wichtiges Ereignis in unserer Stammesgeschichte. Und wenn wir auf einen Beleg für ein solches Verhalten stoßen, sind wir ganz begeistert. Aber die Melayu wußten ebensowenig wie der von mir beobachtete Orang-Utan, daß die Wissenschaft die Fortbewegung auf freiem Gelände als wesentlichen Schritt in der Entwicklung des Menschen sieht. Der Orang hatte sich einfach von einem Ort zum anderen bewegt. Ich nahm mir den Vorfall als ernüchternde Lektion zu Herzen, die mich daran erinnern sollte, mich vor vorgefaßten Meinungen zu hüten.

Auch meine Wunde beeindruckte die Melayu nicht besonders. Die meisten Einheimischen haben Narben von Unfällen mit Buschmessern. Dennoch beschloß ich, einen Arzt aufzusuchen. Ich verband mein Knie und brach mit Rod nach Kumai auf. Auf halber Strecke setzte der Außenbordmotor unseres Boots aus. Rod benötigte den größten Teil der Nacht für die Reparatur, zumal ihm als einzige Lichtquelle eine Taschenlampe zur Verfügung stand. Wir kamen bei Tagesanbruch in Kumai an, zwölf Stunden später als vorgesehen.

Yusuran, der Forstbeamte, der in den ersten Monaten mit uns in Camp Leakey gelebt und sich mit Rod angefreundet hatte, versprach, uns ein Fahrzeug zu beschaffen, das uns binnen einer Stunde ins Krankenhaus von Pangkalanbuun bringen würde. Es dauerte zwölf Stunden, bis schließlich am Abend ein Fahrzeug eintraf. Pangkalanbuun erreichten wir etwa dreißig Stunden nach meinem Mißgeschick mit dem Buschmesser. Während der Arzt die klaffende Wunde nähte, teilte er mir munter mit, die Narbe würde mein Leben lang zu sehen sein, und fragte, warum ich nicht eher gekommen sei.

Eineinhalb Monate waren vergangen, seit ich Kehlsack zum letztenmal gesehen hatte. Meine Wunde war verheilt; man sah nur noch ein weißes Oval und die Nähte. Eines Abends hörte ich nach Einbruch der Nacht in Camp Wilkie Kehlsacks Langruf. Er war unverwechselbar. Wahrscheinlich hatte er sich gerade zur Ruhe gelegt und empfand das Bedürfnis, noch einmal zu rufen, bevor er einschlief. Um ein Uhr nachts zerriß sein beunruhigendes, düsteres Brüllen erneut die Finsternis. Im Halbschlaf lauschte ich auf den geisterhaften, fernen Ruf.

Von allen tagaktiven Primaten erhebt lediglich das ausgewachsene Orang-Männchen regelmäßig mitten in der Nacht seine laut klagende Stimme.

Bisweilen hörte ich drei verschiedene männliche Tiere in der Ferne rufen, die einander zu antworten schienen. Manche Rufe waren kaum hörbar, andere dröhnten laut und deutlich, als ob die stille Nachtluft sie verstärkte, andere wieder wurden von einem plötzlichen Wind verweht und fast unhörbar gemacht. Ich fragte mich, was diese Männchen einander wohl mitzuteilen hatten. Beruhigte es einen Orang-Utan, seine Geschlechtsgenossen zu hören, zu wissen, daß er nicht allein im Universum war? Oder machte ihn das Wissen nervös, daß Konkurrenten in Hörweite waren? Mich überlief eine Gänsehaut, wenn ich daran dachte, wie andere, aber ähnliche Orang-Utan-Rufe vor Tausenden von Jahren nachts in diesen Wäldern widergehallt hatten.

Der Langruf der Orang-Utans beeindruckt mich immer wieder, ganz gleich, wie oft ich ihn höre. Er ist das lauteste und furchterregendste Geräusch im Regenwald von Borneo, dauert mindestens eine, manchmal bis zu vier Minuten. Das ist der Grund, warum ihn John MacKinnon, der Ende der sechziger Jahre auf Borneo Orang-Utans beobachtet hat, «Langruf» genannt hat, eine Bezeichnung, die sich durchgesetzt hat. Er beginnt mit einer Reihe leiser Brummtöne, deren Lautstärke sich bis zu einem lauten Brüllen steigert. Ich habe dabei immer an einen betrunkenen Elefanten denken müssen, der in seiner Benommenheit trompetend gegen die Welt anrennt. Auch ist der Langruf eines Orang-Utans in Lautstärke und Intensität dem Gebrüll eines Löwen nicht unähnlich.

Wenn die einheimischen Melayu nachts einen Orang rufen hören, pflegen sie zu sagen: «Der Orang-Utan seufzt, weil ihn seine Braut in der Hochzeitsnacht verlassen hat.»

Gewiß hat der Langruf eines Orang-Utans seine traurige Komponente, aber für mich verbindet sich damit in erster Linie die Vorstellung von Macht und Erhabenheit.

Kurz nach Morgengrauen rief Kehlsack wieder. Rod und ich beschlossen, beide nach ihm zu suchen, ich nahe Camp Wilkie, er tiefer im Wald. Den ganzen Vormittag hindurch zog ich über die Waldpfade in der Nähe des Lagers, im Bewußtsein dessen, daß Kehlsack nicht weit entfernt war, sich aber wie ein Schatten im Blattwerk verborgen hielt.

Ich merkte, daß eine der Funktionen des Langrufs eine Art Ankündigung war. Auf welche andere Weise könnte im dunklen, dichten Wald ein Männchen paarungsbereiten Weibchen angeben, wo es sich befindet, und gleichzeitig Konkurrenten abschrecken?

Eine Viertelstunde nachdem ich das Lager verlassen hatte, fand ich ihn – oder er mich. Vielleicht einen Meter von mir entfernt lag er zwischen zwei Bäumen rücklings auf dem Boden und sah mich an. Es schien ihn zu stören, daß ich so dicht vorbeiging, ohne seine eindrucksvolle Anwesenheit zur Kenntnis zu nehmen, und er entleerte mehrfach seinen Darm. In diesem Augenblick rief Rod aus der Ferne. Aus dem schwachen Klang seiner Stimme schloß ich, daß er einen knappen Kilometer entfernt sein mußte. Ich gab ihm viermal Antwort. Ein vierfacher Ruf war unser vereinbartes Zeichen dafür, daß derjenige, der ihn ausstieß, einen Orang-Utan gefunden hatte. Mein Rufen schien Kehlsack zu ärgern. Er gab ein lautes, schnalzendes Quieken von sich und starrte mich an.

Da Rod auf meinen Ruf nicht antwortete, rief ich erneut. Diesmal machte Kehlsack einen noch viel aufgebrachteren Eindruck und ließ ein schnalzendes Quieken ertönen, das drohend wirkte. Bei meinem dritten Versuch, Rod auf die Anwesenheit des Orangs aufmerksam zu machen, wurde er richtig wütend. Er schüttelte einen großen verrotteten Baumstumpf und stieß ihn dann in meine Richtung um. Der Baum landete nur wenige Zentimeter vor meinen Füßen.

Ich erstarrte. Es fiel mir schwer zu glauben, daß ich dem Tod nur um wenige Zentimeter entgangen war. Im selben Augenblick, da der Baum zu Boden krachte, ließ Kehlsack wieder einen Langruf erschallen. Danach wirkte er weniger angespannt und begann junge Blätter zu verzehren. Inzwischen war Rod atemlos und erhitzt eingetroffen.

Er hatte mir aus der Krone eines Baums, zwanzig Meter über dem Erdboden, zugerufen. Wir bemühten uns immer wieder, das tägliche Leben der Orang-Utans nachzuvollziehen, indem wir die Früchte probierten, die sie fraßen, und uns eine Weile in den Bäumen aufhielten. Als ich Rod mit meinem vierfachen Ruf benachrichtigt hatte, wollte er mir umgehend antworten, mußte aber erkennen, daß das Herabsteigen von einem Baum sehr viel länger dauert als das Hinaufklettern.

Kurz nach Rods Ankunft rief Kehlsack erneut. Dann begann er *salak*-Früchte zu fressen, die aussehen wie kleine Zapfen. Zwanzig Minuten später rief er erneut. Selbst für den lautstarken Kehlsack war diese Häufigkeit ungewöhnlich. Ich fragte mich, ob Priscillas Abwesenheit etwas damit zu tun hatte.

Ein heftiger Wind erhob sich, und es wurde sehr dunkel. Wenige Minuten später war das Gewitter, das in der Ferne gehangen hatte, über unseren Köpfen. Noch fiel der Regen nicht, und obwohl es dunkel blieb, hörte der Donner schließlich auf. Kehlsack fraß eifrig die großen, runden, weichen grünen Früchte einer Schlingpflanze. Sehr schwach hörte ich einen Langruf, doch Kehlsack hob weder den Blick, noch unterbrach er seine Mahlzeit.

Während der ganzen Zeit hatte ich Sugito mit mir getragen. Bisher war er, wenn er sich von mir entfernte, nur auf den niederen Ästen von Bäumen herumgeturnt. Jetzt begann er, immer höher zu klettern. Schon bald befand er sich oben unter dem Blätterdach auf einer Höhe mit Kehlsack, der einige Bäume von ihm entfernt war. Sugito hatte in seiner Entwicklung ein Stadium erreicht, das dem eines zweijährigen Kindes entsprach. Inzwischen kletterte er oft hoch ins Blätterdach, und so sehr interessierte ihn, was es dort zu beobachten gab, daß er zu vergessen schien, daß ich nicht mit ihm kletterte. Ich staunte über die Kühnheit, mit der er praktisch unter der Nase des alten Herrn in den Ästen herumtollte.

Da es Sugito nicht gelang, Kehlsacks Aufmerksamkeit zu erregen, schien er auf einmal zu merken, wie weit ich von ihm entfernt war, und er machte sich an den Abstieg. Doch wie schon Rod vor einer Weile erkannt hatte, war das schwieriger als das Hinaufklettern. Auf halber Höhe stieß er ein leises Winseln aus. Ich hörte es kaum, aber es brachte

Kehlsack fürchterlich auf. Wie ein schlechtgelaunter alter Mann mochte er kein Kindergeschrei. Er stürmte den Baum hinab hinter Sugito her. Dieser bekam so große Angst, daß er das letzte Stück des Stamms hinabrutschte, als wäre es ein mit Seife eingeschmierter Mast, und in meine Arme sprang. Kehlsack war dicht hinter ihm.

Von Panik erfüllt wich ich zurück. Ich sah vor meinem inneren Auge schon, wie er und ich uns auf dem Waldboden wälzten und um Sugito kämpften. Dieser hielt sich so fest, daß er ein Teil von mir schien. Was ihn betraf, konnte ihn keine Macht der Erde von mir lösen.

Vorsichtig entfernte ich mich rückwärts. Wäre Rod nicht dagewesen, ich glaube, ich wäre um mein Leben gelaufen. Zweifellos hätte mich Kehlsack dann verfolgt.

Doch Rod, der neben mir auf dem Boden gesessen hatte, stand ganz gelassen auf, das Buschmesser in der Hand. Ohne Kehlsack aus den Augen zu lassen, durchtrennte er mit einem Hieb einen jungen Baum. Seine Demonstration hatte das gewünschte Ergebnis: Ruckartig blieb der Orang stehen. Er war weniger als zwei Meter entfernt und hing unmittelbar über uns an ein paar dünnen Ästen, denen man nicht zugetraut hätte, daß sie sein Gewicht tragen konnten. Offenbar bereit, sich jeden Augenblick auf uns fallen zu lassen, schickte er drohende Blicke in unsere Richtung. Mit seiner gesträubten Behaarung bot er ein eindrucksvolles Bild. Rod sah ihn weiter unverwandt an. Schließlich wandte Kehlsack den Blick ab, kletterte hoch in einen Baum und stieß einen Langruf aus. Noch nie hatten wir uns einem Angriff durch einen wilden Orang-Utan so unmittelbar gegenübergesehen.

Der Zwischenfall mit Kehlsack war mir gehörig in die Knochen gefahren. Ich hatte zugelassen, daß meine Gefühle für Sugito so weit Besitz von mir ergriffen, daß ich fast vor einem Orang-Utan geflohen wäre. In dem Fall hätte er mich höchstwahrscheinlich angegriffen. Die meisten Einheimischen kannten jemanden, den ein Orang-Utan böse zugerichtet hatte. Sie behaupteten, ein männlicher Orang sei vierzigmal so stark wie ein Mann. Ein Zoodirektor erklärte mir später, daß ein Tier wie Kehlsack vermutlich so stark sei wie acht Männer. Er fügte hinzu, daß außer männlichen Orangs kein Tier im Zoo Kokosnüsse mit den Zähnen öffnen könne. Aber was mich aufbrachte, war nicht die Möglichkeit, daß ich hätte verletzt werden können, sondern daß ich unter Umständen davongelaufen wäre. Ich schämte mich, weil ich gegen meinen eigenen Grundsatz verstoßen hatte: nie vor einer

Herausforderung weglaufen, sich ihr stets stellen. Ich hätte mir eine solche Reaktion nicht zugetraut. Der ganze Vorfall bedrückte mich zutiefst.

Rod, der das nicht verstand, half mir auf seine typisch sachliche Art, mein eigenes Verhalten zu begreifen.

«Warum nimmt dich das so mit?» fragte er. «Wie oft hast du dich denn in der Schule mit anderen Mädchen geprügelt?»

«Richtig geprügelt?»

«Ja.»

«Nie», gab ich zur Antwort.

«Na bitte», sagte er. «Mädchen prügeln sich nicht. Jungs schon. Ich war in meiner Klasse immer einer der Kleinsten. Da habe ich kämpfen und bluffen gelernt. Mach dir keine Sorgen, Bluffen ist reine Übungssache.»

Ich nahm mir vor, beim nächstenmal einen angreifenden Orang-Utan wie Rod mit Blicken im Zaum zu halten.

In jener Nacht ließ Kehlsack nach Mitternacht einen Langruf erschallen. Zweimal antwortete ihm ein anderes Männchen. In meiner Hängematte dachte ich darüber nach, inwieweit der Umgang mit körperlicher Gewalt und Provokationen zum männlichen Geschlecht gehört. Vor mehreren Monaten hatte ich mitbekommen, wie Kehlsack einen Rivalen aus dem Feld schlug; heute hatte ich gesehen, wie Rod seiner Kampfansage standgehalten hatte. Zwar bewunderte ich ihn wegen seines Muts, hatte aber zugleich den Eindruck, daß mir etwas vorenthalten worden war. Warum hatte man mir nicht beigebracht, mit Aggressionen umzugehen? Warum hatte ich nicht gelernt, wann man kämpfen und wann man bluffen muß? Jungen sind im Vorteil, weil unsere Gesellschaft ihnen einen natürlichen Aggressionstrieb zuspricht.

Ich fragte mich aber auch, inwiefern die Anwesenheit des verletzlichen Sugito meine Haltung beeinflußt hatte. Möglicherweise war mein Rückzug hinter Rods Männlichkeit ein der Situation angepaßtes Verhalten. Weibliche Primaten tragen ihre Kinder nahezu immer mit sich, wenn sie umherstreifen. Ein Kampf gegen ein weit größeres Männchen würde das Kind in Gefahr bringen. Als das riesige, zornige Männchen aus den Bäumen drohend herabkam, war es mir nicht um meine Grundsätze gegangen, sondern nur darum, wie ich mein Kind retten konnte. Stolz und Grundsätze sind wichtig, aber Fürsorge und Verantwortung für das Kind haben Vorrang. Ich hatte mich wie eine normale Primatenmutter verhalten.

Am nächsten Morgen stieß Kehlsack beim Verlassen seines Nests einen Langruf aus, der über zwei Minuten dauerte – für ihn ungewöhnlich lange. Die Anstrengung ließ seine Stimme zittern. Priscilla war nirgendwo zu sehen. Vielleicht gab er damit seiner Sehnsucht nach ihr Ausdruck. Er rief an jenem Vormittag noch mehrfach und sah dabei in die Ferne. Doch seine Braut antwortete ihm nicht, und er mußte den Tag allein verbringen.

Seit längerem brachte Rod einen großen Teil seiner Zeit damit zu, die Orang-Utans zu fotografieren. Wann immer er im Wald auftauchte, schleppte er an die fünf Kilo Fotoausrüstung in einem wetterfesten Aluminiumkoffer mit, den er an einem ledernen Schulterriemen trug. Am nächsten Morgen beschloß er, mitzukommen und mit mir gemeinsam Kehlsack zu folgen.

Als wir an seinem Nest ankamen, zeigte er sein Mißvergnügen, indem er einen toten Ast abbrach und herunterwarf. Er machte sich rasch davon, und es war schwer, ihm auf den Fersen zu bleiben. Schließlich setzte er sich auf einen Ast, der im Sonnenschein lag, und machte ein Nickerchen. Wie eine Katze, die sich auf einer Fensterbank die Sonne auf den Pelz brennen läßt, hockte er da, abwechselnd die Augen öffnend und schließend, als koste es ihn Mühe, sich wach zu halten. Tief unten in der feuchten Dunkelheit zitterten wir erdgebundenen Geschöpfe, noch naß vom kalten Morgentau. Nach wie vor konnte ich mich nur schwer mit der Vorstellung anfreunden, daß wir hier in der Mitte des Dschungels von Borneo, lediglich zwei Grad südlich des Äquators, ständig die Kälte in Fingern, Zehen und Gelenken spürten. Kehlsack, der Baumbewohner, befand sich auf seinem im Sonnenlicht liegenden Ast in einer völlig anderen Welt.

Er hätte sich für ein Foto keinen geeigneteren Platz aussuchen können. Der Himmel hinter ihm war strahlend blau, und die Sonne ließ das leuchtende Orange seiner Behaarung prächtig zur Geltung kommen. Die Farben waren eines van Gogh würdig.

Auch an jenem Tag hatte ich Sugito mit in den Wald genommen. Kehlsack hatte sich inzwischen erhoben und fraß *merang* – eine süße Frucht von der Größe und Beschaffenheit einer großen Kirschtomate –, als Sugito zu jammern begann. Sogleich sprang der Alte aus dem

Baum und stürmte einen in der Nähe befindlichen Stamm herab. Diesmal blieb er etwa sechs Meter über uns und sondierte die Lage. Weit ruhiger als am Vortag saß er auf einem kleinen Ast, holte zwei *merang*-Früchte aus den Backen und begann so beiläufig darauf herumzukauen, als zünde er sich eine Zigarette an. So saß er da, kaute und beobachtete Sugito mehrere Minuten lang. Dieser schien zu begreifen, daß die Blicke ihm galten. Prahlerisch kletterte der kleine Angeber auf junge Bäume, die einen halben Meter von mir entfernt standen. Kehlsack kaute weiter.

Ich fragte mich, ob ich Kehlsack vielleicht falsch verstanden hatte. Vielleicht trieb ihn nicht die Wut über Sugitos Gewinsel von den Bäumen herunter, sondern der Wunsch, ein Junges seiner eigenen Art zu beschützen. Wie auch immer, er schien sich allmählich an unsere Gegenwart zu gewöhnen.

Am nächsten Morgen machte er einen sogar für sein Temperament außergewöhnlich aufgeregten Eindruck. Er stürmte durch die Wipfel, brach Äste ab, schüttelte tote Bäume und stieß mehrfach seinen Langruf aus. Später zog er zielstrebig durch den Wald. Er schien auf etwas zu lauschen. Kurz nachdem er ins Moor übergewechselt war, sah ich Pummel. Er stieg bei Kehlsacks Näherkommen höher auf seinen Baum. Der Orang-Mann blieb sitzen und sah aufmerksam zu. Zwei Minuten später zeigte sich Priscilla im Blattwerk. Rasch merkte ich, daß sich ihre Beziehung verändert hatte. Während Kehlsack ungewöhnlich still war, veranstalteten Priscilla und Pummel ein unglaubliches Lärmkonzert, in dem sich schnalzendes Quieken, Tuten, das Abbrechen von Ästen und das Umstürzen toter Bäume mischten. Erst als es heftig zu regnen begann, hörten sie auf. Wenn Orang-Utans imponierten, nahm ich gewöhnlich an, daß die Feindseligkeit mir galt, der menschlichen Beobachterin. Doch Kehlsacks bedrücktes Verhalten wies darauf hin, daß er der Ansicht war, sie sei auf ihn gemünzt.

Auch am nächsten Tag wurde er keineswegs willkommen geheißen. Pummel begrüßte ihn mit einem bösen Knurren; Priscilla ignorierte ihn schlicht. Mir wurde bewußt, daß sich noch weitere Orang-Utans in den Bäumen aufhielten: Howard, das stille, fast ausgewachsene Männchen, das ich häufig mit Cara zusammen gesehen hatte, und ein aufgekratztes halbwüchsiges Weibchen, das ich «Noisy» nannte. Sie imponierte wie wild, wobei unklar blieb, ob sie damit Kehlsack, mich und Rod oder uns alle beeindrucken wollte. Während der ganzen Vorstellung saß Kehlsack da und hatte nur Augen für Priscilla. Sobald sie sich bewegte, folgte er ihr.

Offensichtlich war Priscilla zu dem Ergebnis gekommen, daß die Beziehung vorüber war. Ein wenig später entdeckte ich den Grund dafür. Ihre Geschlechtsteile waren jetzt weiß und angeschwollen: Sie war trächtig. Mindestens drei Monate lang war sie mit Kehlsack umhergestreift und hatte sich immer wieder mit ihm gepaart. In jener Zeit hatte ich weder Kehlsack mit einem anderen Weibchen noch Priscilla mit einem anderen Männchen gesehen. Er dürfte mit großer Wahrscheinlichkeit der Vater sein. Wie würde sich Priscillas Trächtigkeit auf ihn auswirken? Würde er sie verlassen, sobald es ihr gelungen war, ihn zu überzeugen, daß sie nicht mehr paarungsbereit war? Würde er sie weiterhin begleiten und beschützen? Würde er ein liebevoller Vater werden? Auch wenn letzteres unwahrscheinlich war, wollte ich ihre sich wandelnde Beziehung aus nächster Nähe mitverfolgen.

Inzwischen befanden sich Rod und ich mit Sugito tief im Moor und standen bis zu den Hüften im schwarzen Wasser. Kehlsack und Priscilla ruhten getrennt voneinander unter dem Blätterdach. Es war Mittag, und die üblichen Morgengeräusche des Waldes hatten nachgelassen. Immer wieder wurde der Gesang der Zikaden vom Kreischen eines unsichtbaren Vogels überlagert.

Genau um halb zwei – wir hatten uns hingesetzt – kam ein so unvorstellbar lautes Geräusch vom Himmel, daß im Wald völlige Stille eintrat. Sugito sprang mir auf den Schoß und klammerte sich verzweifelt an mich. Rod und ich waren ebenso erschrocken wie Kehlsack, Priscilla und Pummel. Sogar die Insekten waren verstummt.

Es war, als hätte Gott «Klappe halten!» gerufen.

Flüsternd unterhielten Rod und ich uns über das Geräusch und seine mögliche Quelle. Wir vermuteten, daß es sich um einen Überschallknall gehandelt hatte. Unsere Theorie stimmte. Später hörten wir im Radio, die Concorde habe bei einem Demonstrationsflug von Europa nach Australien die Insel Borneo überquert.

Erst in späteren Jahren erfaßte ich die volle Bedeutung des Überschallknalls. Das Überschallflugzeug hatte in dramatischer Weise die Heraufkunft der weltumspannenden Technologie verkündet. Sie brach an den abgeschiedensten Orten der Welt in die Stille der Natur ein. Der Überschallknall stand für eine der Höchstleistungen menschlicher Technik, ein Flugzeug, das schneller fliegen kann als der Schall, was

Atlantik und Pazifik auf die Größe von Tümpeln zusammenschrumpfen läßt. Die Menschheit tut, was sie kann, um in der Ordnung von Zeit, Natur und Erde an die Stelle Gottes zu treten. Wenn Priscillas noch ungeborenes Kind heranwuchs, würde der Überschallknall immer häufiger ertönen. Der Lärm, der anzeigt, daß der Mensch die Welt beherrscht und zerstört – Kettensägen, Planierraupen, Bulldozer –, rückte dem bisher kaum berührten tropischen Paradies der Orang-Utans immer näher. Für sie und ihre im Wald lebenden Mitgeschöpfe hatte der Überschallknall, der für den Triumph der menschlichen Technik und das Zusammenrücken der Erdteile Zeugnis ablegte, die Wirkung einer Atombombe.

10 Georgina

This magic moment...

The Drifters

...von keinen Konflikten verstört,
von keinen philosophischen Fragen beunruhigt,
von keinem fernen Ehrgeiz angetrieben.

Margaret Mead

Trotz der Düsenflugzeuge, die über uns hinwegflogen: Ins Zeitalter der Post war Borneo noch nicht eingetreten. Briefe erreichten uns, wenn überhaupt, nur hie und da. Auf der Post in Pangkalanbuun gab man für uns bestimmte Sendungen irgend jemandem mit, der vorüberkam und bereit war, sie mitzunehmen. Mitunter gelangten sie in die Hände von Freunden oder Verwandten von Leuten, die wir kannten; dann wieder mußten wir sie bei uns völlig Unbekannten aufspüren. Gelegentlich drückte man Hamzah, unserem Helfer, einige Briefe in die Hand. Oft aber kam monatelang nichts.

Auf Post zu warten wurde zur Besessenheit. Abgesehen von Rods Radio stellte sie unsere einzige Verbindung zur Außenwelt dar, denn wir hatten weder Bücher noch Zeitungen oder Zeitschriften. Manchmal kam es uns vor, als hätte uns die übrige Welt aufgegeben. Wir schrieben regelmäßig an Verwandte und Freunde, bekamen aber keine Antwort. Die wenigen Briefe, die den Weg zu uns fanden, waren verwirrend. Leakey mahnte mich, meiner Mutter zu schreiben; gute Freunde baten um ein Lebenszeichen. Erst viel später merkten wir, daß von all den Briefen, die wir in den ersten sechs Monaten unseres Aufenthalts auf der Insel geschrieben hatten, nahezu keiner den Weg zu seinem Empfänger gefunden hatte. Gerüchte, wir seien «im Dschungel verschollen», begannen die Runde zu machen. Ich hatte mich stets für einen selbständigen, unabhängigen Menschen gehalten, der ohne besonders viel Kontakt mit anderen leben kann. Jetzt sehnte ich mich nach einer alten Zeitschrift, einer Postkarte, nach irgendeiner Botschaft aus der Außenwelt.

Zwar waren unorthodoxe Methoden der Postzustellung damals in Kalimantan nicht ungewöhnlich; daß um Mitte Mai eines Tages Holzfäller, die gesetzwidrig etwa zwei Stunden flußaufwärts Bäume fällten, drei Briefe überbrachten, wunderte mich trotzdem.

Jede dieser Sendungen war denkwürdig, wenn auch aus unterschiedlichen Gründen. Die erste enthielt eine Studentenzeitschrift von der UCLA. Nach Neuigkeiten aus der Heimat ausgehungert, las ich das Blatt immer wieder durch, bis ich es auswendig konnte.

Im zweiten Brief sprach mir mein Doktorvater, Dr. Joe Birdsell, Mut zu. Es freue ihn, schrieb er, daß ich freilebende Orang-Utans zu Gesicht bekomme.

Dann durchfuhr es mich siedendheiß. Die dritte Sendung bestand aus einem jüngst in einer Wissenschaftszeitschrift erschienenen ausführlichen Artikel über Orang-Utans, dem Louis Leakey eine kurze Mitteilung beigeheftet hatte. Verfaßt hatte den Artikel John MacKinnon, ein junger Brite, der anfänglich am Gombe Insekten untersucht und Ende der sechziger Jahre angefangen hatte, in Sabah, im Norden des malaysischen Borneo, für seine Doktorarbeit an der Universität Cambridge Orang-Utans zu beobachten. Leakey hatte mir vor meinem Aufbruch nach Indonesien davon erzählt, doch hatte MacKinnon damals seine Ergebnisse noch nicht veröffentlicht. Ich machte mich sofort über den Artikel her.

Er enthielt eine Fülle von Informationen. Zum ersten Mal wurde hier die Lebensweise wilder Orang-Utans beschrieben. Bis dahin war man ausschließlich auf Beobachtungen von Laien und unzusammenhängende Angaben angewiesen gewesen. MacKinnon war nicht nur ein unerschrockener Forscher, sondern auch ein gewissenhafter und aufmerksamer Beobachter. Sein Artikel fesselte mich; doch dann überkam mich tiefe Niedergeschlagenheit. Meine schlimmsten Befürchtungen bestätigten sich. In der gebirgigen Landschaft Nordborneos wanderten die Orang-Utans zwischen verschiedenen Gebieten; deshalb war es MacKinnon schwergefallen, Individuen zu unterscheiden.

Meine Absicht war es, Orang-Utans auf dieselbe Art zu beobachten wie Jane Goodall die Schimpansen und Dian Fossey die Berggorillas.

Ich wollte vollständige Lebensgeschichten einzelner Tiere zusammentragen. Das bedeutete, daß ich sie identifizieren und an mich gewöhnen mußte, was nur möglich war, wenn die Orang-Utans an Ort und Stelle blieben. Sofern MacKinnon mit seiner Vermutung recht hatte, daß Orangs Nomaden sind, wäre meine Untersuchung zu Ende, bevor sie richtig angefangen hatte, denn angesichts der unwegsamen Moorflächen und des weglosen dichten Waldes wäre es unmöglich, sie über Monate oder gar Jahre hinweg im Auge zu behalten. Sogar, wenn ich über unbegrenzte Mittel verfügt hätte und imstande gewesen wäre, einzelne Tiere mit Funksendern auszustatten, wäre es unmöglich gewesen, ihnen auf ihren Wanderungen mit einem Geländefahrzeug oder einem Leichtflugzeug zu folgen. Ich war wie gelähmt.

Zu dem Zeitpunkt, da ich den Artikel bekam, hatte ich schon seit zehn Tagen keinen einzigen wilden Orang-Utan mehr gesehen. Die Individuen, die ich kennengelernt hatte – Beth, Cara, Priscilla und Kehlsack – schienen verschwunden zu sein, und ich fragte mich, ob ich sie je wiedersehen würde. Vielleicht waren die Langrufe, die ich gedämpft aus der Ferne gehört hatte, Kehlsacks Abschiedsgrüße gewesen. Ich hoffte inständig, daß MacKinnon unrecht hatte, fürchtete aber insgeheim, daß er recht hatte. Schließlich hatte er eineinhalb Jahre lang Orang-Utans beobachtet, ich hingegen war noch keine sechs Monate in Tanjung Puting.

Am nächsten Tag zog ich, wie fast immer, allein in den Wald. Ich troff von Schweiß, die Haare klebten an Hals und Kopfhaut, ich atmete schwer und erstickte fast in der feuchten Luft. Nach einer Weile war ich so ausgelaugt, daß ich es kaum noch fertigbrachte, einen Fuß zu heben und vor den anderen zu setzen. Ich war völlig entmutigt. Fast war ich schon überzeugt, daß die Orang-Utans das Gebiet verlassen hatten und ich nie wieder einen zu Gesicht bekommen würde. Doch nicht einmal weinen konnte ich: Alle überschüssige Flüssigkeit meines Körpers verwandelte sich in Schweiß. Rod und ich sahen einander kaum noch, außer abends, wenn wir beide erschöpft waren. An jenem Abend beschlossen wir, uns einen freien Tag zu gönnen. Ich würde nicht nach Orang-Utans suchen und er keine Pfade anlegen, statt dessen würden wir gemeinsam auf einem Weg spazierengehen, den die Forstverwaltung der Provinz angelegt hatte, um die Grenzen des Schutzgebiets zu kennzeichnen.

Wir verließen Camp Wilkie kurz nach Morgengrauen und wanderten mehrere Stunden. Es war ein herrlicher Tag. Einmal am frühen Nachmittag stießen wir auf eine Dreiergruppe von Gibbons. Wir sahen sie nur wenige Sekunden lang, konnten aber ihre Warnrufe noch Minuten danach hören. Während sie unter dem Blätterdach verschwanden, dankte ich der Vorsehung, daß ich es nicht auf mich genommen hatte, Gibbons zu untersuchen.

Weit nach Mittag kehrten wir um. Schon hüllten die Schatten des späten Nachmittags den Wald ein, als mir unter einem Baum, der mitten auf dem Weg stand, frische Reste von Früchten auffielen. Leuchtend rot glänzten noch Safttropfen auf den grünen Schalen. Wir konnten uns nicht erinnern, diese Früchte am Vormittag an dieser Stelle auf dem Boden gesehen zu haben.

«Ich möchte wetten, daß der Orang-Utan noch ganz nah ist», sagte Rod. Wir richteten den Blick nach oben und sahen ein pelziges junges Weibchen. Es war ein richtiges Orang-Utan-Goldlöckchen.

Eilends machte sich die Äffin davon, hielt einige Bäume weiter inne und sah uns ungläubig an. Dann zog sie sich in einen *aru*-Baum hinauf. Im Unterschied zu den meisten Bäumen des tropischen Regenwalds von Borneo gehört der *aru* nicht zu den Blütenpflanzen, sondern wie unsere Kiefern und Tannen zu den Nacktsamern, die älter sind als Blütenpflanzen. Sie bedeckten die Erde schon zur Zeit der Dinosaurier.

Vermutlich hatte das Orang-Mädchen nicht zufällig einen *aru*-Baum erstiegen. Seine Äste lassen sich nämlich leicht abbrechen. Mit empörtem schnalzenden Quieken begann sie den Baum systematisch zu entästen und warf die Zweige schwungvoll hinunter. Als kaum noch Äste übrigblieben, machte sie ihrem Unmut mit langanhaltendem und leidenschaftlichem schnalzendem Quieken Luft, auf das laute Grunzen folgte.

Es wurde dunkel. Ich erklärte mich bereit, ins Camp zurückzukehren, Feuer zu machen und Wasser für Reis und Tee aufzusetzen. Rod wollte bleiben, bis der Orang sein Nest gebaut hatte.

Unterwegs entschied ich mich, dem Weibchen den Namen «Georgina» zu geben. Ich war überglücklich, auf einen Orang-Utan gestoßen zu sein, noch dazu auf ein Mädchen. Bei allen Weibchen, denen ich bisher gefolgt war, hatte es sich um Erwachsene gehandelt. Nie würde ich erfahren, wie alt sie waren, wie viele Kinder sie vor denen gehabt hatten, die sie jetzt begleiteten, und auch andere wichtige Einzelheiten würden mir verborgen bleiben. Es war, als hätte ich das Buch ihres Lebens in der Mitte aufgeschlagen. Aber Georgina war noch jung. Mit ihr bekam ich Gelegenheit, die Fortpflanzungsgeschichte eines freilebenden Orang-Utan-Weibchens von Anfang an mitzuerleben.

Georgina war ein herrliches Geschöpf. Man hätte glauben können, sie sei beim Friseur gewesen, denn ihr langes Haar war in der Mitte sauber gescheitelt. Es fiel zu beiden Seiten ihrer dicht bewimperten großen hellbraunen Augen herab, die das zarte Gesicht beherrschten, und rahmte es ein. Das Gesicht von Orang-Utans wird mit etwa fünfundzwanzig Jahren vollständig dunkel, wenn die letzten Spuren von Weiß auf den Augenlidern schwinden – was ich damals allerdings noch nicht wußte. Georginas Schnauze war dunkel, doch ihre Lider und ein kleiner Ring um die Augen waren noch hell, ein Hinweis auf ihre Jugend. Obwohl sie beinahe so groß wie eine Erwachsene war, erkannte ich an ihrem faltenlosen Gesicht, dem leuchtenden Schopf und dem munteren Wesen, daß sie noch eine Jugendliche war.

Georgina war nicht nur das erste junge Weibchen, das ich an mich gewöhnte, sondern auch der erste freilebende Orang-Utan, der mir gegenüber Neugier an den Tag legte. Schon bei unserer ersten Begegnung, als sie Äste eines *aru*-Baumes nach mir warf, hatte ich den Eindruck, die Sache mache ihr Spaß und sie wolle zeigen, wie gut sie sich auf die Fertigkeit der «Großen» verstand, Eindringlinge zu vertreiben. In den ersten Tagen, da ich ihr folgte, legte sie immer wieder Imponierverhalten an den Tag, schmiß Äste und produzierte schnalzende Quieklaute. Aber ich hatte das Gefühl, daß sie zumindest zum Teil schauspielerte. Weder wirkte sie mißtrauisch wie Beth noch draufgängerisch und aggressiv wie Cara. Auch war sie nicht leicht erregbar wie Priscilla, die mir im Lauf von zwölf Jahren immer wieder einmal wütende Imponiervorstellungen lieferte.

Bereits zu einem sehr frühen Zeitpunkt kam es in meiner Beziehung zu Georgina zu einem Vorfall, für den es in all den Jahren meiner Arbeit mit freilebenden Orang-Utans keine Entsprechung gegeben hat. Zwar war mir schon damals klar, daß es sich dabei um etwas ganz Besonderes handelte, nicht aber, daß es einzigartig war.

Mehrere Tage nachdem wir Georgina entdeckt hatten, war Rod mit mir gekommen, um Aufnahmen zu machen. Wir blieben schweigsam am Rande einer kleinen Lichtung stehen, wo Georgina still in den Bäumen saß. Rod hatte seine Kamera aufnahmebereit in der Hand.

Zu meinem Erstaunen stieg sie sofort aus dem Blätterdach herab, bis sie nur noch einen oder eineinhalb Meter über dem Erdboden war, ihren Kopf also auf etwa gleicher Höhe hatte wie wir. Sie hielt sich mit beiden Händen am Baum fest und sah unverwandt zu uns her. Ich stand starr vor Staunen und wagte kaum zu atmen. Sie war nur etwa zwei bis zweieinhalb Meter entfernt. Nach so vielen Monaten, in denen ich versucht hatte, freilebende Orang-Utans richtig deutlich zu sehen, war mein Wunsch nun in Erfüllung gegangen, weil das Tier seine menschlichen Beobachter sehen wollte.

Georgina regte sich nicht, sah nur zu uns her, als wollte sie verstehen, wer oder was wir waren. Ich kann mich nicht erinnern, ob es eine oder fünf Minuten dauerte. Ihrem Blick ließ sich nichts entnehmen: weder Feindseligkeit noch eine andere Empfindung. Dann kletterte sie mit einem Mal zurück unter das Blätterdach, ohne sich noch einmal nach uns umzusehen. Eine halbe Minute bevor sie den Rückweg antrat, machte Rod eine Aufnahme. Der Verschluß klickte so laut, daß es mir fast wie ein Sakrileg vorkam.

Nie wieder hat sich ein freilebender Orang-Utan so verhalten. Häufig haben mich die Tiere ein, zwei Minuten oder länger angesehen, doch sobald sie gemerkt hatten, daß ich für sie weder eine Gefahr noch eine Störung bedeutete, verloren sie jegliches Interesse an mir. Inzwischen schätze ich Georginas gründliche Inaugenscheinnahme als Ausdruck des freundlichen und neugierigen Wesens ein, das für heranwachsende Orang-Utans kennzeichnend ist.

Wie Halbwüchsige, die ins Auto steigen und in der Überzeugung, unverwundbar und unsterblich zu sein, mit überhöhter Geschwindigkeit über die Autobahn preschen, schlug Georgina alle Besonnenheit in den Wind, als sie aus dem Blätterdach herabkam, um uns näher zu betrachten. Hätte sie es mit Dajak-Jägern statt mit uns zu tun gehabt, wäre es ihr Tod gewesen.

Mein erster Eindruck von Georgina als einem jungen, freundlichen und munteren Wesen bestätigte sich in den darauffolgenden Tagen. Noch nicht von Kindern belastet, schien sie das sorgenfreie Leben zu führen, das man sich von jungen Mädchen im Paradies vorstellen könnte. Georgina fühlte sich in Gesellschaft von ihresgleichen wohl, insbesondere, wenn es heranwachsende Orang-Utans wie sie selbst waren. Sie hatte häufiger Kontakte mit Artgenossen, verbrachte mehr Zeit mit ihnen und trat mit ihnen in eine weit unmittelbarere Beziehung als jedes ausgewachsene Weibchen, dem ich gefolgt war. Wenn diese miteinander umherzogen, geschah das sozusagen im Gänsemarsch, wobei sie darauf achteten, daß ein bestimmter Abstand zwischen ihnen eingehalten wurde. Die Art, wie sie miteinander umgingen, war von einer gewissen Förmlichkeit, und bisweilen lag darin eine durchaus erkennbare Spannung. Zu Berührungen zwischen ihnen kam es nahezu ausschließlich dann, wenn sie miteinander kämpften. Im Vergleich zu ihnen schienen Georgina und ihre Freunde locker und gelöst. Zwar kam es vor, daß sie sich stritten, doch schienen sie keine Angst voreinander zu haben. Georgina zog nicht nur mit halbwüchsigen und ausgewachsenen Männchen, sondern auch mit heranwachsenden Weibchen umher, vor allem mit den dreien, denen ich die Namen «Fern», «Maud» und «Evonne» gegeben hatte. Da sie sich aber von ausgewachsenen Weibchen tunlichst fernzuhalten schien, ließ sich unmöglich sagen, welches der Weibchen in unserem Gebiet ihre Mutter war, sofern es überhaupt eine davon war.

Am zweiten Tag, an dem ich Georgina folgte, war sie mit einem großen Backenwulst-Männchen zusammen, dem ich wegen seines auffallenden Barts den Namen «Der Bärtige»[1] gab. (Wie beim Menschen sind auch beim Orang-Utan Bartwuchs und Kahlheit ein Merkmal des männlichen Geschlechts.) Als das Männchen erschien, aß Georgina gerade *kubing*-Früchte. Der *kubing*-Baum gehört zur Familie der Feigengewächse und sondert einen sirupähnlichen weißen Saft ab, wenn man in seine Äste schneidet, eine Art Latex. Auch die Fruchtschalen schienen diesen klebrigen Saft zu enthalten. Georgina pflückte Früchte, die sie aber nicht gleich aß, sondern mit der Hand vom Stiel abzog und mit der Öffnung nach unten hielt, als wollte sie zuerst die Flüssigkeit herauslaufen lassen. Später sah ich, wie ein weiteres Weibchen vier Früchte nahm, sie entstielte und auf einen Ast legte. Nach mehreren Minuten ging sie dann gemächlich daran, die leergelaufenen Früchte eine nach der anderen zu verzehren.

Der Bärtige stieg auf den *kubing*-Baum, starrte mich an, ohne Unmutslaute von sich zu geben, setzte sich dann und fraß. Anfangs

---

[1] Im Original «Bearded»

schien Georgina keine Kenntnis von dem großen Männchen zu nehmen, schob sich aber dann unmerklich Zentimeter für Zentimeter an ihn heran und legte ihren Mund an seinen, bevor sie aufmerksam auf den Inhalt seiner Hand daneben sah. Der Bärtige fuhr fort zu kauen, als wäre sie Luft. Etwa eine halbe Minute später entfernte sie sich, setzte sich und fraß weiter.

Das Bild des heranwachsenden Weibchens, das seine Schnauze an die des Backenwulst-Männchens gedrückt hatte, ging mir nicht aus dem Kopf. Obwohl es mir damals nicht klar war, hatte sie wahrscheinlich ihr Interesse an ihm und nicht etwa an dem bekundet, was er fraß. Auf der Ebene des Menschen würde man sagen, sie hatte mit ihm geflirtet, und wie ein Schulmädchen, das einen Rockstar anhimmelt, hatte sie nichts damit erreicht.

Am nächsten Morgen war der Bärtige verschwunden, doch begegnete Georgina einem weiteren ausgewachsenen Männchen. Es war ein Koloß und hatte ungewöhnlich große Backenwülste, die wie eine Kuppel über seiner Stirn aneinanderzustoßen schienen. Im Unterschied zum Bärtigen gab er bei meinem Anblick wütend schnalzende Quieklaute von sich, wobei er mit einem Fuß und beiden Händen Äste abbrach und sie auf mich warf. Als nächstes stieß er einen Langruf aus, überlegte es sich dann aber, wie es schien, anders. Gähnend zog er die Lippen zurück. Danach begann er knapp zehn Meter von Georgina entfernt auf einem Ast auf und ab zu hüpfen und entfernte sich schließlich nach über einer halben Stunde. Wäre Georgina älter gewesen, hätte sie die Flucht ergriffen. So aber schien sie sein feindseliges Imponieren vollkommen zu ignorieren und blieb in seiner Nähe – ein Hinweis darauf, daß sie ihn beachtenswert fand. Nach seinem Weggang zog sie in die entgegengesetzte Richtung davon und verbrachte den Rest des Tages wie auch den nächsten allein.

Früh am folgenden Morgen begegnete sie dem ausgewachsenen Weibchen, dem ich den Namen «Fran» gegeben hatte. «Fran» hatte den Säugling «Freddy» und ihre heranwachsende Tochter Fern bei sich. Freddy klammerte sich an die Seite der Mutter, und Fern ritt auf ihrem Rücken. Es war das erste und einzige Mal, daß ich gesehen habe, wie ein freilebender Orang-Utan zwei Kinder gleichzeitig trug. Viel später wurde ich Zeugin, wie sich die arme, überlastete Akmad bemühte, ihren eigenen Säugling Arnold und das von ihr adoptierte, schon recht große, vier Jahre alte weibliche Jungtier Carey zu tragen. Als ich sah,

B. Galdikas, ihr Mentor Louis Leakey und ihr damaliger Mann, Rod Brindamour

B. Galdikas, Dian Fossey und Jane Goodall

◁ B. Galdikas' zweijähriger Sohn Binti mit Akmad (rechts) und Siswoyo (links)

wie Fran außer Fern auch noch Freddy mit sich herumtrug, wußte ich noch nicht, wie ungewöhnlich dieses Verhalten war.

Freddy war so winzig und im Vergleich zur Mutter und zur älteren Schwester von so heller Farbe, daß ich annahm, sie sei wohl erst einen oder zwei Monate alt. Die Art, wie sich der Säugling an die Seite der Mutter klammerte, als wäre er dort festgeklebt, lieferte einen weiteren Hinweis auf sein junges Alter. Etwas ältere Kinder ändern häufig ihre Stellung auf dem Körper der Mutter und lösen dabei den Klammergriff. Mit ihren weit offenen Augen sah Freddy starr in die Welt, als hätte man unmittelbar vor ihrem Gesicht gerade ein Blitzlicht gezündet.

Langsam zog Fran mit Freddy und Fern an Georgina vorbei, wobei sie laute Unmutsäußerungen von sich gab und Äste warf. Offensichtlich paßte ihr unsere Gegenwart nicht. Rod folgte dem laut schimpfenden Trio, ich hingegen blieb bei Georgina. Diese beeilte sich, Fran aus dem Weg zu gehen, und kletterte in einen Baum voller Früchte.

Fünf Minuten später tauchte in dem Baum, in dem Georgina friedlich fraß, ein Männchen auf, deutlich größer und massiger als sie, obwohl es noch nicht vollständig ausgewachsen war. Ich nannte ihn den «Bärtigen ohne Backenwülste» (abgekürzt «BOB»)[1]. Er spähte in die Richtung, aus der man nach wie vor den Lärm hören konnte, den Fran und ihre Sprößlinge verursachten. Dann näherte er sich Georgina und setzte sich unmittelbar neben sie. Sie nahm keine Kenntnis von ihm. BOB ergriff sie grob an beiden Beinen und hob ihr Hinterteil hoch, das er mit großem Interesse zu beschnüffeln begann. Georgina, die sich mit den Armen an einen Ast klammerte, kreischte laut auf und gab dann wimmernde Klagelaute von sich, ähnlich wie Sugito, wenn ich ihn strafend ansah, nachdem er etwas demoliert hatte. BOB gab sie wie beiläufig frei, verließ den Baum und verschwand im Blattwerk.

Erstaunt, daß er sie so ohne weiteres losließ, nahm ich an, damit sei die Sache beendet. In Wirklichkeit aber hatte sie gerade erst angefangen. Minuten später kam BOB wie durch Zauberei erneut zum Vorschein. Er zeigte sich sehr gleichmütig, sah mich zwar an, machte sich aber nicht die Mühe, mir zu imponieren. Größeres Kopfzerbrechen als meine Anwesenheit schienen ihm die lauten Geräusche von Fran und ihren Kindern zu bereiten, die immer noch hörbar waren, obwohl sie

---

[1] Im Original «Bearded Without Cheekpads» (BWC)

sich inzwischen über hundert Meter entfernt befanden. Immer wieder sah er in ihre Richtung, als frage er sich, was dort vorging.

BOB und Georgina begannen miteinander umherzuziehen und in denselben Bäumen zu fressen. Die Anwesenheit des fast ausgewachsenen Männchens schien Georgina zu beruhigen. Gewiß, sie hatte ihn als Sexualpartner zurückgewiesen, nicht aber als Freund. Seine Gegenwart schien ihr zuzusagen.

Es war Mittag. Die Sonne, die nicht durch das Blättergewirr bis zum Waldboden durchdrang, stand unmittelbar über uns, es mußte also unter dem Blätterdach sehr warm sein. Unten, wo ich auf einem Baumstamm saß, tummelten sich lästige Fliegen auf dem schweißnassen Rücken meines Hemds. Wie immer an solchen drückend heißen Nachmittagen war die Stille des Walds überwältigend. Unterbrochen wurde sie lediglich durch das An- und Abschwellen des Gesangs der Zikaden, der sich in Wellen durch den Wald fortpflanzte.

Georgina brach sechs oder sieben Äste und bog sie zu einem Tagesnest zurecht. Sie stieg hinein, saß eine oder zwei Minuten lang aufrecht darin und legte sich dann vorsichtig hin, als traue sie dem Nest nicht so recht. Während sie sich mit einem Arm an einem Ast über ihr festhielt, lag sie reglos nahezu eine Stunde lang im Nest, was fast mit Gewißheit bedeutete, daß sie schlief. BOB saß still auf einem Ast über ihr und machte von Zeit zu Zeit eine Bewegung; vermutlich verscheuchte er Fliegen.

Mit einem Mal stieg er zu Georgina hinab, als hätte er etwas gerochen. Er legte zuerst die Hände und dann den Kopf in ihr Nest. Sie klagte und machte Anstalten, hinauszukrabbeln. Doch BOB zog sich auf einen zweieinhalb Meter entfernten Ast zurück, wo er sich mit dem Rücken zu ihr hinsetzte und wie zufällig etwas fraß. Georgina legte sich wieder ins Nest. Eine Viertelstunde später stieg BOB im selben Baum höher und blieb ganz still sitzen, wie um sich ebenfalls auszuruhen. Die Sonne brannte sehr heiß herab; es war völlig windstill.

Insgesamt ruhte sich Georgina eineinhalb Stunden lang aus. Wie sich später zeigte, war das für sie kennzeichnend. Sie gehörte zu den wenigen Weibchen, die nahezu immer ihr Nest bei Morgengrauen verließen, am Spätnachmittag Siesta hielten, bis zum Anbruch der Abenddämmerung Futter suchten und häufig erst nach Einbruch der Dunkelheit ein Schlafnest bauten.

Nach ihrer Siesta setzte sie sich hoch auf einem Baum in die Sonne.

BOB näherte sich, faßte nach ihr, berührte mit der Hand sanft ihr Gesicht. Sie klagte, blieb aber sitzen. BOB ließ die Hand sinken, kletterte auf einen Ast weiter unten im Baum und tat sich an *salak*-Früchten gütlich. Es begann zu regnen, doch Georgina und BOB setzten ihre Mahlzeit an gegenüberliegenden Seiten des Baums fort. Der Regen wurde heftiger und hörte nach einer Weile auf. Doch von den Bäumen tropfte es weiter. Nach einem Regenguß bleiben winzige Wasserpfützen auf den Blättern liegen. Die kleinste Bewegung oder ein leiser Windhauch löst eine Art Nach-Regen aus, der Stunden dauern kann. Ich hörte Donner in der Ferne, sah aber keine Blitze.

Georgina und Bob achteten nicht auf das Wetter. Inzwischen wußte ich, daß Nahrungsaufnahme bei Orang-Utans an erster Stelle steht. Bis zu acht Stunden am Tag verbringen sie mit Pflücken, Sortieren, Öffnen, Zerlegen, Knacken, Zerkauen und Verzehren. Georgina und BOB führten mir auf anschaulichste Weise Orang-Lebensmittelverarbeitung vor, als sie sich an die kleinen *salak*-Früchte machten. Diese enthalten zwei feste Samenkörner, die in wenig orangefarbenes Fruchtfleisch eingebettet sind. Ich fand es ein wenig zu sauer, aber das mochte daran liegen, daß ich von den Orang-Utans fortgeworfene Reste vom Waldboden aufgehoben hatte, um zu probieren, was sie da fraßen.

Um an das Fruchtfleisch zu gelangen, mußten die Orang-Utans an den mikroskopisch kleinen Stacheln vorbei ins Innere vordringen, die scharf wie Glassplitter sind. Dazu bedienten sie sich verschiedener Methoden. Sie pflückten eine Anzahl Früchte, schlugen sie, sobald sie eine gewisse Menge davon in einer Hand hatten, mit der Handfläche auf die andere Hand und zerrieben sie heftig. Ein zweites Verfahren bestand darin, daß sie eine Handvoll Früchte kräftig auf einem kleinen Ast drückten und rollten. Einer der Äste, auf denen Georgina die Früchte bearbeitet hatte, sah richtig abgewetzt aus.

Als ich schließlich versuchte, die Früchte eigenhändig zu öffnen, schrie ich vor Schmerzen auf. Da meine Haut nicht annähernd so dick ist wie die der Orang-Utans, hatte ich mir die Stacheln in die Hand geschlagen. Rasch lernte ich, mich nicht unmittelbar unter die *salak*-Bäume zu setzen, wenn Orang-Utans darin fraßen, denn der unsichtbare Regen der winzigen Stacheln läßt die Haut noch tagelang brennen und jucken.

Nachdem BOB mehrere Stunden lang *salak*-Früchte verzehrt hatte, baute er eilends ein Nest und legte sich hinein. Wenige Minuten später stand er wieder auf und ging über einen langen Ast auf Georgina zu, wobei ein leises Knurren aus seiner Kehle drang. Sie begann zu wimmern. Diesmal legte ihr BOB, ohne auf ihre Abwehr zu achten, die Beine um den Leib. Georgina versuchte, ihn von sich zu drücken, er aber schob ihre Hände beiseite und versuchte sie immer wieder mit den Beinen in die richtige Lage zu bringen. Sie fuhr fort zu wimmern und strengte sich weiter an, ihn fortzuschieben. Dies Hin und Her dauerte etwa fünf Minuten.

BOB bewegte sich gemächlich, zielbewußt und ohne Aggressivität. Er erweckte den Eindruck, beliebig viel Zeit zu haben. Schließlich wandte sich Georgina jaulend und Zweige brechend ab. Er hielt sie an den Beinen fest und rückte sich unter ihr zurecht, zog und schob ihren Körper hin und her, bis sie ihm wieder bis zur Hüfte zugekehrt war. Doch immer wieder wandte sie sich von ihm ab, verweigerte sich ihm. Nachdem es ihm schließlich doch gelungen war, in sie einzudringen, bewegte er sich etwa eine Minute lang rhythmisch vor und zurück. Abermals entwand sie sich ihm.

Offensichtlich gab er jetzt auf, denn er zog mehrere Bäume weiter, baute ein Schlafnest und legte sich schlafen. Verdutzt sah ich, daß Georgina einen Baum in der Nähe des seinen aufsuchte, statt zu fliehen. Sie richtete sich dort für die Nacht ein, wobei sie zwei zueinander hin gebogene Bäume als Bestandteile ihres Nests verwendete.

Die Beziehung zwischen Georgina und BOB öffnete mir die Augen. Mit Priscilla und Kehlsack als Maßstab hatte ich angenommen, es komme zur Begattung, wenn zwei erwachsene Tiere über längere Zeit ein Paar bilden. Priscilla und Kehlsack verbrachten jeweils mehrere Tage miteinander, trennten sich, wenn Priscilla keine Lust mehr hatte, und nahmen ihr Verhältnis einen Monat später wieder auf. Bei Georgina und BOB sah die sexuelle Beziehung offensichtlich anders aus. Er hatte sich gegen ihren Willen mit ihr gepaart, sie aber im Unterschied zu Kehlsack weder zu beschützen noch für sich mit Beschlag zu belegen versucht. Tatsächlich war er am Tag danach verschwunden.

Das Ganze erinnerte an die Beziehung zwischen Teenagern, die sich für eine Weile miteinander einlassen. Wie bei diesen hatten Georgina und BOB offensichtlich unterschiedliche Vorstellungen. Es gefiel ihr, daß er sich für sie interessierte, und ihr lag an seiner Freundschaft, darüber hinaus aber wollte sie nicht gehen. Die Freundschaft war BOB zwar auch recht, aber letzten Endes wollte er «das eine». Ihre letzte

Begegnung hatte Ähnlichkeit mit der bekannten Szene, in der das junge Mädchen fleht: «Bitte nicht» und der junge Mann sie mit den Worten bedrängt: «Ach, komm schon, stell dich nicht so an.» So betrachtet, hatte BOB die Situation ausgenutzt wie ein Junge, der sich bei einer Verabredung von dem Mädchen mit Gewalt holt, was er haben will. Ich möchte dieses unter jungen Leuten weitverbreitete Verhalten in keiner Weise verharmlosen, da ich von Freunden und Bekannten weiß, was für traumatische Folgen es haben kann. Außerdem haben geschlechtliche Beziehungen beim Orang-Utan, wie es scheint, nicht den gleichen Stellenwert wie beim Menschen. Wir betrachten sie durch die Brille unserer Kultur und Moral, für ihn hingegen liegen sie auf derselben Ebene wie die Nahrungsaufnahme. Zwar behagt einem heranwachsenden Orang-Utan-Weibchen eine erzwungene Paarung nicht, doch leidet sie im Anschluß daran weder unter Schuldgefühlen noch zerfleischt sie sich mit Selbstvorwürfen. Ganz offensichtlich hegte Georgina keinen Groll gegen BOB. Gleichwohl schienen die beiden jungen Tiere im Unterschied zu ihren ausgewachsenen Artgenossen Priscilla und Kehlsack ihrer Sache alles andere als sicher zu sein. Allem Anschein nach kennen heranwachsende Orangs dieselbe innere Unsicherheit wie junge Menschen.

Nicht nur «ging» Georgina mit männlichen Orangs ihres Alters, sie zog auch mit anderen weiblichen Jungtieren umher. Diese Beziehungen gründeten sich offenkundig auf Freundschaft, wenn auch auf Freundschaft nach Orang-Utan-Maßstäben. Ein Uneingeweihter hätte in Georginas Beziehung zu anderen jungen Weibchen möglicherweise nichts Besonderes gesehen, doch von ihrem Standpunkt aus handelte es sich um Freundinnen.

Früh am nächsten Morgen traf Georgina die halbwüchsige Fern, der sie einige Tage zuvor mit deren Mutter Fran begegnet war. Diesmal war Fran nirgendwo zu sehen. Fern war viel kleiner und wahrscheinlich drei oder vier Jahre jünger als Georgina. Ihr Gesicht – sowohl die Schnauze wie auch die Haut um die Augen – war noch von weißlichem Rosa.

Die beiden heranwachsenden Weibchen zogen miteinander umher und ernährten sich vorwiegend von *salak*-Früchten. Auch den folgenden Tag verbrachten sie gemeinsam und streiften in jugendlicher Unbekümmertheit durch den Wald. Sie schwangen sich von Baum zu Baum, rannten, statt zu gehen, kletterten und ließen sich wieder fallen;

ihr ganzes Verhalten war spielerischer und weniger zielgerichtet als das älterer Weibchen.

Am Nachmittag stieß ein ausgelassener Orang-Utan-Jüngling zu ihnen, der jünger war als BOB. Die drei verbrachten den Rest des Tages zusammen; sie fraßen, bis es pechschwarze Nacht war, hielten sich aber im Unterschied zu den gesetzteren Erwachsenen nie länger in einem bestimmten Baum auf. Ich konnte nicht sehen, daß sie Nester bauten, hörte allerdings das Geräusch brechender Äste.

Am nächsten Morgen war der Jüngling verschwunden. Georgina schien allein zu sein, stieß aber um die Mitte des Vormittags wieder auf Fern. An den zwei folgenden Tagen zogen sie miteinander umher. Am zweiten Tag lauste Georgina die andere kurz, indem sie ihr mit der Hand durch die Rückenbehaarung fuhr. Nie habe ich gesehen, daß zwei freilebende erwachsene Weibchen einander auf diese Weise gepflegt hätten, ganz gleich, wie eng die freundschaftliche Bindung zwischen ihnen zu sein schien. Georgina näherte sich Fern mehrfach, während diese Lianenstengel fraß, und legte den Mund an ihren, als bettle sie um Nahrung. Das hatte sie schon bei dem Bärtigen getan. Ich nahm an, daß es sich um eine Geste der Freundschaft handelte.

Während Georgina und Fern hoch oben in einem ungewöhnlich hohen Baum friedlich fraßen, tauchte weiter unten ein großes, fast ausgewachsenes Männchen auf, dessen breites Gesicht von einem Bart umrahmt wurde. Seine Absichten waren eindeutig. Er kletterte zu Georgina hoch, zog sie an den Beinen und drehte sie so, daß sie einander das Gesicht zuwandten. Aufjaulend schlug sie seine Hände beiseite. Einige Sekunden lang sah es aus wie ein Spiel. Fern kam näher, als wolle sie in Erfahrung bringen, was geschah, entleerte ihren Darm, verließ rasch den Baum und sah aus der Entfernung zu.

Das große Männchen paarte sich über vier Minuten lang mit Georgina, bis sie sich ihm entwand. Fern floh noch weiter fort. Zwar war Georgina älter und damit vermutlich begehrenswerter, doch wollte Fern es wohl gar nicht erst darauf ankommen lassen.

Das massige, untersetzte Männchen mit gewaltigen Überaugenwülsten und einem langen Bart war fast so groß wie ein vollständig ausgewachsenes Tier, hatte aber noch keine Backenwülste. Wegen seines furchterregenden Aussehens nannte ich ihn «das Biest»[1]

---

[1] Im Original «The Beast»

(schließlich war Georgina «die Schöne»). Fern sah ich an jenem Abend ein Nest bauen, aber das Biest und Georgina labten sich noch bei Einbruch der Dunkelheit an *salak*-Früchten. Am nächsten Morgen waren beide verschwunden, ob allein oder gemeinsam, weiß ich nicht. Ich folgte Fern, die an den beiden nächsten Tagen allein umherzog. Dann verlor ich auch sie aus den Augen.

Ein Verhaltensmuster schälte sich heraus. Georgina hatte sich dem Bärtigen genähert, einem Backenwulst-Männchen, und dem Imponierverhalten eines draufgängerischen weiteren ausgewachsenen Männchens ruhig zugesehen. Offensichtlich fühlte sie sich von ihnen angezogen. Die Backenwulst-Männchen aber ließen die junge Georgina links liegen, wogegen jüngere Männchen ihre Nähe suchten. Immerhin hatten zwei sie zur Kopulation gezwungen. Ein ähnliches Muster erkannte ich, als ich einige Monate später in einem anderen Teil des Untersuchungsgebiets einem weiteren halbwüchsigen Weibchen folgte.

«Lolita», wie ich sie nannte, war ungewöhnlich klein für ihr Alter. Sie hatte deutlich vorspringende Überaugenwülste und einen ausgeprägten Kehlsack. Ihre Behaarung erinnerte an einen Bürstenhaarschnitt, und ihre Lippen waren weiß. Meinen Menschenaugen erschien Lolita weit weniger verlockend als Georgina, aber schließlich war ich keine Kennerin von Orang-Utan-Schönheit. Nach der Zahl der Männchen zu urteilen, die um sie buhlten, muß von ihr ein ungeheurer Sex-Appeal ausgegangen sein. Vielleicht hatte das mehr mit ihrer Lebhaftigkeit und Dreistigkeit zu tun als mit ihrem Aussehen.

Nahezu jedes Mal, wenn ich die muntere und lebendige Lolita sah, wurde sie von mindestens einem, manchmal zwei oder drei fast ausgewachsenen Männchen begleitet. Ihr schien es zu gefallen, daß sie so umschwärmt wurde, doch muß man vom Standpunkt des Menschen aus sagen, daß sie all diese Männchen an der Nase herumführte. Sie ermunterte sie, ihr zu folgen, wies dann aber alle Avancen zurück und gab sich spröde. Statt dessen warf sie sich einem Backenwulst-Männchen namens «Finger»[1] an den Hals, dem sie bestenfalls gleichgültig zu sein schien. Seinen Namen verdankte er der auffälligen Tatsache, daß einer seiner Finger verkürzt war – wahrscheinlich Folge eines Kampfes

---

[1] Im Original «Fingers»

mit einem Rivalen. Majestätisch und würdevoll sah Finger mit den ausgeprägten Backenwülsten und dem langen Spitzbart fast wohlwollend auf mich herab und imponierte nur selten. Lolita gegenüber legte er eine ähnlich überlegene Haltung an den Tag. Ich begriff, daß Lolita hinter ihm her war und nicht etwa umgekehrt. Obwohl er nicht gerade entflammt war, ließ er sich darauf ein.

An den drei Tagen, die ich die beiden beobachtete, war unübersehbar, daß sie sich große Mühe gab, Finger zu verführen. Sobald er seinen Langruf ausstieß (solche Rufe gehen bisweilen einer Paarung voraus), eilte sie zu ihm, lauste ihn sorgsam mit Fingern und Lippen an Rücken und Arm, legte ihm den Arm um den Nacken und klammerte sich an ihn. Sie schaukelte aufreizend vor ihm hin und her, das Hinterteil nur Zentimeter von seinem Gesicht entfernt. Einmal stieg sie über ihn, packte ihn mit dem Fuß am Backenwulst und zog sein Gesicht fest zwischen ihre Beine. Dann, um sicherzugehen, daß er verstand, was sie wollte, nahm sie seine Hand in ihre und legte sie unmittelbar auf ihr Geschlechtsteil. Doch selbst diese Verlockung ließ Finger ungerührt.

Mehrere Stunden später aber reagierte das Männchen schließlich. Als er anfing, grollende Laute von sich zu geben, kletterte Lolita sofort unter ihn, und sie paarten sich volle vier Minuten lang. Die Paarung schien Finger vollständig in Anspruch zu nehmen, regelmäßig wie der Kolben einer Maschine stieß er sein Glied in sie. Die Augen hatte er zum Himmel gedreht. Lolita lag auf dem Rücken und spielte mit einem Zweig. Wäre sie eine Frau gewesen, hätte ich den Ausdruck auf ihrem Gesicht als Selbstzufriedenheit gedeutet. Doch ihr Triumph war nur von kurzer Dauer. Am nächsten Tag setzte sich Finger auf einen Ast zur inzwischen hochträchtigen Cara und fraß mit ihr gemeinsam. Lolita beachtete er nicht im mindesten.

Zuerst war ich verwirrt. Ich hatte gesehen, wie sich Kehlsack, ein Backenwulst-Männchen in der Blüte seiner Jahre, nach der schon ältlichen, schwächlich aussehenden Priscilla verzehrte, die allmählich kahl zu werden begann. Jetzt machte Lolita, ein junges und gut entwickeltes Geschöpf, einem älteren Männchen, das sich gebärdete, als sei eine Paarung das letzte, wonach ihm der Sinn stand, in schon zudringlich zu nennender Weise den Hof. Die sie umwerbenden jüngeren Männchen hingegen verschmähte sie. Mir wurde klar, daß ich in den Kategorien der westlichen Kultur dachte, in der Jugend und

Schönheit einen hohen Stellenwert haben. Aus der Beobachtung verschiedener Orang-Utans ergab sich schließlich ein Gesamtbild.

Weibliche Orang-Utans aller Altersstufen fühlen sich von ausgewachsenen Backenwulst-Männchen angezogen. Diese beweisen ihre Männlichkeit (oder Körperkraft) damit, daß sie jüngere Männchen verjagen und gegen andere Backenwulst-Männchen kämpfen, wie beispielsweise Kehlsack zur Zeit seines Zusammenseins mit Priscilla. Diese älteren Männchen wiederum fühlen sich von ausgewachsenen Weibchen angezogen, insbesondere solchen, die mit der Aufzucht mindestens eines jungen gesunden Kindes schon ihre Fähigkeit zur Mutterschaft bewiesen haben. Orang-Utan-Weibchen beginnen in der Pubertät mit der Suche nach dem richtigen Partner. Im Laufe der Jahre entdeckte ich, daß es im Leben eines jeden Orang-Utan-Weibchens einen Backenwulst-Träger gibt. Da junge wie alte Weibchen unreife Männchen zurückweisen, bleibt diesen nichts anderes übrig, als eine Paarung zu erzwingen. Der Zweck all dieses Treibens ist naturgemäß die Fortpflanzung. Doch ist denkbar, daß die bei den Orang-Utans anzutreffenden Paarungsmuster auch anderen Zwecken dienen. Meine Beobachtungen der beiden jugendlichen Weibchen und ihrer Bewunderer, von Priscilla und Kehlsack einerseits und der trächtigen Cara und ihrer zahlreichen Verehrer andererseits, zeigten, daß Sexualität eine wichtige Rolle für den Zusammenhalt spielt.

Von allen freilebenden Orang-Utans, denen ich eine Woche oder länger gefolgt bin, entfernte sich kaum ein Tier weiter von Camp Wilkie und Camp Dart als Georgina. Daher, aber auch, weil sie ihr Nest gewöhnlich bei Morgengrauen verließ und bis nach Einbruch der Dunkelheit aufblieb, war es schwer, sie zu finden und ihr zu folgen. Nach der ersten Beobachtungsperiode, die volle zehn Tage dauerte, sah ich sie nicht mehr oft. Meist zog sie dann mit anderen heranwachsenden Weibchen umher. Eines Tages tauchte der wie ein Panzer gebaute Backenwülster «Ralph» auf, während ich Georgina, Fern und Maud beobachtete. Ralph war ein Neuankömmling und gehörte zu der Art Orang-Utan-Männchen, bei deren Anblick man unwillkürlich zittert, so stark und riesig sind sie. Während die drei jungen Weibchen im selben Baum wie er nach Futter suchten, setzte sich Georgina dicht neben ihn auf denselben Ast. Mir fiel auf, daß ihre Geschlechtsteile angeschwollen waren, ein sicherer Hinweis darauf, daß sie trächtig war.

Die Ungezwungenheit, mit der sie sich in der Nähe des Riesen bewegte, legte den Gedanken nahe, daß sie ihn gut kannte. Vielleicht war er der Vater ihres ungeborenen Kindes.

Obwohl Georgina bald Mutter werden sollte, blieb sie für mich in ihrer Lieblichkeit, Neugier und Freundlichkeit das heranwachsende Weibchen schlechthin. Erste Eindrücke verblassen nicht so schnell. Immer wenn ich an ein junges Orang-Weibchen denke, fällt mir Georgina ein, wie sie damals war.

Sie war ausgesprochen gesellig. Das ging so weit, daß sie sich sogar für ihre menschlichen Beobachter interessierte. In ihrem Verhalten und Tun unterschied sich Georgina deutlich von Beth, Cara und Priscilla. Da sie weder der Wachsamkeit einer Mutter unterstand noch die Verantwortung für eigene Kinder tragen mußte, konnte sie sich den Tag einteilen, wie sie wollte. Sie war so verspielt und experimentierfreudig, wie ich es bei einem erwachsenen Weibchen noch nie gesehen hatte. Zum Teil mochte dieses Verhalten auf ihre Wesensart zurückgehen, vieles hingegen hatte mit ihrem Lebensalter zu tun. Sie lotete ihre Möglichkeiten aus, etablierte ein eigenes Revier und war ganz allgemein daran, ihr Leben einzurichten.

Zu den wichtigen und entscheidenden Merkmalen einer Orang-Jugend gehört die «Freundschaft». Auch wenn sie nicht wie junge Menschen Gruppen und Cliquen bilden, so durchleben Orang-Halbwüchsige doch eine Zeit, in der sie mit Gleichaltrigen umherstreifen. Die vier Tage, die Georgina mit Fern zubrachte, zeigten mir, daß Orang-Utans nicht in einem gesellschaftlichen Vakuum leben. Das gilt vor allem für Weibchen. Georginas Wissen davon, wer die anderen waren und wie sie sich vermutlich verhielten, dürfte ebenso komplex gewesen sein wie bei einem Schimpansen oder Gorilla, wenn nicht gar bei einem Menschen.

Bis dahin war ich noch keinem Orang-Utan länger gefolgt als Georgina. Begegnet war ich ihr in einer Zeit, da ich befürchtete, daß die Skeptiker mit ihrer Aussage recht hatten, die ungesellig lebenden Orang-Utans ließen sich schwer aufspüren und es sei unmöglich, sie zu beobachten. Georgina gab mir Auftrieb. Auch wenn es richtig sein mochte, daß Orangs nicht seßhaft waren, wie John MacKinnon geschlossen hatte, bewies Georginas Anwesenheit, daß manche im Untersuchungsgebiet blieben. Mit ihrem Netz aus Kontakten und Begegnungen überzeugte sie mich, daß eine langfristige Untersuchung freilebender Orang-Utans möglich – und nötig – war. Offenkundig verhalten sich Orang-Utans zu verschiedenen Zeiten ihres Lebens unterschiedlich. Es gab Wochen, in denen ich keinen einzigen Orang-Utan aufspüren konnte. An manchen Tagen verschwanden Individuen, die ich seit Jahren kannte, andere wuchsen heran und zogen fort. Aber die Untersuchung ging weiter. Während sich die halbwüchsige Georgina zu voller Reife entwickelte, wartete sie mit weiteren Überraschungen auf.

11 Kommen und Gehen

Über den Fluß und in die Wälder.
Ernest Hemingway

Abwesenheit und Tod sind dasselbe...
Walter S. Landor

Auf zwei Grad südlicher Breite schwankt die Länge des Tages im Jahresverlauf um nicht einmal zwanzig Minuten. Die Morgendämmerung setzt um sechs Uhr ein. Die Schwärze des Himmels verwandelt sich in ein helles Blau, die grauen Morgennebel heben sich. Doch weit früher erwacht der Wald aus dem Schlaf. In den Bäumen hört man die Stimmen großer und kleiner Lebewesen, die sich auf den Tag einstimmen. Häufig beginnt dieser frühmorgendliche Chor mit dem Stakkatoruf der männlichen roten Languren, die ihren Trupp zum Zug in einen neuen Tag versammeln. Gibbonmännchen singen herrliche Soli, die sie endlos wiederholen und die man kilometerweit hört. Der Wald birst und summt vor Energie, während hungrige Vögel, Säuger und Insekten erwachen, sich auf die erste Mahlzeit des Tages freuen und Artgenossen ihre Anwesenheit mitteilen. Um die Morgendämmerung sind die Lüfte so voller Lieder und Stimmen aller Art, daß sogar der aus der Ferne erschallende Langruf eines Orang-Utans fast untergeht.

Außer wenn es regnet, ist die Morgendämmerung die geschäftigste und lauteste Zeit des Tages. An grauen, nassen Vormittagen sind die Geräusche gedämpft, und die Stille, die sogar von den Gibbons eingehalten wird, erzeugt im Wald eine erwartungsvolle Stimmung.

Um die Mitte des Vormittags ist alles vorbei. Der Wald liegt still und dampfend in der Hitze der tropischen Sonne. Unter den Primaten brechen lediglich Orang-Utan-Männchen und Gibbon-Weibchen regelmäßig das Schweigen. Letztere stoßen häufig einen spektakulär klingenden, anschwellenden Ton aus, der ihre männlichen Gefährten auf Eindringlinge hinweist und sie zur nachhaltigen Verteidigung des Reviers auffordert.

In scharfem Gegensatz dazu steht das Schweigen des Orang-Utan-Weibchens. Allerdings leben Gibbons und Orangs in grundverschiedenen Welten. Gibbons sind monogam. Nicht nur rufen bei ihnen Männchen und Weibchen, sie sind auch beide annähernd gleich groß. Bei manchen Gibbonarten sehen Männchen und Weibchen einander auch sehr ähnlich. Das ist kennzeichnend für monogam lebende Tiere. Das Orang-Weibchen hingegen ist nicht nur vergleichsweise schweigsam, sondern auch vergleichsweise klein. Ein durchschnittliches Orang-Weibchen bringt rund fünfunddreißig Kilo auf die Waage, ein Backenwulst-Männchen hingegen mit bis zu siebzig Kilo doppelt so viel. Kehlsack allerdings dürfte eher neunzig Kilo gewogen haben.

Ein ausgewachsener Orang-Mann ist etwas ganz Besonderes. Er unterscheidet sich von einem ausgewachsenen Weibchen ebenso sehr wie ein männlicher Pfau mit seinem schillernden Fächerschwanz von der unauffälligen Pfauhenne. Manche Einwohner Borneos behaupten, bei den Backenwulst-Männchen, den Orang-Weibchen und den unreifen Männchen handle es sich um unterschiedliche Tierarten. Tatsächlich verfügen manche Dajak für Orang-Utans je nach Geschlecht und Lebensalter über verschiedene Bezeichnungen.

Die Einzigartigkeit des männlichen Orang-Utans gründet sich nicht nur auf seine gewaltige Größe, seine Backenwülste und seinen Langruf. Glaubt man den Einheimischen, können Backenwulst-Männchen im Alter nicht mehr auf Bäume klettern und leben daher ausschließlich auf dem Boden. In den ersten sechs Monaten meines Aufenthalts in Borneo habe ich keinen freilebenden Orang-Utan länger als einige Minuten auf dem Erdboden gesehen. Doch hatte ich einzelgängerische Backenwulst-Männchen bisher nur selten beobachten können.

Im Juni freilich gelang es mir, Kehlsack mehrere Tage zu folgen. Er war jetzt gänzlich allein; weit und breit war weder von Priscilla noch von Pummel etwas zu sehen. Auch sein Verhalten hatte sich geändert. In der Zeit seines Zusammenseins mit Priscilla hatte er sich unter dem Blätterdach aufgehalten; jetzt suchte er immer häufiger die Nähe des Waldbodens auf. Vorher hatte er kein besonderes Interesse an seinen menschlichen Beobachtern gezeigt, nunmehr ließ er Rod oder mich nicht aus den Augen, wenn wir uns ihm näherten. Jedesmal, wenn er mich sah, schien er verärgert und unruhig und schaute mich angespannt an, als wolle er meine Kampfkraft einschätzen.

Im Laborexperiment zeigen Orang-Utans, daß sie zu kognitivem Lernen fähig sind, das heißt, sie kennen den Aha-Effekt. Sie lernen nicht durch Ausprobieren, sondern scheinen über die ihnen vom Versuchsleiter gestellte Aufgabe nachzudenken und mit einem Mal, durch Einsicht, eine Lösung zu finden. Die Art, wie Kehlsack seine menschlichen Beobachter von einem Augenblick auf den anderen akzeptierte, scheint ein Beispiel für diese Art des Lernens zu sein.

Ich erinnere mich deutlich an den Augenblick, da er seine Entscheidung traf. Rod und ich waren ihm gemeinsam gefolgt. Es war Mittag, kein Lüftchen wehte, kein Blatt regte sich. Wir saßen auf einem umgestürzten Stamm nahe dem Baum, auf dem Kehlsack fraß. Er hatte sich schon eine ganze Weile in dessen Krone aufgehalten. Die meisten Geschöpfe des Walds ruhten sich aus. Nur Kehlsack kannte keine Rast, ihn trieb die Notwendigkeit, seinen riesigen Körper zu ernähren.

Wir konnten ihn im dichten Blattwerk nicht deutlich sehen, merkten aber an dem beständigen Hagel von Fruchtresten und Zweigen, daß er noch über uns war. Außerdem sahen wir ab und zu einen orangefarbenen Arm, der einen Ast bog. Ich fürchtete, etwas zu verpassen, war ich doch von der Vorstellung besessen, ein Orang-Utan tue gerade dann, wenn ich ihn nicht sehen konnte, etwas, das unser Bild von den großen Menschenaffen grundlegend veränderte. Um die Schmerzen in meinem Nacken zu lindern, legte ich mich häufig auf den Waldboden und sah nach oben, indem ich mir den Feldstecher auf das Gesicht stellte.

Ohne Vorankündigung kam Kehlsack mit einem Mal den Stamm des Fruchtbaums herabgestürmt. Er blieb am Fuß stehen und sah uns aus nur zwei Metern Entfernung an.

Seine Haltung sagte deutlich: «Jetzt reicht's.»

Er sah mir unmittelbar in die Augen. Ich dachte: «Jetzt ist alles vorbei. Er wird dich in Stücke reißen. Er will nicht, daß man ihm ständig folgt.»

Ich wartete auf seinen Angriff. Rod stand wie erstarrt neben mir. Sekunden vergingen. Oft hatte ich im Scherz gesagt, daß Orang-Männer zwar gewaltige Eckzähne hätten, wir Menschen aber eiserne Eckzähne in Gestalt unserer Macheten mit uns führten. Doch an jenem Tag hatten weder Rod noch ich ein Buschmesser dabei. Es hätte uns wohl auch nicht viel genützt. Die einheimischen Melayu hatten uns von Kämpfen zwischen Menschen und Orang-Utans berichtet, und immer war der Affe Sieger geblieben. In einem Fall hatte ein Backenwülster einen Mann gepackt, ihm die halbe Hand abgebissen, ihn umgedreht und ihm ein Stück des Fußes abgerissen. Später stellte sich heraus, daß der Mann seine Hunde auf den Orang gehetzt hatte. Ging man Berichten wie diesem nach, schälte sich immer wieder dasselbe Grundmuster heraus: Wer von einem Orang-Utan gebissen oder verletzt worden war, hatte das Tier gereizt.

Möglicherweise hatten wir Kehlsack unwissentlich damit aufgebracht, daß wir ihm beständig folgten. Atemlos wartete ich auf seinen Angriff. Er schien wütend. Seine Haare waren gesträubt. Seine Augen blitzten.

Kehlsack griff nicht an. Er kehrte uns mit einer entschlossenen Bewegung den Rücken zu, setzte sich auf einen liegenden Stamm unmittelbar unter den Baum und verzehrte Termiten. Erleichtert stieß ich die Luft aus; Rod machte große Augen. Offensichtlich war Kehlsack zu dem Ergebnis gekommen, daß unsere Anwesenheit seinen gewohnten Tagesablauf nicht stören würde. Er hatte uns klargemacht, daß er auf dem Waldboden das «Hausrecht» hatte. Was ich für Angriffslust gehalten hatte, war lediglich Mutwillen gewesen. Irgendwann im Blätterdach war ihm wohl ein Licht aufgegangen; ich konnte mir vorstellen, wie er gedacht hatte: «Ich geh einfach runter. Die treiben sich schon seit Monaten hier herum. Die sind harmlos.» Er hatte seine Entscheidung getroffen – komme, was da wolle.

Von jenem Augenblick an kam er regelmäßig auf den Waldboden herunter. Ich folgte ihm im August und September dreiundzwanzig Tage lang hintereinander, meine bei weitem längste zusammenhängende Beobachtung bis dahin. Kehlsack führte mich in das eigenbrötlerische Leben der Backenwulst-Männchen ein. Im Verlauf jener dreiundzwanzig Tage traf er nur dreimal mit anderen Orang-Utans zusammen, unter ihnen mit Carl und Cara, die hochträchtig zu sein schien und einen bemerkenswert gelösten Eindruck machte, vor allem, wenn sie sich still an Kehlsack vorüberschob und ihrer Wege ging. Am selben Tag begegnete er «Dale», einem ausgewachsenen Weibchen, dem ich ab und zu über kürzere Zeit gefolgt war. An einem anderen Tag traf er auf Beth mit ihrem Säugling Bert. Ihrem scheuen Wesen entsprechend eilte sie davon.

Ganz im Unterschied zu den noch nicht erwachsenen Männchen, die sich bisweilen an Weibchen hängten, ob sie von ihnen dazu aufgefordert wurden oder nicht, schien Kehlsack die Orang-Frauen nicht so recht zur Kenntnis zu nehmen; jedenfalls reagierte er kaum auf ihre Anwesenheit. Sein Hauptaugenmerk galt, wie es schien, anderen Backenwulst-Männchen. Einmal blieb er unvermittelt stehen, während er über den Waldboden zog. Ein anderer großer Orang-Utan kam tief in den Bäumen auf ihn zu. Ich konnte ihn nicht deutlich ausmachen, sah aber Äste schwanken und hörte, wie er sich näherte. Kehlsack stürmte ihm auf dem Waldboden entgegen. Der andere ließ sich zu Boden gleiten und rannte davon. Kehlsack stieß einen ganz besonderen Langruf aus. Er klang, als müsse er nach Atem ringen. Er brüllte in sehr schnellem Rhythmus, doch waren die Laute sehr hoch und nicht besonders kräftig. Später nannte ich diese Ausführung des Langrufs den «Schnellruf». Er wurde nur ausgestoßen, wenn sich ein anderes Backenwulst-Männchen in der Nähe befand oder wenn zu Boden stürzendes totes Holz oder ein plötzliches Geräusch das Tier aufschreckte. Der Schnellruf schien anderen Männchen zu gelten, der Langruf hingegen war eher eine öffentliche Ankündigung an jeden, der sich in Hörweite aufhielt.

Nachdem er seinen Schnellruf ausgestoßen hatte, ging Kehlsack langsam über den Waldboden, blieb stehen und lauschte. Noch eine Viertelstunde später zog er auf diese Weise umher; offensichtlich suchte er nach dem anderen Männchen. Er legte die Hand auf die Lippen und brummte, ging dann wieder auf allen vieren. Einige Minuten später schließlich setzte er sich und begann, die Mitteltriebe einer wilden Ingwerpflanze herauszuziehen.

Je mehr sich Kehlsack an mich gewöhnte, desto ausgedehnter wurden seine Streifzüge über den Waldboden. Schon bald verbrachte er über sechs Stunden am Tag damit, dort Termiten und Pflanzen zu verzehren. Es war bemerkenswert, wie leicht er sich bewegte. Auf festem Boden konnte er auf seinem Weg von einem Moorgebiet zum anderen binnen weniger Minuten fast einen Kilometer zurücklegen. Er lief so rasch und schien so leicht freie Stellen zu finden, daß ich mich fragte, ob er Wildschweinpfaden folgte. Um mit ihm Schritt zu halten, mußte ich bisweilen vorgebeugt so schnell rennen, wie ich konnte. Wenn ich versuchte, aufgerichtet zu laufen, verhedderte ich mich in allerlei Schlingpflanzen. Für Kehlsack gab es keine solchen Schwierigkeiten – er bewegte sich auf allen vieren voran und bahnte sich seinen Weg wie eine Planierraupe, wobei er links und rechts Lianen durchbiß. Er hätte mir ohne weiteres davonlaufen können, doch die Neugier ließ ihn von Zeit zu Zeit innehalten. Immer, wenn ich zu weit zurückfiel, blieb er stehen und drehte sich aufrecht auf zwei Beinen nach mir um, wie um zu sehen, ob ich ihm noch folgte.

Offenkundig hatte er sich an mich gewöhnt, doch auch ich lernte, seine Eigenarten zu respektieren. Wenn Kehlsack nicht wollte, daß ich näher kam, schlug er wütend auf Pflanzen in seiner Nähe ein oder schüttelte sie, bis ich aufhörte, mich zu bewegen. Ich merkte, daß ich mich ihm bis auf drei Meter nähern durfte, wenn ich keinen Augenkontakt mit ihm suchte. Also ging ich mit gesenktem Kopf, den Blick zu Boden gerichtet. Tat ich das nicht, wurde er wild, machte schnalzende Quieklaute, sprang auf und ab, schlug nach Ästen und zerbrach sie. Ich entwickelte eine große Fertigkeit in der Kunst, so zu tun, als hätte ich nicht gemerkt, daß er stehengeblieben war, vor mir stand und mich ansah. Trafen sich unsere Blicke, gab ich mich von seiner Gegenwart überrascht und wandte den Blick ab, wie von einer ungewöhnlichen Blattform oder einem in meiner Nähe umherkrabbelnden Insekt abgelenkt. Dann nahm Kehlsack befriedigt wieder seine Futtersuche auf oder zog weiter.

Er schien mit meinem Untersuchungsgebiet gründlich vertraut zu sein und wußte offensichtlich genau, wann ein bestimmter Baum Früchte trug, welche Beeren vor dem Aufplatzen standen und wo Termiten zu finden waren. Bisweilen ging er zielstrebig auf einen Baum zu und kletterte bis in dessen Krone, wo sich die Äste unter den Früchten bogen. In der Zeit, da ich ihm folgte, fraß er sehr häufig dickschalige weiße *penjalin*-Früchte. Sie sind vollkommen rund und erreichen in Einzelfällen die Größe einer Pampelmuse. Mit einem oder zwei Bissen riß Kehlsack die dicke Schale von der Frucht ab. Ihr weißes Fleisch ist weich, cremig und süß und hängt fest an langen, ovalen Samenkörnern. Diese Körner schlucken Orang-Utans dann und wann mit hinunter.

Bald kam ich dahinter, wie gut diese Frucht schmeckt. Rod und ich bemühten uns, sie möglichst oft zu bekommen, vielleicht, weil wir uns so einseitig von Reis und Sardinen ernährten. Wir merkten aber auch, daß die Frucht reif sein muß, sonst zieht sie einem den Mund zusammen wie eine Zitrone. Kehlsack kannte mehrere *penjalin*-Bäume, die er alle paar Tage abwechselnd aufsuchte, um die gereiften Früchte zu ernten. Auch andere Orang-Utans suchten diese Bäume auf und möglicherweise auch Malaienbären oder Schweinsaffen. Oft lagen tennisballgroße, steinharte graue Früchte unter den Bäumen, die frühere Besucher zurückgelassen hatten, weil sie unreif waren. Sie reiften in wenigen Tagen und waren bei Hirschen, Schweinen und anderen Tieren, die nicht klettern konnten, sehr beliebt.

Eines Tages sammelten Rod und ich alle unreifen *penjalin*-Früchte unter einem Baum auf, während Kehlsack unter dem Blätterdach nach Nahrung suchte. Er warf sogar einige Früchte herab, die er wohl für unreif befunden hatte. Sie stapelten wir zu einer Pyramide von über dreißig Zentimetern Höhe auf. Beim Verlassen des Baums sah Kehlsack nicht einmal hin. Rod und ich freuten uns schon darauf, die herrlichen Früchte genießen zu können, wenn Kehlsack den Baum das nächstemal aufsuchen würde – vermutlich schon in wenigen Tagen.

Prompt schlug Kehlsack drei Tage später eine Richtung ein, die wir wiedererkannten. Er strebte dem *penjalin*-Baum entgegen, unter dem der säuberlich aufgeschichtete Früchtehaufen lag. Rod und mir lief das Wasser schon im Mund zusammen. Offenkundig waren wir nicht die einzigen, die sich auf ein Festmahl freuten. Ohne eine Sekunde zu zögern, marschierte Kehlsack stracks auf die jetzt reifen Früchte zu, ließ sich vor dem Stapel nieder und verschlang eine nach der andern mit lautem Schmatzen. Nicht das kleinste Restchen blieb für uns übrig. Möglicherweise hatte er uns zugesehen, wie wir die unreifen Früchte aufeinanderschichteten, und dabei ein weiteres Aha-Erlebnis gehabt. Ich konnte mir richtig vorstellen, wie er sich über die Gutgläubigkeit der Menschen ins Fäustchen lachte, während er die Früchte unserer Arbeit verzehrte.

Einer der Gründe dafür, warum Kehlsack so viel Zeit auf dem Waldboden verbrachte und ich ihm so lange folgen konnte, lag in dem Umstand, daß wir uns in der Trockenzeit befanden.

Bei meinem Eintreffen in Kalimantan hatte ich keine Erfahrung mit den Tropen. «Trockenzeit» und «Regenzeit» waren für mich nichts als abstrakte Begriffe. Ich wußte nicht, auf was für ein Wetter ich mich einstellen mußte. Bei jeder Gelegenheit, die sich ergab, fragte ich Einheimische über die klimatischen Bedingungen aus, aber sie schienen mit meinen Fragen nichts anfangen zu können. Offensichtlich konnten sie sich einfach nicht vorstellen, wie unwissend ich war.

Bei unserer Ankunft gab es in Tanjung Puting einen gebahnten Weg, der in erster Linie den Kautschukzapfern diente. Er führte von der am See gelegenen Siedlung der Melayu-Wanderfeldbauern etwa eineinhalb Kilometer von Camp Leakey entfernt ein Stück weit in den Wald. Zu Ehren eines der Kautschukzapfer, Mr. Toges, dem wir häufig begegneten, nannten wir diesen Weg *Jalan Toges*. (Jalan bedeutet «Weg», «Pfad» oder «Straße».) Er wurde unser wichtigster Weg, da er über festen Boden verlief und die Moorgebiete umging. Ich sah in *Jalan Toges* das «Rückgrat» meines Untersuchungsgebiets.

Eines Nachmittags begegnete ich einem Kautschukzapfer, der mit einer schweren Last weißen Latex auf dem Rücken zurückkehrte. Er setzte sie ab, und wir begannen ein Gespräch, das sich zwangsläufig dem Wetter zuwandte. Mir war klar, daß wir uns in der Regenzeit befanden, denn es regnete täglich und manchmal auch die ganze Nacht hindurch, aber ich wollte wissen, ob der Heidewaldboden je überschwemmt würde. Der Kautschukzapfer schien mich trotz meines stockenden Indonesisch zu verstehen, als ich ihn fragte, wie hoch das Wasser im Wald während der Regenzeit steige. Er gab zur Antwort: «Das Wasser steigt hier sehr hoch», und er zeigte auf seine Hüfte. Dann fügte er hinzu: «Manchmal noch höher.»

Ich war entsetzt.

«Was, hier im Wald? Noch höher?»

«Ja», gab er zur Antwort. «Hier im Wald.»

Ich stellte mir vor, wie ich auf dem *Jalan Toges* bis zu den Achseln im Wasser stand. Eigentlich war ich nicht bereit, dem Mann zu glauben, aber er mußte schließlich wissen, wovon er sprach; er hatte sein ganzes Leben hier verbracht. Mir fiel ein, was ich über das Amazonasbecken gelesen hatte, wo sich in der Regenzeit Hunderte von Quadratkilometern Wald in Sumpf und seichte Seen verwandeln, was Dutzenden von Fischarten Möglichkeiten zum Laichen gibt.

Monatelang warteten Rod und ich darauf, daß sich der Waldboden mit Wasser bedeckte. Nichts geschah. Uns fiel aber auf, daß im Laufe der Regenzeit das Wasser in den Moorgebieten immer höher stieg. Zwar blieb der Waldboden trocken, doch war ich überzeugt, daß irgendwann der ganze Wald überschwemmt und damit meine ganze Orang-Utan-Untersuchung ins Wasser fallen würde.

Rod ist keiner von denen, die die Hände in den Schoß legen und darauf warten, daß etwas geschieht. Zusammen mit Hamzah errichtete er über einem schmalen Bach, der durch ein niedrig liegendes mooriges Gelände lief, aus Stämmen abgestorbener Bäume, die sie mittels Schlingpflanzen miteinander verbanden, eine hohe Brücke. Die Arbeit nahm eine volle Woche in Anspruch, doch waren Rod wie ich überzeugt, daß das niedrig liegende Gebiet bald unter Wasser stehen würde.

Der Kautschukzapfer überquerte diese Brücke, wann immer er ins Moor ging und von dort zurückkehrte. Ihm blieb keine Wahl, denn sie war Bestandteil seines Wegs. Da die Brücke ein wenig wacklig war, stolperte er eines Tages, stürzte und verschüttete die gesamte Latexausbeute. Er beschwerte sich, keineswegs unfreundlich, über die Brücke. Er ahnte wohl nicht, daß seine Schürfungen und der Verlust seines Rohkautschuks unmittelbares Ergebnis seiner Antworten waren, die er mir Wochen zuvor auf meine Fragen über die Regenzeit gegeben hatte.

Es war das klassische Beispiel eines kulturell bedingten Mißverständnisses. Der Mann hatte die Fragen nach bestem Wissen beantwortet. Zu spät begriff ich, daß er das Wasser im Moorgebiet gemeint hatte, das einem Menschen tatsächlich bis zu den Schultern reichen konnte. Hamzah verlor kein Wort über unsere «Brücke ins Nirgendwo», lachte aber herzlich, als er erfuhr, daß der *jelatung*-Sammler hingefallen war: Vielleicht glaubte er, wir hätten den Kautschukzapfern mit unserem Brückenbau einen kleinen Streich spielen wollen.

Die Trockenzeit begann im Juli. Die kleinen Teiche im Moor verschwanden, doch immer noch versank ich bis zu den Knien im Schlamm. Bei jedem Schritt mußte ich sie mit großer Anstrengung wieder aus dem Morast ziehen. Wenn ich so durch Tümpel schwarzen Wassers watete, kam es vor, daß ich mich fast nach der Regenzeit sehnte. Im August hatte sich die Trockenzeit endgültig durchgesetzt. Selbst die Blutegel verschwanden. Die Moorflächen fielen trocken, der Schlamm verwandelte sich in harte Erde. Es war ein merkwürdiges Gefühl, über den ausgetrockneten Moorboden zu gehen und hinauf zu den freiliegenden Stelzwurzeln der Bäume zu blicken.

Die Sonne schien jeden Tag. Das Licht des Morgens war grell. Im Wald begann die Laubschicht unter den Füßen zu knistern. Auf dem sonst feuchten Boden hörte man jetzt sogar das Hufgetrappel der kaninchengroßen Kantschile, eine Zwerghirschart. Der Wald schien voller Gespenster, da man jetzt die Bewegungen von Eichhörnchen, Vögeln und anderen Tieren, die man nicht sah und sonst auch nicht hörte, an einem leisen Knistern erkannte.

Eines Nachts bereitete ein langer, starker Regen der wochenlangen Trockenheit ein Ende. Am nächsten Morgen machten wir uns auf die Suche nach Kehlsacks Nest. Nicht nur war der Wald naß vom Regen der Nacht, die Luft war auch ausgesprochen kalt. Ich begann den Ablauf der Jahreszeiten im Wald zu verstehen. In der Regenzeit hält die Wolkenbedeckung die Wärme des Tages fest. In der Trockenzeit hingegen ist der Himmel klar, so daß nachts die Wärme abziehen kann.

Durchgefroren setzten wir uns unter Kehlsacks Baum und warteten auf sein Erscheinen. Regenumhänge hatten wir nicht mit. Kaum war die Sonne aufgegangen, als der Regen erneut einsetzte und es wie aus Kübeln schüttete. Rod und ich drängten uns auf einem winzigen Baumstumpf aneinander. Es war unmöglich, uns warm zu halten. Ich war bis auf die Knochen durchnäßt. Hemd und Hose klebten mir so am Leib, als hätte ich drei Stunden lang vollständig angekleidet in der Badewanne gelegen. Als der Regen um zehn Uhr aufhörte, konnte ich mich vor Kälte kaum bewegen. Ich hatte nicht gewagt, mich von meinem unbequemen Baumstumpf zu rühren, weil ich Kehlsacks Nest von dort aus am besten sehen konnte.

Nach diesem Wolkenbruch blieb es den gesamten September über wieder trocken und heiß. Am vierundzwanzigsten Tag meiner Beobachtung von Kehlsack löste Rod mich ab und folgte ihm allein, während ich mich ausruhte. Unglücklicherweise verlor er ihn aus den Augen. Kehlsack befand sich auf dem Erdboden und sog Termiten aus einem Nest, das er ausgegraben hatte. Am Vorabend hatte ich Hamzah gebeten, einen Weg in der Nähe freizuschlagen. Er befand sich mindestens vierhundert Meter weiter im Wald. Rod hörte, wie Hamzahs Buschmesser auf Holz schlug. Bevor der nächste Hieb ertönte, war Kehlsack fort. Er hatte sein Termitennest fallen lassen und die Flucht ergriffen. Bis Rod aufgestanden war, um ihm zu folgen, war er verschwunden. Es sah ganz so aus, als sei Kehlsack die Herkunft des Geräuschs bekannt gewesen. Ich fragte mich, wieviel Erfahrung er wohl mit den einheimischen Melayu hatte, die durch die Wälder streiften und Teile davon für ihre Trockenreisfelder brandrodeten. Es war das erste Mal, daß wir erlebten, wie das Geräusch menschlichen Tuns einen Orang-Utan verjagte.

Die Trockenzeit dauerte weiter fort, und ich begann mich im Laufe des Septembers besorgt zu fragen, ob das normal sei. Hamzah und die Melayu, die gelegentlich ins Camp Leakey kamen, bestätigten, eine solche ausgedehnte Trockenzeit noch nicht erlebt zu haben. Ältere Leute berichteten sogar, derlei sei seit dem Ende der Kolonialherrschaft der Niederländer, also seit über dreißig Jahren, nicht vorgekommen.

Eines Tages stieß ich, während ich Kehlsack suchte, auf die letzten Glutreste eines großen Feuers. Es hatte sich vom Fluß aus über den Waldboden nahezu zwei Kilometer weit ins Inland gefressen und dabei einen erst wenige Jahre zuvor angelegten kleinen *ladang* mit erfaßt. Das entsetzte mich. Bis dahin hatte ich angenommen, Feuer könne dem tropischen Regenwald nichts anhaben. Zwar kam es vor, daß Blitzschlag einzelne Bäume in Brand setzte, doch gewöhnlich verhindert die Feuchtigkeit des Laubs und das feuchte, verfaulende Holz auf dem Waldboden eine Ausbreitung des Feuers.

Gegen Ende September jedoch bedeckte sich der Himmel mit grauen Rauchwolken von zahllosen Feuern, die außer Kontrolle geraten waren. Ich wußte, daß die Melayu- und Dajak-Bauern die Trockenzeit nutzten, um die gefällten Bäume zu verbrennen. Die Asche diente ihnen als Dünger. Normalerweise hielt der umgebende Wald, der naß vom Regen war, diese Feuer im Zaum. Diesmal aber ließen die Regenfälle auf sich warten. Später erfuhr ich, daß sich Feuer im Wald ausgebreitet hatten, die nicht Melayu oder Dajak gelegt hatten, sondern von anderen indonesischen Inseln nach Kalimantan gekommene Neulinge. Sie wußten weder die Zeichen des Wetters zu deuten, noch verstanden sie, ein Feuer unter Kontrolle zu halten. Hinzu kam, daß sie nicht wie die einheimischen Dajak in der Achtung vor dem Wald aufgewachsen waren.

In jenem Jahr hing die rote Sonne tief am grauen, raucherfüllten Himmel. Wolken von Heuschrecken stiegen auf, wenn ich am *ladang* entlangging. Der Wasserstand des Flusses ging so sehr zurück, daß wir mit unserem Langboot zwanzig Stunden von Kumai zu unserem Lager brauchten. Alle einheimischen Melayu stimmten überein: Es war die längste Trockenzeit seit Menschengedenken.

Im Oktober erfuhr ich, daß Louis Leakey nicht mehr lebte. Rod hörte so oft wie möglich die «Stimme Amerikas», Sendungen der BBC und den Rundfunk der in Südvietnam stationierten Streitkräfte der Vereinigten Staaten. Wenn wir nicht im Wald waren, hörte er den ganzen Tag Radio. Ich verstand über dem Rauschen und Knacken nicht viel und hörte daher nie besonders aufmerksam zu, wenn Rod an den Knöpfen drehte.

An jenem Vormittag war er draußen, und ich hörte mit halbem Ohr, wie die Schlagzeilen des Tages verlesen wurden. Durch das Rauschen ertönte die Stimme des Ansagers: «Bedeutender Anthropologe in London gestorben.» Mir war sofort klar, daß es sich um Louis Leakey handeln mußte. Dennoch betete ich, daß er es nicht war. Ich stürmte hinaus, um Rod zu holen.

Wir eilten wieder in die Hütte. Atemlos und schweigend lauschten wir den ausführlichen Nachrichten. Die letzte betraf Louis Leakey. Er war kurz zuvor gestorben. Wir erfuhren es zum selben Zeitpunkt wie alle anderen, obwohl wir uns tief in den Wäldern Borneos aufhielten. Auch wenn sein Tod nicht ganz unerwartet kam, bedeutete er doch einen traurigen Verlust. Louis war nicht nur Naturwissenschaftler, sondern auch ein Visionär gewesen. In meine Trauer um ihn mischte sich Dankbarkeit dafür, daß er an mich geglaubt hatte und daß sein Glaube gerechtfertigt war: Ich hatte mit den Orang-Utans Kontakt aufgenommen.

Im November begann endlich die Regenzeit. Ich stieß erneut auf Kehlsack und folgte ihm auf seiner gewohnt einsamen Runde. Nichts deutete auf Veränderung hin.

Eines Dezembernachmittags gab er einen Langruf von sich und hielt dabei den Blick auf einen Punkt in der Ferne gerichtet. Ich folgte der Richtung und erkannte ein großes Backenwulst-Männchen, das völlig bewegungslos tief in einem Baum saß. Kehlsack ging auf ihn zu, rief erneut und schleuderte abgestorbenes Holz auf den Waldboden.

Als ich das andere Tier im Feldstecher deutlich erkennen konnte, sah ich mit Staunen, daß einer seiner etwa fünf Zentimeter langen Schneidezähne durch die Oberlippe nach außen gewachsen war. Daher nannte ich ihn «Langzahn»[1]. Die Mißbildung mochte auf einen Kampf

---

[1] Im Original «Tusk» (Stoßzahn)

zurückgehen, unter Umständen aber war er damit auf die Welt gekommen.

Mutig und zuversichtlich stellte sich Kehlsack dem Eindringling. Langzahn setzte zu einem Langruf an, beendete ihn aber nicht und kletterte etwa fünfundzwanzig Meter hoch ins Blätterdach. Kehlsack bewegte sich auf ihn zu, blies seine Backen auf und gab wütende Laute von sich. Langzahn saß bewegungslos.

Ich war darauf gefaßt, einen weiteren Kampf zu erleben. Kehlsack befand sich etwa fünfzehn Meter von Langzahn entfernt und machte sich daran, ihm entgegenzustürmen. Unvermittelt aber ließ er sich zu Boden gleiten, wandte sich um und lief so schnell davon, wie ich ihn je hatte laufen sehen. Ich war verblüfft. Bis heute weiß ich nicht, was ihn zur Flucht veranlaßt hat. Reglos wie ein Buddha blieb Langzahn in den Bäumen sitzen.

Im Januar stieß ich immer häufiger auf ausgewachsene Männchen. Während ich bis dahin in meinem Untersuchungsgebiet nur jeweils ein oder zwei zur gleichen Zeit gesehen hatte, gab es plötzlich ein halbes Dutzend. Mir fiel auf, daß die meisten von ihnen körperliche Anomalien aufwiesen. Von Größe und Form ihrer Backenwülste abgesehen, sorgten diese dafür, daß jedes Individuum unverwechselbar war. Bei Kehlsack waren Mittel- und Zeigefinger der linken Hand steif. Dem Männchen Finger, dem Lolita den Hof gemacht hatte, fehlte die Hälfte des rechten Zeigefingers, und eine seiner Zehen wies nach hinten. Ein Neuling, den ich «Knubbel»[1] nannte, war einäugig. Vermutlich stammten alle diese Verletzungen aus Kämpfen mit Rivalen.

Während die Monate ins Land gingen, stießen wir gelegentlich auf Langzahn und folgten ihm. Wir sahen den großen, herrlichen Orang-Utan Ralph, der sich mit Georgina zusammengetan hatte. Auch Harry Handlos sahen wir wieder, Caras orangefarbenen Titanen. Er zog über den Waldboden und verließ das Untersuchungsgebiet. Dabei überquerte er ein Flüßchen namens Raden, indem er gefallene Baumstämme als natürliche Brücke benutzte. Bald schon näherte sich auch Ralph der Grenze des Untersuchungsgebiets und verschwand im Moor. Nicht lange darauf folgte ihm Langzahn. Ein weiteres Backenwulst-Männchen, das ich noch nie gesehen hatte, erschien und verschwand so überraschend, wie es gekommen war. Ebenso plötzlich und geheimnis-

---

[1] Im Original «Knobs»

voll, wie die Invasion männlicher Orang-Utans im Januar begonnen hatte, endete sie, allem Anschein nach eine Bestätigung für John MacKinnons «Wandertheorie». Bei den Weibchen hingegen erkannte ich keine Muster des Kommens und Gehens. Sie schienen mir eher ortsgebunden und seßhaft zu sein.

Kehlsack waren wir seit Mitte Januar nicht mehr begegnet. Auch seinen unverkennbaren Langruf hatten wir lange nicht mehr gehört. Wir begannen, überall dort nach ihm Ausschau zu halten, wo wir ihn früher gesichtet hatten. Nirgendwo fanden wir eine Spur von ihm. Vielleicht hatte er wie andere Männchen das Untersuchungsgebiet verlassen. Jene aber waren lediglich «auf der Durchreise gewesen»; er hatte sich darin mindestens ein Jahr lang ständig aufgehalten. Warum sollte er so mir nichts, dir nichts verschwinden? Und wohin? Vielleicht hatte ihn Langzahn verjagt. Ich fragte mich, ob das satanische Geheul, das wir eines frühen Morgens gehört hatten, mit Kehlsacks Verschwinden zusammenhing. Wir fürchteten das Schlimmste.

Eines Nachts hatte ich einen ungewöhnlich lebhaften Traum. Ich sah mich im Wald, wo ich in einem hohen Baum ein altes Orang-Utan-Nest entdeckte. Ich erkletterte einen in der Nähe stehenden Baum und sah in das Nest: Es enthielt ein auf dem Rücken liegendes Orang-Utan-Skelett. Die Knochen waren gebleicht. Mein Herz stand still: Zeige- und Mittelfinger der linken Geisterhand waren verkrüppelt.

In kalten Schweiß gebadet wachte ich auf. Der Traum bestätigte meine Befürchtungen: Kehlsack war tot. Doch konnte ich es nach wie vor nicht glauben; er hatte bei unserer letzten Begegnung einen so gesunden Eindruck gemacht. Die Frage, was aus ihm geworden war, begann mich zu verfolgen. Rod und ich rätselten über sein Schicksal.

Auf den Tag genau sechs Monate später, nachdem wir Kehlsack zum letztenmal gesehen hatten, tauchte ein neues Männchen auf, ein stattlicher, junger Erwachsener. Er unterschied sich von allen anderen, vor allem von Kehlsack. Hatte jener wie ein Straßenkämpfer stets auf dem Sprung geschienen, machte der Neue den Eindruck gelöster Entspanntheit. Wie ein geborener Aristokrat ließ er keinen Zweifel daran, daß sein rechtmäßiger Platz an der Spitze der Pyramide war.

Ich folgte gerade dem heranwachsenden Weibchen Maud, das mit seiner Mutter Martha und einem jüngeren Geschwister durch den Wald zog und gelegentlich zusammen mit der geselligen Georgina zu sehen war. Mit einem Mal hörte ich, wie sich ein Orang von hinten näherte.

Er stieß einen hohen abgestorbenen Baum um und sah zu, wie er zu Boden donnerte. Dann warf er einen Ast herab. Die Weibchen verschwanden, als er auf etwa dreißig Meter herangekommen war.

Von Anfang an beeindruckte mich seine gelassene Selbstsicherheit. Bei unserer ersten Begegnung gab er weder ein schnalzendes Quieken noch andere Laute des Unmuts von sich. Statt dessen sah er einige Minuten lang auf mich herunter und versuchte dann, einen großen abgestorbenen Ast herabzuwerfen, der sich in Lianen verfangen hatte. Mehrere Male zerrte er daran, bekam ihn aber nicht frei. Bei einem solchen Mißerfolg wäre Kehlsack wütend geworden. Der Neuankömmling ließ es einfach bleiben. Er begann zu fressen, sah sich aber immer wieder um und betrachtete mich, offenbar erstaunt, daß ich immer noch da war.

Beim zweiten Mal, zwei Tage später, verlief unser Zusammentreffen weitgehend wie beim ersten Mal. Er brach einige Äste ab und ließ sie fallen. Da ich nicht darauf reagierte, fraß er weiter. Dann sah er mich an, öffnete den Mund und zeigte seine Eckzähne. Auf diese Weise versuchte er mir noch einige Male zu imponieren, doch da er damit wieder keine Reaktion erzielte, fraß er weiter. Ich beschloß, ihn «Nick» zu nennen, nach einem Kommilitonen an der UCLA, den ebenfalls nichts aus der Ruhe bringen konnte.

Er schien deutlich jünger zu sein als Kehlsack und die anderen Männchen, die durch mein Untersuchungsgebiet gekommen waren. Sein Gesicht wies noch keine Furchen und Narben auf. Sein Kehlsack war nicht sehr ausgeprägt, und seine Backenwülste waren rund, vergleichsweise flach und regelmäßig; Kehlsack hatte im Vergleich dazu wahre Hängebacken. Nicks Rücken war nur teilweise unbehaart, während der von Kehlsack, mit Ausnahme des schmalen Streifens dichter Fransen zu beiden Seiten, nahezu vollständig kahl war. Wenn es sich um Männer gehandelt hätte, wäre Kehlsack kahlköpfig gewesen, Nick hingegen hätte sein Haupthaar noch quer über die Glatze kämmen können.

Er bewegte sich im Untersuchungsgebiet, als gehöre es ihm. Außer Langrufen gab er praktisch keine Laute von sich, die aber stieß er regelmäßig aus, bisweilen mehrfach am Tag. Sie waren eindrucksvoll und klangen, seinem Wesen entsprechend, entschlossen, machtvoll und beherrscht. Damit unterschieden sie sich deutlich von den atemlosen Rufen des jähzornigen Kehlsack.

Bei Nicks erstem Auftauchen gab es im Wald noch sehr wenig Früchte, und so verbrachte er einen großen Teil seiner Zeit damit, Baumrinde und junge Blätter zu knabbern. Vor allem schien es ihm die Rinde des *sindur*-Baums angetan zu haben. Er biß mit den Schneidezähnen seitlich in den Stamm und fuhr dann mit dem Gebiß wie mit einem Schraubstock so daran entlang, daß er meterlange Rindenstreifen abriß. Ich folgte ihm gern, denn er war ruhig, baute früh sein Nest und zog im Verlauf des Tages nicht besonders weit.

In den nächsten Monaten traf er mit den meisten Weibchen zusammen, die ich kannte. Er begegnete ihnen mit großer Nonchalance. Gewöhnlich stieß er einen Langruf aus, bevor er sich näherte. Mehrfach hatte ich gesehen, daß Weibchen vor jungen erwachsenen Männchen äußerst beunruhigt davongelaufen waren, doch Nick schien nicht diese Wirkung zu haben. Wenn sie auch nicht gerade auf denselben Baum kletterten, auf dem er fraß, so machten sie sich auch nicht davon, wenn er auf den ihren stieg, sondern zogen sich lediglich ein wenig zurück, um ihm nicht allzu nahe zu kommen. Sie achteten ihn, hatten aber keine Angst vor ihm. Nick drängte sich ihnen nicht auf. Wenn sie davonzogen, folgte er ihnen nicht.

Am Ende des Jahres hatte es den Anschein, als hätte Nick im Untersuchungsgebiet Kehlsacks Platz eingenommen. Man konnte ihn fast nicht verfehlen; er schien überall zu sein. Wir hörten seinen Langruf und begegneten ihm im Wald, auch wenn wir gar nicht nach Orang-Utans Ausschau hielten. Häufig erschien er, wenn wir anderen Orang-Utans folgten. Einmal sah ich, wie er auf dem Boden saß und Termiten verzehrte. Bei meinem Anblick hob er kurz den Blick und beschäftigte sich dann weiter mit seinen Termiten.

Wäre das Untersuchungsgebiet um Camp Leakey und Camp Wilkie ein Königreich gewesen, hätte dessen Herrscher eindeutig Nick geheißen. Kein anderes Backenwulst-Männchen war so allgegenwärtig. Dennoch ließ meine Neugier nicht nach. War Kehlsack tatsächlich tot? Oder würde er wiederkehren, um den Anspruch auf seinen Thron zu erneuern?

12 Familienbande

> Sich selbst begegnet man erst dann, wenn man sich im Auge eines Lebewesens widerspiegelt, das kein Mensch ist.
>
> *Loren Eiseley*

> Ein Mann ist das, was seine Mutter aus ihm macht.
>
> *Ralph Waldo Emerson*

Damals, als wir nach Indonesien aufbrachen, hatten Rod und ich nicht die Absicht, gleich eine Familie zu gründen. Dennoch wimmelte unsere Hütte schon wenige Monate nach unserer Ankunft auf Borneo von «Kindern». Natürlich waren das kleine, pelzige Orang-Utans, aber nichtsdestoweniger Kinder, als sie in mir ihre Mutter sahen. Ich war eine Mutter über die Artengrenzen hinweg.

Als erster führte mich Sugito in die Orang-Utan-Mutterschaft ein. Ich wollte ihn möglichst genauso großziehen, wie das seine leibliche Mutter getan hätte, so daß er später dem Leben eines Backenwulst-Männchens in freier Natur und der damit verbundenen unerbittlichen Konkurrenz gewachsen war. Weder war es mein Ehrgeiz, ihn stubenrein zu bekommen, noch wollte ich ihn knuddeln und verzärteln, wie es der Mensch mit Haustieren tut. Er war in Freiheit zur Welt gekommen, und ich wollte, daß er in den Wald und zum Leben eines freilebenden Orang-Utans zurückkehrte. Doch wie der Mensch braucht auch ein Orang-Utan eine lange Zeit der Fürsorge, und so bestimmte Sugito fortan wie ein Säugling den Ablauf meines Alltags.

Sugito begleitete mich, wohin auch immer ich ging. Bei seinem Eintreffen schätzte ich ihn auf etwa sechs Monate. Aber ich verglich ihn mit gefangenen Orang-Utans, die weit größer sind als freilebende Tiere gleichen Alters. Er war winzig und wog nur wenig über zwei Kilo. Wahrscheinlich war er ein oder zwei Jahre alt.

Während ich meinen täglichen Aufgaben nachging, hätte ich seine Anwesenheit manchmal fast vergessen. Dann wieder verlor ich die Geduld, setzte ihn ab und lief davon. In solchen Fällen kreischte er durchdringend und versuchte, mir nachzulaufen. Dabei machte er zögernde, seitwärts gerichtete Schritte; es sah aus wie bei einem Krebs, und bisweilen torkelte er in seinem Eifer, zu mir zu gelangen, und fuchtelte mit den Ärmchen in der Luft herum. Jedesmal wurde ich bereits nach zehn bis zwanzig Sekunden weich, blieb stehen, ließ ihn mich einholen und nahm ihn wieder auf die Arme.

Wenn ich ihn von mir fernhielt, jaulte er mitleiderregend. Sobald ich hart blieb und ihm den Körperkontakt verweigerte, bekam er einen Wutanfall. Er kletterte von mir fort, ließ sich fallen – mit voller Absicht, wie es aussah – und schlug immer wieder mit dem Kopf gegen den Holzfußboden der Hütte, wobei er unaufhörlich schrie. Da ich selbst noch nicht Mutter war, kannte ich solche Trotzphasen von Kleinkindern nicht und nahm an, Sugitos Verhalten grenze an Autismus. Später begriff ich, daß diese zur Schau gestellte Hysterie ein hochentwickeltes Mittel ist, eine Orang-Mutter wirksam zu manipulieren. Carl hatte sich ähnlich aufgeführt, als ihn Cara zu entwöhnen begann. Allerdings war er schon weit über das Säuglingsalter hinaus, und Cara war eine sehr viel erfahrenere Mutter als ich. So kam es, daß ich immer wieder ein abgrundtief schlechtes Gewissen hatte, wenn ich Sugitos herzerweichende Darbietung sah und hörte.

Tag für Tag schlich er sich mehr in mein Leben. Allmählich gewöhnte ich mich daran, daß sich das warme und manchmal nasse Bündel ständig an mich geklammert hielt. Sugito wurde mein Kind, und ich bedauerte den Verlust meiner Freiheit nicht mehr. Die Impulse, vor ihm davonzulaufen, ließen nach, und allmählich gewann ich das kleine orangefarbene Wesen lieb, dessen Blick morgens als erstes den meinen suchte und das aufmerksam jede meiner Bewegungen verfolgte. Sugito machte mir das größte Kompliment, das ein Mensch bekommen kann: Für ihn war ich das mit Abstand wichtigste Lebewesen auf der ganzen Welt.

Oft nahm ich ihn mit zu einer Gruppe niedriger Bäume mit breiten, ausladenden Ästen in der Nähe unserer Hütte. Ich stieg auf die unteren Äste und tat so, als schliefe ich ein. An den trägen, warmen Nachmittagen nickte ich bisweilen tatsächlich ein, eingelullt vom Summen der Fliegen und Moskitos. Fuhr ich mit einem Ruck hoch, merkte ich, daß sich Sugito nach wie vor an mich klammerte. Zwar kam es vor, daß er einen Zweig ergriff oder nach einem Schmetterling haschte, dabei hielt er sich aber stets mit einer Hand oder einem Fuß an mir fest. Nach einer oder zwei Wochen ließ er ab und zu los. Solange ich unbeweglich blieb, schob er sich zögernd einige Schritte fort, doch sobald ich meine Lage nur ein ganz klein wenig veränderte, kam er zu mir zurückgeeilt. Im Lauf der Zeit konnte ich dazu übergehen, aus dem Baum herabzusteigen und mich an den Fuß des Stamms zu setzen. Nachdem Sugito einen Monat in Camp Leakey gelebt hatte, war es möglich, mich auf eine Bank unter die Jackfruchtbäume vor unserer Hütte zu setzen, während er über mir spielte. Aber ich brauchte mich nur zu erheben oder ein wenig auf der Bank beiseite zu rutschen, schon kam er herbeigestürmt. Gleichwohl schien er allmählich etwas Zutrauen zu gewinnen. Als weitere aus der Gefangenschaft befreite Orang-Utans zu uns kamen, nahm seine Wiedereingliederung neue Dimensionen an.

Der zweite befreite Orang war ein ziemlich großes Männchen, das man lange in einem Käfig im Freien gehalten hatte. Da sein Besitzer es für gefährlich hielt, hatte er es nie aus dem Käfig gelassen. Wir nannten es «Sinaga».

Diese Namen riefen unter den Beamten der örtlichen Forstverwaltung immer wieder Heiterkeit hervor. In Indonesien gibt man Tieren keine Namen. Als die Einheimischen hörten, daß in Nordamerika viele Menschen sogar ihre Kanarienvögel und Goldfische taufen, lachten sie Tränen.

Orang-Utans allerdings sind so menschenähnlich, daß ihnen auch ihre indonesischen Besitzer bisweilen Namen gaben, doch waren das gewöhnlich keine, die auch Menschen trugen. Als ich Sugito und Sinaga jeweils nach Regierungsbeamten nannte, wußten manche Leute nicht, was sie davon halten sollten. Mein Erklärungsversuch, daß ich damit die Herren Sugito und Sinaga ehren wollte, überzeugte die Einheimischen nicht. Es war klar, daß mir manche von ihnen ein geheimes Motiv unterstellten, obwohl ich nie begriff, worin das bestehen sollte.

Wahrscheinlich war Sinaga zum Zeitpunkt seines Eintreffens bei uns acht oder neun Jahre alt, mehr oder weniger ebenso alt wie sein freilebender Artgenosse Carl. In Freiheit hätte er zu jener Zeit angefangen, auf eigene Faust umherzustreifen. Er schien zu bestätigen, was ich vermutete: daß in Freiheit geborene und in Gefangenschaft geratene Tiere, wenn sie nur alt genug waren, bereitwillig und ohne besondere Aufforderung zum Leben im Wald zurückkehren würden. Kaum hatten wir Sinaga freigelassen, als er in die Jackfruchtbäume vor unserer Hütte kletterte.

Sugito war von dem Neuankömmling fasziniert. Er klammerte sich an meinen Hals und sah das ältere Tier aufmerksam an. Sobald ich den Stamm eines der Bäume umschlang – mein Signal für Sugito, daß er klettern sollte –, rannte er über meinen Arm, um Sinaga zu folgen. Als er ihn erreichte, hob er eine Hand und berührte mit einem Finger vorsichtig Sinagas Unterleib. Sinaga sah sich den Kleinen an, faßte dann nach unten und legte ihm freundlich die Finger an das Kinn. Er betrachtete Sugitos Gesicht mehrere Sekunden lang, schien dann das Interesse an ihm zu verlieren, ließ die Hand sinken und sah beiseite. Obwohl Sugito weiterhin große Anteilnahme an Sinaga zeigte und ihm durch die Bäume folgte, nahm dieser keine Notiz mehr von ihm. Schon eine halbe Stunde nach seiner Freilassung war Sinaga im großen Wald verschwunden.

«Den sehen wir nie wieder», prophezeite ich in meiner Einfalt. Am nächsten Tag war Sinaga zurück und durchstöberte unsere Hütte nach Eßbarem. Diese Suchaktionen dauerten etwa einen Monat an. Er lauerte in den Bäumen darauf, daß Rod und ich zum Baden an den Fluß gingen, dann schlug er zu. Bei unserer Rückkehr herrschte in der Hütte das Chaos. Doch den größten Teil seiner Zeit verbrachte Sinaga im Wald. Nur wenn ich allein war, kam er auch einmal zu Besuch und nicht nur zum Plündern ins Lager. Wie Sugito reagierte er auf mich völlig anders als auf Rod. Sobald Rod in Sichtweite kam, duckte sich Sinaga und quiekte. Auch Hamzah und Yusuran schienen ihn zu ängstigen, wenn auch nicht im gleichen Maß wie Rod. Die beiden Indonesier hatten ein zurückhaltendes Wesen, und verglichen mit ihnen war Rod ein Großtuer. Nach seinem Abgang von der Schule hatte er Kontakt mit einigen Motorradbanden gehabt, und etwas in seiner Art zu gehen und in seiner Haltung erinnerte an diesen Umgang. Irgend etwas ließ erkennen, daß er nicht mit sich spaßen ließ. Orang-Utans nehmen die erwachsenen Männchen ihrer eigenen Art sehr ernst, und in dieses Muster paßte Rod. Nur die Backenwülste fehlten ihm.

Indem Sugito Sinaga folgte, hatte er zum erstenmal eine gewisse Unabhängigkeit gezeigt. Ich war erleichtert. Immerhin zeichnete sich die Möglichkeit ab, daß ich nicht auf alle Zeiten mit meinem kleinen orangefarbenen Anhängsel belastet sein würde. Die Ankunft Akmads, einen Tag nachdem Sinaga zu uns gekommen war, hatte auf Sugito eine ähnlich elektrisierende Wirkung. Schon möglich, daß ich seine Mutter war, aber es war deutlich, daß er sich zu seiner eigenen Art hingezogen fühlte.

Als Akmad zu uns gebracht wurde, war sie fünf oder sechs Jahre alt. Sie kletterte auf die Deckenbalken und faßte von diesem Beobachtungsposten unmittelbar unterhalb des Dachs mit aufmerksamem und wachem Ausdruck die Hütte ins Auge. Sugito war fasziniert und kletterte augenblicklich hinter ihr her. Obwohl Akmad seine Gegenwart nicht im geringsten zur Kenntnis zu nehmen schien, faßte er sie immer wieder an und zerrte sie an den Haaren, womit er offensichtlich ihre Aufmerksamkeit zu erringen hoffte. Gutartig, wie sie war, ließ sie alles mit sich geschehen.

Ihren ersten Nachmittag in Camp Leakey verbrachte Akmad damit, daß sie die Deckenbalken der Hütte inspizierte. Unbeholfen folgte ihr Sugito, wobei er sie unaufhörlich berührte. Der Kontrast zwischen der gefaßten und zurückhaltenden Akmad und dem draufgängerischen Sugito konnte nicht größer sein. Selbstsicher und distanziert schien sie auf den Kleinen herabzublicken. Es sah richtig lächerlich aus, wie er ihr folgte. Sie bewegte sich geschickt durch die Hütte, ein geschmeidiger und stiller Schatten. Außer Eßbarem faßte sie nichts an. Sugito hingegen griff nach allem, was er erreichen konnte, hielt es fest, zerrte daran und zerriß es. Obwohl der Unterschied zwischen ihnen vermutlich teils auf Alter und Geschlecht, teils auf ihre unterschiedlichen Persönlichkeiten zurückging, nehme ich an, daß sich auch ihre unterschiedliche Vergangenheit darin spiegelte. Die erst kurz zuvor in Gefangenschaft geratene Akmad hatte den größten Teil ihres Lebens in der Freiheit verbracht; der jüngere Sugito hatte während eines vergleichsweise größeren Teils seines Lebens Umgang mit Menschen gehabt und war mehr auf Gegenstände fixiert.

Bei Einbruch der Dunkelheit lockte ich Akmad mit einer Schüssel Reis hinaus. Ich wollte, daß sie sich in einem nahegelegenen Jackfruchtbaum ein Nest baute. Sie erstieg die unteren Äste, setzte sich hin und sah mich einige Minuten lang still an. Dann kletterte sie in den

Wipfel und machte sich daran, ein Nest zu bauen. Sugito konnte sich kaum zurückhalten. Er verließ mich, folgte ihr bis in die Krone des Baums und setzte sich auf einen hohen Ast, von wo aus er zusah, wie Akmad Äste für ihr Nest brach.

Inzwischen war es vollständig dunkel. Alle Bewegungen in dem Nest hatten aufgehört. Zu meiner Überraschung kam Sugito nicht herab. Ich ließ ihn bei Akmad und ging hinein. Als ich etwa eine Viertelstunde später wieder vor die Hütte trat, hörte ich ein erbärmliches Kreischen. Sugito baumelte am untersten Ast des Jackfruchtbaums. Ich nahm ihn ab und trug ihn nach drinnen. Das war die mit Abstand selbständigste Erkundung, die er bisher unternommen hatte. Er wußte, daß er ein Orang-Utan war, auch wenn seine Adoptivmutter ein Mensch war.

Am nächsten Morgen stieg Akmad still vom Jackfruchtbaum herab, um Reis aus der Schüssel zu verzehren, die ich unten hingestellt hatte. Anschließend streckte ich die Hand aus, und sie nahm sie, ohne zu zögern. Sacht hielt sie sie fest, während wir uns nebeneinander an den Fuß des Baums setzten. Wie immer wich mir Sugito nicht von der Seite. Das Sitzen auf dem rauhen Erdboden wurde mir allmählich unbequem, und so zog ich meine Hand langsam fort, um aufstehen zu können. Akmad ließ sie aber nicht los und schmiegte sich an meinen Körper. Noch mit ihren sechs Jahren brauchte sie eine Mutter. Jetzt trug ich zwei Orang-Utans mit mir herum.

Sugito sah bei dieser neuen Entwicklung äußerst unglücklich drein. Er legte eine Hand auf den Fuß Akmads, der ihm am nächsten war, und schob ihn heftig beiseite. Sein Glucksen und seine schnalzenden Quieklaute klangen, als leide er an Verdauungsstörungen. Trotz aller Anstrengungen, Akmad zurück in die Bäume zu schicken, klammerte sie sich an mich und legte sich mir wie ein Pelzkragen um den Hals. Doch sie war jederzeit freundlich; nie klammerte, krallte oder kreischte sie wie Sugito.

Akmad hängte sich nicht immer an mich, pochte aber auf die Rechte, die ihr als meiner «Tochter» zustanden. Manchmal kam sie, wenn ich auf der Bank vor dem grobgezimmerten Holztisch unter den Jackfruchtbäumen saß, aus dem Geäst herabgeturnt. Sie nahm meinen Arm, legte ihn sich um Schultern und Rücken und kuschelte sich hinein. Sugito sah aus der anderen Armbeuge besorgt zu ihr hinüber. Wie beiläufig legte ihm dann Akmad die Hand auf das Gesicht und schob es zurück.

Einmal verließ mich Sugito, während ich am Tisch saß, einen Augenblick, um etwas Reis zu holen. Nachdem er sich das Maul so vollgestopft hatte, wie er nur konnte, kam er zu mir zurückgeeilt. Akmad beugte sich zu ihm hinüber, biß ihn leicht in die Hand, schob sie beiseite und verhinderte damit für einen Moment, daß er auf meinen Körper zurückkehren konnte. Prompt bekam er einen Tobsuchtsanfall.

Die Geschwisterrivalität begann am Tag von Akmads Ankunft. Auch Menschenkinder belastet es, wenn ein Brüderchen oder Schwesterchen zur Familie stößt, aber zumindest ist das Neugeborene nicht größer und stärker und schlägt oder beißt nicht. Armer Sugito! Nicht nur mußte er mich mit einem anderen Orang-Utan teilen, sondern dazu mit einem, der offen gesagt niedlicher und flauschiger war als er. Zu allem Überfluß konnte ihn die Ziehschwester noch herumschubsen. Sugito mußte sich wehren. Er konnte zwar Akmad nicht einschüchtern, wohl aber mich auf psychischer Ebene manipulieren. Häufig kehren Kinder zu Verhaltensformen früherer Lebensjahre zurück, wenn sie ein neues Geschwister bekommen. Am Tag nach Akmads Ankunft begann Sugito sich in einer Weise zu verhalten, die ich noch nie zuvor an ihm beobachtet hatte. Er wurde starr wie eine Gliederpuppe und zwang mich damit förmlich, ihn aufzunehmen und an meine Brust zu drücken, damit er nicht zu Boden glitt. Wenn ich meinen Griff auch nur ein wenig lockerte, fiel er mir aus den Armen. Es versteht sich, daß ich ihn daraufhin fester an mich preßte, ohne mir darüber Gedanken zu machen, daß ich sein Verhalten damit verstärkte.

Doch Sugito schien zwischen Eifersucht und Faszination hin und her gerissen. Am zweiten Tag nach Akmads Ankunft machte er einen ungewöhnlich angespannten Eindruck. Er schmatzte häufig, wurde ganz schlaff und rieb mehrfach meine Finger über seine Geschlechtsteile (eine der Arten, wie er auf Streß reagierte). Doch er konnte sich nicht entschließen: Sollte er mich verlassen und Akmad in die Bäume folgen oder bei mir bleiben und sie ignorieren? Diese Unentschlossenheit führte dazu, daß er ungestüm hinter ihr her den Baum hinaufrannte und zehn Sekunden später ebenso ungestüm zu mir zurückkehrte.

Mehrfach hob er Akmad, die im Jackfruchtbaum fraß, das Gesicht entgegen, als bettle er um Nahrung. Dann setzte er sich unter sie und befingerte ihre Geschlechtsteile, was ihm einen vernichtenden Blick eintrug. Wäre Akmad ein Mensch gewesen, hätte es bedeutet, daß sie Sugito für unanständig hielt. Obwohl er noch ein Kleinkind war, schien er alles zu wollen: Nahrung, Sex und Aufmerksamkeit.

Schon bald siegte die von seiner «großen Schwester» auf ihn ausgeübte Faszination über seine Eifersucht. Jetzt, da er einen Orang-Utan zum Spielgefährten und als Rollenvorbild hatte, klebte er nicht mehr Tag und Nacht an meinem Körper. Stundenlang kämpfte er spielerisch mit Akmad. Sie eignete sich dafür in idealer Weise, da sie trotz ihrer Größe viel sanfter war als er. Das gab ihm die Möglichkeit, sich ihr gegenüber durchzusetzen, ohne verletzt zu werden. Ich hatte ihn noch nie so aktiv gesehen. Er folgte ihr in der Hütte überallhin und untersuchte alles, was sie berührte. Sie brachte ihm meist bemerkenswerte Geduld entgegen.

Eines Morgens schlich sich Akmad in unsere Hütte. Ich lockte sie mit einigen rohen Eiern hinaus. Sie aß sie und ließ die Schalen fallen. Essensreste und Fruchtschalen ließ sie immer sehr langsam und vorsichtig fallen, wobei sie die Hand hinter dem Rücken hielt, als wolle sie nicht beim Wegwerfen von Abfall beobachtet werden. Kaum hatten die Eierschalen den Boden berührt, als Sugito hineilte, ein großes Stück aufnahm, es zu beschnüffeln begann und an die Lippen legte. Akmad zwickte ihn mit Daumen und Zeigefinger so kräftig in die Hand, daß Sugito die Schale aufjaulend hinwarf. Akmad hob sie nicht auf, sondern ging einfach fort. Bei dem, was sie interessierte – und das war alles Eßbare – ließ sie sich nicht «dreinreden».

Mehrere Tage nach Akmads Ankunft war ich allein in der Hütte, als Sinaga auftauchte. Ich warf ihm von der Türschwelle eine Banane zu. Akmad, die sich in der Hütte aufhielt, rannte an mir vorbei hinaus auf Sinaga zu und schnappte ihm die Banane vor der Nase fort. Beim zweitenmal gab ich ihm die Banane in die Hand und danach eine zweite und eine dritte. Er wandte sich ein wenig beiseite, um sie zu fressen. Das ist für Orang-Utans typisch. Bei ihnen scheint Essen eine Privatangelegenheit zu sein. Mit dem Abwenden versteckte er zugleich die Nahrung; er wollte nicht teilen. Akmad sah aufmerksam zu. Schließlich hielt sie es nicht mehr aus. Sie sprang Sinaga auf den Rücken und wollte ihm die Banane fortnehmen, die er in der fest geschlossenen Faust hielt. Da er mindestens doppelt so groß war wie sie, gelang es ihr nicht. Was mich überraschte, war, daß er Akmad weder biß noch wütend auf sie zu sein schien. Er schob sie einfach beiseite und ging ein paar Schritte weiter.

Ich holte mein Notizbuch, ging hinaus und setzte mich an den Tisch unter dem Jackfruchtbaum. Schon bald kam Sinaga herbeigeschlendert und kletterte auf den Tisch. Ich saß da, Sugito an meine Seite geklammert, Akmad auf der Bank neben mir und Sinaga träge vor mir ausgebreitet. Schon bald schlief er ein. Ich wagte mich nicht zu rühren. Mir war klar, daß sich Sinaga sicher fühlte, weil alle Männer gegangen waren. Sie hatten das Lager am frühen Vormittag flußaufwärts verlassen. Vielleicht hatte er sie von seinem Schlafnest aus beim Aufbruch beobachtet oder aus dem sich entfernenden Geräusch des Motorboots seine Schlüsse gezogen. Zum ersten Mal war er vollständig entspannt.

Wie ich so dasaß, spürte ich bis ins innerste Wesen und in die Tiefen meiner Seele, daß die drei Menschenaffen Flüchtlinge aus dem Paradies waren, einem Paradies, das wir Menschen einst verlassen hatten, um unser Schicksal in den Savannen und auf den freien Flächen der Erde zu suchen. Diese Menschenaffen waren Überlebende aus dem Paradies. Was sonst hätte ihre Freundlichkeit erklären können, die gelöste Art, in der sie miteinander umgingen, und sogar die Tatsache, daß sie einander nicht unbedingt brauchten? Der Himmel leuchtete. Ein warmes Lüftchen wehte von der Javasee herüber, die nur dreißig Kilometer entfernt lag. Langsam griff ich nach Stift und Notizbuch. Still verließ mich Akmad und baute sich über mir in den Zweigen des Jackfruchtbaums ein Nest. Sugito folgte ihr und versuchte beharrlich, mit hineinzuklettern, sie aber schob ihn freundlich, doch mit Nachdruck, immer wieder zurück. Ein Schneidervogel, so winzig, daß er in der geschlossenen Faust Platz gehabt hätte, tirilierte ganz in der Nähe ein aus zwei Tönen bestehendes Lied. Ich begann zu schreiben und vergaß die Zeit.

Mit einem Mal merkte ich, daß Sinaga auf allen vieren stehend aufmerksam zusah, wie ich mit dem Stift über das Blatt fuhr. Intuitiv streckte ich die Hand nach ihm aus, aber er zog sich zurück, wich meiner Berührung aus. Er kam erst wieder näher, um mir zuzusehen, als ich die Hand sinken ließ.

Ich saß da und sah ihn an. Da ich noch nichts gegessen hatte, zog ich einen jungen Trieb aus einer *rasau*-Pflanze, die einer Ananasstaude ohne Frucht ähnelt, und begann zu kauen. Der Trieb schmeckt mild und erinnert mit seiner Knackigkeit an Staudensellerie. Sinaga sah mir zu, beugte sich dann ebenfalls über eine *rasau*-Pflanze, riß ein Stück davon ab und fraß einen weißen jungen Sproß. Ich weiß nicht, ob er die Pflanze bereits kannte, aber die Situation wirkte auf mich wie ein Akt der Sozialimitation, bei dem ein Individuum durch eine Tätigkeit, beispielsweise, indem es Wasser trinkt, andere dazu bringt, es ihm nachzutun.

Bald kam Akmad aus ihrem Nest herab. Sie griff nach einigen Bananen, die in meiner Nähe lagen. Das Knacken von Ästen ließ sie zusammenfahren, und sie packte Sinagas Arm, als wolle sie sich vergewissern, daß alles in Ordnung war. Ihre schutzsuchende Geste sah menschlich aus. Sinaga hielt den Mund vor ihre Lippen, als bettle er um Nahrung. Ich sah in dieser Haltung keinen Sinn, denn die Bananen lagen unmittelbar neben Akmad, und Sinaga hätte sich ohne weiteres eine nehmen können. Aber der Brei in Akmads Mund schien ihn mehr zu interessieren. Dann legte er ganz sacht einen Finger in Akmads Scheide. Er zog ihn heraus, hielt ihn an die Nase und schnüffelte. Akmad achtete nicht auf ihn. Anschließend legte er den Mund wieder dicht an Akmads Gesicht. Erst als er ihr den Rest der Banane fortnehmen wollte, zog sie die Hand fort, und es kam zu einem Streit, bei dem sie sich gegenseitig in die Hand bissen. Akmad behielt die Banane.

Sinaga lief in unsere Hütte. Ich stellte mir vor, wie er alles auf den Kopf stellte und klopfte mit einem Axtstiel laut auf den Boden. Doch statt Angst zu kriegen, kletterte er auf die Deckenbalken und ließ sich von dort herabhängen. Alles Klopfen, Schreien und Stoßen nützte nichts. Während ich mich, unter Sinaga stehend, ereiferte, nutzte Akmad die Gelegenheit, die Hütte zu erkunden. Vielleicht wollte sie ein wenig vor Sinaga prahlen. Sie lief über die Deckenbalken und klapperte mit Töpfen und Pfannen, nachdem sie vorsichtig die Deckel angehoben und hineingeschaut hatte. Dann entdeckte sie Hamzahs Bettzeugrolle. (Er und Yusuran schliefen nach wie vor bei uns in der Hütte.) Sie schleuderte die Rolle über ihren Kopf, öffnete sie, entrollte sie und fiel dann, behaglich auf dem Rücken ausgestreckt, in Schlaf.

Sinaga blieb oben auf den Deckenbalken, als hätte er beliebig viel Zeit, und ließ ein Bein hin und her schaukeln. Wir saßen beide da – ich angespannt und zum Sprung bereit, Sinaga gelöst, unbefangen und gelegentlich gähnend. Offensichtlich genoß er es, dort oben zu sitzen. Die Geduldsprobe dauerte volle drei Stunden.

Schließlich kamen Rod und die Helfer am Spätnachmittag zurück. Zu meiner Überraschung floh Sinaga nicht. Er stieß lediglich leise Klagelaute aus und kletterte über den Hauptdeckenträger nach draußen. Dort blieb er sitzen, unbeweglich wie die Galionsfigur eines Schiffs. Erst als Rod und Hamzah auf das Dach kletterten, um ihn zu vertreiben, floh er in den Jackfruchtbaum.

Ganz offensichtlich reagieren Orang-Utans auf Männer und Frauen unterschiedlich. Wären zwei Frauen auf das Dach geklettert, ich bin sicher, Sinaga hätte sich nicht gerührt. Mein Verstand sagte mir, daß es nicht verwunderlich ist, wenn Orang-Utans Männer und Frauen unterschiedlich einschätzen, denn innerhalb ihrer eigenen Art sind die Unterschiede zwischen den Geschlechtern gewaltig. Dennoch erschütterte mich die Wirklichkeit. Nach feministischen Maßstäben verhalten sich Orang-Utans ausgesprochen sexistisch. Ich war in den sechziger Jahren aufgewachsen, dem Jahrzehnt, in dem Frauen in Nordamerika zum ersten Mal auf Gleichstellung mit den Männern pochten. Eins der letzten Bücher, die ich vor dem Aufbruch zu meiner Feldstudie gelesen hatte, war Germaine Greers *Der weibliche Eunuch* gewesen. Es beunruhigte mich, daß Orang-Utans so unmißverständlich zwischen Männern und Frauen unterschieden. Louis Leakey hatte gesagt, daß die Männchen bei den großen Menschenaffen auf Männer und Frauen unterschiedlich reagierten und eine Beobachterin weniger aggressives Verhalten provozieren würde. Er war sogar der Ansicht, daß sie Frauen gegenüber eine Beschützerrolle spielen würden. Was das betraf, hatte ich meine Zweifel, doch sofern Sinagas Verhalten von Bedeutung war, fühlten sich Orang-Utans in meiner Gegenwart wohler als in der Rods oder der Indonesier.

Im Januar brachten wir ein eineinhalbjähriges Weibchen ins Lager, das noch winziger war als Sugito. Wir hatten mehrere Stunden auf den Besitzer, einen Offizier der Luftstreitkräfte in Pangkalanbuun, einreden müssen, bis wir ihn überzeugen konnten, sie uns anzuvertrauen. Er und seine Angehörigen fürchteten, daß wir sie im Wald aussetzen würden, wo sie möglicherweise verhungerte und gefressen würde, oder daß wir sie in einen Käfig sperrten und ihr die Streicheleinheiten vorenthielten, deren sie so offensichtlich bedurfte. Jedes seiner Argumente widerlegte ich geduldig und ausführlich. Schließlich übergab er mir nach nahezu fünf Stunden das Äffchen mit den Worten: «Ich bin überzeugt, daß es das Richtige ist.» Auf dem Weg zurück nach Camp Leakey beschloß ich, die Kleine nach einem Polizeibeamten in Palangkaraya «Sobiarso» zu nennen.

Sobiarso wurde mein zweiter Säugling. Akmad und Sinaga waren keine Kleinkinder mehr, sondern auf dem Weg zur Selbständigkeit. Nur selten kam Sinaga ins Lager, und Akmad verschwand jeweils für mehrere Tage. Wie Sugito trug ich Sobiarso überall mit herum. Statt eines flauschigen orangefarbenen Säuglings teilten jetzt zwei das Bett mit Rod und mir. Wie bei Geschwistern üblich, stritten sich Sugito und Sobiarso.

Die winzige Sobiarso war bezaubernd. Mit ihrem glatten rosa Gesicht und den leuchtendbraunen Augen, die von weichem hellorangefarbenem, fast gelbem Haar umgeben waren, entsprach sie ganz dem «Kindchenschema». Seit Konrad Lorenz wissen wir, daß kleine, rundliche, großäugige Geschöpfe beim Menschen eine unbewußte Beschützer- und Betreuungsreaktion auslösen. Je größer Kopf und Augen eines Tiers sind, desto mehr entsprechen seine Proportionen denen eines Kleinkinds, und um so ausgeprägter reagieren wir darauf. Beispielsweise hat Mickymaus bei ihrer Erfindung einem Nagetier weit ähnlicher gesehen als heute. Dem Kindchenschema folgend haben die Zeichner im Laufe der Jahre die Augen und den oberen Teil des Kopfes unverhältnismäßig vergrößert und die Mundpartie deutlich verkleinert. Sobiarso entsprach dem Kindchenschema in besonderem Maß, und vielleicht war das der Grund, warum sich der Besitzer und seine Angehörigen so große Sorgen um ihr Wohlergehen gemacht hatten.

Zu ihrem süßen Gesicht paßte ihr freundliches Wesen. Vom ersten Tag an war sie weit unabhängiger als Sugito. Zwar klammerte sich Sobiarso gern an mich, doch begann sie, wenn ich stillsaß, nach einer Weile die Umgebung zu erkunden, kletterte und zog umher. In ihren großen, leuchtenden Augen lag Neugier und Staunen über alles, was sie entdeckte. Im Unterschied zu Sugito kletterte sie gleich nach ihrer Ankunft auf Bäume und spielte zufrieden, sicher im Bewußtsein dessen, daß ich rufen würde, wenn es Zeit zur Rückkehr war. Sie war voll Urvertrauen, lebhaft und selbstsicher.

Auch konnte sie sich ohne weiteres von einem Menschen auf einen anderen umstellen. Häufig tat sie sogar den ersten Schritt, vor allem, wenn der oder die andere etwas Eßbares in der Hand hielt. In einem solchen Fall löste sie sich sofort von mir. Sie war so leicht, daß ich es kaum merkte, wenn sie meinen Hals oder meine Seite verließ, vor allem, wenn ich mit einer Arbeit beschäftigt oder tief in Gedanken war. Oft kam es vor, daß ich den Blick hob und sie in einem anderen Teil der Hütte sah, wo sie auf dem Fußboden völlig versunken mit einem Stück Stoff oder einem Pflanzenteil spielte.

Die sonst so freundliche Akmad reagierte auf die kleine Sobiarso deutlich anders als auf Sugito und Sinaga. Zum ersten Mal sah sie den Neuankömmling am Morgen nach dessen Ankunft. Akmad hatte ihr Nest verlassen und war auf die Jackfruchtbäume gestiegen. Sie sah zu uns herab. Sobiarso hob den Blick zu ihr und kletterte dann, auf das ältere Weibchen offenbar neugierig, hinauf.

Mindestens fünf Minuten lang saß Akmad bewegungslos da, ohne den Blick von dem Jungtier zu lösen, als wollte sie Sobiarso abschätzen. Dann kletterte sie bedächtig zu dem Winzling hinüber und biß ihn in die Hände, drehte ihn um und biß mit voller Absicht erst in den einen und dann in den anderen Fuß. Zum Schluß versetzte sie der Kleinen nahe den Geschlechtsteilen einen wütenden Biß ins Sitzfleisch. Nun wurde aus Sobiarsos leisem Quieken ein lautes Jammern. Kopfüber hing die Arme mit den Füßen an einem Ast, während Akmad sie mißhandelte. Nach ihren Schreien zu urteilen, mußte jeden Augenblick Blut vom Baum tropfen.

Hilflos stand ich unten. Der Baum hatte keine niedrigen Äste, so daß ich nicht zu Sobiarsos Rettung emporsteigen konnte. Immer wieder rief ich Akmad, so laut ich konnte, bis ich heiser war. Nach etwa zwei Minuten ließ sie von Sobiarso ab, die wimmernd den Baumstamm hinab in meine Arme floh. Ich war entsetzt; nie hätte ich es für möglich gehalten, daß sich die umgängliche Akmad einem Jungtier gegenüber so verhalten könnte.

Ich untersuchte Sobiarso gründlich. Zu meiner großen Überraschung entdeckte ich keine Verletzungen. Der einzige Hinweis auf Akmads scheinbar wildes Beißen war Sobiarsos speichelverklebtes Haar. Ich kam zu dem Ergebnis, daß der gar nicht zu Akmad passende Angriff darauf zurückging, daß Sobiarso im Unterschied zu Sugito und Sinaga ein Weibchen war. Am selben Tag untersuchte Akmad mehrfach Sobiarsos Geschlechtsteile, wobei sie das widerstrebende Jungtier zu sich zog, es in die richtige Stellung brachte und dann seine Klitoris mit Daumen und Zeigefinger prüfend betastete. Danach führte sie beide Finger zuerst zum Mund und anschließend an die Nase. Sie schien sich unbedingt und zweifelsfrei davon überzeugen zu müssen, daß Sobiarso ein Weibchen war.

Erstaunlicherweise hatte Sobiarso keine Angst vor Akmad. Nach jenem ersten Tag war diese freundlich und duldsam wie zuvor. Bis dahin hatte sie den obersten Rang eingenommen und beim Fressen bisweilen sogar den deutlich größeren Sinaga verdrängt. Doch Sobiarso biß Akmad jedesmal, wenn diese Milch trank oder etwas fraß, das die Kleine haben wollte. Akmad biß oder schlug nie zurück. Später merkte ich, daß es ihrem Charakter entsprach, gleich zu Anfang anzugreifen, um die Machtverhältnisse klarzustellen. Sobald sie sich bei den anderen als Ranghöchste eingeführt hatte, war die Angelegenheit erledigt. Sobiarso war wohl der beherzteste und furchtloseste Orang-Utan, den ich je kennengelernt habe. Sie ließ sich von niemandem einschüchtern, war aber zugleich von derselben Umgänglichkeit wie Akmad. Akmad war freundlich, gelassen und schön, Sobiarso umgänglich, mutig und niedlich. Wo Akmad dahinglitt, hüpfte und tollte Sobiarso. Der Unterschied lag nicht nur im Lebensalter, sondern auch in ihrer Persönlichkeitsstruktur.

Akmad und Sobiarso einerseits unterschieden sich von Sugito und Sinaga anderseits. Nie unternahm Akmad räuberische Überfälle auf unsere Hütte wie Sinaga, und Sobiarso bekam keine Wutanfälle wie Sugito. Die beiden Männchen unterschieden sich dem Wesen nach klar von den Weibchen. Ich überlegte, ob das typisch war für Orang-Utans oder ob sich die Unterschiede bei größeren Untersuchungsgruppen ausglichen.

Die drei Orang-Utans Akmad, Sobiarso und Sugito wurden meine Kinder, mit denen ich nicht nur meine Tage, sondern auch meine Nächte verbrachte. Sugito schlief stets bei mir, Sobiarso aber gewöhnte es sich im Lauf der Wochen an, in einem großen grünen Waschbecken zu schlafen, das mit einem dicken rosa Moskitonetz ausgepolstert war. Akmad ließ ich nachts nicht in die Hütte; sie baute sich in den nahen Bäumen ein Nest. Tagsüber aber kam sie oft herein, ob man sie nun dazu aufgefordert hatte oder nicht, und zwar durch das Dach statt durch die Tür. Dadurch entstanden klaffende Löcher im Dach wie auch in den Matten unterhalb des Firsts. Besonders gern saß sie auf den Deckenbalken, und wenn es nach Regen aussah, stellte sie sich hin und steckte eine Hand oder den Kopf nach draußen, um zu sehen, ob es schon regnete. Damit vergrößerte sie die Zahl der Löcher weiter.

Wenn ich auf der Suche nach Orang-Utans in den Wald ging, trug ich häufig Sugito und Sobiarso mit. Sobald ich jedoch einem Individuum über längere Zeit folgte, ließ ich Sobiarso gewöhnlich im Lager. Im Unterschied zu Sugito spielte sie gern allein in der Hütte oder den nahen Bäumen, und immer war jemand im Lager, der ein Auge auf sie haben konnte. Zu jener Zeit schwankte Akmad zwischen Abhängigkeit und Selbständigkeit. Bisweilen verschwand sie mehrere Tage hindurch, doch wenn ich im Lager war, ließ sie mich nicht aus dem Blick und folgte mir, sobald ich die nähere Umgebung der Hütte verließ. An Tagen, an denen ich nach freilebenden Orang-Utans suchte, verließ ich das Lager immer früher, damit Akmad nichts davon merkte.

Ohne das beabsichtigt zu haben, war ich nicht nur Mutter geworden, sondern hatte mit Sugito, Sobiarso und Akmad eine regelrechte Familie. Die drei balgten sich, an meinen Körper geklammert, wie richtige Geschwister. Sie stießen und schubsten einander beim Fressen und tollten vor dem Schlafengehen miteinander herum. Sie beanspruchten den Dachboden, vielleicht, weil er sich über der Erde und damit in einer Höhe befand, in der Orang-Utans den größten Teil ihres Lebens verbringen, vielleicht aber auch, weil es dort Kissen, Decken und Laken gab, in denen man sich wunderbar herumwälzen konnte. Schon kurz vor Sonnenuntergang kletterten alle drei verstohlen hinauf und sammelten sich unter dem Moskitonetz, das von den Dachbalken herabhing.

Ich genoß die Mutterrolle, die ich für Akmad, Sobiarso und Sugito übernommen hatte. Es kam mir ganz so vor, als wäre ich dafür geboren. Mitten im Wald in einer winzigen Hütte ohne Strom oder andere Annehmlichkeiten der Zivilisation widmete ich mich ganz dieser Aufgabe – wenn ich nicht gerade freilebende Orang-Utans aufspürte oder sie beobachtete. Nach meinem ersten Jahr trug ich die drei sogar mit nach Camp Wilkie und zurück, wenn ich dort mehr als nur einige Nächte zubrachte.

Noch mehr trat meine Mutterrolle in den Vordergrund, als Sugito etwa sechs Wochen nach seiner Ankunft im Lager meinen Daumen entdeckte. Nur besonders wohlgenährte Orang-Utan-Weibchen haben, wenn sie säugen, sichtbare Brüste; ihre Zitzen hingegen erreichen in etwa die Größe des Daumens einer Frau. Mein Daumen begeisterte

Sugito. Als er erst einmal angefangen hatte, daran zu nuckeln, schien sich seine ganze Welt darum zu drehen. Er saugte beständig, bisweilen eine halbe Stunde ohne Unterbrechung. Es mußte der Daumen sein, ein anderer Finger bedeutete ihm nichts. Er nuckelte abends, bevor er schlafen ging, morgens, nachdem er aufgewacht war, und mehrfach im Verlauf des Tages. Er nuckelte, wenn er von mir getrennt gewesen war, und er nuckelte, wenn wir den ganzen Tag zusammen waren. Mein Daumen wurde sein wichtigster Seelentröster. Er wurde ruhiger und entspannter. Wenn ich ihm den Daumen verweigerte, bekam er einen Koller. Ich merkte bald, daß es einfacher war, ihm den Daumen hinzuhalten, wenn er ihn haben wollte, als ihn zu rationieren. Wenn ich ihm seinen «Schnuller» vorenthielt, kreischte er unaufhörlich und demolierte alles, dessen er habhaft werden konnte. Schon bald entdeckten auch Akmad und Sobiarso die Wonnen des Daumens, wurden aber nie in dem Maße davon abhängig wie Sugito. Akmad nuckelte gelegentlich, aber nie sehr lange. Sobiarso behandelte den Daumen eher wie einen köstlichen, wohlschmeckenden Nachtisch, den sie mit Maßen genoß. Doch für alle drei galt: Ein anderer Daumen taugte nichts; es mußte meiner sein.

Mein Verstand sagte mir, daß an Sugitos Verhalten nichts Ungewöhnliches oder Abnormes war. Orang-Mütter lassen ihre Kinder an der Zitze saugen, wenn ihnen danach ist. Doch meine puritanische Erziehung ließ mich Unbehagen empfinden. In meiner Kindheit hatte Daumenlutschen (und später Nägelbeißen) als etwas gegolten, das man «nicht tat». Irgendwie schämte ich mich, daß meine adoptierten Orang-Kinder mit so großer Wonne an meinem milchlosen Daumen saugten. Es klingt sonderbar, aber ich meinte, es wäre besser, ich läse ihnen Gutenachtgeschichten vor oder täte sonst etwas Zivilisiertes. Zu meinem schlechten Gewissen gesellten sich Schmerzen. Obwohl ich ihnen meine Daumen abwechselnd hinhielt und zu erreichen versuchte, daß sie nicht allzuoft saugten, schmerzten sie mit der Zeit so sehr, daß ich oft fast aufgeschrien hätte, wenn Sugito zu lutschen anfing.

Bei fast allen Tieren außer den Säugern (und das sind die meisten) gibt es nach der Geburt keine besondere Bindung zwischen Mutter und Kind. Fische, Amphibien und Reptilien kümmern sich in der Mehrzahl in keiner Weise um den Nachwuchs. Sie legen einfach Hunderte oder Tausende von Eiern und machen sich davon. Wenn bei Fischen die

Jungen ausnahmsweise elterliche Fürsorge erfahren, übernimmt diese Rolle meist der Vater. Unter den Vögeln, bei denen Brutpflege die Regel ist, teilen sich gewöhnlich beide Eltern die Aufzucht der geschlüpften Jungen. Nur bei den Säugern besteht eine besondere Beziehung zwischen der Mutter und den Jungen, aus der der Vater ausgeschlossen sein kann. Sie hängt damit zusammen, daß die Mutter über Milchdrüsen verfügt, an denen die Jungen saugen, wie der Name für diese Tierklasse besagt. Daß sich beide Eltern an der Aufzucht der Jungen beteiligen, ist die Ausnahme. (Selbst in unserer eigenen Ordnung, also bei den Primaten, findet sich geteilte Elternschaft bei weniger als einem Drittel aller Arten.) Orang-Utans sind ein deutliches Beispiel dafür. In freier Natur spielt das Orang-Männchen bei der Sorge um die Nachkommenschaft praktisch keine Rolle.

Diesem bei Primaten vorherrschenden Muster getreu übernahm auch Rod keine feste Rolle in der täglichen Pflege und Ernährung der verwaisten Orang-Utans. Fairerweise muß ich sagen, daß die jungen Orangs, die sich in der Natur ausschließlich auf die Mutter beziehen, sich nicht um Rods Aufmerksamkeit scherten. Doch er bemühte sich auch nicht, ihre natürliche Eifersucht zu überwinden. Obwohl er mir häufig half, hielt er es für meine Aufgabe, Sugitos, Sobiarsos und Akmads beständige Forderungen zu erfüllen. Die jungen Affen waren meine Kinder, nicht unsere.

Lange hat die Naturwissenschaft angenommen, die Bindung eines jungen Säugetiers an seine Mutter hänge damit zusammen, daß diese körperliche Bedürfnisse befriedigt, insbesondere Hunger und Durst stillt. Der britische Psychiater John Bowlby hat das die «Küchenschrank-Theorie» der Mutterliebe genannt, weil damit die Rolle der Mutter im wesentlichen auf die einer Nahrungsspenderin reduziert wird. Eine in den sechziger Jahren von dem amerikanischen Psychologen Harry Harlow durchgeführte Versuchsreihe hat die Küchenschrank-Theorie erschüttert. Er trennte Rhesusäffchen bei der Geburt von ihren Müttern und zog sie einzeln auf. Die armen Tiere verbrachten den größten Teil ihrer Zeit in eine Ecke ihres Käfigs gedrückt, umklammerten den eigenen Körper und schaukelten. Harlow ließ sie zwischen zwei aus Draht konstruierten Ersatz-«Müttern» wählen, von denen die eine mit einer Saugflasche versehen, die andere mit Schaumgummi bedeckt und mit Frotteestoff bezogen war. Die jungen Äffchen entschieden sich ausnahmslos für die «Nestwärme» der weichen Frotteestoff-«Mutter» und nicht für die «kalte Mutter», die ihnen Nahrung gab. Doch boten beide Ersatzformen keinen Ausgleich für den Verlust an Mutterliebe. Die Versuchstiere reagierten, wenn sie herangewachsen waren, mit übertriebener Angst oder Aggression auf andere Affen und zeigten ein gestörtes Sexualverhalten. Die wenigen Weibchen, die sich dennoch paarten und Nachwuchs bekamen, neigten dazu, diesen zu mißhandeln oder zu vernachlässigen.

Vom Affenstandpunkt aus war Harlows Labor eine Schreckenskammer mit Isolierzelle, verschiedenen grausamen «eisernen Müttern» und sogar einem «Vergewaltigungsgestell», mit dessen Hilfe weibliche Tiere künstlich befruchtet wurden, damit weitere Forschungsobjekte zur Verfügung standen. Damals galten Folterung und Opferung Hunderter von Affen für die Sache der Wissenschaft beinahe als Routineangelegenheit. Man sah in den jungen Tieren keine Lebewesen mit Empfindungen und Gefühlen, sondern bloße Forschungsobjekte. Wie paradox, daß sich die Wissenschaft durch Kindesmißhandlung von der Bedeutung der Mutterliebe überzeugen mußte! Denn Harlows Experimente brachten eine Neubewertung der Mutter-Kind-Bindung bei Säugetieren in Gang. Weitere Untersuchungen zeigten beispielsweise, daß es eine Vorbedingung für eine normale Entwicklung junger Ratten ist, daß ihre Mutter sie beleckt. Die Forschung an Tieren erhellt nicht zwangsläufig das Verhalten des Menschen. Hier aber war das der Fall. Einige Jahre später entdeckten Forscher, daß Frühgeburten, die man in der Neugeborenenabteilung eines Krankenhauses in sterilen Brutkästen von den Müttern getrennt hielt, außerordentlich positiv auf mehrmals täglich durchgeführte Massagen reagierten. Sie wuchsen schneller und entwickelten eine bessere Muskelkoordination als Frühgeburten, die keinerlei Körperkontakt mit anderen Menschen hatten.

Schritt für Schritt hat man begriffen, daß eine Säugetiermutter nicht nur Milch und Wärme liefert, sondern auch die Umgebung für die normale Entwicklung Neugeborener. Ebensosehr wie eine Erfüllung ihrer körperlichen Bedürfnisse brauchen sie eine Mutter, die auf sie eingeht, ihnen zeigt, daß ihre Bedürfnisse verstanden und ihre Gefühle erwidert werden, sei es dadurch, daß sie zurücklächelt oder indem sie sie tröstet, wenn sie schreien. Ohne diese Wechselbeziehung – ohne die auf das Kind eingehende Anwesenheit der Mutter – ist eine normale Entwicklung schwierig, wenn nicht gar unmöglich.

Instinktiv habe ich als «Primatenweibchen» den drei Orang-Utans, die Mitglieder meiner im Wald lebenden Familie wurden, die mütterliche Umgebung geliefert. Ich habe sie nicht abgeleckt, wohl aber gekämmt. Ich habe sie nicht gestillt, ließ sie aber an meinem Daumen nuckeln und gab ihnen Milch. Ich habe sie geliebkost, getragen, gedrückt und geliebt. Sie waren abhängig von mir und ich von ihnen. Ihre Körperwärme, ihre leisen Klagelaute, ihre Lebensäußerungen, ihre Gegenwart – all das wurde Bestandteil meines Alltags im Wald. Sie brachten mich zum Lachen und zum Weinen. Sie waren zwar keine Menschen, aber uns doch sehr ähnlich. Akmad, Sugito und Sobiarso waren anders als die Katzen oder Hunde, die ich als kleines Mädchen geliebt hatte. In meiner Kindheit hatte ich an meinen Katzen gehangen, doch hatten sie mich in keiner Sekunde vergessen lassen, daß sie einer anderen Art angehörten. Der Orang-Utan ist ein großer Menschenaffe und besitzt zu nahezu 98 Prozent das gleiche Genmaterial wie der Mensch. Die restlichen zwei Prozent spielten im Laufe der Zeit eine immer geringere Rolle, bis der Unterschied allmählich ganz verschwand. Ich war ihre Mutter, eine Säugetiermutter, eine Primaten- und Hominidenmutter, und es war nicht besonders wichtig, daß ich weder auf Bäumen herumklettern und hangeln noch mit Hilfe meiner Eckzähne große Früchte mit dicker Schale öffnen konnte. Es spielte für sie keine große Rolle, daß ich ein Mensch war, und für mich spielte es keine große Rolle, daß sie Orang-Utans waren. Es genügte, daß Akmad, Sugito und Sobiarso meine Kinder und die Wälder von Kalimantan meine Heimat wurden.

13 EINE ANDERE WIRKLICHKEIT

> Manchmal besteht die einzige Möglichkeit zu verhindern,
> daß man alles verliert, darin, daß man alles aufgibt.
>
> *Ken Kesey*
>
> Das Licht nehmen wir durch den dunklen Teil des Auges
> wahr.
>
> *Richard Avedon*

Dem durchschnittlichen Menschen im Westen scheint der Tod außerordentlich fern. Die moderne Medizin sieht in ihm fast so etwas wie eine heilbare Krankheit, deren Eintreten man um jeden Preis verhindern oder hinausschieben muß. Unser behagliches Leben mit fortschrittlichen sanitären Einrichtungen, Lebensmitteln im Überfluß (und in einer Qualität, die strengen Kontrollen unterliegt) sowie eine hochspezialisierte Medizin puffern uns vor der unverhüllten Endgültigkeit des Todes ab. Bis zu meiner Ankunft in Kalimantan hatte ich erst an einem Begräbnis teilgenommen. In meinem behüteten Dasein war Rods Vater der einzige Mensch im engeren Freundes- und Familienkreis, der gestorben war. Für mich war der Tod etwas, das andere Menschen betraf, Menschen, die ich nicht kannte.

Wie die meisten Nordamerikaner glaubte ich an die Macht von Naturwissenschaft und Technik. Ich bin in der Überzeugung groß geworden, daß Krankheiten natürliche Ursachen haben und die neuzeitliche Medizin sie alle heilen kann (oder in Zukunft heilen können wird). Inzwischen werfen Aids, die wachsende Zahl von Tuberkulosefällen und Krebs sowie die Erkenntnis, daß manche Erreger mittlerweile gegen die meisten Antibiotika resistent sind, neue Probleme auf. Zumindest für Angehörige der Mittelschicht gilt aber, daß viele gewöhnliche Infektionskrankheiten besiegt sind. Nur noch selten stirbt im Westen jemand an Diphtherie, Lungenentzündung, Grippe oder Masern. Die Seuchen, die ganze Kontinente verwüstet haben, gehören der Vergangenheit an.

In Kalimantan geriet ich in ein anders geartetes Universum. Der Unterschied zu der mir bis dahin bekannten Welt bestand nicht nur darin, daß es keinerlei Annehmlichkeiten wie beispielsweise fließendes Wasser gab, keine modernen Krankenhäuser, Supermärkte, Autos, Busse, Telefone, Elektrizität oder tägliche Postzustellung. Der Unterschied ging tiefer. So, wie man auf Kalimantan nicht zwischen Natürlichem und Übernatürlichem unterscheidet, wird das Leben nicht abgelöst vom Tod gesehen. Die Einheimischen, ob Melayu oder Dajak, leben beständig im Schatten, den der schwarze Flügel des Todes wirft. Seine Allgegenwart erfuhr ich in den Gesprächen mit den Frauen, die sich immer wieder nach der Zahl meiner Kinder erkundigten. Fragte ich meinerseits, wieviel Kinder sie hatten, bekam ich Antworten wie: «Acht. Fünf leben, und drei sind tot.»

Schon bald stimmte auch ich in den Chor der Melayu-Mütter ein: «Sechs Orang-Utan-‹Kinder›. Vier leben, und zwei sind tot.»

Bei unserer Ankunft hatten Rod und ich einen chinesischen Kaufmann am Ort aufgesucht, der ein weibliches Jungtier besaß. Es wurde im Käfig gehalten, schien munter und lebhaft. Wir fragten, ob wir es mit in den Wald zurücknehmen könnten, doch der Besitzer zögerte. Er sagte: «Ich gebe sie Ihnen später, wenn sie älter ist.» Allerdings wurde daraus «früher», denn schon nach wenigen Monaten hörten wir gerüchteweise, der Orang-Utan des chinesischen Kaufmanns sei sehr krank. Bei meinem nächsten Besuch in der Stadt konnte er mir das Tier nicht rasch genug aushändigen. In lediglich sechs Monaten war aus dem lebhaften jungen Orang-Utan-Weibchen ein wandelndes Skelett geworden.

Barbara Harrisson zu Ehren, die in Nordborneo verwaiste Orang-Utans gerettet hatte, nannte ich es «Barbara». Ich war entschlossen, es wieder aufzupäppeln. Jede Minute, die ich nicht im Wald zubrachte, widmete ich Barbara. Ich gab ihr Antibiotika und Vitamine. Ich ging mit ihr zu einem einheimischen Arzt, der immer wieder fragte: «Wird sie mich auch nicht beißen?» Dabei war sie so schwach, daß sie sich kaum rühren konnte.

Es kostete mich Stunden, sie zu überreden, daß sie etwas zu sich nahm. Wenn es mir gelang, ihr einen Löffel Zuckerwasser einzuflößen oder sie einige Reiskörner schlucken zu lassen, sah ich darin einen großen Erfolg. Mein Verstand sagte mir, daß sie sterben mußte und ich sie nicht würde retten können. Aber von meinem Gefühl her war ich nicht bereit, mich dieser Erkenntnis zu beugen, weil ich praktisch keine Erfahrung damit hatte.

Nach Barbaras Tod weinte ich die ganze Nacht. Bevor wir sie beerdigten, wickelte ich sie liebevoll in meinen besten Sarong. Ich weinte, weil ihr Tod so unnötig war. Wäre ihre Mutter nicht getötet worden, hätte Barbara weitergelebt. Normalerweise hatte Rod für Tränen und starke Gefühle nichts übrig, doch diesmal war auch er erschüttert.

Als nächstes entriß uns der Tod ein männliches Jungtier, den drei oder vier Jahre alten «Tony», den ich nach meinem Vater Antanas genannt hatte («Tony» ist die anglisierte Form). Wenn Tony auch nicht so ausgemergelt war wie Barbara, so war er doch abgemagert und fraß kaum etwas. Das außergewöhnlich teilnahmslose Tier verbrachte den größten Teil des Tages schlafend. Am liebsten schlief er in meinem Schoß, aber wenn ich für seinen Geschmack zu geschäftig war, kroch er an einen ruhigeren Ort und schlief da. Im Unterschied zu all den anderen verwaisten jungen Orang-Utans, deren Gesicht weißlich-rosa war, hatte das Tonys einen Stich ins Gelbe.

Dennoch war ich guter Dinge. In den ersten Wochen nach seiner Konfiszierung besserte sich Tonys Zustand deutlich. Er fraß mit größerem Appetit, und sein Gewichtsverlust kam zum Stillstand. Seine Behaarung wirkte gesund, und seine Augen verloren den matten Glanz. Aber er spielte nie. Eines Tages verschlief er, in meine Bluejeans gewickelt, den ganzen Tag in unserer Hütte. Ein anderes Mal näherte sich Sobiarso dem schlafenden Tony, als wollte sie ihn zum Spielen auffordern. Er stand auf und ging hinaus. Eine Minute später folgte ich ihm, aber es war schon zu spät.

Es war noch früher Nachmittag, als ich mich, Akmad, Sugito und Sobiarso im Schlepptau, auf die Suche nach Tony machte. Mehrere Stunden lang rief ich immer wieder seinen Namen. Hauptsächlich hatte ich Angst, daß ihn ein Bartschwein oder ein großer Python schlafend auf dem Boden finden und fressen würde. Als ich schon aufgeben wollte, hörte ich ein leises Jaulen. Ich fand ihn in einem Waldstück auf dem Boden liegend, über zweihundert Meter vom Lager entfernt, knapp zehn Meter neben dem gebahnten Weg. Nicht einmal eine

Woche später war er tot, zwei Monate, nachdem Barbara gestorben war.

Tonys Tod erschütterte mich zutiefst. Wider alle Vernunft hatte ich gehofft, er werde durchkommen, wider alle Vernunft hatte ich den Eindruck, versagt zu haben. In meiner Hilflosigkeit verfiel ich in Aberglauben. Da beide Tiere, die gestorben waren, westliche Namen getragen hatten, beschloß ich, von nun an allen aus der Gefangenschaft befreiten Orang-Utans indonesische Namen zu geben (freilebenden allerdings nicht). Ich überlegte, ob der in Indonesien weit verbreitete Aberglaube als Versuch entstanden war, das Unausweichliche zu verhindern oder ihm in den Arm zu fallen. Der Mensch hat den übermächtigen Drang, etwas zu *tun*, in einer Tragödie einen Sinn zu erkennen und sich auf diese Weise einzubilden, er könne Ereignisse steuern.

Ich redete mir ein, daß diese Todesfälle Ausnahmen seien. Nach wie vor hatte ich die grausame Gerechtigkeit nicht erfaßt, die unsere Welt regiert. Hier nährt sich das Leben vom Tod, und der Tod ist etwas völlig Alltägliches. Ich als wohlgenährter Mensch des Westens fühlte mich dank Schutzimpfungen, Aufbaupräparaten und dem Vorrat an Antibiotika im Medikamentenköfferchen gewappnet und hatte daher die harte Wirklichkeit auf Kalimantan noch nicht erfaßt. Wie die meisten Nordamerikaner der Mittelschicht sah ich im Tod etwas, das am Ende eines sehr langen Weges schreckenvoll wartet, nicht aber etwas, mit dem man tagtäglich und stündlich lebt.

Zum Glück hatten wir zwischen Barbara und Tony «Wildie» bekommen. Sie war erst Tage zuvor in einem Holzfällerlager wenige Kilometer von Camp Leakey entfernt außerhalb des Schutzgebiets gefunden worden. Zwar war sie etwa so alt wie Akmad, doch der Unterschied im Wesen hätte nicht größer sein können. Wo der Blick von Akmads durchsichtigen braunen Augen gelassen und freundlich schien, sprühten Wildies Augen Feuer. Sie wußte genau, wer der Feind war: der Mensch. Obwohl sie keine zehn Kilo wog, waren vier Männer nötig, um sie in einen Rupfensack zu stecken. Das besserte ihre Laune in keiner Weise, und Hamzah, der Wildie auf dem Rücken trug, wurde durch den Sack gebissen.

Wildie brauchte keine Anweisungen für ihre Rückkehr in die Waldheimat. Kaum hatten wir sie freigelassen, als sie in die Jackfruchtbäume kletterte, fauchte, tutete und davonlief. So wie bei ihr sollte eine Befreiung aus der Gefangenschaft eigentlich immer verlaufen.

Im November übergab man uns ein weiteres aus der Gefangenschaft befreites Tier, das wir «Rio» nannten. Es war mindestens ein Jahr jünger als Sobiarso und halb so groß wie sie. Nach Barbaras und Tonys Tod machte ich mir große Sorgen um Rio. Er hatte ständig gewaltigen Hunger, war aber klapperdürr und hatte lediglich auf seinem Rücken eine fransenartige Behaarung. Seine faltige Haut schlotterte lose um den Körper. Obwohl er morgens recht munter war, lag er nachmittags meist in der Hütte, während Akmad, Sugito und Sobiarso unaufhörlich spielten. Ich ließ ihn kaum aus den Augen.

Eine Woche nach seiner Ankunft begann Rio heftig zu erbrechen. Er bekam Fieber und Durchfall. Sein Aussehen veränderte sich im Verlauf weniger Tage in beunruhigender Weise. Mit seinem gewölbten, aufgeblähten Unterleib und den dürren Gliedmaßen ähnelte er den verhungernden Kindern in Biafra, deren Bilder zu jener Zeit durch die Weltpresse gingen. Dann begannen die Anfälle. Er saß mit mir unter den Jackfruchtbäumen in der Nähe der Hütte und fiel mit einem Mal rücklings von der Bank. Einen Augenblick lang dachte ich, alles sei vorbei. Ein verzerrter Ausdruck trat auf sein Gesicht, die Lippen waren in einer abscheulichen Grimasse zurückgezogen, als hätte ihn das blanke Entsetzen gepackt. Sein Körper zuckte. Schließlich gelang es mir, ihm einige Chloroquin-Tabletten einzugeben, weil ich annahm, er leide an Malaria (auch Orang-Utans erkranken daran; bei ihnen wirkt aber ein anderer Erreger als beim Menschen).

An den nächsten Tagen nahm Rio weder Milch noch Wasser zu sich. Er aß ausschließlich Milchpulver. Zwar erbrach er sich weiterhin, aber der Durchfall hörte auf. Wir gingen mit ihm zum Arzt in Pangkalanbuun. Dieser tippte auf Hepatitis, konnte aber nicht mit Sicherheit sagen, worauf Rios Symptome zurückgingen. Wir gaben ihm Antibiotika und Vitamine, ohne daß sogleich eine Besserung erkennbar gewesen wäre. Auch wenn die Zitteranfälle aufhörten, hatte Rio weiterhin Fieber, war lustlos und schlief meist. Seine Schläfrigkeit stand im Gegensatz zum munteren Treiben Sugitos und Sobiarsos sowie zu Akmads gesitteterem Turnen in den Bäumen. Rio war nun praktisch nackt, denn die langen roten Haarfransen waren von seinem fiebergeschüttelten Körper abgefallen.

Allmählich aber besserte sich sein Zustand. Nach etwa zwei Monaten machte er endlich ein Spielgesicht, hangelte in den Bäumen und nahm an Sugitos und Sobiarsos Spielen teil. Seine Genesung bedeutete für mich ein Wirbelwind mehr im Haus. Mitunter kam ich mir wie eine überforderte Hausfrau vor, die von einem Haufen Kinder mit nichts als Unsinn im Kopf auf Trab gehalten wird. Ich verstand, warum Hausfrauen selten den Nobelpreis bekommen noch an der Spitze von Regierungen oder Armeen stehen. Mit vier orangefarbenen kleinen Menschenaffen, die herumtobten und -kugelten, an allem zerrten und (buchstäblich) die Wände hochgingen, konnte ich nicht einmal einen kurzen Brief an meine Eltern oder einen der alle drei Monate fälligen Berichte an die Regierung schreiben, ohne dauernd unterbrochen zu werden.

Es war eine beständige Schwierigkeit, Forschung und Bedeutung der Tiere miteinander zu verbinden. Wie jede berufstätige Mutter stand ich vor der Frage, was ich mit den Kindern tun sollte. Nach einem Jahr kam und ging Akmad, wie es ihr gefiel. Doch Sugito, Sobiarso und Rio waren immer noch Kleinkinder und alles andere als selbständig. Manchmal nahmen Rod und ich sie mit nach Camp Wilkie, von wo wir dann abwechselnd in den Wald gingen und die Kleinen betreuten. Bei anderen Gelegenheiten ließ ich sie in der Obhut unserer Helfer in Camp Leakey zurück. Ab und zu nahm ich Sugito mit in den Wald, seltener auch Sobiarso.

Allmählich entwickelten die Orang-Utans und ich einen Ablauf für die Tage, an denen ich in Camp Leakey blieb. Vormittags brachte ich Rio, Sobiarso und Sugito gleich nach dem Frühstück etwa fünfundzwanzig Meter weit zu den Bäumen und Schlingpflanzen, von denen aus man die Eingangstür der Hütte sehen konnte. Dort kletterten die drei und spielten. Gelegentlich stieß auch Akmad dazu. Solange ich mich nicht aus der Nähe der Hütte entfernte, blieben sie bis zum frühen Nachmittag in den Bäumen, was mir einige kostbare Tageslichtstunden zur Arbeit und zum Nachdenken gab. Am Nachmittag dann drängten sie sich aneinander, ließen sich zu Boden fallen und kamen zurück.

Die Hütte erneut zu verlassen waren sie nur bereit, wenn ich mit ihnen kam. Da die Alternative hieß, drinnen zu bleiben und sie beständig im Auge zu behalten, machte ich mit ihnen Waldspaziergänge. Es war idyllisch und wurde eine unserer Lieblingsbeschäftigungen. Manchmal wanderten wir stundenlang. Gelegentlich stieg ich mit ihnen auf kleine Bäume. Meist aber blieb ich unten sitzen, ließ sie unter das Blätterdach klettern und nach Früchten und Blättern suchen.

Auf diesen Spaziergängen machten sich die jungen Orang-Utans mit dem Wald vertraut, ihrer eigentlichen Heimat. Sie lernten, auf welche Weise Äste und Stämme verschiedener Bäume sich biegen, schwanken und brechen. Sie übten den Nestbau mit manchmal sonderbaren Ergebnissen. Sie schaukelten an den Lianen. Vermutlich prägten sie sich Wege ein, die von einem Baum zum anderen führten, wie auch die Lage bestimmter Fruchtbäume. Sie probierten Früchte, Blüten und junge Blätter, manchmal zögernd, manchmal mit großem Genuß. Obwohl wir nur selten freilebenden Orang-Utans begegneten, waren wir von ihnen umgeben. Die jungen Tiere lernten mit Hilfe der zu Boden geworfenen Nahrungsreste von ihnen. Wahrscheinlich erkannten Sugito, Rio und Sobiarso ebenso deutlich wie ich, wann die Früchte eines Baums von freilebenden Orang-Utans verzehrt worden waren. Tieraffen und andere Baumbewohner hinterlassen andere Zeichen ihrer Nahrungsaufnahme. Nur bei Orang-Utans bleibt unter einem Baum ein Teppich aus Ästen, Zweigen, Blättern, Schalen, Obstkernen und verschmähten Früchten zurück. Die Schalen und Kerne zeigten den Jungen, wie eine Frucht gegessen werden mußte.

Akmad verschwand inzwischen immer wieder auf mehrere Wochen im Wald. Ein Wachstumsschub hatte aus dem inzwischen fast fünf Jahre alten Sugito, bis dahin ein leicht zu tragendes Kleinkind, kürzlich einen jungen Heranwachsenden werden lassen. Wenn ich wilden Orang-Utans nachspürte, streifte er allein umher. Er folgte seiner erdgebundenen «Mutter» so über dem Boden, wie freilebende Orang-Jungen ihrer Mutter in den Bäumen folgen. Das gemächliche Tempo wilder, unter dem Blätterdach umherstreifender Orang-Utans erleichterte Sugito die Unabhängigkeit im Wald. Alles schien bestens: Ich stieß auf freilebende Tiere, die älteren meiner Schützlinge machten Fortschritte, und ich fand sogar Zeit, ungestört zu arbeiten.

Bis zum Jahresende war Rio deutlich größer als Sobiarso, obwohl er jünger war. Dennoch blieb die Beziehung zwischen beiden unverändert. Nach wie vor suchte Rio bei der Kleineren Trost und Sicherheit. Häufig schliefen und spielten sie zusammen, und sie zogen gemeinsam umher. Dabei ging Sobiarso voraus und zog Rio an der Hand mit sich. In mancher Hinsicht wurden sie unzertrennlich.

Sobiarso war lebhaft, intelligent, flink, freundlich und aktiv, Rio eher zurückhaltend, langsam, mehr auf Nahrungsaufnahme aus und von weniger rascher Auffassungsgabe. Man kann nicht sagen, daß er zurückgeblieben war, aber er war wohl auch nicht besonders klug. Wäre er ein Mensch gewesen, hätte er vermutlich keine besonders guten Schulnoten gehabt, wohl aber den ersten Preis im Knödel-Wettessen gewonnen. Er war breitschultrig, sanftmütig und umgänglich und verkörperte für mich das Wesen eines Orang-Utans. Es war mir unmöglich, wütend auf ihn zu werden; er war keines boshaften Gedankens fähig. Damit unterschied er sich deutlich von dem flinken und frühreifen Sugito, den ein ausgesprochener Zerstörungstrieb kennzeichnete und der sich auf den Werkzeuggebrauch verstand.

Zwar hatten die drei Orang-Utans – Rio, Sobiarso und Sugito – überlebt, doch hatten der Tod Barbaras und Tonys sowie Rios langsame Genesung meine vom Westen geprägten Vorstellungen von Sicherheit und Voraussagbarkeit erschüttert.

Bei einer meiner seltenen Reisen nach Pangkalanbuun stand ich gerade im Begriff, in einem kleinen *warong*, einer Art Imbißbude, meine Mahlzeit aus Reis und Hühnerbrühe zu beenden, in der verschiedene Teile des Huhns (einschließlich des Kopfes) herumschwammen, als eine junge Einheimische auf mich zutrat. Sie erklärte, daß sie mit mir über ihren Gibbon sprechen wollte. Ich wußte, daß viele Leute in Kalimantan Gibbons als Haustiere hielten. Sie sind wegen ihrem feinen Gesicht, dem dichten Haar, dem zweibeinigen Gang, ihren Kletterkünsten und ihrem – jedenfalls bis zum Eintritt der Geschlechtsreife – gewöhnlich gutartigen Charakter sehr beliebt.

Die junge Frau erzählte mir, ihr Gibbon sei ein halbwüchsiges Weibchen aus dem Inneren Borneos. Sie habe es vor sechs Monaten von einem Holzschnitzer gekauft und wolle wissen, ob die Haltung des Tiers legal sei oder sie mit seiner Beschlagnahme rechnen müsse. Ich erklärte ihr, daß Gibbons geschützt waren und nicht als Haustiere gehalten werden durften. Ich fügte hinzu, daß sie, so umgänglich die Jungtiere sind, als Erwachsene ein ausgeprägtes Revierverhalten an den Tag legen und Menschen angreifen, wenn auch nicht ihre Besitzer oder Pfleger. Wegen ihrer rasiermesserscharfen Eckzähne können die blitzschnell erfolgenden Angriffe äußerst gefährlich sein.

Nach einer halben Stunde ernsthaften Gesprächs fragte ich sie, ob der Gibbon bereits in der Pubertät sei. Ein hartes, kaltes Lächeln trat auf ihr Gesicht. «Ich habe gar keinen Gibbon», sagte sie. «Aber ich trage mich mit dem Gedanken, mir einen zuzulegen, und wollte wissen, ob die Gefahr besteht, daß man ihn mir wegnimmt. Ich weiß, daß Sie Orang-Utans konfiszieren.»

«Was?» fragte ich ungläubig. «Sie haben gar keinen Gibbon? Und was ist mit der Geschichte, die Sie mir erzählt haben?»

«Ach», gab sie zur Antwort. «Die hab ich mir ausgedacht. Ich wollte einfach mal sehen, wie Sie reagieren.»

Ich war nicht nur verwundert, sondern entsetzt. Ich als vertrauensseliger Mensch aus dem Westen war es gewohnt zu glauben, was man mir sagte. Neben der Unverblümtheit der Frau erstaunte mich, daß sie keinerlei Gewissensbisse zu empfinden schien, daß sie mich hinters Licht geführt hatte. Ich konnte es nicht fassen.

Im Lauf der Zeit entdeckte ich, daß das Verhalten der jungen Frau in Kalimantan nichts Ungewöhnliches war. Ich merkte, daß die Menschen einem ins Gesicht sehen und dabei lügen, ohne mit der Wimper zu zucken, und zwar so überzeugend, daß sie damit wahrscheinlich einen Lügendetektor täuschen könnten.

Sie sehen immer das als Wirklichkeit an, was ihnen gerade nützt. Wie den homerischen Helden der griechischen Antike geht es ihnen nicht um Gut und Böse. Es kommt ausschließlich auf Stärke oder Schwäche an. Erstere wird geachtet, Verletzlichkeit ruft Verachtung oder gar Mißbrauch hervor. Die Menschen in Borneo sind pragmatisch und loten die Stärken und Schwächen anderer regelmäßig aus, um einschätzen zu können, woran sie sind.

In diese Welt kamen Rod und ich, zwei naive junge Menschen aus dem Westen, mit dem Drang, Gutes zu tun. Orang-Utans vor dem sicheren Tod in der Gefangenschaft zu bewahren und Holzfäller aus dem Lebensraum der Tiere herauszuhalten wurde unser Dogma. Es gründete darauf, daß sich Orang-Utans nicht wehren können, daß niemand sie retten würde, wenn wir es nicht taten.

In den Augen der Einheimischen galten wir als mächtig. Niemand konnte sich erklären, was wir hier taten, weil es keinen Sinn ergab, daß jemand seine Kraft an Orang-Utans und Bäume verschwendete. In Indonesien, insbesondere in Kalimantan, wird es als eine Form der Schwäche ausgelegt, wenn man andere wissen läßt, was einem wirklich wichtig ist. Nichts ist, wie es aussieht. Der Schein soll trügen. Deshalb glaubten die Einheimischen anfangs nicht, daß uns tatsächlich etwas an den Orang-Utans lag. Sie waren überzeugt, daß wir unseren Einfluß aus anderen Gründen geltend machten, die wir für uns behielten. Doch allmählich durchschauten sie uns. Einer der ersten war der Älteste des Dorfes Sekonyer. Die Dorfbewohner sahen uns Tag für Tag im Wald, sahen, wie wir kranke Orang-Utans pflegten. Sie sahen, wie wir Holzfäller aus dem Schutzgebiet vertrieben. Der Dorfälteste kam zu dem für ihn verblüffenden Ergebnis, daß wir nicht nur genau das taten, was wir sagten, sondern auch sagten, was wir taten. Die Achtung der Menschen vor uns wuchs. Die Geradlinigkeit, mit der wir vorgingen, bedeutete in ihren Augen Macht. Nur ein seiner Stärke ganz sicherer Mensch würde seine Ziele so unverhüllt verfolgen. Das allerdings begriffen wir damals nicht. Wir wußten, daß uns die Menschen mit einer gewissen Achtung betrachteten, glaubten aber, das hänge damit zuammen, daß sie die unangreifbare Wahrheit unseres Standpunkts erfaßt hatten, die Orang-Utans und der tropische Regenwald müßten geschützt werden. Weit gefehlt: Wahrheit und Güte hatten wenig damit zu tun.

Als Rod und ich von unserer zweiten alljährlich erforderlichen Reise zur Verlängerung unserer Genehmigung aus Jakarta zurückkehrten, brachten wir aus der Provinzhauptstadt Palangkaraya das Orang-Utan-Weibchen Cempaka mit, das wir zwei Jahre zuvor erfolglos von einer Kokospalme herabzulocken versucht hatten. Als ich das ältere Ehepaar, welches das Tier hielt, im Vorjahr gebeten hatte, es uns zu überlassen, hatten sie abgelehnt. Diesmal schloß der alte Mann, als sei die Entscheidung längst gefallen, wortlos den Käfig auf, und die alte Dame holte den Orang heraus. Mit einem erkennbaren Leuchten in den Augen drängte sich Cempaka eng an die alte Dame, kam dann aber sogleich zu mir. Sie hatte offenbar keine Gewissensbisse, ihre «Mutter» zu verlassen, und schien unsere Absicht zu verstehen.

Durch sie lernte ich zum erstenmal einen von Menschen aufgezogenen, fast ausgewachsenen Orang-Utan kennen. Es war eine Sache, daß eine Schar ungestümer Orang-Utan-Kinder unsere Hütte mit uns teilten, eine ganz andere war eine Orang-Jugendliche von gut dreißig Kilo Gewicht, die sich für einen Menschen hielt und auf ihre Rechte pochte. Mehr als jeder andere Orang zeigte mir Cempaka, wie ähnlich Orang-Utans dem Menschen sind, aber auch, wie sehr sie sich von ihm unterscheiden. Sie zeigte mir, wie bereitwillig in Gefangenschaft lebende Orangs menschliche Fertigkeiten nachahmen und sie für ihre eigenen Zwecke einsetzen; wie Menschen und Orang-Utans zusammenleben und dennoch in einer völlig anderen Wirklichkeit daheim sein können.

Als wir Cempaka in Camp Leakey aus ihrem Transportkasten herausließen, war sie wie Quecksilber. Mit einem Schlag brach die ganze Energie hervor, die sich im Verlauf ihrer zehn Jahre oder länger dauernden Gefangenschaft in ihr aufgestaut hatte. Sie stürmte durch unsere Hütte. Kaum hatte sie den Dachboden entdeckt, als sie die Bettlaken und Decken herunterriß, die Matratze umdrehte und alles zu einem Bündel zusammenrollte, das sie sich auf den Kopf legte. Dann folgte sie Ahmad durch die Dunkelheit zu seiner Hütte, wo sie erneut Amok lief und sogar Rod in die Ferse biß. Nach einem halbstündigen Kampf nötigten wir sie zu dritt für die Nacht in den Transportkasten zurück.

Am nächsten Morgen befreite ich Cempaka wieder. Ich nahm sie bei der Hand und ging mit ihr zu den nächststehenden Bäumen. Sie mochte elf oder zwölf Jahre alt sein und hatte praktisch ihr gesamtes Leben in Gefangenschaft verbracht, doch was Bäume betraf, brauchte sie keine Anweisungen. Sie ließ meine Hand sofort los, sprang auf die Äste und war nicht mehr bereit herunterzukommen. Als ich ihr Stunden später ein wenig Reis und Milch brachte, stieg sie äußerst vorsichtig herab und holte sich etwas zu fressen. Dann kletterte sie bis unter das Blätterdach, als fürchte sie, daß sich die herrliche Freiheit jeden Augenblick in nichts auflösen könnte.

Ich ließ sie den Rest des Tages in den Bäumen. Bei meiner Rückkehr am Nachmittag sprang sie zu mir herab. Ich trug sie zum Tisch vor unserer Hütte. Bisher schienen die kleineren Orang-Utans Cempaka verwirrt und geängstigt zu haben. Jedesmal, wenn sie einen von ihnen kommen sah, hatte sie sich in einen Baum geflüchtet, Äste geschüttelt und wilde Unmutslaute von sich gegeben. Doch jetzt, behaglich am Tisch auf meinem Schoß sitzend, betrachtete Cempaka ihre Artgenossen. Sugito kam gleich herbeigeklettert und wollte Cempakas Geschlecht bestimmen. Sie faßte ihn mit einer Hand unter das Kinn und holte sein Gesicht näher an ihres, als wollte sie es genauer in Augenschein nehmen. Die Geste wirkte geradezu unheimlich menschlich. Doch schon dreißig Sekunden später machte sie eine Bewegung, die eindeutig in die Welt der Orang-Utans gehörte: Sie streckte ihren langen Arm aus und kniff ihn ins Hinterteil.

Ihre erste Nacht in Freiheit verbrachte Cempaka unter dem Blätterdach, von wo sie einen Blick auf das Lager hatte. Von Zeit zu Zeit stieß sie ein Tuten aus. Bei Anbruch der Morgendämmerung war sie nicht bereit, von ihrem Ausguck herabzukommen. Erst gegen Mitte des Vormittags ließ sie sich schließlich aus den Lianen herab. Eine Minute lang sah sie sich um, als wollte sie sich vergewissern, ob die sonderbaren orangefarbenen Geschöpfe da seien, dann sprang sie aus den Bäumen und stürmte in meine Arme. Ich trug sie zur Hütte zurück. Drinnen wurde sie unruhig. Sollte sie ihre neue Umgebung erkunden oder in meinen Armen Sicherheit suchen? Kaum hatte sie sich entschlossen, das eine zu tun, wollte sie das andere. Sie erinnerte mich an Sugito in den ersten Wochen, nachdem er mich zu seiner Mutter erkoren hatte. Doch Cempaka wog mindestens zehnmal so viel wie Sugito damals.

An jenem Abend zeigte Cempaka mir, was in ihr steckte. Ich war so erleichtert, sie nicht mehr mit mir herumschleppen zu müssen, daß ich sie unbeaufsichtigt auf den Dachboden ließ. Rasch machte sie sich ein bequemes Nest, indem sie Laken, Wolldecken und Kissen zu einem Berg türmte und anschließend sorgfältig die Enden des Moskitonetzes darunter schob. Das aber war erst der Anfang. Sie durchstöberte die Hütte, raffte alles zusammen, was sie finden konnte, und packte es auf den Bettzeughaufen: Batterien, Flaschen, Kerzen, alles. Rasch rettete ich, was zu retten war und brachte die Gegenstände in unseren Vorratsraum unter dem Dachboden. Bevor ich damit fertig war, hatte Cempaka ein Kissen geöffnet und angefangen, die Kapoksamenfüllung zu verzehren. Kapokbäume sind überall in den Tropen verbreitet. Die der Baumwolle ähnlichen Fasern oder Früchte dienen zum Auspolstern und Isolieren, das aus den Samenkörnern gepreßte Öl findet in der Küche und bei der Seifenherstellung Verwendung. Inzwischen hatte sich Sugito an ein zweites Kissen gemacht, offensichtlich im Bestreben, Cempaka nachzuahmen. Noch nie zuvor hatte ich gesehen, daß er sich für die Füllung von Kissen interessiert hätte. Als ich es ihm entriß, gesellte er sich zu Cempaka und holte mit ihr gemeinsam die Samenkörner aus dem ersten Kissen heraus, wobei er sich hin und wieder unterbrach, um an ihren Geschlechtsteilen herumzuschnüffeln.

Cempaka griff nach der entzündeten Sturmlaterne. Schon sah ich die Hütte in Flammen aufgehen. In meiner Panik war ich schneller als sie. Während ich die Laterne in Sicherheit brachte, entdeckte Cempaka eine Flasche mit süßem chinesischem Wein. Bis ich sie ihr entwunden hatte, war ihr Inhalt über das ganze Bettzeug gelaufen. Sie begann, an einem weingetränkten Laken zu saugen und nuckelte am feuchten Teil der Matratze herum. Schon bald hatte sie ein riesiges Loch hineingerissen und begann, die Füllung herauszuholen.

Es reichte. Ich stürmte die Leiter empor. Cempaka hangelte behende an den Dachbalken entlang. Die Hütte schwankte und bebte, als werde sie jeden Augenblick zusammenbrechen. Eine Tasse Tee und ein Röhrchen mit Malariatabletten fielen vom Tisch, und ihr Inhalt vermischte sich zu einer schmierigen Masse. Schließlich jagte ich Cempaka aus der Hütte, indem ich ihr mit einem Stock drohte. Nachdem sie eine Weile auf dem Dach herumgeklettert war, zog sie sich, von Sugito begleitet, in die neben der Hütte stehenden Jackfruchtbäume zurück. Ich folgte und rief Sugitos Namen, um ihn herunterzulocken. Er wollte nicht kommen, wohl aber sprang mir Cempaka in die Arme. Da ich nicht imstande war, sie von mir zu lösen, nahm ich sie mit in die Hütte zurück. Dort saß sie an mich geklammert und betrachtete still mit mir den Schaden, den sie angerichtet hatte.

Während ich Ordnung zu machen versuchte, erkletterte sie erneut den Dachboden und wickelte sich in ein Laken. Bald folgte ihr Sugito und begann, sie an den Beinen zu ziehen. Sie schob ihn fort, aber er ließ nicht locker. Nach einer Weile legte ich mich ins Mittel und zog Sugito beiseite. Cempaka legte sich hin. Endlich war es still in der Hütte.

Als Rod aus dem Wald zurückkehrte, war nicht nur er erschöpft, sondern auch ich. Wir aßen rasch und wollten schlafen gehen. Cempaka war jedoch nicht bereit, ihren Platz auf dem Dachboden zu räumen, und wurde wütend, als wir an dem Laken zogen, in das sie sich gewickelt hatte (es war unseres). Rod, der keine Fisimatenten duldete, beschloß, die einzige Möglichkeit, sie vom Dachboden runterzukriegen, bestehe darin, sie hinunterzuschubsen. Das tat er auch. Ich war unten, und Cempaka stürzte einen Meter achtzig tief in meine Arme (für einen Orang-Utan keine große Höhe). Als Rod zu ihr herabsah, zog sie den Kopf ein wie eine Schildkröte und klagte steinerweichend. Dann aber kletterte sie auf den Dachboden zurück. Rod wollte ihr die gleiche Lektion noch einmal erteilen. Aber sie hatte sie bereits gelernt und klammerte sich mit einem Fuß fest an einen Pfosten. Es ist schwer zu sagen, wer schließlich die Oberhand behielt. Zwar schlief Cempaka auf dem Fußboden der Hütte, aber wie eine Mumie in unser Laken gewickelt. Kein Wunder, daß das alte Ehepaar in Palangkaray nicht im mindesten gezögert hatte, sie in den Wald zurückkehren zu lassen!

Ich hatte geglaubt, meine Orang-Kinder seien zerstörungswütig, aber Cempaka zeigte mir, daß sie blutige Amateure waren. Sie brachte alles in ihren Besitz, dessen sie habhaft werden konnte. Sie schaltete das Radio ein und wollte entzündete Sturmlaternen entführen, woran die anderen Orang-Utans nie das geringste Interesse gezeigt hatten. Wenn ich sie jagte, ließ sie nicht wie ihre Artgenossen unverzüglich fallen, was sie in einem Fuß, einer Hand oder im Maul davonschleppte, sondern lief mit den gestohlenen Gegenständen davon. Sie hatte keine Angst vor den Menschen und führte sich auf, als seien sie dazu geschaffen, von ihr gepeinigt zu werden.

Sie versuchte sogar zu «kochen». Dazu füllte sie mit den Händen Mehl und Zucker in ein Glas. Anschließend stibitzte sie eins der Eier, die wir vor ihr versteckten, zerschlug es über der Masse und rührte kräftig um. Dabei befolgte sie nahezu genau das Pfannkuchenrezept unseres Kochs, und bestimmt hätte sie, wenn wir sie in den Küchenbereich gelassen hätten, das Gemisch in eine Pfanne geschüttet und diese auf das Feuer gesetzt – und dabei die ganze Hütte in Brand gesteckt.

Anfänglich ließ ich mich von ihrem munteren, rabaukenhaften Treiben täuschen. In Kalimantan trügt der Anschein von Gesundheit oft. Cempakas Eßgewohnheiten waren merkwürdig. Nur zweierlei interessierte sie – Zwiebeln und Süßigkeiten. Zucker vertilgte sie in großen Mengen. Sie lief mit einer Pfunddose davon zu den Bäumen hinüber, kletterte mit ihrer Beute hinauf und steckte immer wieder die Finger hinein, um sie genüßlich abzulecken. Die Waage zeigte aber, daß Cempaka seit ihrer Ankunft abgenommen hatte. Ich wußte mir nicht anders zu helfen und mischte ihr Antibiotika ins Futter. Da aber, was sie fraß und trank, nicht genügte, den Geschmack zu überdecken, und sie sich weigerte, etwas zu sich zu nehmen, was ihr verdächtig schmeckte, gab ich ihr jeden Tag zwei Penicillinspritzen. Anfangs wehrte sie sich, doch schon nach zwei Tagen zuckte sie kaum noch zusammen, wenn ich ihr die Injektionsnadel in den Arm stach. Von allen Orang-Utans (sofern sie nicht an der Schwelle des Todes standen), die ich kennengelernt habe, war sie die einzige, die man nicht festhalten mußte, wenn sie eine Spritze bekam. Fast wie ein erwachsener Mensch hielt sie den Arm hin und sah bemüht beiseite, wenn sich die Nadel näherte. Binnen einer Woche besserte sich ihr Zustand, und nach sechs Monaten hatte sie neun Kilo zugenommen. Es erleichterte mich ungeheuer, daß es ihr gutging.

Da Cempaka unter Menschen aufgewachsen war, fand sie sich im Wald nicht besonders gut zurecht. Es war gelegentlich erheiternd und dann wieder nahezu schmerzlich, ihr zuzusehen, wie sie einen Schlafplatz für die Nacht suchte. Es kam auch vor, daß sie die Nächte auf einem Ast sitzend verbrachte, wobei sie den Rücken an den Stamm lehnte und ihrem Unbehagen durch gelegentliches Schnauben Luft machte. Dann wieder besetzte sie das Nest, das sich einer der jüngeren Orangs gebaut hatte, indem sie ihn vertrieb und sich in das zwei Nummern zu kleine Nest quetschte. Einmal benutzte sie zwei Tage lang ein altes Nest Akmads, offensichtlich entzückt von dem Fertigbau.

Doch nicht nur auf Orang-Utan-Nester war sie scharf. Kurz vor ihrer Ankunft hatte Ahmads Frau Bahria ihr achtes Kind geboren. Der Säugling faszinierte Cempaka, und oft saß sie völlig still da und sah zu, wie Bahria ihm die Brust gab. Eine Nachts hörte man einen schrecklichen Lärm aus der Hütte der Helfer: Kinder kreischten, Erwachsene schrien, Gegenstände stürzten zu Boden, man hörte Poltern und Umherrennen. Ich eilte hinüber, um zu sehen, was es gab.

Ahmad, Bahria, einige zu Besuch weilende Verwandte und die Kinder hatten in der Hütte geschlafen. Das Neugeborene hatte wie ein Indianerkind in einer Tuchschlinge gehangen, die mit Bändern an der Decke befestigt war. So werden herkömmlicherweise indonesische Kinder in den Schlaf gewiegt, und es gefällt ihnen sehr. Offenbar gefiel es auch Cempaka. Gegen Mitternacht hatte sie sich in der Hütte zur Wiege geschlichen, das Kind auf den Fußboden gestoßen und war selbst hineingestiegen. Der auf diese Weise brutal aus dem Schlaf gerissene Säugling hatte zu brüllen angefangen, als er auf dem Boden landete. Alle in der Hütte wurden wach. Die Kinder begannen zu schreien. Die Erwachsenen rannten umher. Da ein kleiner, in einer alten Sardinendose in Kerosin getauchter Lappen die einzige Lichtquelle bildete, ließ sich die Ursache der Störung nicht gleich erkennen. Unterdessen hatte Cempaka die Wiege verlassen und war an der Wand emporgeklettert, wobei sie verschiedene Gegenstände zu Boden gerissen hatte. Anschließend war sie durch das Schilfdach verschwunden.

Es dauerte fast eine Stunde, bis sich die Kinder beruhigt hatten. Dem Säugling war nichts geschehen. Später wurde er sogar ein besonders wilder Draufgänger. Vermutlich hat ihn Cempaka beeinflußt, die häufig in Ahmads Hütte eindrang und Kinder und Erwachsene aufscheuchte.

Leben und Tod sind nahe beieinander auf Kalimantan. In den Tropen kann eine auf den ersten Blick unbedeutende Erkrankung die Widerstandskraft eines Menschen untergraben und ihn für eine schwerere Krankheit anfällig machen. Eine an sich unbedeutende Erkältung kann der Anfang vom Ende sein. Allmählich begriff ich, warum unsere indonesischen Begleiter in der ersten Woche in Camp Leakey so entsetzt auf den Regen reagiert hatten. Bei einem Träger des Malariaerregers sorgen Nässe, Kälte, Hitze, Übermüdung oder Streß dafür, daß dieser aktiv wird und Schüttelfrost und Fieberanfälle auslöst. Rod und ich hatten uns durch Prophylaxe geschützt, doch die meisten Einheimischen hatten den Erreger im Organismus und litten von Zeit zu Zeit an Fieberschüben. Wenn andere Krankheiten sie zusätzlich schwächten, konnte ein Malariaanfall tödlich sein. Der Tod war allgegenwärtig. Kaum eine Woche verging, ohne daß jemand starb, den ich kannte, oder jemand in seiner Verwandtschaft.

Diese Realität findet ihren Niederschlag in der Religion der einheimischen Dajak-Bevölkerung, dem *Hindu Kaharingan*. *Kaharingan* ist eine alte animistische Religion mit einer zutiefst philosophischen Kosmologie, die der Natur den Vorrang zuerkennt. Immer wieder verblüffen mich die Ähnlichkeiten zwischen den Ritualen und dem Glauben der Dajak und denen anderer ursprünglicher Kulturen. Auf der ganzen Welt – ob in Sibirien, Nord- und Südamerika oder auf Neuguinea – weisen animistische Religionen so viele gemeinsame Elemente auf, daß man einen gemeinsamen Ursprung aller für wahrscheinlich halten kann, der in der Altsteinzeit liegen könnte.

Das Wort *Kaharingan* geht auf den Namen einer Feigenbaumart zurück, deren tiefreichende Wurzeln und sich gewaltig ausbreitende Krone den Baum des Lebens symbolisieren, ähnlich dem Baum, unter dem Buddha seine Erleuchtung hatte. Wie andere animistische Religionen lehrt *Kaharingan*, daß Tiere und Dinge beseelt sind oder ein Bewußtsein besitzen, daß Geister bei alltäglichen Ereignissen eine aktive Rolle spielen und nichts zufällig geschieht. Im Unterschied zu den Großreligionen Judentum, Christentum, Buddhismus, Hinduismus und Islam gibt es im *Kaharingan* keine scharfe Grenzlinie zwischen diesem Leben und dem künftigen, dem Natürlichen und Übernatürlichen, religiösem und weltlichem Tun, Priesterschaft und Laienstand. Die Religion ist Bestandteil des Alltagslebens.

Kern des *Kaharingan* ist die Vorstellung, daß es ein anderes Uni-

B. Galdikas mit ihrem Sohn Binti in der tropischen Moorlandschaft Kalimantans

B. Galdikas mit dem aus Gefangenschaft befreiten Gundul, einem unberechenbaren Männchen

◁ Gary Shapiro, ein Doktorand, kommuniziert mittels Zeichensprache mit den Orangs von Camp Leakey

versum neben dem unseren gibt, eine dunklere Seite der Wirklichkeit. Das von uns wahrgenommene Universum ist ein Spiegelbild jenes anderen. Man kann sie mit einem Fotonegativ und dem davon gemachten Abzug vergleichen; dort ist weiß, was hier schwarz ist, und umgekehrt. Anders als Himmel und Hölle in der jüdisch-christlichen Lehre oder im Islam ist das analoge Universum kein ferner Ort, zu dem der Mensch erst im nächsten Leben Zutritt hat. Es ist real und existiert im Hier und Heute. Der Mensch kann es im diesseitigen Leben aufsuchen, mit Hilfe von Träumen und Visionen, die dem Schamanen besondere Kräfte verleihen. Doch auch gewöhnliche Menschen können dorthin und von dort zurück gelangen. Die weibliche Gottheit, die das analoge Universum beherrscht, wird in unserem Universum als Schlangendrache dargestellt. Manche Dajak halten Krokodile für Helfer der Drachengottheit, die von dort in unser Universum entsandt wurden. Erst, wenn sie die Grenze zu unserem Universum überqueren, nehmen sie die Gestalt von Krokodilen an. Für die Anhänger von *Hindu Kaharingan* ist das andere Universum ebenso wirklich wie die Antimaterie für die Physiker oder negative Zahlen für die Mathematiker.

In der Kultur der Dajak ist der Tod untrennbarer Bestandteil des Lebens. Ihm wird sogar eine größere Realität zugebilligt als dem Leben, so, als wäre die Alltagsexistenz ein Traum und der Tod das Erwachen. Wo der Mensch des Westens im Leben etwas sieht, das von einem Anfang und einem Ende begrenzt wird, ist es für die Dajak Teil eines zyklisch ablaufenden Prozesses. In ihrem Weltbild erneuert sich das Leben durch die Vernichtung von Leben. Wie die Azteken und auch die Juden des Alten Testaments beschwichtigen sie ihre Götter mit Blutopfern.

Von allen Riten sind in Kalimantan Tengah die Beisetzungsriten, die *tiwah*, die wichtigsten. In ihrem Mittelpunkt steht die Knochensäuberungs-Zeremonie, die eine gewisse Zeit nach dem Tod eines Menschen stattfindet und bei der die Knochen exhumiert werden. Ob eine *tiwah* nach einem Monat oder nach vierzig Jahren stattfindet, hängt von der jeweiligen Dajak-Gruppe und den Umständen ab. Unmittelbar nach dem Tod eines Menschen wird sein Leichnam beerdigt oder verbrannt. Früher wurden bei der rituellen Säuberung der Knochen Menschenopfer gebracht, heute begnügt man sich damit, Tiere zu opfern. Nach Abschluß der Zeremonie legt man die Knochen in kunstvoll geschnitzte Behälter und bettet sie in mit aufwendigen Schnitzarbeiten verzierten oberirdischen Familiengrabmälern aus Hartholz zur Ruhe, die wie ein Haus oder ein Boot gestaltet sind. Bei dieser Zeremonie tragen manche Menschen zum Schutz gegen böse Geister (und, wie bereitwillig zugegeben wird, auch zur Unterhaltung) fratzenhafte rot-schwarze Holzmasken. Sie sind mit gelben, roten und weißen Schnörkeln verziert und erinnern mich an die alptraumhaft diabolischen Wasserspeier gotischer Dome.

Viele Dajak sind überzeugt, daß beim Tod eines Menschen ein Teil der Seele im Leichnam (zum Beispiel in den Knochen) bleibt, wogegen der andere Teil in das von der Schlangendrachen-Gottheit beherrschte andere Universum übergeht. Die *tiwah* schickt den Verstorbenen auf seinen Weg; dabei werden beide Teile seiner Seele wieder miteinander vereinigt. Findet diese Zeremonie nicht statt, kann die Seele in einem Zwischenstadium bleiben und aus ihr ein – manchmal böser – Geist werden.

Die *tiwah* verkörpert die Wirklichkeit von Kalimantan. Man kann gegen den Tod nicht ankämpfen, sondern ihn lediglich anerkennen und annehmen. Die Dajak betrachten das Leben als geborgte Zeit. Uns scheint es paradox, daß sie fröhlich leben, weil sie den Tod bejahen.

Nach vielen in Kalimantan verbrachten Jahren bin ich nach wie vor westlich geprägt, was mein Rechtsempfinden und meine Wut über Ungerechtigkeiten sowie meinen Glauben an die Wissenschaft und die Überzeugung betrifft, daß Ereignisse natürliche Ursachen haben. Doch hat mich Kalimantan mit einer anderen Wirklichkeit konfrontiert, mit einer Natur, die kein Mitleid kennt, mit grundlos erscheinenden Todesfällen und einer Lebensanschauung, die der Wahrheit keinen absoluten Wert beimißt. Ich unterhielt mich einmal mit einer Dajak-Frau, die erklärte, *Hindu Kaharingan* sei in Kalimantan sinnvoll, scheine aber in der modernen Stadt Jakarta ihre Macht zu verlieren. Ich begriff, was sie damit meinte.

Wer längere Zeit in Kalimantan lebt, muß sich trotz seiner Prägung durch die westliche Kultur mit der dortigen Wirklichkeit auseinandersetzen. Auch wer nicht an Geister und Zauber glaubt, kann nicht umhin einzuräumen, daß wir vieles nicht sehen und nicht steuern können. Die Allmacht von Tod und Täuschung untergräbt den Glauben an eine wohlmeinende Gottheit und das Vertrauen darauf, daß der morgige Tag besser wird. Aus Lebensbejahung wird grimmige Entschlossenheit. Man lernt, damit zu rechnen, daß der nächste, der an unsere Tür klopft, den Tod eines uns Nahestehenden mitteilt oder die Nachricht überbringt, daß eine sich lang hinziehende Auseinandersetzung, bei der man sich für den Gewinner hielt, verloren ist. Man lernt, daß hinter dem Lächeln und der Freundlichkeit der schönen, zierlichen, goldhäutigen Menschen Kalimantans und dem herrlichen Panorama aus Wald und Fluß die Natur wütet, und gelegentlich sieht man bei einem flüchtigen Blick in ihr Gesicht – eine kurze Sekunde lang – die schwarzrote Maske des Bösen.

14 Caras Schicksal

Nahrung ist Leben.
Harry Wu

Auf diese Art geht die Welt zugrund,
Nicht mit Gewalt: mit Gewimmer.
T. S. Eliot

«Cindy», das Neugeborene des freilebenden Orang-Utan-Weibchens Cara, war das wuscheligste und niedlichste hellorangefarbene Geschöpf, das man sich vorstellen kann. Begeistert betrachtete ich durch meinen Feldstecher das schrumpelige rötlich-weiße Gesichtchen mit den schokoladebraunen Augen, das sich an die dunkelrot behaarte Flanke der Mutter lehnte.

Ich sagte zu Rod: «Sie ist so süß, daß ich sie am liebsten selbst in den Armen halten möchte.»

Lächelnd gab er, der sonst so distanziert und objektiv war, zur Antwort: «Ich auch.» Es sah fast so aus, als wäre es ihm ernst damit.

Später sollten wir uns schmerzlich an die Redensart erinnern: «Überlege dir gut, was du dir wünschst – es könnte in Erfüllung gehen.»

Fast ein Jahr war vergangen, seit ich Cara im Februar 1972 zum ersten Mal gesehen hatte. Weil der *Jalan Toges*, der Hauptweg in meinem Untersuchungsgebiet, Caras Revier mitten durchschnitt, sah ich sie häufiger als jedes andere freilebende Orang-Utan-Weibchen. Trotz ihrer ursprünglich aggressiven Reaktion auf meine Anwesenheit war sie einer der am vollständigsten an mich gewöhnten Orang-Utans, die ich beobachtet hatte. Ich war mit ihrem Kommen und Gehen vertraut und kannte ihre Vorlieben und Abneigungen. Ich hatte Cara ins Herz geschlossen und verbrachte mehr Zeit mit ihr allein als mit jedem anderen Individuum. Denn nicht einmal mit Rod konnte ich wirklich allein sein, da waren immer die adoptierten Orangs; stets umgab mich eine ganze Gruppe von ihnen. Nur zwischen Cara und mir bestand eine Eins-zu-eins-Beziehung, weshalb sie für mich eine besondere Bedeutung gewann. So, wie man sich bei einem spannenden Buch auf das nächste Kapitel freut, war ich voller Vorfreude, sie wiederzusehen und neue Entwicklungen in ihrem Leben zu beobachten. Cindy sollte mir die erste Gelegenheit geben, die Lebensgeschichte eines freilebenden Orang-Utans vom Zeitpunkt der Geburt an zu verfolgen.

Als ich Cara mit ihrem Neugeborenen zum ersten Mal sah, wirkte sie schmal und machte einen erschöpften Eindruck. Ihr Haar war zottig und ihr Gesicht grau. Eine Frau, die ihren Säugling stillen will, muß täglich mehrere hundert Kalorien zusätzlich aufnehmen, um die erforderliche Milch zu produzieren. Es ist eine Sache, sich diese zusätzlichen Kalorien im Supermarkt zu beschaffen, eine gänzlich andere, sie im tropischen Regenwald Kalorie für Kalorie, Frucht für Frucht, Blatt für Blatt zusammenzusuchen. Es dauerte mehrere Monate, bis Cara wieder aussah wie früher.

Carl, mit seinen acht oder neun Jahren etwa halb so groß wie seine Mutter, folgte ihr weiterhin. Wenn Cara stehenblieb, setzte er sich oft neben sie. Nach Orang-Utan-Maßstäben schien zwischen beiden eine ausgeprägte Zuneigung zu bestehen. Eines Nachmittags streckte sich Carl vor Cara aus, die sich ausruhte, und sogleich begann sie sein Fell zu pflegen – ein ungewöhnliches Verhalten. Währenddessen sah Carl zu Cindy hin, und sie sah ihn an. Dann zog Cindy an Carls rechtem Fuß. Er öffnete den Mund und schob eine Frucht, an der er gerade kaute, auf der beweglichen Unterlippe nach vorn, als wollte er sie der kleinen Schwester zeigen. Sie ging nicht darauf ein, wahrscheinlich, weil sie noch zu jung war, um es zu bemerken.

An einem anderen Tag bettete Carl den Kopf dicht neben Cindy an Caras Brust. Dann legte er sich hin, wobei er Caras Fuß als Kissen benutzte. Häufig drehte er Cindy um, als wolle er ihr Geschlecht feststellen, und hin und wieder pflegte er ihr das Fell. Weder Mutter noch Schwester achteten groß auf ihn. Eine Zeitlang schienen Cara, Cindy und Carl eine glückliche Familie zu bilden.

Es sah ganz so aus, als hinge Carl nach wie vor an seiner Mutter. Sachte aber drängte ihn Cara in die Selbständigkeit. Ich hatte den

Eindruck, daß sie ihn häufiger als früher zurückließ; nur wenn er heftig aufbegehrte, wartete sie, damit er sie einholen konnte. Zwar teilte sie noch Nahrung mit ihm, aber nur dann, wenn sie das wollte, nicht, wenn er darum bat. Bei Einbruch der Abenddämmerung baute sie stets ein großes Nest und gestattete Carl, mit hineinzuklettern. Nach einigen Minuten verließ sie es aber wieder, so daß er es allein zur Verfügung hatte, und baute für sich und Cindy ein neues.

Am meisten überraschte mich, daß Cara und Carl miteinander zu spielen begannen. Das hatte ich zuvor bei ihnen noch nie beobachtet. Gewöhnlich machte Carl den Anfang. Er zupfte Cara am Arm, und sie gab durch ein breites Lächeln, bei dem die Oberlippe die Zähne bedeckte, zu verstehen, daß sie zum Spielen bereit war. Dann ließen sich Mutter und Sohn von einem Ast herabhängen und drehten und wanden sich umeinander (Cindy trug sie auf der Carl abgewandten Seite). Zu sehen, wie die würdevolle, fast strenge Cara mit ihrem Sohn spielte, wirkte befremdlich. Vielleicht versuchte sie ihm damit klarzumachen, daß er es nicht persönlich nehmen solle, wenn sie ihn von sich stieß. Über einen Monat lang kam es zwischen Cara und Carl zu Scheinkämpfen. Bisweilen glaubte ich dabei kehlige Laute zu hören, die menschlichem Gelächter ähnelten.

Allerdings hatte sich Caras Wesensart durch die Ankunft des neuen Nachwuchses nicht gebessert; sie war reizbar wie eh und je. Trotzdem hätte ich nie erwartet, daß sie sich gegen ihren eigenen Sohn wenden könnte. Eines Morgens fraßen beide nahe beieinander im selben Baum, als Cara ohne Vorankündigung auf Carl lossprang. Vor Entsetzen aufkreischend wollte er davonlaufen, war aber nicht schnell genug, so daß sie seine Hand erwischte. Zwar biß sie nicht hinein, schüttelte sie aber heftig. Einige Minuten darauf begann Carl, totes Holz aus dem Blätterdach herabzuschlagen. Offenbar suchte er ein Ventil für seine Wut, die eigentlich der Mutter galt.

Später zogen Cara und Carl mit Beth, deren Sohn Bert und der teilweise selbständigen halbwüchsigen Maud umher. Cara aß in einem kleinen Baum etwa zwölf Meter über dem Boden Früchte. Mit einem Mal brach die gesamte Krone des Baums ab, und Cara und Cindy wurden auf den Waldboden geschleudert. Es gelang Cara, im Fallen den Ast eines in der Nähe stehenden Baums zu ergreifen, der aber abbrach und mit ihr zusammen herunterkam. Keine drei Meter von dort, wo ich, das offene Notizbuch auf den Knien, saß, landete sie auf dem Rücken. Aus der Nähe besehen war sie weit dunkler und größer, als ich vermutet hatte. Sie rappelte sich auf, lief zum nächststehenden Baum und kletterte an ihm zehn Meter in die Höhe. Dann nahm sie äußerst behutsam Cindy von ihrer Seite und betrachtete die Kleine Glied um Glied. Dabei ging sie mit aller Ruhe und so gründlich vor wie eine Spezialistin, die eine neurologische Untersuchung vornimmt. Offenbar mit dem Zustand ihrer Tochter zufrieden, begann sie wieder zu fressen.

Nicht einmal eine Stunde nach ihrem Sturz fiel Cara über Maud her. Sie entkam, obwohl Cara sie mehr als fünfzig Meter weit verfolgte. Während der Verfolgungsjagd stieß Maud einen durchdringenden, an- und abschwellenden hohen Klagelaut aus. Nach dem Angriff tat sie genau dasselbe wie Carl: Sie sah zu Cara hin, kletterte unter das Blätterdach und warf Holzstücke herab.

Die sechs Orang-Utans – Cara und Cindy, Beth mit Bert sowie Carl und Maud – zogen weiter, doch nie kletterte Maud auf denselben Baum wie Cara, und Carl folgte Beth und Bert. Die beiden Halbwüchsigen schienen die gereizte Cara zu meiden. Etwas später tauchte in der Ferne ein weiterer Orang-Utan auf. Beth und Cara befanden sich etwa eineinhalb Meter voneinander entfernt im selben Baum. Wie beide aufmerksam in die Richtung spähten, aus welcher sich der Neuankömmling näherte, sahen sie sich in Haltung und Ausdruck außergewöhnlich ähnlich. Sie hätten ohne weiteres Zwillinge sein können. Der Neuankömmling war Fran mit ihrem Töchterchen Freddy.

Cara sprang zu Boden und rannte ihr entgegen. Schon bald verschwanden beide im Unterholz. Zwar war ich meiner Sache nicht sicher, vermutete aber, daß Fran von Cara angegriffen worden war. Das überraschte mich, denn bis dahin war ihr Cara stets mit Vorsicht begegnet. Andererseits war Cara immer unberechenbar gewesen.

Der allein gelassene Carl begann aus Leibeskräften zu jaulen, dann grunzte er fast wie ein Schwein, verließ Beth und machte sich unaufhörlich jaulend ostwärts davon. Nach einer Weile wechselte er die Richtung und kehrte schließlich auf demselben Weg, den er gekommen war, durch die Bäume zurück. Fast drei Stunden später zeigten sich Cara, Cindy, Beth, Bert und Maud; sie zogen nach Osten. Zwar klagte und wimmerte Carl, ging aber nicht sogleich zu seiner Mutter, sondern näherte sich Beth, die Wasser aus einer kleinen natürlichen Zisterne trank, die sich im gegabelten Stamm eines Baumes gebildet hatte.

Tropfen liefen ihr von der Schnauze. Carl hielt das Gesicht unter ihr Kinn und schleckte die Tropfen auf.

Offensichtlich hatte er gewußt, wohin Cara wollte. Nach ihrem Verschwinden war er zielstrebig in eine bestimmte Richtung gezogen. Weil er seine Mutter dort nicht gefunden hatte, war er zurückgekehrt. Cara ging tatsächlich in die Richtung, die Carl genommen hatte, nur nicht so schnell. Schließlich erreichte sie die Stelle, wo er kehrtgemacht hatte. Im Gegensatz zu mir war Carl über Caras Pläne offensichtlich im Bilde. Nach Jahren des Umherziehens mit ihr waren ihm ihre Gewohnheiten bekannt, und er schien ihre Gedanken lesen zu können. Später am Abend bauten Cara und Beth ihr Nest Seite an Seite auf demselben Ast, weniger als einen Meter voneinander entfernt. Geräuschlos suchte Carl das Nest seiner Mutter auf, und als wollte sie ihr Verschwinden wiedergutmachen, erhob sie keine Einwände.

Aus Carls extremer Reaktion schloß ich, daß es sich um die erste Trennung von Mutter und Sohn handelte. So großen Anteil nahm ich an Caras Familiengeschichte, daß ich fast ebenso erleichtert war wie Carl, als er sie wiederfand. Doch seine Schwierigkeiten fingen erst an.

Als Carl am nächsten Tag über einen Meter von Beth und Bert entfernt Früchte aß, wandte sich die sonst so milde Beth aus heiterem Himmel gegen ihn und biß ihn in den Fuß. Ich hatte keine Ahnung, warum sie das getan hatte. Rasch eilte Cara durch die Bäume und setzte sich gut einen halben Meter von Carl entfernt hin, als wollte sie den Schaden begutachten. Ihr mütterliches Bestreben, ihn zu beschützen, war noch nicht geschwunden. Carl saß auf dem Baum und leckte sich mit düsterem Gesichtsausdruck den rechten Fuß. Als er sich schließlich in Bewegung setzte, achtete er sorgsam darauf, nicht mit der Sohle aufzutreten. Ich konnte mir vorstellen, wie er sich fragte, warum all die sonst so freundlichen Weibchen in seiner Umgebung mit einem Mal so ruppig waren.

Beths Sohn Bert war fast fünf Jahre alt und hatte den Wachstumsschub hinter sich, der aus Kleinkindern junge Heranwachsende macht. Beth ließ ihn immer noch saugen, wenn ihm danach war, und sie ließ ihn auch nachts in ihr Nest, bestand aber darauf, daß er ihr von einem Baum zum anderen auf eigenen Beinen folgte; Bert hingegen wollte getragen werden. Beth wird nie erfahren, wie sehr ich mit ihr fühlte. Zwar ließ ich Sugito ohne weiteres an meinem Daumen saugen, doch war er für mich eine schwere Last, wenn ich ihn über große Entfernungen tragen mußte. «Er kann selber gehen», sagte ich mir, wenn er jeden Trick anwendete, um zu erreichen, daß ich ihn durch den Wald trug.

Bert durchlebte die erste Krise, zu der es im Leben eines jeden jungen Orang-Utans kommt. Er mußte lernen, alle Wege selbst zurückzulegen, ob in den Bäumen oder auf dem Boden. Bemerkenswert daran ist, daß dieser Schritt in die Selbständigkeit in der Entwicklung der Orang-Utans so spät erfolgt. Junge Schimpansen durchleben diese erste Krise im Alter von etwa einem Jahr, wenn ihre Mutter sie veranlaßt, sich auf ihren Rücken zu setzen und sich nicht mehr an ihr Bauchfell zu klammern. Mit vier Jahren werden junge Gorillas entwöhnt. Gleichaltrige Orang-Utans hingegen werden noch gesäugt, schlafen nach wie vor im Nest der Mutter und werden gelegentlich auch noch getragen. Ich habe mich oft gefragt, ob diese lange Zeit mütterlicher Zuwendung zur großen Unerschütterlichkeit der ausgewachsenen Tiere beiträgt.

Die zweite Trennungskrise im Leben eines männlichen Orang-Utans beginnt mit etwa sieben Jahren. In diesem Alter fangen die Mütter an, die heranwachsenden Männchen zu entwöhnen. Sie verstoßen sie aus dem Nest, sind oft nicht mehr bereit, mit ihnen Nahrung zu teilen und lassen sie nicht mehr auf denselben Baum. Geht der Sohn nicht aus eigenem Antrieb fort, wird er schließlich verjagt. Carl näherte sich dem Ende dieser zweiten und endgültigen Trennungsphase. Die lange und ausschließliche Beziehung männlicher Orang-Utans zur Mutter steht in scharfem Gegensatz zu ihrer späteren Einzelgängerexistenz, was die Trennung um so traumatischer macht. (Töchter werden nicht mit demselben Nachdruck oder der gleichen Endgültigkeit verstoßen.)

Kurz vor Cindys erstem Geburtstag verhielt sich Cara immer unfreundlicher zu Carl. Sie spielten nicht mehr miteinander, und Carl durfte nachts nicht mehr in Caras Nest. Statt zu warten, daß er unabhängiger wurde, verdrängte sie ihn jetzt mit Nachdruck. Auf ihre Orang-Utan-Weise kam sie ihrer Mutterpflicht nach und bereitete ihn auf sein Schicksal als einzelgängerisch lebendes Backenwulst-Männchen vor.

Solange Cindy noch klein war, wanderte Cara häufig mit anderen Weibchen umher. Ich sah Cindy zum ersten Mal, als ich «Ellen» mit ihrer Tochter Evonne folgte, die schätzungsweise in Carls Alter war. Ich hatte sie nach der australischen Spitzentennisspielerin Evonne

Goolagong genannt. Wie Cara war Ellen eine energische Orang-Frau, die bestimmt schon das dreißigste, wenn nicht gar das vierzigste Lebensjahr überschritten hatte, und auch sie hatte ein Neugeborenes bei sich. Ich nannte es «Eve».

Vier Stunden lang zogen die beiden Orang-Mütter gemächlich miteinander umher. Die Halbwüchsigen Carl und Evonne schienen das Beisammensein zu genießen. Bisweilen tauschten sie ihre Mütter aus – so fraß Carl mit Ellen *ubar*-Früchte, während Evonne in einem anderen Baum mit Cara nach Nahrung suchte. Einmal befanden sich beide in einem *pintau*-Baum, einem wildwachsenden Verwandten des Brotfruchtbaums. Die Frucht des *pintau*-Baums erreicht etwa die Größe einer Honigmelone und ist im reifen Zustand mit dicht an dicht stehenden gelben Stacheln bedeckt. Evonne stand gerade im Begriff, eine davon zu öffnen, als Carl dazukam. Sie hielt die Frucht hoch, als präsentiere sie ihm einen Gewinn. Carl biß ein Stück heraus und ließ es fallen. Das muntere Verhalten der beiden erinnerte mich an die Art, wie Akmad, Sugito und die anderen Orang-Utans im Lager miteinander umgingen. Nur junge Orang-Utans spielen mit Nahrungsmitteln.

Im Unterschied dazu kommunizierten die Erwachsenen Cara und Ellen in der gesamten Zeit, die sie gemeinsam zubrachten, nicht in erkennbarer Weise und berührten einander auch nicht. David Agee Horr, ein Pionier auf dem Gebiet der Freilandbeobachtung, hat einmal erklärt, freilebende Orang-Utans in den Kronen von Bäumen seien wie «Schiffe, die sich nachts begegnen». Ein menschlicher Beobachter tief unten hat häufig den Eindruck, daß sie in keiner Weise Kenntnis voneinander nehmen. Vielleicht aber kommunizieren sie mit Hilfe kaum wahrnehmbarer Änderungen in Ausdruck und Haltung. Je mehr ich die beiden Weibchen und ihre Jungen beobachtete, desto stärker wurde meine Überzeugung, daß irgend etwas vor sich ging. Mich beeindruckte nicht nur, wie ähnlich ihre Emotionen denen von uns Menschen waren, sondern auch, wieviel ich intuitiv verstand. Orang-Utans unterscheiden sich in vielerlei Hinsicht von uns, sind uns aber insofern sehr ähnlich, als es bei ihnen wie beim Menschen kaum ritualisierte oder stereotype Reaktionen auf Artgenossen gibt.

Cara konnte gut oder schlecht gestimmt sein, hatte Freunde und Feinde und ihren ganz persönlichen Stil. Ich mochte ihre Entschiedenheit und die rauhe Schale, die sie nach außen zeigte – daß sie einen weichen mütterlichen Kern hatte, wußte ich. Obwohl sich nie voraussagen ließ, wie sie sich an einem bestimmten Tag einem bestimmten Orang-Utan gegenüber verhielt, konnte ich ihr Verhalten nachvollziehen.

Von allen Weibchen, mit denen sie bekannt war, schien Cara zu Beth den besten Zugang zu haben. Es kam vor, daß sie mit ihren Sprößlingen und Beth mit ihrem halbwüchsigen Sohn Bert mehrere Tage hintereinander zusammen umherzogen. Beth folgte ihr normalerweise im Abstand von einem oder zwei Bäumen, doch fraßen sie häufig auch im selben Baum, oft auf demselben Ast und bauten abends in nebeneinanderstehenden Bäumen ihre Nester. Wenn Cara und Beth zusammen waren, kamen sie mir vor wie alte Freundinnen. Völlig gelöst in Gegenwart der anderen, schienen sie ihr Verhalten aufeinander abzustimmen. War Cara mit anderen Weibchen unterwegs, dauerte das jeweils nur wenige Stunden, und zwischen ihnen schien eine größere Distanz zu bestehen.

Vor allem Caras Beziehung zu Martha schien verwickelt und auf unsicheren Füßen zu stehen. Martha war ein schwarzgesichtiges, gemächliches Weibchen und war wohl etwas älter als Cara. Obwohl Martha ihr gegenüber keine feindlichen Gefühle zu hegen schien, begegnete ihr Cara mit Mißtrauen. Einmal zog Cara mit Martha, deren kleinem Sohn «Merv» und ihrer Tochter, der halbwüchsigen Maud, umher. Die beiden erwachsenen Weibchen aßen Rinde und hockten auf demselben Ast nebeneinander. Bei einem Blick in Marthas Gesicht wich Cara plötzlich zurück. Ich sah an Marthas Haltung oder Verhalten nichts Ungewöhnliches. Sie legte Cara beruhigend die Hand auf den Rücken. Das ließ sich diese einige Sekunden bewegungslos gefallen, dann eilte sie vom Baum, als schwebe sie in Lebensgefahr. Gleichmütig fraß Martha weiter. Kaum war Cara fort, als Carl sich neben Martha setzte und sie aufmerksam ansah. Doch sie achtete nicht auf ihn. Wohl aber verließ der kleine Merv den Körper seiner Mutter und legte beide Hände auf Carl – offensichtlich eine Aufforderung zum Spielen.

Cara hatte einen Baum in unmittelbarer Nähe aufgesucht und saß unterhalb von Maud. Während diese friedlich junge Blätter verzehrte, griff Cara sie ohne erkennbaren Anlaß an. Maud floh in so großer Eile, daß sie erst zu jaulen anfing, als sie Cara entkommen war. Martha kam näher, griff aber nicht ein. Als Martha und Cara am folgenden Tag gemeinsam weiterzogen, floh Maud, sobald sich Cara nur in ihre Richtung bewegte. Doch diese Vorsichtsmaßnahme genügte nicht. Die beiden saßen getrennt auf zwei Bäumen zehn oder elf Meter voneinander entfernt, als Cara mit einem Mal auf Maud einstürmte, die jaulend davonrannte. Auch diesmal sah Martha untätig zu.

Einige Stunden später knabberten Martha und Cara auf gegenüberliegenden Seiten desselben Stamms Rinde. Der Abstand zwischen ihnen betrug nur wenige Zentimeter. Beide schienen auf die Nahrungsaufnahme konzentriert zu sein. Dann hielt Martha inne und starrte Cara an, was freilebende Orang-Utans normalerweise nicht tun (sie sehen einander eher selten in die Augen). Eine oder zwei Sekunden später machte Martha eine geringfügige Bewegung in Caras Richtung. Sofort sauste Cara rückwärts den Stamm hinab, als hätte Martha sie angegriffen. Zwar hatte ich hinter Marthas Verhalten keinerlei böse Absicht erkannt, außer daß ihr Gesicht nur wenige Zentimeter von Caras entfernt gewesen war. Ohne sich zu rühren, blickte Martha Cara nach. Dann kam Caras übliches Manöver: Sie griff Maud an. Diesmal zeigte sie keine Gnade und jagte Maud länger als drei Minuten. Martha suchte einen Baum in der Nähe auf und sah unbeteiligt zu. Als Cara weiterzog, folgte sie ihr nicht.

Caras Abneigung Maud gegenüber war fast mit Händen zu greifen. In weniger als vierundzwanzig Stunden hatte sie das unglückliche Orang-Mädchen dreimal angegriffen. War das als Hinweis an Martha gemeint, die Cara nicht unmittelbar anzugreifen wagte, sah Cara in Maud ein Ärgernis, weil sie selbst einen Sohn etwa gleichen Alters hatte, oder konnte sie Maud einfach nicht ausstehen?

In den einunddreißig Tagen, an denen ich Cara folgte, rechnete ich mit einer Wiederholung ihrer Begegnungen mit anderen Weibchen. Doch zeigte sich, daß Cara, Cindy und Carl fast ständig allein waren. Es kam nur zu einigen flüchtigen Begegnungen. So huschte in der Ferne ein Orang-Utan vorüber; ein erregtes Weibchen, das ich nicht erkannte, jagte Cara kurz aus ihrem Schlafnest, und das Backenwulst-Männchen Knubbel tauchte auf und imponierte mir nach Kräften, während sich Cara elegant davonschwang. Noch einmal zogen sie und ihre Kinder mehrere Stunden lang gemeinsam mit Ellen, Eve und Evonne umher. Doch Carl und Evonne spielten nicht ein einziges Mal miteinander, und die Mütter Cara und Ellen sahen einander kaum an.

Dann waren Cara, Carl und Cindy neun Tage hintereinander völlig allein und stießen auf keinen anderen Orang-Utan. Man hörte noch nicht einmal Langrufe aus der Ferne. Am zehnten Tag schließlich kletterte Cara auf eine tropische Eiche, auf der die alte Alice mit ihrem hochgewachsenen halbwüchsigen Sohn «Andy» fraß. Soweit ich feststellen konnte, nahmen weder Alice noch Cara auch nur Kenntnis von der Anwesenheit der anderen, und Carl und Andy spielten nicht miteinander.

Anfänglich hatte ich zwischen der allgemein vertretenen Ansicht, daß Orang-Utans Einzelgänger sind, und der Annahme geschwankt, daß sie geselliger seien als vermutet. Nach den Beobachtungen der letzten Tage wurde mir klar, daß es nicht um ein Entweder-Oder ging. Beides stimmte. Zeitweise sind Orang-Utans Einzelgänger und zeitweise nicht. Statt sie als «einzelgängerisch» zu bezeichnen, ziehe ich das Attribut «halbeinzelgängerisch» vor: Orang-Utans sind zwar zu geselligem Verhalten fähig, bleiben aber dennoch für sich. Sie erinnern mich an Großstädter, die sich auf einem belebten Gehsteig begegnen und grußlos, ja ohne sich gegenseitig auch nur einen Blick zu gönnen, aneinander vorübergehen. Ein Ethnologe von einem anderen Planeten könnte den Schluß ziehen, daß wir ungesellige Wesen seien. Man muß aber bedenken, daß ein Großstadtbewohner, der mit jedem ein Schwätzchen anfinge, dem er zwischen zwei Nebenstraßen begegnet, nie an sein Ziel gelangen würde.

Ähnlich verhält es sich bei den Orang-Utans, die auf der Suche nach Nahrung durch den tropischen Regenwald ziehen. Da Nahrungsquellen selten sind und weit auseinanderliegen und Orang-Utans als große Säuger viel Futter brauchen, können sie es sich nicht leisten, sich an einem Ort zu sammeln oder auf der Suche nach Nahrung in größeren Gruppen umherzuziehen. Es ist ohne weiteres möglich, daß ein einzelnes Tier alles verzehrt, was sich an reifen Früchten oder eßbaren Blüten an einer bestimmten Stelle findet. Würden Orang-Utans in Gruppen auf Nahrungssuche gehen, müßten sie größere Entfernungen zurücklegen, mehr Nahrungsquellen finden und vielleicht sogar im Streit um das Gefundene Energie verschwenden. Allein auf Nahrungssuche zu gehen ist weit effektiver. Die vorwiegend einzelgängerische Lebensweise ist weniger Ausdruck ihres Wesens als einer Anpassung an ihre Lebensbedingungen. Wie die adoptierten Orang-Utans in Camp Leakey zeigen, können diese Menschenaffen aber durchaus gesellig sein, wenn die Umstände das zulassen oder verlangen.

Ihre Selbstgenügsamkeit macht die Orang-Utans unter den höheren

Primaten einzigartig. Für sie kommt die Nahrungsaufnahme an erster Stelle, der gesellige Umgang an zweiter. Beim Schimpansen hat man bisweilen den Eindruck, daß es sich genau umgekehrt verhält. Sie sind «politische Wesen», die viel Zeit, Energie und Intelligenz darauf verwenden, sich die in ihrer Gemeinschaft bestehende Gruppenhierarchie und das erwünschte Verhalten einzuprägen. Sie beobachten und manipulieren die Emotionen und Loyalitäten anderer Schimpansen. Sie bilden Bündnisse, führen «Staatsstreiche» durch und schlichten Streitigkeiten. Das Leben in der Gruppe spielt bei der Anpassung der Schimpansen an ihre Umgebung eine ebenso entscheidende Rolle, wie die Beibehaltung einer bestimmten Distanz bei den Orang-Utans von zentraler Bedeutung ist.

Da ausgewachsene Orang-Utans nicht aufeinander angewiesen sind, brauchen sie sich auch nicht gegenseitig zu benutzen oder für ihre Zwecke einzuspannen. Gerade deshalb scheinen sie uns wohl so gutartig und unverdorben. Wenn sich Schimpansen miteinander anfreunden, haben sie grundsätzlich Hintergedanken: Je mehr Freunde ein Schimpanse hat und je mächtiger diese sind, um so besser. Ausgewachsene Orang-Utans können durch den Umgang mit Artgenossen nichts gewinnen. Wenn Beth und Cara miteinander umherziehen, liegt das einfach daran, daß sie die Gegenwart der anderen schätzen. Freundschaften unter Schimpansen bedürfen der ständigen Bestätigung. Ein Hauptgrund dafür, warum sie Stunden mit einer sorgfältigen und nahezu zwanghaften sozialen Fellpflege verbringen, liegt darin, daß sie einander auf diese Weise ihre unverbrüchliche Freundschaft beweisen wollen. Beziehungen zwischen Orang-Utans sind, da sie von keinerlei Erwartungen belastet werden, weniger gefährdet und damit auch weniger demonstrativ. Gemeinsam umherziehende Orang-Utans sind alte Freunde, die nicht darauf angewiesen sind, miteinander zu reden, um sich in Anwesenheit des anderen wohl zu fühlen.

Dem Menschen mögen Orang-Utans distanziert und unnahbar erscheinen. Da der Mensch zu fast 99 Prozent die gleichen Gene aufweist wie der Schimpanse, ist es nicht weiter verwunderlich, daß er diesem in seinen Empfindungen und seinem Sozialverhalten sehr ähnlich ist. Unsere Motive sind niemals von ausschließlich lauterer Art, und wir können einander nie voll und ganz vertrauen. Orang-Utans sind von einer Ehrlichkeit und Offenheit, die sich weder Mensch noch Schimpanse leisten können. Das Treiben in Schimpansentrupps mag den

Menschen an sich selbst erinnern, die Orang-Utans in ihrer Unverdorbenheit hingegen rufen uns das Paradies ins Gedächtnis, das wir verlassen mußten.

Cindy war unterdessen ein Jahr alt. Ihr leuchtend orangefarbenes Haar strahlte, als brächte sie ihren eigenen Sonnenschein mit. Sie war ein kleines Energiebündel voll Tatendrang: Alles um sie herum mußte sie erkunden. Häufig entfernte sie sich bis zu einem Meter aus Caras unmittelbarer Nähe. Sie bekam schon Nahrung und Trinkwasser aus dem Mund der Mutter und griff nach Rindenstückchen, die Carl oder Cara in der Hand hielten. Caras Beziehung zu Carl hatte sich weiter verändert. Er hielt sich tagsüber vorsichtig von ihr fern, wenn sie fraß, und klagte gelegentlich, wenn sie ihn nur ansah. Nur wenn sich Cara entspannt setzte, näherte er sich ihr. Dann zupfte Cindy an ihm herum und schlug unmittelbar über ihm Purzelbäume, als wolle sie ihn zum Spielen auffordern. Carl hielt Cindys Fuß mit seinem eigenen, während er mit der Rechten ihren Rücken untersuchte und ihr Fell minutenlang pflegte. Nachdem er ihren Fuß losgelassen hatte, betrachtete sie ihn gründlich, als suche sie darauf den Abdruck von Carls Fuß.

Kurz nachdem Cindy ein Jahr alt geworden war, verließ Carl seine Mutter zum ersten Mal, um auf eigene Faust umherzustreifen. Er schloß sich mit Evonne zusammen, für die es wohl ebenfalls der erste Ausflug ohne die Mutter war. Den größten Teil der Zeit verbrachten die beiden Heranwachsenden mit Nahrungsaufnahme, ab und zu spielten sie auch miteinander. Die Trockenzeit war vorüber, doch war sie in jenem Jahr kaum von der Regenzeit zu unterscheiden. Da der Ertrag an Früchten nur sehr gering war, hatten die Orang-Utans vorwiegend Rinde und junge Blätter gefressen. Jetzt gab es wieder Obst, und Evonne und Carl machten sich eilends daran, alles zu probieren, fraßen aber nach wie vor den größten Teil des Tages Rinde und Blätter. Vielleicht genügten die verfügbaren Früchte einfach nicht zu ihrer Ernährung.

Erst einen Monat später sah ich Cara, Carl und Cindy wieder. Schon bald begegneten sie Beth und Bert. Bert war inzwischen endlich imstande, auf eigenen Füßen umherzuziehen, und wurde allmählich etwas ungestüm. Als Beth und Bert eintrafen, saß Cara mit einem abgebrochenen Ast in einer Hand da, von dem sie mit der anderen Hand *salak*-Früchte pflückte, säuberte und in den Mund steckte. Bert kam herübergeschlendert und nahm sich Früchte von Caras Ast. Ihren Sohn Carl hätte sie sogleich angegriffen, doch um Bert kümmerte sie sich, gutmütig wie sie war, überhaupt nicht. Später legte Bert ihr sogar heimlich die Hände auf die Geschlechtsteile, was Cara zusammenzukken ließ. Er zog die Hand fort, versuchte es dann aber erneut. Cindy kam hinabgeklettert und sah aufmerksam zu. Dann verließ Bert wohl der Mut, und er rückte einen oder zwei Meter beiseite. Einige Minuten später war er jedoch wieder da.

Der leichte Nieselregen wurde stärker. Cara suchte mit Cindy einen anderen Baum auf, und Bert stürmte hinterdrein. Doch als Cara ein Nest baute, um dem Regen zu entkommen, kehrte er zu dem *salak*-Baum zurück, in dem seine Mutter Beth nach wie vor fraß.

Ich hatte die ganze Zeit überhaupt nicht auf Carl geachtet, der sich ebenfalls im *salak*-Baum aufhielt. Als ich mich endlich seiner annahm, bekam ich einen richtigen Schreck: Er hatte das gesamte Haupthaar und seine Schulterbehaarung verloren, und die dicke, lederartige, faltige Haut darunter erinnerte mich an die eines Elefanten. Es sah entsetzlich aus. Er schien so etwas wie die Räude zu haben. Die einzige Veränderung in seinem Verhalten, die mir auffiel, war, daß er sich weitaus häufiger kratzte als sonst – eigentlich jedesmal, wenn er stehenblieb. Früher war mir das nicht aufgefallen, weil sich die meisten Orang-Utans viel kratzen, was aber im Normalfall nicht auf einen Juckreiz zurückzugehen scheint. Fast könnte man glauben, daß sie ihre Hände nicht stillhalten können, und da sie im Unterschied zu Menschen nicht rauchen und auch keine Betperlen durch die Finger gleiten lassen, kratzen sie sich eben. Aber bei Carl sah das anders aus. Er kratzte sich wiederholt und mit Nachdruck. Bisweilen unterbrach er sogar die Nahrungsaufnahme, um sich kratzen zu können. Ich fragte mich, ob seine Krankheit ansteckend war.

Ich begann Cara aufmerksam zu beobachten; sie kratzte sich ebenfalls häufig, ebenso Beth und Maud. Die Regenzeit hatte eingesetzt, und auch mich juckte die feuchte Kleidung auf der Haut. Vielleicht hatte Carl eine weder ansteckende noch gefährliche Krankheit, sondern nur ein Ekzem.

Ich sprach mit Rod darüber, und wir kamen zu dem Ergebnis, daß unsere Aufgabe als objektive Beobachter nicht darin bestehe, in die Phänomene einzugreifen, die wir beobachteten. In den Seminaren an der UCLA hatten wir angehenden Anthropologen und Primatenforscher Mitte und Ende der sechziger Jahre gelernt, daß man ohne Rücksicht auf persönliche Empfindungen beobachten müsse und keinen Einfluß nehmen dürfe. Doch selbst wenn wir den Entschluß gefaßt hätten, Carl zu behandeln, hätten wir erstens keine Möglichkeit gehabt, ihn einzufangen, und zweitens auch nicht feststellen können, woran er litt. Es gab weder in Kumai noch in Pangkalanbuun einen Tierarzt. Die beiden Humanmediziner in der Gegend waren für eine Diagnose nur schlecht ausgerüstet und hatten bei den Jungtieren Barbara und Tony nicht viel ausrichten können. Eine Reise nach Jakarta konnte eine Woche oder länger dauern, und mit wem hätten wir dort reden sollen? Wir trösteten uns damit, daß es sich bestimmt um eine vorübergehende Erscheinung handelte. Vielleicht war die Räude psychosomatisch bedingt und ging auf irgendeine Art von Streß zurück. Auch konnte es sich ohne weiteres um eine allergische Reaktion handeln, und eine Spontanheilung war keineswegs ausgeschlossen.

Trotz der großen Sorgen, die ich mir um Carl machte, sah ich erleichtert, daß weder Cara noch Cindy betroffen zu sein schienen. Doch ich irrte mich. Als ich drei Wochen später erneut auf die drei Tiere stieß, sank mein Herz. Cindy hatte die Hälfte ihrer Behaarung verloren und war zum Skelett abgemagert, so daß ich ihre Wirbelsäule durch die Haut sehen konnte. Sie, die einst bei jedem Halt munter von der Mutter heruntergesprungen war, klammerte sich jetzt beständig mit geschlossenen Augen an sie. Ich war den Tränen nahe. Es schien sie alle Kraft zu kosten, sich an Cara festzuhalten, immer wieder glitt sie von ihr herunter. Die Mutter hob sie dann vorsichtig auf, beschnupperte ihr Gesicht und brachte sie in eine Stellung, in der sie sich leichter festhalten konnte, indem sie sich Cindy beispielsweise auf die Schulter setzte.

Am nächsten Tag ging Carl von Cara fort. Einige Stunden später begegnete er Martha, Maud und Merv. Als er auf demselben Ast zu fressen begann, griff ihn Martha zu meiner großen Überraschung an. Er floh, ohne den leisesten Protestlaut von sich zu geben.

Mehrere Tage hindurch blieb er allein. Dann begegnete er kurz Cara, doch dem Interesse nach, das sie einander entgegenbrachten, hätte es jeder beliebige weibliche Orang-Utan sein können. Als sie getrennte Wege gingen, beschloß ich, Cara zu folgen.

Ich habe Carl nie wiedergesehen. Obwohl ich mir große Sorgen über seinen Zustand machte, nahm ich nicht an, daß er eingehen würde. Mit seinen neun oder zehn Jahren war er weit über das Alter hinaus, in dem

Jungtiere gewöhnlich Krankheiten erliegen. Zwar sah er entsetzlich aus, aber soweit ich sehen konnte, hatte er weder seinen Appetit noch seine Lebenskraft eingebüßt.

Zum ersten Mal kratzte sich jetzt auch Cara heftig. Obwohl ihr Haarkleid noch vollständig war, begriff ich, daß sie wohl an der gleichen Krankheit litt, die Carl befallen hatte. Keine drei Wochen drauf stieß ich an einem Spätnachmittag erneut auf Cara. Cindy hing an ihrem Hals, und ich fragte mich, warum die Kleine so reglos war. Es war schwer, im schwindenden Licht des Tages etwas deutlich zu erkennen. Am nächsten Morgen verließ Cara ihr Schlafnest allein. Mir stand das Herz still. Sie entleerte ihren Darm, rieb sich den Rücken an einem Ast, kehrte zum Nest zurück, nahm Cindy heraus und setzte sie sich auf den Nacken. Mir stockte der Atem. Cindy war tot. Wie eh und je zog Cara auf der Suche nach Futter zwischen den Bäumen umher – daran hatte sich nichts geändert. Aber sie schien verstört zu sein und sah immer wieder nach Cindy, die ganze Wolken von Fliegen umkreisten. Sie mußte schon seit einigen Tagen tot sein.

Früher hatte Cara ihr das Fell nur von Zeit zu Zeit gepflegt. Jetzt beschäftigte sie sich dutzendmal am Tag mehrere Minuten lang mit dem kleinen Körper. Sie fuhr mit den Lippen darüber hin, die sie dann an Cindys Mund legte. Ihre Zärtlichkeit wirkte tragisch und entsetzlich zugleich. Vorsichtig nahm sie Cindys Hand in die ihre, hob den kleinen Kopf und sah ihr ins Gesicht. Zwanzig Meter weiter unten trieb auf dem Waldboden der Geruch verwesenden Fleischs zu mir her. Ich hätte mich fast übergeben.

Am vierten Morgen ließ Cara ihre Tochter im Schlafnest. Nachdem sie an jenem Abend ihr Nest gebaut hatte, lief ich zum Camp und kehrte mit Rod und Ahmad zurück. Sie holten Cindy aus dem Nest. Der kleine, fast mumifizierte Kadaver, der nur noch aus eingeschrumpfter Haut und Knochen bestand, sah aus wie eine ägyptische Mumie, deren Binden man aufgeschnitten hat. Erstaunlicherweise fanden sich keinerlei Maden darin. Dadurch, daß Cara ihn immer wieder abgesucht und dann in ein sehr hohes Nest gelegt hatte, war er vor den Fliegen bewahrt geblieben.

Überlege dir gut, was du dir wünschst – es könnte in Erfüllung gehen. Mein Wunsch war in Erfüllung gegangen: Ich hielt Cindy in den Armen, als ich den kleinen Leichnam ins Lager zurücktrug.

Am nächsten Morgen entnahmen wir Gewebeproben, um die Ursache von Cindys Tod feststellen lassen zu können. Da ihre Mutter sie in den Bäumen zurückgelassen hatte, beschlossen wir, die Leiche auf einen Baum zurückzubringen. Also stellten wir ein kleines Nest her, das wir in einer nahe dem Lager stehenden Baumgruppe in etwa dreieinhalb Meter Höhe anbrachten. Wenige Stunden danach stieß ein Wildschwein an die Bäume; das Nest fiel herunter, und Cindys Überreste fielen dem Schwein zum Opfer.

Cindys Tod, Carls Verschwinden und Caras Krankheit wühlten mich zutiefst auf. Ich sah in den in freier Natur lebenden Orang-Utans fast so etwas wie meine Angehörigen. In jenen Jahren erledigten Rod und ich einen großen Teil unserer Arbeit allein. Oft wechselten wir uns in der Beobachtung ein und desselben Orang-Utans ab. Es kam durchaus vor, daß wir gleichzeitig verschiedenen Individuen in verschiedenen Teilen des Untersuchungsgebiets folgten. Abgesehen von den ein oder zwei Stunden in der Dunkelheit des frühen Morgens, bevor wir uns jeder zu einem anderen Orang-Nest aufmachten, und den ein oder zwei Stunden in der Dunkelheit, nachdem wir zum Abendessen ins Lager zurückgekehrt waren, brachten wir den größten Teil unserer Tage in Gesellschaft der freilebenden Orang-Utans zu.

Keinem Weibchen war ich mehr gefolgt als Cara. Schon morgens freute ich mich darauf, sie zu sehen. Ich nahm großen Anteil an ihrer Beziehung zu Carl. Es war etwa so, wie man die tägliche Folge einer Seifenoper nicht missen möchte, und wie viele begeisterte Zuschauer solcher Serien wurde ich süchtig danach. Das galt nicht nur für mich. Eines Tages kehrte Rod zurück, nachdem er Cara den ganzen Tag gefolgt war. Obwohl er durchnäßt war und fror und ihm die Kleider wie eine zweite Haut am Leibe klebten, lag ein breites Lächeln auf seinem Gesicht. «Weißt du», sagte er, während er sich seiner nassen Kleidungsstücke entledigte, «Cara ist schon niedlich. Wenn ich ein Orang-Utan wäre, könnte ich mich richtig in sie verlieben.»

Zwar ist «niedlich» eins der letzten Wörter, die ich zur Beschreibung der launischen, eigenwilligen und nahezu gebieterisch wirkenden Cara verwendet hätte, doch verstand ich, was Rod damit sagen wollte. Da wir sonst keine Gesellschaft hatten, war auch ich für «menschliche» Kontakte auf Cara, Beth oder Georgina angewiesen. Vierzehn Stunden in den Tiefen des Waldes allein zu sein bedeutet ein Maß an Einsamkeit, das nur wenige Menschen je erleben.

Die Beziehung zwischen einem frei umherziehenden Orang-Utan und einem Menschen wird stets ungleich sein. Unsere Art ist auf zwischenmenschliche Kontakte angewiesen; wir sehnen uns nach der Gegenwart anderer Menschen. Jeder Orang-Utan ist ein Reich für sich, und nur die Weibchen haben eine engere Beziehung zu ihren Kindern, solange diese von ihrer Mutter abhängig sind. Caras Beziehung zu mir konnte unter keinen Umständen wechselseitig sein. Ich bedurfte Caras weit mehr, als sie mich je brauchen würde. Die emotionale Unnahbarkeit der Orang-Frauen war mir fremd. Selbst wenn ich mit ihnen unter das Blätterdach hätte klettern können, wäre es mir unmöglich gewesen, in ihr Universum einzudringen. Zwischen uns lagen mindestens zehn Millionen Jahre einer getrennt verlaufenden Evolution.

Auch den aus der Gefangenschaft befreiten Orangs stand ich sehr nahe, doch ähnelte unsere Beziehung der zwischen Eltern und Kindern. Die ausgewachsenen Weibchen standen eher auf meiner Stufe. Rod war ein hingebungsvoller Gatte, und ich war dankbar, ihn zu haben. Doch ganz gleich, wie nahe man einander steht, niemand kann alle emotionalen Bedürfnisse eines anderen Menschen befriedigen. So entwickelten sich zwischen mir und den in freier Natur lebenden erwachsenen Orang-Weibchen Beziehungen, auch wenn sie einseitig waren.

Nach Cindys Tod sah ich Cara noch einmal. Ihr räudiges Aussehen ließ mich an das erste Mal denken, da ich erkannt hatte, daß mit Carl etwas nicht stimmte. Wir hatten Hautproben und Körpergewebe von Cindy an eine Gruppe medizinischer Forscher der US-Marine in Jakarta geschickt, doch sie fanden nichts. Vier Jahre nach Caras Verschwinden berichtete einer meiner Dajak-Helfer, er habe am Rand des Untersuchungsgebiets ein Weibchen mit schütterem Haarkleid gesehen, das offensichtlich am Verhungern sei. Die Jagdkenntnisse der Dajak erwiesen sich für die Beobachtung und Rettung von Orang-Utans als unschätzbar. Sie stellten aus Schlingpflanzen ein Lasso her, kletterten in die Bäume und fingen das kranke Tier ein. Inzwischen verfügten wir im Lager über ein ganzes Arsenal von Medikamenten. Rod behandelte den Orang, den wir nicht kannten, mit einer Lösung, die Milben abtötet, mit Vitaminen und Antibiotika, und entließ ihn in die Freiheit. Da Orang-Utans sehr viel anders aussehen, wenn ihre Haare nachgewachsen sind, kann ich nicht mit Sicherheit sagen, ob er überlebt hat, doch wir vermuten es. Im Unterschied zu jener Zeit, als Carl und Cara erkrankt waren, hatten wir diesmal eingegriffen.

Caras Verlust war für mich ein traumatisches Erlebnis. Es war ungefähr so, als müsse man hilflos zusehen, wie der Krebs einen Angehörigen dahinrafft. Auch Rod war niedergeschlagen. Im Rückblick ist mir klar, daß es sich für ihn um einen Wendepunkt handelte. Nach und nach änderte sich seine Haltung gegenüber der Erforschung freilebender Orang-Utans. Er verlor das Interesse an den Berichten über die Individuen, denen wir folgten. Zuvor hatte er mit mir begeistert über unsere Ergebnisse diskutiert und sie analysiert; jetzt schien er auf dem Standpunkt zu stehen: «Na und? Das weißt du doch schon. Du hast doch begriffen, worum es bei den Orang-Utans geht.» Bis dahin war er mein getreuester Anhänger gewesen und hatte mich aufgerichtet, wenn mich Verzagtheit überfiel. Jetzt begann er, die Bedeutung von Langzeituntersuchungen in Frage zu stellen und wissenschaftliche Forschung ausschließlich aus dem Blickwinkel des Kosten-Nutzen-Verhältnisses zu sehen.

Ich denke, daß Rod wohl das Gefühl hatte, er habe Cara irgendwie im Stich gelassen und sei seiner Beschützerrolle gegenüber weiblichen Wesen und deren Nachkommen nicht gerecht geworden. Doch statt Cara zu betrauern, stürzte er sich nahezu verbissen auf die Aufgabe, den Wald vor Holzfällern zu bewahren. Er übertönte seinen Schmerz mit waghalsigen Aktionen und gefährlichen Auseinandersetzungen. Damals allerdings war ich selbst viel zu sehr mitgenommen, als daß ich hätte nachempfinden können, was er durchmachte.

Unsere Idylle im Garten Eden hatte einen Sprung bekommen. Wir hatten uns einer Täuschung hingegeben, die auf unsere Jugend, unsere Isolierung und unsere nordamerikanische Erziehung zurückging. Wie so viele Menschen des Westens, vor allem die Blumenkinder der sechziger Jahre, war ich in mancher Hinsicht einem Bild erlegen, das wir uns von der Natur machten. Sie schien uns edel, schön und rein: Wir wollten «zurück zur Natur», unsere Reise in den tropischen Urwald war eine Heimkehr in den Garten Eden. Doch Gärten sind etwas, das der Mensch gestaltet, um menschliche Bedürfnisse zu befriedigen. Wer einen Garten anlegt, muß die Natur im Zaum halten, muß Unkraut jäten, Pflanzen beschneiden, muß spritzen, wässern und einzäunen. Ein Garten ist gezähmte, zivilisierte, gebändigte Natur. Im Anfang gab es keinen Garten, sondern nur Eden. Unsere Urheimat war eine

Wildnis, in der die Natur herrschte, kein Garten. Ich begann zu begreifen, daß die reine, unberührte Natur gleichbedeutend war mit der brutalen, unbarmherzigen und wilden Natur.

In Dajak-Kunstwerken begegnete ich immer wieder dem Motiv des Schlangendrachen, einer Metapher für die Natur. Dieses Motiv findet sich überall, von Küchengeräten bis zu Grabmonumenten. Ich konnte dem Schlangendrachen nicht entkommen, der in der Kosmologie der Dajak die Erde repräsentiert und gleichzeitig Beschützer der Menschen ist. In der jüdisch-christlichen Überlieferung hingegen hat die Schlange Eva den Apfel vom Baum der Erkenntnis angeboten. Die Frucht symbolisiert die Anfänge der Kultur, der Jagd und des Sammelns, der Domestikation von Pflanzen und Tieren und letztlich der neuzeitlichen Naturwissenschaft und Technik. Zum ersten Mal war ich froh, daß Eva von der verbotenen Frucht gegessen hatte. Durch die Entwicklung der Kultur hatte die Natur dem Menschen einen Ausweg eröffnet. Wir besitzen Kleidung, Obdach, landwirtschaftliche Erzeugnisse, Medikamente. Ich stellte mir ein einsames Nest irgendwo unter dem grünen Blätterdach vor, das Carls Knochen enthielt, und ein anderes mit Caras von Maden wimmelnden Überresten und brach in Tränen aus. Für sie hatte die Natur keinen Ausweg bereitgehalten.

Auch auf meine Forschungsarbeit wirkte sich Caras Tod verheerend aus. Ich hatte mich der Aufgabe verschrieben, der Lebensgeschichte einzelner Tiere nachzugehen. Ein Jahr zuvor war Kehlsack verschwunden, das am meisten an mich gewöhnte erwachsene Männchen. Jetzt war das weibliche Gegenstück dazu gestorben, das ich am häufigsten beobachtet hatte. Hätte ich einen Paviantrupp beobachtet, wäre die ganze Gruppe an mich gewöhnt gewesen. Auch nach dem Tod oder dem Verschwinden von einem oder zwei Individuen hätte ich noch immer den Trupp gehabt und die Untersuchung ohne Unterbrechung fortsetzen können. Doch Orang-Utans muß man einzeln an sich gewöhnen. Daß sich Kehlsack oder Cara meine Gegenwart hatten gefallen lassen, bedeutete nicht, daß es mir andere Orangs ebenfalls gestatten würden, sie zu beobachten. Mit jedem mußte ich von vorn anfangen. Fast drei volle Jahre hatte ich in Kehlsack und Cara investiert, und jetzt waren sie fort.

So sehr mir an der Lebensgeschichte einzelner Individuen lag, kam ich doch zu dem Ergebnis, daß ich es mir nicht leisten konnte, alles auf diese Karte zu setzen. Ich beschloß, daß ich einem Tier jeweils nur fünf Tage folgen und dann nach einem anderen Ausschau halten würde (später verlängerte ich diese Zeit auf zehn Tage) – es sei denn, es gäbe besondere Gründe, ein bestimmtes Tier fortlaufend zu beobachten, wie beispielsweise Trächtigkeit oder das Zusammensein mit einem Angehörigen des anderen Geschlechts. Auch wenn mir bewußt war, daß diese Entscheidung wissenschaftlich richtig war, linderte das meinen Schmerz über Kehlsacks Verschwinden und Caras Tod nicht. Immer wieder fragte ich mich, was ich falsch machte. Gab es da etwas, das mir nicht aufgefallen war?

Später, bei der Auswertung der von mir zusammengetragenen Daten für meine Doktorarbeit, zeichneten sich allmählich Zusammenhänge ab. In den wenigen Monaten vor Carls Erkrankung hatte es im Regenwald ungewöhnlich wenig Früchte gegeben. Auf ein außerordentlich trockenes Jahr (die Einheimischen sprachen vom trockensten seit Menschengedenken) war ein sehr nasses gefolgt, in dem die Ernte ausgeblieben war. Die Blüten entwickelten sich nicht richtig, verfaulten und fielen ab. Mehrere Jahre hindurch trugen die wilden Durian-Bäume nicht gut. Nie zuvor oder danach habe ich erlebt, daß es so wenig Früchte gab. Orang-Utans aber leben in erster Linie von Früchten. In einem Jahr machen sie über neun Zehntel ihres Speisezettels aus, und an manchen Tagen verzehren sie nichts anderes.

Monatelang hatten sich Cara und Carl vorwiegend von Baumrinde ernähren müssen. Die anderen Orangs im Gebiet, wie Beth, Ellen und Georgina, überlebten den Früchtemangel. Carl aber, der zum ersten Mal auf eigene Faust Nahrung suchte, Cara, die ihn gerade entwöhnt hatte und jetzt Cindy stillte, wie auch Cindy selbst, ein winziger Säugling, befanden sich in einem sehr verletzlichen Stadium. Nie werde ich genau erfahren, woran sie gestorben sind, aber Mangelernährung muß eine wichtige Rolle gespielt haben. Ich hatte nicht erkannt, wie dicht am Rand des Hungers Orang-Utans leben. Als behütete Angehörige der westlichen Welt hatte ich den tiefen Sinn der Redensart «Nahrung ist Leben» nicht begriffen.

Ich begriff ihn erst, als aus der Gefangenschaft befreite Orang-Utans nach einem oder zwei Jahren in der freien Natur abgemagert ins Lager zurückkehrten, weil sie sich hier etwas zu fressen erhofften. Ich begann zu erfassen, daß der bis zum Rand mit Leben angefüllte tropische

Regenwald ein Ort des Todes ist, wo der Kampf um Nahrung an oberster Stelle steht.

Einer oder zwei der Leute, an die ich wegen Kehlsacks Verschwinden und Caras Tod voller Besorgnis geschrieben hatte, erklärten in ihrer Antwort, man müsse «der Natur ihren Lauf lassen». Sie hielten mich für rührselig und meinten, ich identifiziere mich zu sehr mit meinen Forschungssubjekten, und mein Versuch, die Orang-Utans nicht nur zu erforschen, sondern auch zu retten, sei typisch Frau.

Rod und ich sind vermutlich zumindest teilweise der gängigen Ansicht erlegen, ein Naturwissenschaftler könne die Natur distanziert und objektiv beobachten. Doch das ist ebenfalls eine Täuschung. Der Mensch hat bereits so sehr in die natürliche Umgebung eingegriffen, daß fast alles auf der Erde mittlerweile seinen Fingerabdruck trägt. Wir halten die noch rauchende Waffe in der Hand. Die Frage heißt nicht, ob wir eingreifen sollen, sondern auf welche Weise und mit welchem Ziel. Von allen Menschen, die uns geantwortet haben, hat das Jane Goodall am nachdrücklichsten klargemacht: «Ihr müßt sie auf jeden Fall retten.» Aber da war es schon zu spät.

Obwohl ich die genaue Ursache von Caras Tod nicht zu ermitteln vermochte, war ich überzeugt, daß letzten Endes Menschen auf irgendeine Weise dafür verantwortlich waren. Nicht Wilderer hatten Cara getötet und ihr Kopf und Hände abgehackt, um sie als Trophäen zu verkaufen, wie es Dian Fosseys geliebtem Gorilla «Digit» erging. Sie ist auch keiner von Menschen eingeschleppten Infektionskrankheit erlegen, wie das bei der Polio-Epidemie unter den Schimpansen in der Station am Gombe der Fall gewesen sein mag. Im Unterschied zu Tony und Barbara war Cara nicht als Jungtier gefangen worden und hatte nicht ohne mütterliche Fürsorge aufwachsen müssen. Wie es aussah, war sie ein gesundes und kräftiges Tier in der Blüte seiner Jahre, hatte ihren Sohn Carl so weit großgezogen, daß er für sich selbst sorgen konnte, und mit Cindy ein lebhaftes, munteres Jungtier zur Welt gebracht. Von allen Orang-Utans, die ich beobachtet hatte, schien mir Cara eine der Tauglichsten zu sein, eine, der ich ohne zu zögern vorausgesagt hätte, daß sie sich durchsetzen und überleben würde. Und dann starb sie.

Höchstwahrscheinlich ging ihr Tod auf eine Kette kleiner Ereignisse zurück, als deren Ergebnis ihr und ihren Kindern einige wichtige Vitamine, Mineralien und andere Nährstoffe vorenthalten blieben, was ihr Immunsystem schwächte. Menschen, die an Unterernährung oder Vitaminmangel leiden, sind im Kampf gegen Infektionen benachteiligt. Bisweilen wendet sich der Körper sogar gegen sich selbst. Das erste Glied einer solchen tödlichen Kette kann etwas sein, das auf den ersten Blick völlig unbedeutend ist. Ich mußte in diesem Zusammenhang an eine alte gleichnishafte Geschichte denken: «Wegen eines fehlenden Nagels ging das Hufeisen verloren; weil es kein Hufeisen hatte, ging das Pferd verloren; weil er kein Pferd hatte, ging der Reiter verloren; weil ein Reiter fehlte, ging die Schlacht verloren; wegen einer verlorenen Schlacht ging das Reich verloren.»

In natürlichen Systemen können geringfügige Veränderungen zu bedeutenden Auswirkungen führen. Am Anfang einer Gezeitenwelle steht eine Kräuselung des Wassers, am Anfang eines Wirbelsturms eine leichte Brise.

Der Mord an Digit durch Wilderer war grauenhaft und tragisch. Die Schimpansen am Gombe litten entsetzlich unter der Polio-Erkrankung. Doch kennen wir in diesen Fällen die Todesursache und können uns bemühen zu verhindern, daß künftig Ähnliches geschieht. Caras Tod aus unerklärten Gründen ist alltäglicher, heimtückischer und gefährlicher. Täglich verschwinden Pflanzen auf immer, niemand nimmt ihr Dahingehen wahr oder erklärt es. Mit unbarmherziger Regelmäßigkeit verschwinden ganze Populationen und Arten. Wohl wissen wir, daß etwas geschieht, doch wissen wir, weder was es ist noch wie es angefangen hat oder wohin es führen wird.

Ich bin überzeugt, daß Cara der menschlichen Einwirkung zum Opfer gefallen ist, wie mittelbar auch immer sie gewesen sein mag. Gesunde und wohlgenährte Tiere lassen sich nur schwer mit Räude infizieren. Doch sobald in ihrer Nahrung bestimmte Vitamine fehlen, werden sie anfällig dafür. In unserer Alltagserfahrung verbinden wir mit Räude das Bild eines halbverhungerten, streunenden Hundes. Die Krankheit selbst ist nicht lebensgefährlich, wohl aber ist sie oft ein Symptom für eine tiefergehende Erkrankung, die mit der Ernährungslage und dem Immunsystem zu tun hat.

Bis in die fünfziger Jahre unseres Jahrhunderts waren die Regenwälder von Kalimantan fast unberührt geblieben. Das änderte sich in den sechziger Jahren, kurz vor unserer Ankunft. Damals begann der Raubbau am Wald in großem Umfang. Möglicherweise hat seine Zerstörung hundert oder hundertfünfzig Kilometer von Tanjung

Puting entfernt zu Caras Tod beigetragen. Beispielsweise könnte die Zahl der Orang-Utans um das Reservat herum zugenommen haben und mit ihr die Konkurrenz um das Futter. Zu Caras Tod kam es nach einer ungewöhnlich dürren Trockenzeit, auf die ein Jahr beständig herabprasselnden Regens folgte. Diese ungewöhnlichen Umstände könnten mit der globalen Erwärmung des Klimas infolge des Treibhauseffekts zusammenhängen. Damit wäre Cara ein Opfer des menschlichen Eingriffs in die Biosphäre geworden.

Caras Tod konfrontierte mich mit einer bedrückenden Wirklichkeit: Sofern sie keine älteren Kinder hatte, von denen ich nichts weiß, hat sie keine Nachkommen hinterlassen, sondern ist mitsamt den Ihren aus dem Universum verschwunden. In dem Fall wäre ihre Linie ausgestorben.

Für mich ist Caras Schicksal ein Symbol für das aller Orang-Utans und möglicherweise aller Tierarten, einschließlich unserer eigenen Art. Nach ihrem Tod war ich mehr denn je überzeugt, daß es nicht genügt, einzelne Orang-Utans zu retten. Jeder Orang braucht ausreichende Nahrungsquellen. Das gilt vor allem für die Weibchen, die im allgemeinen ihr Leben lang im gleichen Waldgebiet bleiben. Für Orang-Utans bedeutet Nahrung tragende Fruchtbäume, die unter Umständen Hunderte von Jahren alt sind. Wer den primären Regenwald bewahrt, rettet Orang-Utans. Mir wurde klar, daß es für meine Absicht, befreite Orang-Utans auszuwildern, genug freie Natur geben muß. Ein «Zurück zur Natur» bedeutet, daß genug unverfälschte Natur da ist, zu der man zurückkehren kann. Rod und ich verdoppelten unsere Bemühungen zur Rettung des Waldes. Das waren wir Cara, Carl und Cindy schuldig, die wir beobachtet hatten, ohne sie retten zu können.

Wir hatten Cara und ihren Kindern nicht geholfen, weil wir weder wußten, was ihnen fehlte, noch, was wir hätten tun können. Wir hatten uns auf die «Objektivität der Wissenschaft» berufen und damit Vernunftgründe für unsere Untätigkeit gesucht. Doch wenn wir dem Mitgefühl den Rücken kehren, weil es zu schwierig und seine Verwirklichung zu kompliziert ist, geben wir unser Menschsein auf. Wieder einmal kehren wir Eden und dem Stand der Gnade den Rücken, in den uns Gottes unsichtbare Hand dort versetzt hatte. Wir schulden Cara und ihren Abkömmlingen etwas – einfach, weil wir Menschen sind.

15 TANJUNG PUTING

> Nicht die Niederlage ist die schlimmste Form des
> Scheiterns, sondern daß man es erst gar nicht versucht.
>
> *George Edward Woodberry*
>
> Orang-Utans, die Menschen Biafras, Mammutbäume und
> Brasiliens Arme werden geopfert, damit die Reichen
> Kaviar essen oder die Mittelschicht vom Sessel des
> klimatisierten Wohnzimmers aus ein Fußballspiel am
> Fernseher verfolgen kann.
>
> *John Nichols*

Als sich gegen Ende des Mittelalters europäische Forschungsreisende zum ersten Mal an die Gestade Borneos wagten, stießen sie auf die drittgrößte Insel der Erde. Sie war nahezu vollständig von unberührtem, üppigem tropischen Regenwald bedeckt. An den Küsten fanden sie reiche, kultivierte malaiische Sultanate vor, Nachfolger der Hindu-Königreiche, deren Herrscher sich später zum Islam bekannten. Die Ureinwohner, die Dajak, die mehr oder weniger so lebten wie ihre Ahnen Jahrhunderte, wenn nicht Jahrtausende vor ihnen, siedelten im Inneren der Insel. Im Jahr 1627 umrundete ein portugiesischer Forschungsreisender Borneo und erfaßte die Küstenlinie kartographisch; das Landesinnere aber blieb den Menschen des Westens bis gegen Ende des 19. Jahrhunderts unbekannt.

Noch heute, Jahrhunderte nachdem die ersten Europäer die üppigen grünen Küsten Borneos entdeckten, ist die Insel zu neun Zehnteln von Wald bedeckt. Die Wirtschaft der Länder Sabah und Sarawak sowie der Provinzen Kalimantans gründet auf Bauholz. Nur das winzige Sultanat Brunei Darussalam mit seinen ungeheuren Erdölvorräten hat seine Wälder bisher vor der Axt und der Motorsäge zu bewahren vermocht. Der Bedarf des Menschen an Holz scheint grenzenlos zu sein. Gegenwärtig beträgt der Jahresverbrauch auf der Welt rund drei Milliarden Festmeter. Damit könnte man, die Stämme der Länge nach aneinander gelegt, den Erdball mehrfach umspannen – und vielleicht sogar den Bau eines Bohlendamms durch den Weltraum zum Mars in Angriff nehmen.

Etwa die Hälfte, das heißt rund 1,5 Milliarden Festmeter, wird Jahr für Jahr verbrannt, in den Tropen vorwiegend zum Kochen. Neben der Muskelkraft ist Holz in vielen Ländern der dritten Welt die einzige Energiequelle.

Die andere Hälfte des alljährlich verbrauchten Holzes wird zur Herstellung von Zellulose, Brettern und Sperrholz gefällt. Bis vor kurzem wurde fast die gesamte Zellulose (zu deren Herstellung ein Fünftel der kommerziell gefällten Gesamtmenge verwendet wird) aus Weichholz erzeugt, das von immergrünen Nadelbäumen wie Kiefern und Fichten aus dem Norden der gemäßigten Zone stammt. Hartholz von Laubbäumen so fein zu zermahlen, wie es für die Herstellung von Zellulose erforderlich ist, war nahezu unmöglich, bis um die Mitte der siebziger Jahre gewaltige Zerkleinerungsmaschinen entwickelt wurden. Mittlerweile liefern die Bäume der Tropen immer mehr Rohmaterial zur Zelluloseherstellung, deren Endprodukte als Papier, Verpackungsmaterial, Papierhandtücher und Toilettenpapier dienen.

Bei meinem ersten Eintreffen in Tanjung Puting hatten die gefräßigen Zerkleinerungsmaschinen noch nicht ihren Einzug in die Regenwälder der Welt gehalten. Wohl aber holzte man Borneos Wälder bereits zur Herstellung von Balken, Brettern und Sperrholz ab. Als um die Mitte der siebziger Jahre eine Arbeitsgruppe kanadischer Forstfachleute den Zustand des Walds untersuchte, hörte man auf den Gängen der Forstbehörde munkeln, sie hätten erklärt, Borneos Regenwälder würden «zu früh und zu schnell» abgeholzt.

Wie Naturschutz bei meiner Ankunft in Kumai gehandhabt wurde, entsetzte mich. Sekonyer, ein Dorf mit mehreren hundert Einwohnern, stand innerhalb der Grenzen des Schutzgebiets Tanjung Puting, gleich an den Ufern des Sekonyer. Weitere Dörfer lagen im Osten, an der gegenüberliegenden Seite des Reservats, und das gesamte Reservat war mit kleineren Familiensiedlungen gesprenkelt. Holzfäller mit Axt und Handsäge arbeiteten ganz offen. Nicht nur waren manche der Unternehmen, die gültige Abholzungskonzessionen besaßen und Hunderte von Männern beschäftigten, ebenfalls im Reservat tätig, auch Einheimische aus Kumai und dem Dorf Sekonyer praktizierten innerhalb seiner Grenzen Brandrodungs-Feldbau. All das geschah im Rahmen der Gesetze, denn in einem Wildreservat, und das war Tanjung Puting, galten ausschließlich die Tiere als geschützt. Also durfte man Bäume anzapfen oder fällen und auch die Vegetation abbrennen.

Mit diesem Stand der Dinge konnte ich mich nicht anfreunden. «Wie will man in einem Reservat die Tiere schützen, wenn nicht zugleich ihr Lebensraum geschützt wird?» fragte ich jeden Regierungsbeamten, mit dem ich zu tun hatte. Mein Ziel war, daß man das *suaka margasatwa*, also Wildreservat, ganz offiziell in ein Naturschutzgebiet umwandelte, denn nur so ließ sich das Wild wirksam schützen. Juristische Feinheiten beeindruckten meinen jungen idealistischen Geist nicht. Entweder wies man Tanjung Puting als *cagar alarm* aus, das heißt als Naturschutzgebiet, oder man konnte es ganz sein lassen.

Wir waren seit über einem Monat in Camp Leakey, als ich zum erstenmal nicht in den Wald ging, weil ich krank war. Rod und Hamzah machten sich wie gewöhnlich kurz nach Sonnenaufgang daran, Pfade freizuschlagen, und so verbrachte ich den Tag allein im Lager. Da wir noch keine Matratze hatten, lag ich auf einer Schilfrohrmatte oben auf unserem geschlossenen Vorratsraum. Mit einem Mal schreckten mich sonderbare Geräusche aus meinem Halbdämmer auf. Es klang wie Donner oder Kanonenfeuer und schien ziemlich aus der Nähe zu kommen, unmittelbar nördlich von Camp Leakey.

Als Rod und Hamzah am Abend ins Lager zurückkehrten, beschrieb ich, was ich gehört hatte. Ein wissender Blick trat auf Rods Gesicht. «Waldarbeiter!» sagte er. «Da schlägt in unserem Untersuchungsgebiet jemand Holz!»

«Bist du sicher?» fragte ich, denn ich mochte es nicht glauben. «Woher willst du das wissen?»

«Ich hab in meinem Leben genug Bäume gefällt», sagte er traurig, «um zu wissen, wie es klingt, wenn ein Stamm zu Boden stürzt. Da kann es gar keinen Zweifel geben.» Als Jugendlicher hatte er sich in den Sommerferien als Holzfäller in den Wäldern von British Columbia Geld verdient.

Ich war entsetzt, daß es Menschen gab, die im Schutzgebiet und so nahe am Lager Bäume fällten, daß man es hören konnte. Die Forstbehörde in Pangkalanbuun hatte uns versichert, da Tanjung Puting ein

Reservat sei, werde dort nicht geholzt. Eine verhängnisvolle schwarze Wolke schob sich über das Lager. Ich hatte gerade erst mit meinen Beobachtungen begonnen, und schon wurden in meinem Untersuchungsgebiet Bäume gefällt.

Rod beschloß, am nächsten Morgen mit dem Einbaum flußaufwärts zu fahren und dem Treiben Einhalt zu gebieten, ganz gleich, wer dort fällte. Am Abend saßen wir bei Kerzenschein auf dem Rindenfußboden unserer Hütte und bastelten mit Hilfe unseres englisch-indonesischen Wörterbuchs einige Sätze zusammen, die er auswendig lernen sollte. Am nächsten Morgen ging es mir noch nicht so gut, daß ich ihn hätte begleiten können, wohl aber schleppte ich mich an das schräg abfallende Ufer des seichten Sees, an dem wir unseren Einbaum vertäut hatten. Der Tag war erst vor etwa einer Stunde angebrochen, und so war es noch recht kühl. Einige Dunstfetzen trieben über die Fläche des Sees und umgaben die Vegetation mit geheimnisvollen Schatten. In der Ferne hallte der aufsteigende Ruf eines Gibbons durch die Wipfel. Rod, der außer Buschmesser und Wasserflasche noch einen schweren Kamerakoffer aus Aluminium mitschleppte, ging vorsichtig über die glatten Stämme, die mit grünem, schleimigen Pilzbewuchs bedeckt waren und die uns als «Wege» durch das Moorgebiet dienten und lediglich einen halben Zentimeter aus dem schwarzen Wasser ragten. Ich hielt unser Wörterbuch in beiden Händen und fragte ihn die Sätze ab, die er noch übte. «*Pemerintah*», wiederholte ich. Er hatte Schwierigkeiten mit einigen der längeren Wörter. «*Pemerintah.*» – «Regierung.» Rod wollte den Holzfällern mitteilen, daß er sie den Behörden melden würde, wenn sie nicht mit den Arbeiten im Wald aufhörten. Im letzten Augenblick, er stieg schon in den Einbaum, gab ich ihm das Wörterbuch. Nachdem er alles verstaut hatte, legte er es in den Kamerakoffer und paddelte allein in Richtung auf den in zweihundert Metern Entfernung abzweigenden Sekonyer Kanan davon.

Ich kehrte zur Hütte zurück und legte mich wieder hin. Ich hatte immer noch Fieber. Kurz nach Rods Aufbruch hörte ich die ersten Bäume zu Boden krachen. Das Geräusch ging mit kleineren Pausen den ganzen Vormittag weiter. Dann, am Nachmittag, hörte es auf.

Ich wartete und wartete auf Rods Rückkehr. Allmählich wurde es Abend. Meine Besorgnis nahm zu. Es wurde dunkel. Ich bekam Angst. Schreckensbilder schossen mir durch den Kopf: Ich sah Rod, der sich im Urwald verlaufen hatte; gesetzesbrecherische Holzfäller hielten ihn gefangen und rieben sich angesichts ihres großartigen Fangs die Hände; seine zerhackte Leiche trieb flußabwärts dem Meer zu.

Ich war den Tränen nahe. Was sollte ich ohne Rod tun, meinen Mann und besten Freund? Der Gedanke war zu entsetzlich. Ich fiel in einen unruhigen Fieberschlaf.

Mit einem Mal ging die Tür auf. Rod kam hereingestampft, durchnäßt und barfuß. Der Riemen des Kamerakoffers und der Machetengürtel kreuzten sich über der nackten Brust, so daß er aussah wie ein mexikanischer Bandit. Hinter ihm erkannte man in der Dunkelheit etwa ein Dutzend Melayu. Zwei oder drei der Männer trugen Hemden und lange Hosen, die übrigen schienen in Fetzen und Lumpen gekleidet zu sein. Keiner lächelte. Alle waren mit Buschmessern ausgerüstet, manche auch mit Äxten.

«Was sind das für Leute?» fragte ich.

«Holzfäller!» gab Rod triumphierend zur Antwort. «Morgen nehme ich sie mit in die Stadt zum Leiter der Forstbehörde.»

Hamzah kam herüber. Er sah besorgt drein und sagte zögernd: «Große Schwierigkeiten. Das sind wichtige Leute. Ihr Anführer ist der Bruder des Dorfältesten von Sekonyer.» Ich sagte nichts, dachte aber bei mir: «Mir ist egal, wer ihr Anführer ist; sie sind beim Fällen von Bäumen im Reservat erwischt worden.» Rasch bereitete Hamzah für die Männer eine Mahlzeit aus gekochtem Reis und gebratenen Sardinen und machte heißen, süßen Tee. Wir hatten nicht genug Blechteller und -becher für alle, und so aßen die Holzfäller nacheinander, Rod und der Bruder des Dorfältesten als letzte. Da ich zu krank war, um die Rolle der Gastgeberin zu spielen, legte ich mich wieder hin. Rod verbrachte die halbe Nacht damit, im flackernden Licht unserer Lampe mit den besser gekleideten Männern der Gruppe zu reden. Die Holzfäller drängten sich in unserer winzigen Hütte und schliefen auf den Schilfrohrmatten, die den Hüttenboden bedeckten.

Am nächsten Morgen nach dem Frühstück fuhr Rod im Motorboot mitsamt den Holzfällern davon. Zwei Tage später war er wieder da. Endlich konnten wir miteinander reden. Die meisten Holzfäller hatten darauf bestanden, im Dorf Sekonyer auszusteigen, berichtete er, und er hatte sie gehen lassen. Zwei der Anführer aber hatte er zu Mr. Aep mitgenommen, dem Leiter der Forstbehörde in Kumai. Er hatte von Aep den Eindruck gewonnen, daß diesem die Sache peinlich sei. Schließlich war Rod mit dem Bruder des Dorfältesten zu Aeps Vorgesetztem nach Pangkalanbuun gefahren, dem Leiter der dortigen Forstbehörde. Auch dieser hörte unbehaglich auf seinem Stuhl hin und her rutschend zu. Am Ende beugte sich der Beamte zum Bruder des Dorfältesten vor und sagte fest, aber leise, als hoffe er, daß Rod es nicht hören konnte: «Mach mir nicht wieder Ärger, schon gar nicht vor Mr. Rod und Mrs. Biruté. Schlag keine Bäume mehr in der Nähe von Camp Leakey.» Das war alles. Zum Zeichen dessen, daß das Gespräch beendet war, war der Beamte aufgestanden. Er hatte weder eine Geldbuße verhängt noch Anzeige erstattet! Rod war zwar enttäuscht, aber mehr hatte er nicht ausrichten können.

Es erstaunte mich nicht sonderlich, daß er ganz allein auf sich gestellt einen ganzen Trupp Holzfäller hatte dazu bringen können, mit ihm zu gehen. In der kurzen Zeit, die wir uns in Kalimantan aufhielten, war mir schon aufgefallen, daß wir auf die Einheimischen eine geradezu elektrisierende Wirkung auszuüben schienen. Die Menschen führten sich bei unserem Anblick auf, als wären wir eine Art Geistererscheinung.

Ich weiß noch, wie ich einmal bei Morgengrauen im Moor allein unter dem Nest eines Orang-Utans gesessen hatte. Das Tier hatte sich noch nicht gerührt. Mit einem Mal hörte ich das leise Knirschen von Füßen auf totem Laub. Ich hob den Blick und sah, wie sich ein Melayu-Kautschukzapfer über Baumwurzeln vorarbeitete, wobei er es sorgfältig vermied, mit seinen bloßen Füßen in einen der schwarzen Tümpel zu treten. Meine Anwesenheit hatte er nicht bemerkt. Von der Schulter hing ihm der lange, rasiermesserscharf zugespitzte Metallstab, mit dem er die Rinde der Gummibäume ritzte, und auf dem Rücken trug er den selbstgefertigten kiepenartigen Behälter aus Holz und Peddigrohr, der den Kautschuksaft aufnehmen sollte, die *kiba*. Seine kurze weiße Hose war erkennbar aus einem alten Mehlsack genäht worden, und sein Hemd war so fadenscheinig und abgewetzt, daß man die Farben nicht mehr erkennen konnte. Davon stach der allem Anschein nach neue bunte Sarong ab, den er sich als Gürtel fest um die Hüften geschlungen hatte. Am Abend würde er ihm daheim als Wickelrock dienen (ihn tragen Männer und Frauen gleichermaßen) und nachts als Decke. Seinen Kopf bedeckte eine runde Kappe aus schwarzem Samt, und das Buschmesser hing ihm an einem großen Strick von der Seite.

Er näherte sich weiter mit vorsichtigen Schritten und hatte mich noch immer nicht gesehen, obwohl er schon sehr nahe war. Als ich ihm, wie es Anstand und Sitte geboten, ein munteres *«Selemat pagi, Pak»* zurief

(«Guten Morgen, mein Herr»), machte er fast einen Luftsprung. Dann verschwand er in Windeseile quer über das Moor. Mein blasses Gesicht muß ihm wie eine Sinnestäuschung erschienen sein, denn immerhin saß ich an einem Ort, wohin selten Menschen kamen. Wenn die einheimischen Melayu in den Wald gingen, sangen sie häufig laut, als wollten sie damit die Tiere – und die Geister – fernhalten. Ich verhielt mich von Zeit zu Zeit ähnlich, um mir auf meinem Weg durch den Wald in der völligen Schwärze des frühen Morgens Mut zu machen. Bestimmt hatte mich der Kautschukzapfer für einen Geist gehalten, und ich zweifle, daß er je wieder jene Stelle aufgesucht hat. Dabei handelte es sich nicht um einen Einzelfall; mehrfach hörten wir gerüchtweise, es gebe im Wald einen neuen bleichen Geist. Damit war ich gemeint.

Bevor man Tanjung Puting als Naturschutzgebiet ausweisen konnte, mußte unter allen Beteiligten Einigkeit über die genaue Lage des Reservats herrschen. Bei unserem Eintreffen im Land hatte uns Sinaga, der Leiter der indonesischen Natur- und Artenschutzbehörde P.P.A., mit Karten eingedeckt. Zum Teil waren das Kopien alter niederländischer Karten vom Anfang des 20. Jahrhunderts. Bei der Einrichtung des Reservats durch die niederländische Kolonialregierung und den Sultan hatte man in den dreißiger Jahren keine Vermessungen durchgeführt, sondern einfach Striche auf der Karte gezogen.

Auf einer meiner ersten Erkundungen im Wald um Camp Leakey stieß ich unvermutet auf einen knapp einen Meter breiten Pfad. Er verlief völlig gerade, und es war deutlich zu sehen, daß man jeden Baum gefällt hatte, der im Weg war. Auf meine Nachfrage erfuhr ich, daß er die ein Jahr zuvor von der Forstverwaltung festgelegte Nordgrenze des Reservats markiere. In Abständen von etwa zweihundert Metern waren schwarz-weiß bemalte Grenzpfosten aus Eisenholz in den Boden getrieben. Dieser Pfad bildete eine Grenzlinie, wie man sie sich für ein Naturschutzgebiet nicht deutlicher wünschen konnte.

Nur: Der Grenzverlauf stimmte nicht. Die alten niederländischen Karten zeigten Camp Leakey eindeutig innerhalb des Reservats; der von der Forstverwaltung so vorbildlich festgelegten Grenzlinie zufolge aber lag es mehrere Kilometer nördlich der Grenze. Dem Buchstaben des Gesetzes nach hieß das, sowohl mein Lager als auch ein großer Teil meines Untersuchungsgebiets befanden sich außerhalb des Reservats. Rod und ich klammerten uns an die alten niederländischen Karten wie an heilige Schriftrollen und stürzten uns in den Kampf um die Wälder von Tanjung Puting.

Zur ersten Auseinandersetzung kam es mit einheimischen Holzfällern und Bauern wie jenen, die Rod zur Zeit meiner Krankheit ins Lager gebracht hatte. Diese Männer schlugen die Bäume ohne Zuhilfenahme von Maschinen ausschließlich mit ihren Buschmessern und Äxten. Auf diese vermutlich schon seit Jahrtausenden übliche mühevolle Weise konnte ein Dutzend Männer unter Umständen ein Dutzend Bäume am Tag fällen – doch sie aus dem Wald zu schaffen dauerte Wochen und war schwere körperliche Arbeit. Immer, wenn Rod und ich Bäume zu Boden krachen hörten, gingen wir der Sache nach und verjagten die Holzfäller, wo immer uns das möglich war. Dennoch waren bis Ende des Jahrs viele der wunderbaren Baumriesen gefallen, die sich flußabwärts von Camp Leakey über dem See erhoben hatten. Man hatte sie gefällt, um mit ihrer Hilfe Eisenholzstämme flußabwärts zu flößen. Eisenholz ist so schwer, daß es im Wasser sinkt und sich daher nicht ohne weiteres flößen läßt. Die gewaltigen Umrisse dieser Baumriesen, die ich an meinem ersten Tag auf dem Sekonyer durch den grauen Regen erkannt hatte, waren auf immer dahin.

Ohne je darüber zu reden oder eine bewußte Entscheidung zu treffen, hatten Rod und ich uns die Arbeit aufgeteilt. Ich konzentrierte mich auf die Erforschung der in freier Natur lebenden und die Auswilderung befreiter Orang-Utans, er um den Schutz des Reservats. Die Holzfäller lernten bald, sich außer Hörweite von Camp Leakey zu halten. Im Lauf der Zeit dehnte Rod seine Kontrollgänge immer weiter aus.

Begeistert verschrieb er sich seiner heldenhaften Aufgabe, Holzfäller zu verjagen, die ohne Genehmigung arbeiteten. Zwar war er, der barfuß knapp einen Meter siebzig maß, nach nordamerikanischen Vorstellungen nicht groß, wirkte aber an der Küste von Kalimantan unter den kleinwüchsigen, zierlichen Melayu, die ihre bunten Sarongs mit nahezu weiblicher Anmut trugen, mit seinen breiten Schultern wie ein Riese. Auch ich trat Holzfällern entgegen, auf die ich im Schutzgebiet stieß. Die Wirkung unseres Auftretens beruhte darauf, daß wir nicht im geringsten an unserer Aufgabe zweifelten, Orang-Utans und ihren Lebensraum, den tropischen Regenwald, schützen zu müssen. So sicher waren wir unserer Sache, daß die Einheimischen uns für berechtigt hielten, sie aus dem Reservat zu verjagen.

Ich erinnere mich an eine Begegnung mit vier oder fünf Männern, die ich entdeckt hatte, wie sie neben einem am Rand des Moors entlang führenden Pfad einen frisch gefällten Eisenholzstamm in Dachlatten zerlegten. Sein Umfang dürfte gut und gern zwei Meter betragen haben, und damit wäre der Baum schätzungsweise zwei- oder dreihundert Jahre alt gewesen. Ich erklärte, so beherrscht und zurückhaltend ich konnte, daß das Fällen von Bäumen innerhalb der Grenzen des Schutzgebiets nicht gestattet sei. Die schweißbedeckten Männer standen völlig still und machten finstere Gesichter. Ich redete, sie hörten zu. Dann nahm ich ein leises Geräusch wahr und sah, daß in den Büschen noch ein Mann steckte. Ich sprach weiter und fragte sie freundlich, ob sie mich verstünden. Keiner antwortete. Kalter Zorn übermannte mich. Aus irgendeinem Grund störte es mich, daß jemand im Gebüsch hockte und sich verborgen hielt. Wollte er mich womöglich aus dem Hinterhalt überfallen? Ich ging hin und packte ihn am Kragen.

«Was tun Sie da?» wollte ich wissen. «Warum verstecken Sie sich?»

«Ich seh mir nur die Blätter an», sagte er mit breitem Lächeln.

Wutschnaubend ließ ich ihn los. Ich weiß nicht, was über mich gekommen war. Da stand ich als unbewaffnete Frau mitten in der Wildnis allein unter einem halben Dutzend mit Buschmessern und Äxten bewaffneten Männern. Ich machte auf dem Absatz kehrt. Ich spürte schon den Machetenhieb im Rücken, der jeden Augenblick kommen mußte. Es überlief mich kalt. Doch der Hieb kam nie. Ich ging unbehelligt weiter. Als ich die Stelle am nächsten Tag erneut aufsuchte, waren die Männer fort. Ihre Dachlatten hatten sie mitgenommen.

Als ich mir später diese Szene noch einmal in die Erinnerung rief, wurde mir klar, daß die Holzfäller in mir, wie ich da unerwartet in ihre Mitte getreten war, irgendein unheimliches Wesen gesehen haben dürften. Wahrscheinlich hatte der Mann, der sich versteckt hatte, vor Angst wie Espenlaub gezittert. Daher nannte ich ihn im stillen *tuan daun* oder «Herr Blatt». Nach diesem Vorfall sah ich *tuan daun* noch mehrfach in der Nähe des Sekonyer. Bei meinem Anblick sprang er jedesmal auf, lächelte breit und winkte mir zu. Auch andere Holzfäller erwiderten meinen Gruß, als wären wir die besten Freunde. Möglicherweise war den Einheimischen nicht klar, wer wir waren oder was wir da taten. Sie schienen aber unser Recht nicht in Frage zu stellen, das Reservat zu schützen. Unsere Macht gründete sich auf unsere Zuversicht, daß wir das «Richtige» taten.

Unsere Hauptwaffe war das Gespräch. Unser Indonesisch wurde rasch besser, da wir mit jedem sprachen, der bereit war, uns zuzuhören. Die indonesische Demokratie gründet sich auf *musyawarah*, Gespräch und gemeinsame Beratung. Viele Indonesier sind davon überzeugt, daß die im Westen übliche Demokratie, die sich auf Mehrheiten stützt, nichts anderes ist als die Tyrannei von einundfünfzig Prozent über neunundvierzig Prozent. Sie vertreten die Auffassung, daß Entscheidungen einstimmig getroffen werden müssen.

Übereinstimmung oder zumindest der Anschein davon ist unerläßlich. Außerdem ist sehr wichtig, daß jeder Gelegenheit bekommt, das Wort zu ergreifen. Jedermanns Meinung ist wichtig, auch wenn den Ansichten älterer Menschen oder solcher mit einem höheren Status eine größere Bedeutung beigemessen wird als anderen.

Wie es sich für eine traditionelle Gesellschaft gehört, bedienen sich die Einheimischen, wenn sie vor Gruppen sprechen, einer formellen Sprechweise. Die Fähigkeit, aus dem Stegreif wie gedruckt zu reden, wird hoch geschätzt. Ich war erstaunt, wie Indonesier, die sich sonst nie in den Vordergrund drängen, aufstanden und eine Stunde lang einen Standpunkt in geschliffener Weise vortrugen, als hätten sie ihre Rede tagelang einstudiert. Die Fähigkeit, andere mit vernünftigen und rationalen Argumenten zu überzeugen, war von großer Bedeutung.

In Indonesien habe ich reden gelernt. Ich habe gelernt, daß man, ganz gleich, worum es geht, Unausweichliches und möglicherweise sogar eine Katastrophe hinausschieben kann. Solange man redet, hat man die Möglichkeit zu überzeugen. In der indonesischen Gesellschaft wurde die Rhetorik für uns eine Waffe zur Verteidigung der Wälder und der Orang-Utans.

Rod war schon immer ein Freund des gesprochenen Wortes gewesen. Die Gesellschaft Indonesiens ist zwar tolerant, aber vorwiegend moslemisch geprägt, und so sprechen mitunter die Männer für die weiblichen Familienangehörigen. Daher hat Rod oft als erster das Wort ergriffen. Da aber auch Frauen für sich sprechen dürfen, redete ich ebenfalls mit jedem, der bereit war, mir zuzuhören. Ich redete mit Holzfällern, mit Beamten, mit Männern, mit Frauen. Wir redeten so viel, daß Major Rafi, der *bupati* von Madura und damit der höchste einheimische Beamte des Bezirks, dazu überging, offizielle Besucher nach Camp Leakey zu bringen, sie uns zu übergeben und uns zuzuflüstern: «Gehen Sie mit ihnen in den Wald und halten Sie Ihren Vortrag.»

Unterdessen setzte er sich gemütlich hin und erholte sich von seinen endlosen und anstrengenden Amtspflichten. Es ist kein Wunder, daß uns die befreiten Orang-Utans in Camp Leakey jedesmal die Schau stahlen. Unfehlbar schlugen sie Besucher wie Beamte in ihren Bann. Sugitos Treiben, ob er Lebensmittel stibitzte oder die Hände von Besuchern ergriff oder auf Bäumen und an Schlingpflanzen akrobatische Kunststücke vollführte, untermalte unsere Worte über die Bedeutung des Schutzes der Orang-Utans.

Die Einheimischen hörten zu. Sie verstanden. Ein Mann, der im Oberlauf des Sekonyer oberhalb von Camp Leakey Feldbau betrieb, prägte den Begriff *gudang biji*, um zu erklären, warum das Reservat wichtig war. Er erklärte, Tanjung Puting sei ein «Saatspeicher» für die Zukunft.

Zwei Jahre nach unserer Ankunft hatten wir den Eindruck, daß ein erkennbarer Fortschritt erzielt worden war, was das Eindämmen des Holzeinschlags durch Einheimische anging. Als die Holzfäller ins Lager kamen und um unsere Erlaubnis baten, Baumgruppen im Einzugsbereich des Sekonyer Kanan zu fällen, erkannten wir, daß wir tatsächlich etwas bewirkt hatten. Einmal suchte uns ein Mann auf, der knapp zwei Dutzend Holzfäller beschäftigte. Er war recht gebildet, war westlich gekleidet und hatte Schuhe statt Sandalen an den Füßen. Er schlug uns ein Geschäft vor. Am Rande meines Untersuchungsgebiets gediehen auf einem Stück trockenen Boden prächtige *kruing*-Bäume, die wertvolles, begehrtes Bauholz liefern. Da die Bäume so nahe am Fluß standen, erklärte der Mann, könne man die Stämme preisgünstig nach Kumai flößen. Er bot uns in aller Form zehn Prozent seines Bruttoerlöses an, sofern wir ihm gestatteten, die *kruing*-Bäume zu schlagen.

Mittlerweile hingen Rod und mir die Kleidungsstücke in Fetzen herunter, wir waren mit ständig nässenden Wunden bedeckt, wurden von Fieberanfällen heimgesucht und waren von Parasiten geschwächt. Mit hoher Wahrscheinlichkeit litten wir auch an ernährungsbedingten Mangelerscheinungen. Verblüfft sahen wir einander an und schüttelten den Kopf. So freundlich es uns möglich war, teilten wir dem Mann mit, wir wüßten zwar zu schätzen, daß er an uns denke, doch hätten wir kein Recht, Bäume aus dem Wald herzugeben. Niemand dürfe in diesem Wald Holz fällen, es handle sich um ein Reservat, ein Schutzgebiet für Orang-Utans und alle anderen dort vorkommenden Tiere und Pflanzen. Es sei ein *gudang biji*, ein Saatspeicher für die Zukunft. Ich erklärte dem Mann, daß noch seine Enkel in Tanjung Puting Eisenholz- und *kruing*-Bäume vorfinden würden, wenn aller Wald auf Kalimantan abgeholzt sei. Ich erklärte auch, daß nicht nur er mit seinen zwei Dutzend Leuten nicht fällen dürfe, sondern auch sonst niemand. Der Wald sei ein Schutzgebiet im Interesse der Enkel aller.

Es war fast dunkel, als er schließlich in sein kleines Boot stieg, den Außenbordmotor nach einigen Fehlversuchen startete und den Fluß hinabfuhr. Zwar begegneten wir dem Mann von Zeit zu Zeit in Kumai, aber am Sekonyer Kanan sahen wir ihn und seine Männer nie wieder. Nach wie vor ragen jene *kruing*-Bäume in den Tiefen des Walds hoch auf, wohin seit zwei Jahrzehnten so gut wie niemand den Fuß gesetzt hat. Sie hatten zwanzig Jahre lang Gelegenheit, höher, großartiger und – da die Welt nach Bauholz schreit – noch wertvoller zu werden.

Gerade, als wir die Einheimischen endlich davon überzeugen konnten, daß Tanjung Puting für Orang-Utans und Bäume und nicht für den Holzeinschlag und den Feldbau bestimmt sei, trat eine neue und mächtigere Bedrohung auf.

Wir lebten seit über zwei Jahren in Camp Leakey. Das Gebiet um den Sekonyer Kanan war nahezu frei von Holzfällern. Doch immer noch glitten auf anderen Nebenflüssen des Sekonyer Flöße dem Meer zu. Dann aber kamen mit einem Mal keine mehr. Es war geradezu gespenstisch. Mit einem Schlag war der Sekonyer leer, auf dem es einst von Flößen, Booten und Menschen gewimmelt hatte. Da ich die meisten Tage im Wald verbrachte, fiel Rod die Veränderung als erstem auf. Wir hatten keine Vorstellung, was der Grund war.

Wir befanden uns in der Regenzeit. Sie macht die Suche nach Orang-Utans besonders schwierig. Die Geräusche von Regen und Wind gaukeln einem tausend Phantom-Orangs vor. Sie schienen überall zu sein, dennoch ließen sich keine finden. Ich wußte, daß sie sich bei Regen unter einem Fächer aus Blättern oder in einem in einer Baumkrone eilends gebauten Nest aufhalten. Manchmal sahen sie so durchgefroren und elend aus, daß ich am liebsten hinaufgestürmt wäre und sie in die Arme geschlossen hätte. Ich wußte aber auch, daß ihre unangenehme Lage rasch vorübergehen würde. Sobald der Regen aufhört, trocknet das vergleichsweise rauhe Haar der Orangs in wenigen Minuten, als hätte man sie geföhnt. Ich hingegen würde durchnäßt bleiben, meine Kleidung würde wie riesige Pflaster an meinem Körper kleben, bis ich am Abend ins Lager kam, mich entkleidete und mit einem Handtuch abtrocknete.

Dennoch waren mir die Wolkenbrüche willkommen. Orang-Utans, die über längere Zeit hinweg vor dem Regen Zuflucht gesucht haben, bekommen Hunger und stürzen sich bei der ersten Gelegenheit, die sich bietet, auf die nächstgelegene Nahrungsquelle. Manchmal warten sie damit nicht einmal, bis der Regen aufhört. Der günstigste Augenblick, um an einem Regentag Orang-Utans zu sehen und zu hören, ist dann gekommen, wenn der Regen allmählich nachläßt, die Wolken sich heben und Vögel und Insekten erneut zu musizieren beginnen.

Unmittelbar nach einem heftigen Regenguß sah ich, wie die halbwüchsige Noisy mit dem fast ausgewachsenen Howard eilends durch die Bäume zog. Ich folgte ihnen durch den Wald und versuchte, sie nicht aus den Augen zu verlieren. Ich war schon den ganzen Tag unterwegs und ziemlich müde, als mich der Anblick markierter Bäume aufschreckte. Es war wie eine Ohrfeige. Die Markierungen waren ganz frisch. Weiß leuchtete das Holz der Bäume, deren Stämme mit der Axt teilweise entrindet worden waren, und das leuchtende Rot der frisch aufgemalten Zahlen wirkte fast lebendig, wie aufblitzende Lichter in der Düsternis des Waldes. Die Markierungen konnten höchstens einige Stunden alt sein. Wer immer sie angebracht hatte, war seiner Sache sicher, denn man hatte sich nicht die geringste Mühe gegeben, heimlich vorzugehen. Ich war lange genug in Borneo, um zu wissen, daß es sich um die Einschlagmarkierungen eines großen Holzfällerunternehmens handelte. Mitten in meinem Untersuchungsgebiet markierte jemand ganze Bereiche zum Abholzen!

Über eine Stunde ging ich der Markierungslinie nach. Die Fußabdrücke auf dem feuchten Boden wiesen alle in eine Richtung. Ich begann den *Jalan Toges* entlangzugehen und lauschte auf Lebensäußerungen von Menschen. Hinter einer Biegung des Pfads sah ich plötzlich Männer im Gänsemarsch auf mich zukommen. Bei meinem Anblick sprang der vorderste hinter den zweiten und duckte sich.

Offensichtlich war der zweite Mann der Anführer der Gruppe. Man konnte ihn sogleich an seinem gelben Kunststoff-Schutzhelm und den langschäftigen Stiefeln mit dicken Sohlen erkennen. Mein Anblick schien ihn nicht sehr zu überraschen. Wir sprachen miteinander. Mein

Anfangsverdacht erhärtete sich. Die Markierungen waren im Auftrag eines größeren Holzfällerunternehmens namens Kayu Mas angebracht worden. Der Mann arbeitete in Samarinda, einer Stadt in Ostborneo, wo im Fluß verankerte Schwimmbäume das geflößte Holz für den Weitertransport auffingen. Seine Begleiter waren Einheimische – daher war der vorderste bei meinem Auftauchen furchtsam zurückgewichen. Ich erklärte, daß in dem Bereich keine Bäume gefällt werden durften.

«Ach, dann ist das Ihre Konzession?» fragte der Mann aus Samarinda mit freundlich klingender Neugier.

«Nein», gab ich zur Antwort. «Es ist ein Naturschutzgebiet.» Ich erläuterte, worum es dabei ging und warum das Abholzen von Bäumen nicht gestattet war. Er sah so verständnislos drein, als lausche er einer Phantasieerzählung.

Am folgenden Tag kam er mit seinem Trupp erneut in den Wald. Wir hatten keine Möglichkeit, die Leute aufzuhalten. Im Gespräch mit Einheimischen erfuhren wir, daß die Forstbehörde jegliches Abholzen durch Einheimische untersagt hatte, weil inzwischen Kayu Mas die Konzession für den ganzen nördlichen Teil des Reservats und darüber hinaus besaß. Innerhalb der Konzession lag auch mein Untersuchungsgebiet. Daher hatte der Verkehr auf dem Fluß aufgehört. Soweit ich verstand, hatte die oberste Forstbehörde in Jakarta die Konzession zum Abholzen des Gebiets einem aus Offizieren bestehenden Konsortium aus Java erteilt. Da die Offiziere weder die erforderlichen Maschinen noch die nötige Erfahrung besaßen, hatte das Konsortium Kayu Mas mit dem Abholzen beauftragt.

Kayu Mas richtete in Kumai eine Niederlassung ein. Es schaffte seine schweren Maschinen herbei und legte nördlich des Reservats Tanjung Puting unbefestigte Straßen durch die Wälder an. Ich war mir schmerzlich bewußt, daß mein Untersuchungsgebiet jetzt diesen Leuten gehörte. Ich protestierte bei jedem, der mir zuhörte. Achselzuckend sagte der *bupati* zu, er werde tun, was er könne, gab mir aber gleichzeitig zu verstehen, daß er lediglich Major und die Inhaber der Konzession Generale seien.

Eines Tages traf unangekündigt ein Oberst aus Jakarta in Camp Leakey ein. Er hatte in Kumai einen Inspektionsflug für die Generale vorbereitet, die in wenigen Tagen ihre Konzession in Augenschein nehmen wollten. Er hatte auch mit dem *bupati* gesprochen, und dieser hatte ihn gebeten, das Abholzen in meinem Untersuchungsgebiet nicht zu gestatten. Den *bupati* einfach zu übergehen, wäre politisch unklug gewesen, doch auf irgendeine Weise mußte der Oberst den Generalen gegenüber rechtfertigen, warum das Gebiet um den Sekonyer nicht gerodet werden sollte. Er war höchst konsterniert und bat um Karten, gesetzliche Regelungen, irgend etwas, das ihm nützen konnte, um die Generale zu überzeugen. Er sagte, ihm sei bekannt, daß es sich um ein internationales Projekt handle, und er selbst erkenne dessen Wichtigkeit durchaus, doch brauche er unbedingt Unterlagen, um die Generale in unserem Sinne zu beeinflussen. Wir gaben ihm, was wir konnten.

Bald nach seinem Besuch begannen meine Alpträume. Sie waren so lebhaft, daß ich mich manchmal tagsüber einen Augenblick lang an Teile daraus so erinnerte, als hätte das Geträumte tatsächlich stattgefunden. Ich sah ordentliche Reihen von Siedlungshäusern mit sauber gestutztem grünen Rasen und Gehwegen entlang dem *Jalang Toges* und Lastwagen über die davor verlaufende Asphaltstraße donnern. Manchmal wachte ich mitten in der Nacht schweißgebadet auf und rang nach Atem.

Schließlich führten zwei persönliche Appelle zum Erfolg. Auf dem Fußboden unserer Hütte tippte ich bei Kerzenlicht einen Brief an Sinaga, den Leiter der indonesischen Natur- und Artenschutzbehörde P.P.A., in dem ich die Lage erklärte und um Hilfe bat. Hinter seinem schroffen Äußeren verbargen sich Offenheit und Freundlichkeit. Als wir nach unserem ersten Jahr im Regenwald in Bogor unsere abgelaufene Genehmigung erneuert hatten, fragte er: «*Hasil atau tidak?*» – «Erfolg oder nicht?» Ich erwiderte ebenso knapp: «*Hasil.*» – «Erfolg.» Sein Lächeln reichte von einem Ohr zum anderen. «Das freut mich», hatte er gesagt. «Ich hatte Ihnen so sehr Erfolg gewünscht.»

Seine nächsten Worte hatten mich verblüfft. «Sie gefallen mir», war er fortgefahren, «und ich weiß, wie hinderlich die Bürokratie sein kann. Statt Ihnen den Aufenthalt in Tanjung Puting jedesmal für ein Jahr zu bewilligen, werde ich Ihnen eine Dauergenehmigung geben. Ich werde nicht immer dafür zuständig sein, und falls Sie später mit einem P.P.A.-Beamten zu tun haben, der Sie oder Ihre Arbeit nicht mag, kann er Sie nicht einfach dadurch loswerden, daß er sich weigert, Ihre Aufenthaltsgenehmigung zu verlängern.» Sinaga hatte gerade von Louis Leakeys Tod erfahren. Er hatte mit ihm korrespondiert und wußte, daß er mein Mentor gewesen war. Nach Louis' Tod war Sinaga mehr denn je um mich besorgt. Zwar war die Genehmigung der P.P.A. nur eine von vielen, die ich brauchte, um meine Arbeit fortzusetzen, doch hatte er mir mit seinem großzügigen Verhalten eine bürokratische Hürde aus dem Weg geräumt.

Auf meinen ersten Brief an Sinaga, in dem ich ihm die prekäre Situation in Tanjung Puting darlegte, kam keine Antwort und auch nicht auf den zweiten. Da viele der Briefe, die ich in jenen Anfangszeiten nach Pangkalanbuun schickte, ihre Empfänger nie erreichten, nahm ich an, meine Appelle an Sinaga seien verlorengegangen. Ich irrte mich.

Viele Monate später teilte mir Sinaga in Jakarta mit, er habe eine Lösung gefunden. Er hatte den leitenden Direktor von Kayu Mas an einem Sonntagnachmittag in sein Haus in Bogor eingeladen und ihm dort ein persönliches Versprechen abgenommen. Kayu Mas holzte damals einen beträchtlichen Teil eines Wildschutzgebiets in Ostborneo ab. Man hatte der Firma gestattet, eine breite Straße anzulegen, die mitten durch das Reservat führte. Sinaga forderte im Gegenzug, daß Kayu Mas das Schutzgebiet Tanjung Puting verschone. «Das Abkommen sieht so aus», erklärte er mir, «daß Kayu Mas und die Konzessionsinhaber in Tanjung Puting keine Bäume fällen, solange Sie dort Ihre Arbeit mit den Orang-Utans fortsetzen.» Das gab mir einen Einblick in die Art, wie man in Südostasien vorgeht. Die Balance zu halten ist wichtig. Für den Fall, daß einem Reservat Nachteile entstanden sind, muß man einem anderen einen Vorteil einräumen.

In jenem Augenblick beschloß ich, Tanjung Puting nicht zu verlassen. Ich hatte schon immer bleiben wollen, aber nunmehr kam ein Fortgehen auf keinen Fall mehr in Frage. Mein Schicksal war besiegelt. Tanjung Puting zu verlassen wäre einem Verrat gleichgekommen. Damals wurde mir klar, daß jeder Wald einen Wächter braucht.

Am nächsten Morgen fuhren wir zur Hauptverwaltung der P.P.A., um mit Sugito zu sprechen, dem Beamten, der uns bei unserer Ankunft nach Camp Leakey gebracht hatte. Ganz gegen seine Art war er sehr aufgeregt.

«Ich muß Ihnen etwas zeigen», sagte er triumphierend. Er eilte in sein Büro und holte einen schmalen braunen Ordner. Die Briefe darin waren das Ergebnis unserer besonderen Beziehung zu einem in Kalimantan Tengah lebenden Ehepaar.

Mr. Binti, ein Mitarbeiter des Dajak-Gouverneurs von Kalimantan Tengah, hatte Rod und mich «adoptiert». Jahre zuvor hatten wir ihn in den Amtsräumen des Gouverneurs in der Provinzhauptstadt Palangkaraya kennengelernt, als wir Sugito einen Höflichkeitsbesuch abstatteten. Der Gouverneur war nicht besonders redselig gewesen, und so unterhielten wir uns schließlich mit Binti, einem kleinen, untersetzten, umgänglichen Dajak in mittleren Jahren. Er strahlte beständig; es war sein üblicher Gesichtsausdruck.

Zur zweiten Begegnung mit Binti war es ein Jahr später in Banjarmasin gekommen, der Hauptstadt von Kalimantan Selatan (Südborneo). Wir waren gerade aus Jakarta zurückgekehrt und mußten noch nach Palangkaraya, um Genehmigungen zu beschaffen. Binti hielt sich zufällig ebenfalls in Banjarmasin auf; er wollte am nächsten Tag nach Palangkaraya zurückkehren und uns gern mitnehmen und lud uns außerdem zu sich nach Hause ein.

Wie es sich für Bintis hohe Stellung in der Provinzverwaltung gehörte, bewohnte er ein weiträumiges Haus mit westlichen Möbeln und großen Jesus-Bildern an den Wänden. Er hatte sich als Kind einer Familie, die der Glaubensgemeinschaft *Hindu Kaharingan* angehörte, schon zu Beginn seiner Schulzeit taufen lassen. Uns stand nicht nur ein Schlafzimmer mit einem Doppelbett und einer Kommode zur Verfügung, sondern sogar ein eigenes Badezimmer mit dem landesüblichen Wasserbehälter, aus dem man sich zum Baden mit einer Schöpfkelle übergießen konnte.

Die Gastfreundschaft des Ehepaars Binti kam so von Herzen, daß es uns peinlich war, von Menschen, die älter und geachteter waren als wir, als «Mr.» und «Mrs.» angeredet zu werden.

«Nennen Sie uns einfach Rod und Biruté», bat ich Binti.

Das Angebot schien ihn zu erstaunen. Einen Augenblick lang sah er mich aufmerksam an, als überlege er, ob es ernst gemeint sei.

Schließlich sagte er: «Schön, aber nur, wenn meine Frau und ich Sie adoptieren dürfen.»

Rod und ich erklärten uns einverstanden, und von Stund an stellte uns das Ehepaar Binti stolz überall als ihre Adoptivkinder vor. Immer, wenn wir in Palangkaraya zu tun hatten, wohnten wir in dem behaglichen Heim unserer «Adoptiveltern», und er begleitete uns bei allen Behördengängen.

Die Pflichten eines Regierungsbeamten der Provinz führten Binti gelegentlich in die Bezirkshauptstadt Pangkalanbuun, und er besuchte uns mehrfach in Camp Leakey. Bei einem seiner Besuche hatten wir ihm von den Schwierigkeiten mit der Firma Kayu Mas erzählt, die in meinem Untersuchungsgebiet Wald abholzen wollte. Seine Antwort auf unsere Bitte, ob nicht er mit der Forstverwaltung sprechen könnte, hatte uns erstaunt, denn er hatte gesagt: «Das steht mir nicht zu. Als Mitarbeiter des Gouverneurs kann ich nicht direkt an die Forstverwaltung gelangen, sondern lediglich dem Gouverneur Bericht erstatten. Aber ich werde ihm die Dringlichkeit der Lage vor Augen führen. Er allein kann den für die Provinz zuständigen Leiter der Forstbehörde zum Eingreifen veranlassen.» Eher als Nebenbemerkung hatte er noch hinzugefügt: «Ich möchte nicht verprügelt werden.» Die Äußerung war so eigenartig, daß ich ihn nach ihrer Bedeutung zu fragen vergaß. Aber sie blieb mir im Gedächtnis.

Seine Worte hatten nicht besonders hoffnungsvoll geklungen, und von seinem üblichen sonnigen Lächeln war nichts zu sehen. «Ich will es versuchen», hatte er gesagt. «Ich werde tun, was ich kann, aber ich verspreche nichts.»

In den drei Briefen, die in Sugitos Ordner in Bogor vor uns lagen, war von Binti mit keinem Wort die Rede. Dennoch war mir klar, daß sie das Ergebnis seiner Bemühungen waren. Das erste Schreiben hatte der Gouverneur der Provinz Kalimantan Tengah an Widajat gerichtet, den Leiter der Forstverwaltung der Provinz, und diesen aufgefordert, die Grenzen des Reservats von Tanjung Puting wiederherzustellen, damit die Orang-Utan-Forscher ihrer Aufgabe nachgehen konnten. Den zweiten Brief hatte Widajat an den Leiter des Forstministeriums, Dr. Sudjarwo, gerichtet, und darin vorgeschlagen, die Nordgrenze des Schutzgebiets vorläufig zu verlegen. Der letzte Brief enthielt Dr. Sudjarwos Entscheidung, derzufolge die Nordgrenze einstweilen weit jenseits unseres Untersuchungsgebiets verlegt wurde!

Meine Alpträume von Planierraupen, die über den *Jalan Toges* ratterten, hatten ein Ende. Tanjung Puting war zumindest vorläufig gerettet. Da so gut wie alle Stellen zugestimmt hatten, würde die Übereinkunft Bestand haben. In Indonesien, das lernte ich bald, war bei jedem Vorhaben wichtig, so viele Parteien wie möglich auf seine Seite zu bringen.

Rod und ich jubelten. Indonesien hatte das Reservat gerettet.

16 Ein Jahr der Wende

Die Wälder sind herrlich, dunkel und tief.
Aber ich muß Versprechen halten.
Robert Frost

Das Schicksal... hängt von der eigenen Entscheidung ab.
William Jennings Bryan

Vier Jahre war ich mittlerweile im Land. Gerade war mit Bintis Unterstützung der zweihundert Meter lange Bohlendamm zwischen dem Sekonyer Kanan und Camp Leakey fertiggebaut worden, so daß es nicht mehr ganz so isoliert lag wie zuvor. Schon bald sollte Camp Leakey nicht mehr ein behelfsmäßiger Vorposten sein, sondern eine richtige Forschungsstation, die in Indonesien wie auch der westlichen Welt Anerkennung fand.

Die wenigen früheren Untersuchungen an Orang-Utans hatten lediglich einen Zeitraum von einem oder zwei Jahren umfaßt; meine vierjährige ununterbrochene Feldstudie stellte also die längste Untersuchung freilebender Orang-Utans dar, die je durchgeführt worden war. Ich war überzeugt, daß ich mit meinen sechstausendachthundert Beobachtungsstunden mehr als genug Material für eine Doktorarbeit hatte.

1974 verließ ich Indonesien für kurze Zeit, um in Österreich am Wenner-Gren-Kongreß über Große Menschenaffen teilzunehmen. Ich hielt ein Referat über Orang-Utans, für mich die erste Gelegenheit, mit anderen Orang-Utan-Forschern zusammenzutreffen. Richard Davenport, der in den sechziger Jahren eine bahnbrechende Freilanduntersuchung durchgeführt hatte, war anwesend, ebenso drei jüngere Männer, die ihre Untersuchungen kurz vor meinem Aufbruch nach Kalimantan beendet hatten: David Agee Horr, John MacKinnon – er hatte gerade sein Buch *In Search of the Red Ape* (Auf der Suche nach dem roten Menschenaffen) publiziert – und Peter Rodman.

Eines Abends bei einem Gespräch mit Rodman sagte ich, daß ich Orang-Utans erforschte, weil ich sie verstehen wollte und nicht, um eine akademische Karriere zu machen. Das schien auf ihn wie eine Offenbarung zu wirken. Ich weiß noch, daß er erwiderte: «Ich wollte nichts anderes als mein Material zusammenbekommen, meine Dissertation fertigschreiben und mich dann nach einem Lehrstuhl umsehen.» Damals hielt ich das für den Unterschied zwischen Mann und Frau. Cäsar hatte gesagt: «Ich kam, sah und siegte» – und war dann gegangen. Eine Frau hätte wohl gesagt: «Ich kam, sah und blieb.»

Zu meiner Freude sah ich Jane Goodall und Dian Fossey wieder. Während ich in Bluejeans und einem einfachen Baumwollhemd an dem Kongreß teilnahm, trug Dian zum wollenen Faltenrock Kaschmirpullover und Perlenkette. Sie war stets außerordentlich gepflegt und kleidete sich sehr korrekt. Es erstaunte mich, daß sich diese Wissenschaftlerin, die ich fast vergötterte, so feminin gab. Auch wenn sie sich in der freien Natur Zweihundert-Kilo-Silberrücken gestellt hatte, schien sie sich dennoch in der klassischen Frauenrolle zu gefallen. Beim Kongreß ergriff sie selten das Wort. Wenn sie aber etwas sagte, tat sie es mit Nachdruck. Eines Nachmittags bei einer kurzen Diskussion erwähnte ich ein Treffen mit Sultan Hamengkubuwono IX., zu jener Zeit Vizepräsident Indonesiens, bei dem es um Naturschutz gegangen war. Dian hob den Blick vom mit grünem Tuch bespannten runden Tisch und sagte mit Nachdruck: «Biruté, ich spreche nicht mit Vizepräsidenten, sondern ausschließlich mit Präsidenten!»

Alle im Raum erstarrten. Ich mußte mir Mühe geben, nicht laut herauszulachen. Dieser «Verweis» war ein Beispiel für den bissigen Humor, mit dem sie Behörden in Ruanda bedachte. Ich erkannte darin die Haltung einer umgänglichen Frau, die durch bittere Erfahrungen gelernt hatte, daß in Afrika Freundlichkeit mit Schwäche gleichgesetzt wird und man um jeden Preis den Anschein wahren muß, hart zu sein.

Während Dian und ich uns ausgiebig über unsere Erfahrungen mit der Beobachtung von Menschenaffen austauschten, wechselten Jane Goodall und ich nur wenige Worte, da sie als Mitorganisatorin des Kongresses viel zu tun hatte. Nach dem Kongreß flog ich nach Washington zu einem Treffen mit Mary Griswold Smith von der National

Camp Leakey aus der Luft

B. Galdikas und *Pak* Bohap, ihr zweiter Mann, mit ihrem Sohn Fred

◁ B. Galdikas auf einem Spaziergang mit drei aus Gefangenschaft befreiten Orang-Utans: im Vordergrund Sugito, Rio klammert sich an ihr Bein, Sobiarso sitzt auf ihrem Arm

Geographic Society. Sie sah sich Rods Fotos an und überzeugte andere Redakteure davon, daß es an der Zeit sei, in der Zeitschrift *National Geographic* einen Artikel über unsere Orangs zu bringen.

Anschließend kehrte ich für einige Tage nach Los Angeles zurück. Der Smog war so dicht und beißend, wie ich ihn in Erinnerung hatte, doch war der Himmel an Tagen, an denen eine Brise vom Pazifik herüberwehte, von einem glänzenden Blau. Ich merkte voll Überraschung, wie sehr mir meine Angehörigen gefehlt hatten, und war entzückt, Freunde von der UCLA wiederzusehen. Von den Zeitungen und Zeitschriften in meinem Elternhaus konnte ich mich kaum losreißen. Zwar war ich nur wenige Jahre fortgewesen, kam mir aber dennoch ein wenig vor wie Rip van Winkle in Washington Irvings Geschichte, der beim Aufwachen aus einem Schläfchen erkennt, daß unterdessen Jahrzehnte vergangen sind und die Welt sich verändert hat. Nichtsahnend nahm ich am Flughafen von Los Angeles eine Frauenzeitschrift zur Hand, blätterte darin und sah zu meiner grenzenlosen Verwunderung, daß sich ein nackter Mann über die ausklappbaren Mittelseiten erstreckte. Offenbar war mir eine größere Veränderung in der Haltung der Nordamerikanerin zum Mann entgangen. Ich erinnere mich auch an ein Gespräch mit einem Journalisten, der sich für meine Arbeit interessierte. Unvermittelt drang ein sonderbares Piepsgeräusch aus seiner Kleidung. Ich sprang auf, weil ich das unbestimmte Gefühl hatte, es habe etwas mit einer Bombe zu tun. Geduldig teilte er mir mit, es handle sich um seinen Piepser, und als nächstes mußte er mir erklären, was das ist.

In Los Angeles merkte ich, daß meine Füße deutlich breiter geworden waren. Wahrscheinlich hing das damit zusammen, daß ich in Kalimantan meist barfuß gegangen war oder höchstens Sandalen getragen hatte. Ich bekam meine Füße einfach nicht in meine eleganten Ausgehschuhe. Also hielt ich den Vortrag in der Leakey-Stiftung, zu dem man mich eingeladen hatte, barfuß. Vermutlich hatte Dian ähnliche Probleme. Ich erinnere mich, wie sie sich einmal mitten in einem Vortrag, den sie in einem gutgeschnittenen Chanel-Kostüm hielt, die Schuhe von den bestrumpften Füßen getreten hatte. Da ich ein langes, lose fallendes Batikkleid trug, hatte ich angenommen, niemand werde meine Füße sehen. Später hörte ich überrascht, daß die Leute fast ebensoviel über meine bloßen Füße sprachen wie über meine Forschungsergebnisse.

Mein auf vier Wochen befristetes Ausreisevisum lief ab, und ich mußte nach Indonesien zurückkehren. Nach einem kurzen Aufenthalt in Jakarta flog ich am 17. August, dem Unabhängigkeitstag Indonesiens, nach Pangkalanbuun zurück. Einen Tag später war ich wieder in Camp Leakey.

1975 begannen wir mit dem Ausbau von Camp Leakey. Barbara Harrisson steuerte nicht nur viele Anregungen für die Erweiterung bei, sie half auch, Mittel dafür aufzubringen.

Wir empfingen sie 1973 als erste Besucherin aus dem Westen. Zu jener Zeit sahen viele in ihr *die* Autorität für Orang-Utans, hatte sie doch Ende der fünfziger und Anfang der sechziger Jahre in Sarawak wilde Orang-Utans beobachtet und verwaiste großgezogen. Ihr Buch *Orang Utan* war das erste ausschließlich diesen großen Menschenaffen gewidmete Werk, und ich hatte es vor meinem Aufbruch nach Kalimantan gründlich gelesen.

Bei ihrem Besuch in Camp Leakey war die hochgewachsene, schlanke Barbara Harrisson Anfang fünfzig. Sie war Kettenraucherin, trug ein einfaches weißes T-Shirt, eng anliegende Bluejeans und hatte den ganzen Arm voller goldener Armbänder. Sie schlief auf einer Matratze auf dem Fußboden unserer Hütte und mußte sich fast jeden Abend mit den Orang-Utans, die den Wohnraum mit uns teilten, um die Wolldecke streiten.

Da sie selbst verwaiste Orangs großgezogen hatte, war sie an derlei gewöhnt. Was sie begeisterte, waren meine Beobachtungen an den in freier Natur lebenden Affen. Eines Morgens nahm ich sie mit, um Cara, Carl und Cindy zu beobachten. Während Barbara und ich auf dem Boden saßen, kletterte mit einem Mal die sonst so distanzierte und angriffslustige Cara auf einen Ast unmittelbar über unseren Köpfen. Sie war mir so nahe wie noch nie, schälte mit ihren mächtigen Kiefern und Zähnen hingebungsvoll Rinde von einem *habu-habu*-Baum und hatte unsere Gegenwart offenbar vergessen. Barbara sah ergriffen zu.

Nach etwa einer halben Stunde wandte sie ihren staunenden Blick von Cara zu mir. Es war mir zuerst unbehaglich, doch dann begriff ich: Mir war die «Krone» übergeben worden. In Barbara Harrissons Blick lag Hochachtung. Ein Teil der Ehrfurcht, mit der sie Cara betrachtet hatte, war auf mich übergegangen.

Beim Abendessen erklärte Barbara, daß sie in all ihren Jahren auf

Borneo nie so nahe an freilebende Orang-Utans herangekommen sei. Sie versprach, die Welt auf unsere schwierige Lage aufmerksam zu machen. Die Umstände, unter denen wir hausten, entsetzten sie. «So sollte niemand leben», rief sie wiederholt aus. Es stimmte, unsere Hütte begann allmählich zu verfallen. Barbara nahm ihr Scheckbuch heraus und sagte: «Ihr müßt euch ein richtiges Haus bauen. Wieviel würde eins kosten, in dem eure Bücher und Papiere trocken bleiben, wenn es regnet?» Ich schätzte, dreihundert Dollar. Sie stellte sofort einen Scheck über diesen Betrag aus und wiederholte, sie werde uns gleich nach ihrer Rückkehr in die Vereinigten Staaten helfen, Mittel aufzubringen.

Rod und ich begleiteten Barbara bei ihrer Abreise bis nach Pangkalanbuun. Ich fuhr nur selten dorthin, aber Rod hatte mich gebeten mitzukommen. Auf seiner letzten Fahrt in die Stadt war ein Offizier der Luftstreitkräfte an ihn herangetreten und hatte ihn zu sich eingeladen, um ihm einen *kris* zu zeigen, den seine Frau verkaufen wollte. Rod wollte die Waffe gerne erwerben.

Einen *kris* trugen auf Java alle Männer hoher Geburt, und er wird noch heute bei feierlichen Gelegenheiten getragen. Der Griff aus Elfenbein, Metall oder Holz ist reich mit Figuren verziert, die böse Geister abwehren sollen, und die Klinge ist gewellt, damit sie – wie es heißt – eine tiefe, gezackte Wunde reißt. Vor einer Schlacht oder einem Mord wurde die Klinge früher mit Arsen und manchmal auch mit Schlangengift behandelt, um die ohnehin tödliche Wirkung der Waffe zu steigern. Über den *kris* sind in Indonesien zahlreiche Geschichten im Umlauf. So erzählt man sich, diese Dolche könnten sprechen, fliegen, sich in Schlangen verwandeln oder sogar einer Frau ein Kind machen. Am wichtigsten aber ist, daß ein *kris* häufig zu einer Gruppe von Gegenständen gehört, die als *pusaka* bezeichnet werden.

Einem *pusaka* werden magische Kräfte zugesprochen, und er bleibt stets im Besitz seines rechtmäßigen Eigentümers. Er läßt sich nicht stehlen, weil er schließlich immer wieder in die Hände des Menschen zurückkehrt, der die Macht besitzt; auch kann niemand, der in den Besitz der Macht gelangt, den *pusaka* je vergessen. Umgekehrt kann nur, wer über magische Kräfte verfügt, einen *pusaka* erwerben und behalten. Es gibt viele Geschichten über Menschen, die einen *pusaka* falsch eingeschätzt haben. Beispielsweise hatte einst ein Krieger von geringer Geburt eine Schlacht gewonnen und sich in den Besitz des Throns gebracht. Da er aber ein gewöhnlicher Mensch war, erkannte er die kosmische Bedeutung des königlichen *pusaka* nicht und gestattete der Familie des einstigen Herrschers, damit zu fliehen. Die Herrschaft des Usurpators war nicht von langer Dauer.

Ich fand es sehr ungewöhnlich, daß sich Rod so sehr für den *kris* interessierte. Er gehörte nicht zu den Menschen, die sich von der Schönheit eines Gegenstands blenden lassen. Ihn faszinierten Maschinen mit ihrer Genauigkeit, und er erfaßte Funktion, Verwendung und Reparaturmöglichkeiten rasch. So fesselten ihn Dinge wie Motorräder, Flugzeuge, Kameras und Computer.

Als ich jedoch den *kris* sah, verstand ich seine Begeisterung. Er war prächtig, mit einem mit präzisen geometrischen Mustern verzierten Teakholzgriff, einer silbernen Scheide, auf der die fließenden Linien arabischer Schrift eingepunzt waren, und einer außergewöhnlichen Klinge, auf deren beiden Seiten sich ein Drache wand.

Ich feilschte mit der Frau des Offiziers und konnte ihre Forderung schließlich auf hundert Dollar drücken. Für uns war das ein gewaltiger Betrag, aber Rod und ich waren uns einig. Binti, mein Adoptivvater, hatte uns von Plänen berichtet, den alten Sultanspalast in Pangkalanbuun zu restaurieren und als Museum einzurichten. Zum Abschluß der Arbeiten wollten Rod und ich den wunderbaren *kris* stiften, damit er auf immer in Kalimantan blieb.

Später übersetzte uns ein älterer Bekannter in Pangkalanbuun die arabische Inschrift auf der Scheide. Irgendwann im 19. Jahrhundert hatte der Sultan von Banjarmasin den *kris* einem Prinzen von Kotawaringan geschenkt, dem Sultanat aus der Zeit vor dem Krieg. Nachdem Indonesien seine Unabhängigkeit errungen hatte, war der letzte Sultan von Kotawaringan mit einem großen Teil seiner Schätze nach Solo aufgebrochen, hatte aber mehrere Schwestern in Pangkalanbuun zurückgelassen. Eine von ihnen lebte verarmt in dem zerfallenden riesigen Palast aus schwarzem Eisenholz und verkaufte, was sie noch an königlichem Porzellan besaß, um ihren Lebensunterhalt zu sichern. Ohne mich näher zu erkundigen, nahm ich an, daß ein Mitglied der Sultansfamilie den *kris* der Offiziersfrau verkauft hatte. Die Vorstellung, daß ein *pusaka* stets zu seinem rechtmäßigen Eigentümer zurückkehrt, tat ich als Aberglaube ab. Dennoch hatte ich nie den Eindruck, daß der *kris* mir gehörte. Ich war fest überzeugt, lediglich seine einstweilige Hüterin zu sein. Aus Gründen, die ich nicht genau erklären konnte, hatte ich den Eindruck, der *kris* müsse in Kalimantan bleiben. Viel später erfuhr ich, daß es gerade diesem *kris* vorherbestimmt war, durch meine Hände zu gehen.

Wie versprochen, wurde Barbara Harrisson nach ihrer Rückkehr in Nordamerika für mich tätig. Jane Goodall hatte bereits vor der Zoologischen Gesellschaft New Yorks über meine Arbeit gesprochen. Als Barbara mit einem Bericht aus erster Hand bestätigte, was sie gesagt hatte, bot man mir umgehend ein Forschungsstipendium an. Auch bei der Leakey-Stiftung in Los Angeles legte sich Barbara begeistert für mich ins Mittel, so daß mir deren Stiftungsrat bis zum Abschluß meiner Doktorarbeit einen jährlichen Etat von achtzehntausend Dollar zur Verfügung stellte. Als ich das Schreiben mit dieser Mitteilung bekam, machte ich buchstäblich einen Freudensprung. Achtzehntausend Dollar für die Forschungsarbeit eines Jahres erschienen mir wie ein Vermögen. Zu allem Überfluß sprach der Leiter der P.P.A., Mr. Sinaga, den Direktor einer kleinen niederländischen Stiftung auf meine Arbeit an, die mir auf dessen bloße Empfehlung neunhundert Dollar schickte.

Den Brief von der Leakey-Stiftung bekamen wir, kurz nachdem wir in unser neues, einfaches Holzhaus mit einer Grundfläche von viereinhalb auf siebeneinhalb Meter übersiedelt waren. Statt dreihundert Dollar hatte es eintausendfünfhundert Dollar gekostet, und sein Bau hatte nicht nur viele Monate gedauert, wir hatten auch zwei Arbeitsgruppen von Zimmerleuten dafür gebraucht. Für mich bedeutete es den Gipfel des Komforts. Es machte einen geräumigen Eindruck, war sauber und in seiner spartanischen Einfachheit fast elegant.

Um die Zeit, da wir unser neues Haus bezogen, vergrößerte sich allmählich die Zahl der mir zur Auswilderung anvertrauten Orang-Utans. Ich mußte unbedingt unsere Anlage erweitern, damit ich systematischer arbeiten konnte. Das bedeutete, wir mußten mehr Mitarbeiter unterbringen, ernähren und bezahlen.

Vom frisch bewilligten Forschungsstipendium errichteten wir drei weitere Bauten, darunter ein größeres, stabileres Holzhaus, eine Eßhütte und ein Langhaus für Mitarbeiter. Anfang 1976 standen die meisten der heute in Camp Leakey befindlichen Bauten, einschließlich des Turms und des zweihundert Meter langen Bohlendamms über das Moor.

Auch wenn unser Lager auf einen Besucher aus Kumai, von Jakarta ganz zu schweigen, vermutlich den Eindruck von Stille und Langeweile gemacht hätte, machte es auf mich einen ziemlich geschäftigen Eindruck. Außer Ahmad, seiner Frau Bahria und ihren sechs Kindern hatten wir jetzt einen weiteren Helfer und zwei indonesische Biologiestudenten von der Universitas Nasional in Jakarta, sowie zwei Forstleute, deren Aufgabe es war, das Reservat zu bewachen. Hinzu kamen zehn befreite Orang-Utans, die entweder im oder nahe dem Lager lebten oder es gelegentlich besuchten.

Um die Mitte des Jahres 1975 brachte ich vier Orang-Utans von Jakarta mit. Es war das erstemal, daß Orang-Utans von der Insel Java zurück in ihre Heimat Kalimantan gebracht wurden. Ebenso wichtig war, daß sie zwei pensionierten Generalen gehört hatten. Der Bericht über die Auswilderung erschien auf der ersten Seite von Zeitungen in ganz Indonesien und wurde mehrfach im Radio gesendet. Die Orang-Utans der Generale wurden wegen ihrer eigenen Persönlichkeit, aber auch wegen ihrer Herkunft sogleich berühmt. Mit ihnen hatte ich einen wahren PR-Coup gelandet. Die Botschaft war unmißverständlich: Die Generale schicken ihre Orang-Utans zurück in ihre Heimat auf Borneo. Es handelt sich um eine geschützte Art, die nicht in Gefangenschaft gehalten werden darf. Der Handel mit Menschenaffen ist illegal, und wer sie in Gefangenschaft hält, läuft Gefahr, daß sie beschlagnahmt werden. Das schien auf allen Ebenen verstanden zu werden, von den Regierungsstellen in Jakarta bis hinab zu den kleinsten Dorfgemeinschaften. Der Polizeichef Indonesiens begann öffentlich seine Stimme gegen das Töten von Orang-Utans zu erheben und erließ eine spezielle Vorschrift, die es Polizeibeamten verbot, Orang-Utans zu halten. Schon bald verkündete die Forstbehörde von Kalimantan Tengah, sie werde konfiszierte Orang-Utans in unser Lager schicken. Nahezu über Nacht verdoppelte sich die Zahl aus der Gefangenschaft befreiter Orang-Utans.

Damit mußte mein Auswilderungsprogramm neu organisiert werden. Nach wie vor konnten die Tiere nach Belieben kommen und gehen. Zweimal täglich stellten wir ihnen Reis, Milch und Früchte hin. Außerdem schafften wir ein ziemlich kostspieliges Mikroskop an, um ihren Kot auf Parasiten zu untersuchen, und führten für Neuankömmlinge eine zweiwöchige Quarantäne ein. Alle Tiere wurden regelmäßig entwurmt.

Von Anfang an war es das eigentliche Ziel meines Auswilderungsprogramms, die in Freiheit lebenden Orang-Utans und ihren Lebensraum im Wald zu schützen. Das bedeutete, daß ich mich auch um das Erbgut der befreiten Orangs, ihre Gesundheit wie auch um die Auswirkungen kümmern mußte, die sie auf den Wald hatten.

Ich befürchtete nicht, daß durch eine Vermischung fremdes Erbgut in die Population gelangen könnte, denn alle Orangs kamen aus der näheren Umgebung. Die auf Borneo und Sumatra heimischen gehören verschiedenen Unterarten an, die sich zwar miteinander kreuzen lassen, jedoch unterschiedliche Merkmale aufweisen. Meiner Überzeugung nach mußte dafür gesorgt werden, daß die beiden Unterarten – wie auch bestimmte Populationen – mit ihren Besonderheiten bewahrt blieben. Sie sind durch natürliche Auslese entstanden und damit dem Wald, in dem sie leben, besonders gut angepaßt. So könnte beispielsweise für Orang-Utans aus einem bestimmten Gebiet dank eines bestimmten Enzyms, das anderen Orangs fehlt, eine dort häufig auftretende Pflanze genießbar sein, die für diese giftig wäre. Eine Vermischung würde die Populationen einer «künstlichen Selektion» aussetzen und damit einen Teil der genetischen Vielfalt der Art gefährden. Andererseits durfte man es keinesfalls aus genetischen Gründen unterlassen, Orang-Utans zu retten und ihnen die Rückkehr in den Wald zu ermöglichen. (Ein einziges Mal habe ich einen Orang-Utan nicht angenommen, weil er der auf Sumatra heimischen Unterart angehörte. Ich hoffte, man werde ihn nach Sumatra zurückschicken.)

Um Populationen der in freier Natur lebenden Orang-Utans vor neuen Krankheiten zu schützen, versuchten wir sicherzustellen, daß alle in den Wald zurückkehrenden Tiere frei von Krankheiten und Parasiten waren. Wie wir an Cara und anderen gesehen hatten, galt das für die freilebenden Orangs mit Sicherheit nicht. Kotuntersuchungen ergaben, daß ein großer Teil von ihnen unter Parasiten litt.

Die Hauptbedrohung für in freier Natur lebende Orang-Utans geht jedoch von der Zerstörung ihres Lebensraums aus. Bei der Auswilderung machte ich mir deshalb mehr Sorgen über die Nahrungskonkurrenz zwischen freilebenden Orang-Utans und befreiten Tieren als um jedes andere Problem. Daher hielt ich es für falsch, die Orang-Utans sofort auf Gedeih und Verderb in die Natur zurückzuschicken. Statt dessen befürwortete ich eine schrittweise vor sich gehende Auswilderung, bei der die Tiere die Möglichkeit hatten, ins Lager zurückzukehren, wenn sie Futter brauchten. Solange der Wald Früchte in Fülle bot, konnten die befreiten Orang-Utans dort bleiben, in einem mageren Jahr aber wäre es wahrscheinlich für alle das beste, wenn sie ins Lager zurückkehrten, weil auf diese Weise das empfindliche Gleichgewicht des tropischen Regenwalds nicht gestört würde.

Das individualistische, opportunistische Sozialverhalten der Orang-Utans, die halbnomadische Lebensweise der Backenwulst-Männchen und die Ertragsschwankungen bei Wildfrüchten waren gute Voraussetzungen für die Rückkehr in die Wildnis. Ich vermutete, daß manche befreiten Orangs umherzogen, bis sie auf dünn besiedelte und ökologisch verlockende Waldgebiete stießen, in denen sie sich niederlassen konnten. Andere blieben in der Nähe. Das galt vor allem für Weibchen. Ich war der Meinung, daß die freigelassenen Tiere am besten wußten, wie die ökologischen und sozialen Bedingungen im Wald einzuschätzen waren. Meine Aufgabe sah ich darin, sie zu füttern und gesund zu erhalten sowie ihnen eine Umgebung zur Verfügung zu stellen, in der sie Überlebenstechniken wie Nestbau und Futtersuche lernen konnten. Ich wollte, daß sie in dem ihnen gemäßen Zeitrahmen in den Wald zurückkehrten.

Nicht jeder war meiner Ansicht. Ein niederländischer Wissenschaftler und seine Frau kamen zu einem kurzen Besuch nach Camp Leakey und versuchten uns davon zu überzeugen, daß man unbedingt nach dem Prinzip «Vogel friß oder stirb» vorgehen müsse. Sie erklärten, es sei Aufgabe von Auswilderungszentren, Orang-Utans zügig durchzuschleusen und so bald wie möglich zurück in den Wald zu schicken. Sicherlich würden dabei einige eingehen, aber andere würden überleben. Das von ihnen befürwortete Verfahren mochte auf Sumatra nötig sein, wo aufgrund der ungeheuren Entwaldung die Zahl der gefangenen Orang-Utans weit größer war als in Kalimantan Tengah. Ich hörte mir die Argumente der beiden an und gelangte zu dem Ergebnis, daß man zu diesem «Fließband»-Verfahren nur in letzter Not greifen sollte. Meiner Ansicht nach mußte jedes Tier als Individuum behandelt werden und durfte nicht durch eine entpersönlichte Auswilderungs-«Fabrik» geschickt werden, in der es lediglich zu einem Posten in einem Artenschutzbericht würde.

Die allerwichtigste Aufgabe aber war meiner Auffassung nach, dafür zu sorgen, daß möglichst große Urwaldflächen unberührt blieben. Die Forstbehörde schlug allerlei Projekte vor.

«Warum können wir nicht», fragte ein Beamter aus Palangkaraya bei einem Besuch im Lager, «einfach alle in Tanjung Puting lebenden Orang-Utans zusammentreiben, Camp Leakey vergrößern und dann einen Zaun oder gar einen Wassergraben darum anlegen? Dann wären die Tiere in Sicherheit, und niemand könnte ihnen etwas tun. Wegen der größeren Nähe», fuhr er fort, «würden sie dann auch schneller Nachkommen zeugen. Schließlich handelt es sich um eine gefährdete Art.»

Darauf hatte ich nur eine einzige Frage: «Und was geschieht mit dem Wald?»

«Nun», gab der Mann zur Antwort, «den könnten wir dann abholzen.»

Variationen zu diesem Umsiedlungsthema hörte ich immer wieder. Ich argumentierte, daß wir so wenig wie möglich eingreifen sollten. Wenn man große Gebiete statt kleiner, isolierter Flächen im ursprünglichen Zustand hielt, blieb das Ökosystem intakt, und das würde den Orang-Utans ein Überleben aus eigener Kraft ermöglichen wie seit Jahrtausenden. Ein Wald ist mehr als eine Ansammlung von Bäumen. Die Aufforstung abgeholzter Flächen mit Baumplantagen konnte kein Ersatz für das komplexe Ökosystem Wald sein, dessen Entwicklung Millionen von Jahre gedauert hat.

Cempaka kehrte als erster «gezähmter» Menschenaffe, der in einem Haus gelebt hatte und von seinen Besitzern bemuttert worden war, in die freie Wildbahn zurück. An dem Tag, da ich zum Wenner-Gren-Kongreß nach Österreich abreisen wollte, brach Cempaka wieder einmal in Ahmads Hütte ein. Sie zerstörte einige Flaschen mit Haarwaschmittel und stibitzte Seife (die im wesentlichen aus Fett besteht). Sie brachte Stunden damit zu, sich die Arme einzuseifen und den dicken Schaum abzulecken, als wäre es Schlagsahne. Ahmad war aufgebracht, denn Seife war ein wertvoller Besitz, da wir nur ein- oder zweimal im Monat in die Stadt kamen.

Unter dem Einfluß der beiden Niederländer befand Rod, es sei an der Zeit, daß Cempaka zum Leben in der freien Natur zurückkehrte, ob sie wollte oder nicht. Er nahm sie auf den Rücken und teilte mir mit, er bringe sie in den Wald. Da ich mir gerade an der neu installierten Pumpe hinter dem Haus die Haare wusch, war ich nicht in der Lage, mit ihm zu streiten. Er brachte Cempaka über den *ladang* in den Wald. Etwa zweieinhalb Kilometer vom Camp Leakey entfernt stellte er sie ab, und sie kletterte in die Bäume. Als er sie verließ, saß sie in etwa zehn Metern Höhe in einem Baum. Wir haben sie nie wiedergesehen.

Hat der «Vogel» gefressen, oder ist er gestorben? Ich vermute ersteres. Cempaka gehörte zu den intelligentesten Orang-Utans, mit denen ich je zu tun hatte. Zwar wäre es mir lieber gewesen, sie hätte sich selbst für den Zeitpunkt ihrer Rückkehr zum Leben in freier Natur entscheiden können, aber ich bin sicher, daß sie überlebt hat.

Unterdessen waren Sugito, Rio und Sobiarso große, muntere, gesunde Jugendliche mit glänzender Behaarung geworden. Alle drei kamen noch fast täglich ins Lager, bauten aber ihre Nester in den Bäumen. Rod und Sugito standen immer noch auf Kriegsfuß miteinander. Obwohl Sugito vor Rod Angst zu haben schien, provozierte er ihn bei jeder sich bietenden Gelegenheit. Beispielsweise faßte er jemanden ins Auge, schaute Rod an, biß den anderen und rannte fort. War Rod nicht da, biß er niemanden. Sobiarso und Rio waren nach wie vor beisammen und schliefen gelegentlich nachts im selben Nest. Manchmal wollte Sobiarso getragen werden, aber sehr viel seltener als früher. Nur Rio, der zugleich der Jüngste und Größte war, forderte regelmäßig meine Aufmerksamkeit und meinen Daumen.

Inzwischen mußten wir uns nicht nur um eine größere Zahl befreiter Orang-Utans kümmern, einige der Neuankömmlinge waren auch älter und größer als die Mitglieder meiner ursprünglichen «Familie». Das Männchen «Gundul» war bei seiner Ankunft schon fast ausgewachsen. Im Zoo, wo den Besucher ein Graben oder Käfigstäbe von einem solchen Tier trennen, erweckt es nicht den Eindruck, besonders groß zu sein, doch wenn es unmittelbar neben einem sitzt, sieht die Sache sehr viel anders aus. Gundul war bereits so groß wie die meisten erwachsenen Weibchen; allerdings war er muskulöser, und seine Eckzähne waren länger und schärfer.

Gundul warf sich zum Wächter über die Sicherheit von Camp Leakey auf. Eines Nachmittags hielt ich mich allein mit ihm am Ende des Dammes auf, als sich ein Boot mit etwa sechzig Besuchern aus Kumai näherte. Ich achtete stets darauf, einheimischen Besuchern Tee und eine Besichtigung des Lagers anzubieten, außerdem hielt ich ihnen eine kleine Rede über Orang-Utans und tropische Regenwälder. Gundul machte sich auf den Weg zum Flußufer. Seine Haare richteten sich auf, so daß er doppelt so groß aussah wie sonst. Seine Augen funkelten. Die Verwandlung war staunenswert. Am Anleger hob er einen Baumstamm von mindestens fünfzig Zentimetern Durchmesser und etwa drei Metern Länge aus dem Wasser, schüttelte ihn und ließ ihn wie einen Basketball tanzen. Dabei gab er ein wildes Heulen von sich. Angesichts des kampflustigen Menschenaffen wendete der Bootsführer und kehrte schnurstracks nach Kumai zurück.

Dieser Vorfall war einer von vielen, auf denen sich Gunduls Ruf in der näheren Umgebung gründete. Händeringend stand ich am Anlegeplatz, ohne ihm in den Arm fallen zu können. Erst später wurde mir klar, daß solche Zwischenfälle mein Ansehen steigerten. Viele Einheimische waren überzeugt, ich hätte die Macht, über die großen roten Menschenaffen zu gebieten. Gerüchte kamen in Umlauf, ich sei ein *pawong*, jemand, der die magische Kraft besitzt, wilde Tiere zu sich zu rufen und ihnen zu befehlen.

Bald nach Gunduls Ankunft errichteten wir im Moorgebiet am anderen Ufer des Sekonyer Kanan in gewisser Entfernung vom Lager eine neue Fütterungsplattform, um den älteren unter den befreiten Orangs den Schritt in die Unabhängigkeit zu erleichtern. Das Futter transportierten wir in einem Einbaum dorthin. Eines Tages fuhr ich mit einer Besucherin aus Nordamerika und einer unserer Köchinnen hinüber. Als Gundul eintraf, aß er nur wenig und schien abgelenkt. Mit einem Mal packte er die Köchin an den Beinen, zerrte sie auf die Plattform, versuchte sie zu beißen und riß an ihrem Rock. Noch nie hatte ich erlebt, daß Gundul eine Frau bedroht oder angegriffen hätte, wohl aber hatte er häufig männliche Helfer attackiert. Die Köchin kreischte, und ich dachte, Gundul wolle sie umbringen. Ich sah schon vor meinem geistigen Auge, wie er sie von der Plattform ins bis zu den Achseln reichende Moor schleuderte und sie darin ertrank.

Ich packte Gundul mit aller Kraft und versuchte, ihm meine Faust ins Maul zu drücken. Der Besucherin rief ich zu, sie solle mit dem Einbaum ins Lager zurückkehren und Hilfe holen. Meine Schläge beeindruckten Gundul nicht im geringsten. Allmählich begriff ich, daß er die Köchin nicht verletzen wollte, sondern ihm der Sinn nach etwas anderem stand. Sie hörte auf, um sich zu schlagen, und ergab sich. Gundul legte sich auf sie; entsetzt beobachtete ich seine unverkennbaren rhythmischen Bewegungen.

Nach einer Weile ließ Gundul die Frau los, stand auf und verschwand geräuschlos in den Bäumen. Die Köchin sah erleichtert aus. Sie versicherte mir, ihr fehle nichts. Da uns niemand zu Hilfe gekommen war, beschlossen wir, daß ich ins Lager zurückschwimmen würde, um Hilfe zu organisieren.

Bei meinem Anblick waren die Mitarbeiter und Studenten, die auf dem Damm standen, starr vor Schreck. Die Besucherin, die ich zurückgeschickt hatte, war der indonesischen Sprache nicht mächtig, und ihre gestenreiche Beschreibung hatte den Eindruck erweckt, daß die Orang-Utans auf der Fütterungsplattform Amok liefen. In Indonesien gilt es nicht als Schande, seine Furcht zu zeigen. Die Leute hatten sich gesagt, sie könnten Gundul gewiß nicht Einhalt gebieten, wenn ich dazu nicht in der Lage sei, und fatalistisch angenommen, die Köchin und ich seien tot. Ich trug ihnen auf, mit dem Einbaum hinüberzufahren und die Köchin zu holen.

Sie war zwar sehr mitgenommen, aber unversehrt. Die Reaktion ihres Mannes gab mir einen Einblick in das Denken der Menschen von Kalimantan. «Es war ja kein Mann», sagte er, «sondern nur ein Affe. Warum sollten wir uns groß darüber aufregen?»

Ich mußte daran denken, mit welcher Ungläubigkeit ich Jahre zuvor Heurybuts Hinweis aufgenommen hatte, daß Orang-Utans Frauen vergewaltigen. Allerdings hatte er nur zur Hälfte recht gehabt. In freier Natur lebende Orang-Utans sehen im Menschen ein andersartiges Wesen, das man möglichst meidet oder bedroht oder aber nicht weiter beachtet. Doch Gundul war unter Menschen aufgewachsen. Seine «Eltern» waren ein indonesisches Ehepaar gewesen; daher überraschte es nicht, daß er Frauen als Sexualpartnerinnen betrachtete. Dennoch war das Geschehnis besorgniserregend.

Das Auswilderungsprogramm gelangte an einen kritischen Punkt. Rod und ich hatten keine Schwierigkeiten im Umgang mit den adoptierten Orang-Utans, aber aus unterschiedlichen Gründen. Er war das ranghöchste «Männchen» im Lager und genoß bei den meisten Orang-Utans einschließlich Gundul absoluten Respekt. Mein Verhältnis zu ihnen beruhte auf Freundlichkeit. Zwar fiel es mir manchmal schwer, Orang-Utans aus den Gebäuden zu vertreiben, aber sie bedrohten mich nicht.

Unglücklicherweise galt das nicht für die Wächter der Forstbehörde, die Studenten und die einheimischen Mitarbeiter. Die Orang-Utans jagten die Einheimischen, wenn diese Futter zur Plattform hinausbrachten. Sie fuhren paarweise hinüber, trugen Stiefel und waren mit Buschmessern und großen bunten Mülltonnendeckeln bewaffnet, die ihnen als Schild dienten. Auf Besucher achteten die Orang-Utans gewöhnlich nicht weiter (allerdings trat Gundul einheimischen Männern feindselig gegenüber). Sie schienen zu wissen, daß Besucher nicht Teil der Lagerhierarchie waren und daher der Versuch nicht lohnte, sie dominieren zu wollen.

1975 kehrten Rod und ich zum ersten Mal gemeinsam nach Nordamerika zurück. Für ihn war es die erste Heimreise. Wie üblich war das Ausreisevisum lediglich einen Monat gültig. Wir genossen die Reise in vollen Zügen und gaben uns, ausgehungert, wie wir waren, vor allem kulinarischen Freuden hin.

Wir brachten mehrere Tage in der Geschäftsstelle der National Geographic Society in Washington zu, wo ich meinen Artikel für die Zeitschrift beendete und mit den Bildredakteuren an den Texten für die Fotos arbeitete. Der Artikel erschien im Lauf des Jahres: Das Titelfoto zeigte mich, wie ich Sobiarso auf einem Arm hielt und Akmad aufrecht vor mir stand. Darin lag eine eigenartige Parallele zu dem fünf Jahre zuvor erschienenen Titelbild von Dian Fossey, die mit zwei ehemals gefangengehaltenen Gorillas im Wald spazierenging. Jemand bei *National Geographic* sagte: «Wenn die Geschichte erst raus ist, wird sich euer Leben ändern.» Rod und ich bezweifelten das, waren aber bereit, uns überzeugen zu lassen. Die wichtigste Veränderung bestand jedoch darin, daß Rod endlich für seine Bilder bezahlt wurde. Mit der ihm eigenen technischen Präzision rechnete er aus, daß er in den letzten drei Jahren für einen Stundenlohn von etwa zehn Cent gearbeitet hatte. Für mich bedeutete es eine angenehme Überraschung, für einen Zeitschriftenartikel über die Orang-Utans bezahlt zu werden. Rod allerdings fand es überhaupt nicht lustig, unter zermürbenden Bedingungen für einen Zehntel Dollar die Stunde zu arbeiten.

Von Los Angeles aus rief ich Dave Hamburg an, der gemeinsam mit Jane Goodall den Kongreß über Große Menschenaffen in Österreich organisiert hatte. Er wollte unbedingt, daß Rod und ich uns ärztlich untersuchen ließen, solange wir in Nordamerika waren, und empfahl uns einen «brillanten Diagnostiker». Der Arzt untersuchte uns gründlich und teilte mir, nachdem alle Laborwerte vorlagen, zu meiner

Überraschung mit, mir fehle nichts, Rod aber habe möglicherweise eine seltene Infektion der Atemwege. Er wollte unbedingt noch ein paar Tests durchführen. Unglücklicherweise kam der Anruf am Tag unserer Abreise nach Indonesien, eine Stunde bevor wir zum Flughafen mußten. Unsere Visa hatten noch zwei Tage Gültigkeit, und einer davon ging bereits dadurch verloren, daß wir die Datumsgrenze überqueren mußten. Die Reise selbst dauerte dreißig Stunden. Wenn wir unser Flugzeug nicht erreichten, würden unsere Visa verfallen.

Rod teilte dem Arzt mit, wir würden die Sache miteinander besprechen und ihn zurückrufen. Kaum hatte er den Hörer hingelegt, sagte ich: «Ich weiß nicht, was du tun willst, aber ich fliege.» Rod sagte nichts. Ich begriff, daß ich ihn damit überfahren hatte, aber es war zu spät. Ich hatte es schon gesagt. Meine Entscheidung wäre genauso ausgefallen, wenn ich diese geheimnisvolle Krankheit gehabt hätte. «Du weißt», fuhr ich fort, «wie schwierig das mit den Visa ist. Gleich in Jakarta gehen wir in das beste Krankenhaus. Du kannst dir die Laborwerte aus Los Angeles da hinschicken lassen, und die können dich dann untersuchen. Vielleicht ist es ja auch nichts.»

Zögernd stimmte er zu. Als wir den Arzt wieder anriefen, wiederholte der seine Auffassung, es sei für Rod das beste, noch einige Tage in Los Angeles zu bleiben. Rod versicherte ihm, daß er sich in Jakarta noch einmal untersuchen lassen würde, legte auf, und wir eilten zum Flughafen. Wir erreichten die Maschine wenige Minuten vor dem Abflug.

Im besten Krankenhaus Jakartas gab es einen amerikanischen Arzt. Nachdem er Rod untersucht hatte, drückte er seine Bewunderung für die Diagnose des Kollegen aus Los Angeles aus und erklärte, er hätte nie vermutet, daß Rod etwas fehle. Er verschrieb ihm ein Medikament, das er mehrere Monate lang einnehmen sollte.

Bei der Nachuntersuchung zeigte sich, daß die Infektion abgeklungen war. «Siehst du», sagte ich, «es war nichts Ernstes.» Aber Rod konnte die Sache nicht so leicht abtun. Nach seiner Heilung begann er, sich Gedanken zu machen. Bis dahin, erklärte er, habe er sich unbesiegbar gefühlt, wenn er im Wald den Orang-Utans nachspürte. Er hatte sich schon früher in gefährlichen, ja lebensbedrohenden Situationen befunden, diesmal aber war er krank gewesen, ohne es zu merken – seine erste bewußte Erfahrung mit der eigenen Sterblichkeit. Sie schlug eine Saite in ihm an, die nie wieder zu schwingen aufhörte.

Ab 1975 ging ich dazu über, weniger Zeit im Wald und mehr im Lager zu verbringen. Ich übertrug meine handschriftlichen Notizen und ordnete mein Material für meine Doktorarbeit. Rod, Ahmad und ein jüngerer Mitarbeiter übernahmen das Aufspüren von Orang-Utans. Sobald sie einen entdeckt hatten, ließ ich meine Papiere liegen und ging in den Wald, um ihm zu folgen.

Im März hallte das Untersuchungsgebiet, das mehrere Monate hindurch sehr still geschienen hatte, von Langrufen aus allen Richtungen wider. Inzwischen hielt sich Nick, das prächtige, nonchalante Männchen, das an die Stelle von Kehlsack getreten war, seit nahezu zwei Jahren hier auf, ohne ein einziges Mal aus der Nähe des Lagers verschwunden zu sein. Ich wußte das, weil wir ihm einmal fünfundsechzig Tage lang ununterbrochen gefolgt waren und seither nahezu jeden Monat einmal Kontakt mit ihm gehabt hatten. Nick schien sich für immer niedergelassen zu haben. Daher rechnete ich nicht mit einer Invasion weiterer erwachsener Männchen.

Mit einem Mal jedoch mußte er Rivalen, die aus allen Himmelsrichtungen zu rufen schienen, verjagen. Einmal stürmte er fast fünf Kilometer weit durch das Moor, die größte Entfernung, die ich je einen Orang-Utan an einem einzigen Tag habe zurücklegen sehen. Er hatte kaum Zeit zu essen. Tagelang hielten wir Ausschau nach den Rufern. Einer von ihnen entpuppte sich als Harry Handlos, der Jahre zuvor gegen Kehlsack gekämpft hatte. Wer aber waren die anderen?

Am Abend des 31. März kehrte einer unserer Helfer aus dem Wald zurück und berichtete, er habe ein Backenwulst-Männchen entdeckt, das er noch nie zuvor gesehen hatte. Ich mußte unbedingt wissen, um wen es sich handelte. Also ging ich am nächsten Tag vor Morgengrauen in den Wald und setzte mich wartend unter das Schlafnest des großen Unbekannten.

Ausgerechnet am 1. April, dem Tag, an dem man die Leute zum Narren hält, sah ich den Orang kurz nach der Morgendämmerung aus dem Nest hervorkommen. Es war Kehlsack! Kehlsack war zurückgekehrt, mehr als zwei Jahre nach seinem Verschwinden! Mit Ausnahme Nicks war er das am besten an mich gewöhnte Männchen, das ich je beobachtet hatte, und eins der wenigen, die mir gestatteten, ihnen über längere Zeit zu folgen.

Als ich ihn an jenem Morgen hoch unter dem Blätterdach vor dem sich allmählich aufhellenden Himmel aus dem Nest steigen sah, erfüllte mich ein Hochgefühl. Seine Rückkehr hatte die Gewalt einer mystischen Erfahrung. Ich entsinne mich, daß ich in jenem Augenblick staunend und in Erinnerung an Cara und Carl sagte: «Es gibt also doch ein Leben nach dem Tod.»

17 BINTI

Ein Neugeborenes verkörpert Gottes Ratschluß,
die Welt solle weiterbestehen.

Carl Sandburg

Eine glückliche Familie ist eine Vorwegnahme
des Himmels.

John Bowring

Nach fast fünf Jahren auf Borneo wurde ich krank. Ich empfand Übelkeit, war appetitlos und so müde, daß ich mich kaum aus dem Bett wälzen konnte. Die Malaria konnte es nicht sein, da ich nicht an Wechselfieber litt. Ich begann mich mit Büchern über Tropenkrankheiten zu beschäftigen, um herauszufinden, auf welche meine Symptome zutrafen. Ich war der festen Überzeugung, daß ich irgendeiner geheimnisvollen Krankheit zum Opfer fallen würde.

Erst als meine Periode zum zweiten und dann zum dritten Mal ausblieb, wurde mir klar, daß ich Mutterfreuden entgegensah. Ich könnte sagen, daß diese Schwangerschaft nicht geplant war, doch das entspräche nicht ganz der Wahrheit. Rod und ich hatten uns zwar nicht zusammengesetzt und beschlossen, daß es Zeit sei für ein Kind. Da waren andere Kräfte am Werk.

Das Thema Schwangerschaft war schon lange vor unserem Eintreffen in Indonesien zur Sprache gekommen. Immer, wenn sich Louis Leakey in Los Angeles aufhielt, hatten Rod und ich ihn täglich besucht. Gewöhnlich warteten wir im Wohnzimmer, bis Louis kam, einmal aber hatte er uns an sein Bett gerufen; es war, als befehle uns ein Stammeshäuptling zu sich.

In gewisser Weise war der unter den Kikuyu in Zentralkenia aufgewachsene Louis selbst ein Kikuyu. Er sah sich auch so und träumte sogar in der Sprache der Kikuyu. Wo andere verlegen zur Seite blicken mochten, wenn es um Körperfunktionen ging, kam er unumwunden zur Sache. Ich vermute, daß das bei den Kikuyu so üblich ist.

Wir betraten den abgedunkelten Raum, in dem Louis sein Schläfchen halten sollte. Da es keine Stühle gab, stellten wir uns nebeneinander vor das Bett. Es war fast wie an einem Sterbebett. Louis lag auf dem Rücken, die Hände auf der Brust verschränkt, und fragte rundheraus, wie Rod und ich in Indonesien zu verhüten gedächten. Wir gaben zu, daß wir darüber noch nicht viel nachgedacht hatten, und sagten, wir würden uns vorsehen.

«Das genügt nicht», sagte er mit einem scharfen Blick auf mich. «Und was ist, wenn Sie schwanger werden? Sie müssen Vorkehrungen treffen.» Er war in höchstem Grade besorgt, das Projekt könnte scheitern, wenn ich ein Kind bekäme. Er hatte seine Forschungspläne nacheinander in Jane Goodalls, Dian Fosseys und nunmehr in meine Hände gelegt. Unverdrossen hatte er getan, was er konnte, um Geldmittel für uns aufzutreiben; auf keinen Fall wollte er, daß die Untersuchung der dritten großen Menschenaffenart an einer Schwangerschaft scheiterte.

«Ihr müßt wissen», fuhr er fort, «daß bei den Kikuyu die Klitorisbeschneidung üblich ist. Da Kikuyufrauen beim Liebesakt immer wieder Schmerzen haben, enthalten sie sich häufig der körperlichen Liebe und begnügen sich mit leidenschaftlichen Umarmungen. Enthaltsamkeit sorgt bei den Kikuyu für die Geburtenkontrolle. Das könnt ihr auch so handhaben», fuhr er fort. «Entscheidend ist die leidenschaftliche Umarmung.»

Ich war ebenso perplex wie Rod. Bis zu jenem Augenblick hatte ich noch nicht begriffen, wie afrikanisch Louis war. Rod und ich sahen einander an und teilten ihm dann mit, daß wir uns um andere Verhütungsmethoden kümmern würden.

Später erfuhr ich, Leakey habe einmal in London an einem Anthropologieseminar teilgenommen, in dem ein Student über Klitorektomie referierte. Der Student, Jomo Kenyatta, wurde später Präsident von Kenia. Dabei waren sich die beiden heftig in die Haare geraten, ohne daß einer der Anwesenden hätte sagen können, wie der Streit ausging, weil sie zur Kikuyu-Sprache übergegangen waren. Es hieß, Kenyatta habe sich gegen die Beschneidung ausgesprochen, Louis hingegen dafür. Er war afrikanischen Traditionen in mancherlei Hinsicht stärker verhaftet als der später unter dem Namen «Papa Kenia» bekanntgewordene Gründerpräsident des Landes.

Louis setzte sich auf und winkte uns näher. Er legte die Arme um uns und gab uns seinen Segen. Ich weiß die genauen Worte nicht mehr, aber er sprach von seiner Liebe zu uns und von unserer Liebe zueinander. Er sagte, er würde stets bei uns sein und hoffe, daß unsere Entschlossenheit von Dauer sei. Da sprach nicht mehr der Wissenschaftler und auch nicht der Freund; es war eher, als erteile uns ein Bischof seinen Segen oder als lege ein Schamane einen Schutzzauber um uns. Wir schlossen einander in die Arme, und er schwor, mich zu unterstützen, bis ich meinen Doktortitel hatte. Ich weiß noch, daß es mich zugleich beeindruckte und mir ein wenig peinlich war.

Im Hinausgehen sagte ich zu Rod. «Es kommt mir ganz so vor, als hätte ich dich noch einmal geheiratet», worauf er antwortete: «Ich weiß, was du meinst.»

Bevor wir Los Angeles verließen, ließ ich mir die Pille verschreiben. Der Arzt machte mich darauf aufmerksam, daß ich unbedingt jeden Tag eine nehmen müsse. Bis wir unsere erste Zwischenstation in Afrika erreichten, dauerte es Wochen, und weil es so viel anderes zu bedenken gab, habe ich vermutlich zwischendurch vergessen, sie zu nehmen. Als wir in Afrika eintrafen, setzten bei mir Blutungen ein, die zwei Wochen lang nicht aufhörten. Anschließend habe ich die Pillen weggeworfen.

Wie die meisten in Traditionen verwurzelten Völker sehen die Indonesier in Kindern den Segen Gottes. Bleibt ein Paar kinderlos, gilt das als Versagen, wenn nicht als göttliche Strafe. Es kommt sogar vor, daß kinderlose Paare Trauer anlegen, und in den Augen mancher Indonesier ist Kinderlosigkeit ein legitimer Grund für einen Mann, eine zweite Frau zu heiraten.

Nachdem Rod und ich einige Jahre in Indonesien waren, wurde vernehmlich über unsere Kinderlosigkeit getuschelt. Wenn Leute erfuhren, daß wir seit nahezu acht Jahren verheiratet waren, seufzten sie und bekundeten uns ihr Mitgefühl. Wie viele andere junge Paare in den sechziger Jahren waren Rod und ich der Meinung, es gebe bereits zu viele Menschen auf der Welt, und wir hielten es nicht nur für vernünftig, sondern auch für ein Gebot der Moral, Kinder zu adoptieren. Schließlich gab es auf der Welt eine Unzahl von Waisen und von Kindern, deren Eltern nicht für sie sorgen konnten. Zum ersten Mal in meinem Entschluß wankend geworden war ich, als ich Sugito in den Armen gehalten hatte. Wenn ich «mein» Orang-Utan-Kind schon so liebte, würde ich nicht ein eigenes Kind noch mehr lieben? Dennoch blieb ich meiner Überzeugung treu, daß Rod und ich eher Kinder adoptieren als eigene haben würden. Allerdings gelang es uns nicht, Indonesier zu überzeugen, daß wir mit unserem Los glücklich waren.

Eines Tages kam Binti unangekündigt ins Lager. War Louis Leakey mein westlicher Mentor, so war Binti sein indonesisches Gegenstück. In mancher Hinsicht ähnelten sie einander sogar. Beide waren klein und rundlich, hatten einen milden Gesichtsausdruck, und auch Bintis Augen blitzten, als finde er Menschen und das Leben ganz allgemein unendlich amüsant. Allerdings war sein Haar von einem Schwarz, das im Sonnenlicht schimmerte, während Leakey eine schneeweiße Mähne hatte. Wie bei Leakey gab es in Bintis Wesen Seiten, die westlichem Denken nicht zugänglich waren; auch er hatte etwas Schamanenhaftes an sich.

Es war offenkundig, daß er mit seinem Besuch ein bestimmtes Ziel verfolgte. Er wartete mit seinem Anliegen, bis Rod in den Wald gegangen war, um Brennholz zu holen. Die Schreibmaschine auf den Knien und einen jungen Orang-Utan um den Hals, saß ich auf der Holzbank. Binti zog sich einen Peddigrohrsessel herbei und sagte: «Meine Frau und ich haben uns lange darüber unterhalten. Wir wollen mit dir über die Tatsache sprechen, daß sie ihr letztes Kind mit dreißig Jahren bekommen hat. Sie hat acht Kinder in zehn Jahren geboren, aber nach ihrem dreißigsten Jahr sind keine mehr gekommen. Du bist jetzt neunundzwanzig. Wir machen uns Sorgen, daß du keine Kinder mehr bekommen kannst, wenn du erst einmal die dreißig überschritten hast.»

Er sprach gemessen und förmlich, so als hätte er die Worte mit seiner Frau vorbereitet und einstudiert. Schweigend hörte ich zu, während er fortfuhr: «Wir wissen, wieviel ihr zu tun habt und wie schwer ihr arbeitet. Aber als eure Adoptiveltern halten wir es für unsere Pflicht, euch dabei zu helfen, daß ihr Kinder bekommt. Wenn ihr ein Kind habt, werden meine Frau und ich glücklich sein, es für euch großzuziehen. Aber du mußt unbedingt schwanger werden, bevor es zu spät ist.»

Was er sagte, überraschte mich nicht, weil mir bekannt war, welche

Bedeutung Indonesier Kindern beimessen. Ich wußte, daß er und seine Frau einen ihrer Enkel aufzogen, ein Kind von drei Jahren. Das war nicht ungewöhnlich; in Indonesien gehören Kinder zur Großfamilie und leben häufig bei Verwandten statt bei den Eltern. Großeltern als Oberhäupter der Großfamilie haben neben dem Recht, Enkel zu erwarten, auch die Pflicht zur Mithilfe, wenn es darum geht, sie großzuziehen. Binti behandelte mich wie eine Angehörige, und ich fühlte mich geehrt. Er fuhr fort: «Ich wollte zuerst mit dir allein sprechen, und ich möchte, daß du dich mit Rod über die Sache unterhältst und ihm mitteilst, was ich dir gesagt habe.»

Nachdem er seine Mission erfüllte hatte, sprach er das Thema nie wieder an.

Nach seiner Abreise unterhielten Rod und ich uns miteinander. Bintis ungekünstelte Besorgnis hatte mich tief bewegt. Trotzdem wollten wir zu dem Zeitpunkt noch keine Kinder. Ich stand gerade in Verhandlungen mit der Regierung, die meine Forschungsgenehmigung zusätzlich zu der mir schon gewährten zweijährigen Verlängerung noch einmal um vier Jahre verlängern sollte. Rod und ich ließen das Thema auf sich beruhen.

Zwei Monate später war ich schwanger.

Als ich meinen Angehörigen, Freunden und Professoren in den USA die gute Nachricht mitteilte, kam statt der erwarteten Glückwünsche ein Sperrfeuer aus hysterischen Telegrammen und Briefen, die mich aufforderten, sogleich zurückzukehren. Wie konnte ich nur erwägen, Tausende von Kilometern von zu Hause «mitten in der Wildnis» ein Kind zu bekommen, wo es mit dem Boot Stunden dauerte, bis man den nächsten Arzt erreichte! Mein Doktorvater Dr. Birdsell berichtete, das zweijährige Söhnchen einer anderen Doktorandin, die das Kind bei einer Freilanduntersuchung in Nepal dabeigehabt hatte, sei an Hirnhautentzündung gestorben. Meine Eltern flehten mich in verzweifelten Telegrammen an, ich möge nach Hause kommen, und sie erklärten sich bereit, für alle Kosten aufzukommen, vom Flugschein bis zum Krankenhausaufenthalt.

Ich lehnte ab. Immerhin gehören manche Teile Indonesiens zu den am dichtesten bevölkerten Gebieten der Welt. Dajak-Frauen bekommen seit Generationen Kinder, es konnte also so schrecklich gefährlich nicht sein. Wenn ich die notwendigen Vorkehrungen traf, würde es

309

dem Kind und mir gutgehen. Rod schloß sich meiner Ansicht an. Offenbar machte der Dschungel von Borneo aus der Entfernung einen weit bedrohlicheren Eindruck als aus der Nähe.

Außerdem wollte ich meine Arbeit nicht aufgeben. Ich verfolgte die Lebensgeschichten bestimmter Orang-Utans, ein fortlaufendes Geschehen, bei dem man nie weiß, wann etwas Wichtiges eintritt. Es war nicht wie eine archäologische Grabungsstätte, bei der alles genau so bleibt, wie man es verlassen hat, wenn man nach Jahren wiederkommt. Die Orang-Utans würden ihr Leben weiterführen, ob ich da war oder nicht. Wir beschlossen, in Indonesien zu bleiben.

Dennoch machte ich mir Sorgen. Es war meine erste Schwangerschaft, und die Flut der warnenden Hinweise verfehlte ihren Eindruck auf mich nicht. Ich suchte das Krankenhaus in Pangkalanbuun auf, der nächstgelegenen größeren Stadt. Was ich dort sah, war nicht dazu angetan, mich zu beruhigen. Die Wände des Operations- und Kreißsaals waren blutbespritzt, die Anschlußleitung der einzigen Lampe hatte keinen Stecker – man hatte einfach die Drähte in die Steckdose gesteckt; das Röntgengerät funktionierte nicht, und den Ärzten war der Alkohol zum Sterilisieren der Instrumente ausgegangen. So beschloß ich, mein Kind in Jakarta zu bekommen.

Die Monate schlichen dahin. Trotz meines gewaltigen Leibesumfangs führte ich meine Forschungsarbeit weiter, watete durch die Moore und spürte den Orang-Utans nach. Wie viele andere werdende Mütter hatte ich den Eindruck, als gehöre mein Körper nicht mehr mir, sondern sei von einem anderen Wesen mit Beschlag belegt worden. Daß ich meine Arbeit trotz der körperlichen Belastung weiterführte, half mir bei dem Bewußtsein, daß ich nach wie vor ich selbst war, nach wie vor fähig, zu tun, was ich wollte. Ebenso wichtig war, daß es mir half, die Zeit hinter mich zu bringen. Die Schwangerschaft schien ewig zu dauern.

Ich hatte niemanden, keine ältere Frau wie meine Mutter, mit der ich darüber reden konnte, wie ich mich fühlte oder was mir bevorstand. Anfangs besaß ich auch keine Bücher über die Schwangerschaft. Rod war nicht der Mann, der in der künftigen Vaterrolle aufging und mir jeden Wunsch von den Augen ablas. Er sah die Schwangerschaft ganz im Gegenteil als eine Herausforderung, der *ich* mich stellen mußte. Er war nie bereit gewesen, die Tyrannei seines Körpers zu akzeptieren, und war bestrebt, sein Verhalten weder durch Hunger, Schmerzen noch Erschöpfung beeinflussen zu lassen. Er stellte sich auf den Standpunkt, ich müsse meinen Körper beherrschen und dürfe nicht zulassen, daß die Schwangerschaft meine Arbeit beeinträchtigte. Wie viele Männer des Westens begeisterte ihn die Vorstellung, Vater zu werden, in einer abstrakten Weise. An den Einzelheiten aber war er nicht besonders interessiert. Wir sprachen nie darüber, inwiefern die Geburt des Kindes unser Leben verändern könnte.

Inzwischen bekamen wir internationale Nachrichtenmagazine, und ich las, wie der libysche Präsident Gaddafi einer Gruppe Ägypterinnen und Libyerinnen – unter ihnen die Gattin des damaligen ägyptischen Präsidenten Sadat – einen Vortrag über die biologische Minderwertigkeit der Frau hielt. Der Beweis: Eine im achten Monat schwangere Frau sei «keine gute Fallschirmspringerin»! Ich war im achten Monat schwanger. Um jene Zeit kehrten Rod und ich eines Tages spätabends, es war schon dunkel, mit unserem Langboot ins Lager zurück. Den Fluß versperrte im Wasser treibendes, dichtes Gewirr von Wasserpflanzen, und wir mußten das Boot darüber hinwegschieben. Da Rod zusammengesunken im Heck saß – er litt an einem schweren Malariaanfall und konnte sich kaum rühren –, bemühten sich unsere beiden einheimischen Helfer, das Boot freizubekommen. Es gelang ihnen nicht. Also knotete ich mein wallendes Gewand über den Oberschenkeln zusammen, wuchtete meinen gewaltigen Bauch aus dem Boot, stieg barfuß ins Wasser und begann trotz der lauten Proteste der Helfer, das Boot zu schieben. Schließlich schafften wir es. Ich erinnere mich, daß ich wünschte, Gaddafi könnte mich sehen.

Einige Wochen bevor das Kind kommen sollte, flogen wir nach Jakarta. Wir quartierten uns in einem einigermaßen komfortablen Hotel ein, lebten aber, da wir uns keine Restaurantmahlzeiten leisten konnten, von Obst, Gemüse und dem, was ambulante Garköche feilboten. Das waren Verkäufer, die ihren Ofen auf dem Rücken trugen. Ich erinnere mich, wie ich mit meinem riesigen Bauch in die glühende Sonne stolperte; meine Knöchel waren so geschwollen, daß ich kaum gehen konnte. Wenn ich auf dem Bett in unserem Zimmer lag, kam ich mir vor wie ein gestrandeter Wal. Dann setzten die Wehen ein.

Wir nahmen ein Taxi ins Krankenhaus, wo ich sofort in den Kreißsaal geschickt wurde. Rod mußte draußen bleiben. Der Raum, in dem die künftigen Väter warten mußten, hatte kahle Wände und war voller blutdurstiger Moskitos. Außerdem war die Luft darin zum Ersticken. Ich überredete Rod, zu gehen und sich auszuruhen.

Die Geburt, nahm ich an, werde ein passiver und vergleichsweise schmerzloser Vorgang sein. Ich war dabeigewesen, als Bahria in Camp Leakey niedergekommen war. Es war ihr neuntes Kind, und ein älterer Mann, eine Art Teilzeit-Schamane, hatte ihr als Geburtshelfer zur Seite gestanden. Er muß ihr altüberlieferte Medikamente gegeben haben, denn sie war die ganze Zeit über nicht bei Bewußtsein gewesen. Ich weiß nur, daß sie kurz aufgewacht war, mich nach der Uhrzeit gefragt hatte und dann wieder in ihre Teilnahmslosigkeit verfallen war. Die anderen Frauen im Raum hatten ihren Unterleib massiert und für sie gepreßt. Schließlich hatten wir einen Schrei gehört – das Kind war zur Welt gekommen.

Niemand hatte mich darauf hingewiesen, daß die meisten Ärzte in indonesischen Krankenhäusern dem Prinzip der natürlichen Geburt huldigen und keinerlei schmerzstillende Mittel verabreichen. Auf meine Frage, warum das Krankenhaus die natürliche Geburt bevorzuge, erklärte der Arzt, sie sei sicherer. Später erfuhr ich, daß die Moslems den Akt der Geburt als Gegenstück zum Kriegsdienst des Mannes sehen. Der Islam lehrt, daß Frauen, die bei der Geburt sterben, wie Männer, die im heiligen Krieg fallen, sogleich in den Himmel kommen. Beides gilt als eine Art heiliges Märtyrertum. Als ich an Malaria oder Dengue-Fieber litt, war der Schmerz manchmal so schlimm gewesen, daß ich eine Steigerung für unmöglich hielt. Ich hatte mich geirrt. In der Nacht, in der ich mein erstes Kind bekam, gewann das Wort «Schmerz» für mich eine neue Bedeutung.

Mein Kind kam in den frühen Morgenstunden. Niemand rief Rod an. Er traf nach einigen Stunden Schlaf gegen sieben Uhr ein und erfuhr, daß er einen Sohn hatte. Wir nannten ihn nach unserem indonesischen Adoptivvater Binti. In der Sprache der Dajak bedeutet *binti* einen kleinen Vogel, der sehr hoch fliegt.

Wir verließen das Krankenhaus ein paar Tage später. Eine gute Freundin, Nina Sulaiman, Prorektorin der Universitas Nasional, an der sie Englisch lehrte, bestand darauf, daß wir in ihrem Haus in Jakarta blieben. Sie war niederländischer Abkunft und hatte einen Indonesier geheiratet, der nach dem Krieg in Holland studiert hatte. Die hochgewachsene, blonde, blauäugige Nina mit ihrer geraden Nase und ihrem länglichen Gesicht sah denkbar europäisch aus, war aber Indonesierin bis ins Mark. Sie lebte mittlerweile seit über zwei Jahrzehnten in Jakarta, war indonesische Staatsbürgerin und sogar zum Islam übergetreten. Sie und ihr Mann standen einem typischen Haushalt der oberen Mittelschicht vor. Die Flügel ihres Hauses in Jakarta standen um einen offenen Hof, auf dem ein beständiges Kommen und Gehen herrschte – Nichten und Neffen tollten umher, Verwandte vom Lande suchten Vergünstigungen, Dienstboten arbeiteten, ein alter Großvater saß da, von den Jahren der Arbeit auf den Feldern gebeugt; außerdem sah man Studenten und Kollegen von der Universität.

Rod, der darauf brannte, nach Camp Leakey zurückzukehren, reiste schon bald nach Bintis Geburt wieder nach Kalimantan. Binti war meiner Ansicht nach für die Reise noch zu klein. Viele Indonesier sind überzeugt, daß ein Kind in den ersten vierzig Tagen seines Lebens die Erde nicht berühren darf, und so sorgen Eltern dafür, daß es in dieser Zeit das Haus nicht verläßt. Ich beschloß, mich an diesen östlichen Brauch zu halten und wurde vierzig Tage und schlaflose Nächte hindurch Bestandteil des wimmelnden Sulaiman-Haushalts.

Meine Rolle als Ersatzmutter für Orang-Utan-Kinder hatte mich nicht auf meine Aufgabe als Mutter eines eigenen Kindes vorbereitet. Säuglinge und kleine Orang-Utans unterscheiden sich sehr in ihren Forderungen und Fähigkeiten. Letztere kümmern sich in gewissem Maß um sich selbst: Gleich nach der Geburt klammern sie sich an der Mutter fest und saugen, sobald sie Hunger haben. Das ermöglicht es der Mutter, ihren gewohnten Aktivitäten nachzugehen. Ein Säugling liegt hilflos da. Die Mutter muß ihn auf den Arm nehmen, stillen, mit ihm Bäuerchen machen, ihn wickeln, baden und zahllose andere Dinge tun. Viele naturverbundene Völker, und dazu gehören auch die meisten auf dem Land lebenden Indonesierinnen, nähern sich dem Urmuster der Primaten dadurch, daß sie ihre Kleinkinder ständig in einer Schlinge am Körper tragen. Weil ein Kind bei der Geburt zwischen zweieinhalb und vier Kilo wiegt, ist das anstrengender, als einen kleinen Orang-Utan von noch nicht einmal einem Kilo Gewicht mit sich herumzutragen. Dennoch ist dieser bei der Geburt weiter entwickelt als ein Kind. Viele Anthropologen haben darauf hingewiesen, daß ein Kind bei der Geburt im wesentlichen noch ein Embryo ist. Die Knochen sind noch nicht verfestigt, es kann seine Muskeln noch nicht richtig koordinieren, der Blick kann noch nicht fixieren, und vor allem befindet sich das Gehirn noch in der Entwicklung. Erst mit neun oder zehn Monaten ist ein Kind so weit wie ein Orang-Utan bei der Geburt.

Mir wurde bald klar, daß ich Hilfe mit Binti brauchen würde, wenn ich meine Arbeit in Camp Leakey weiterführen wollte, und sei es auch nur auf Teilzeitbasis. In Indonesien «leihen» sich die Leute oft eine junge Verwandte oder Bedienstete dafür aus, statt ein Kindermädchen einzustellen. Sie verwenden tatsächlich das Wort «ausleihen» dafür, was bedeutet, daß die Betreffende zeitweilig zur Familie gehört.

Yuni war eine siebzehnjährige Oberschülerin, die sich mit um Ninas jüngstes Kind kümmerte. Verglichen mit den Kindern der Familie Sulaiman wirkte sie zierlich und dunkel und hatte die langen, schmalen Finger und die anmutige Haltung einer javanischen Tempeltänzerin. Sie war von natürlicher Schönheit und Grazie. Yuni war das einzige Mitglied des Haushalts der Sulaimans, das nicht mit ihnen verwandt war, aber dennoch mit am Tisch der Familie aß (was sie bei den weniger begünstigten Nichten und Neffen nicht besonders beliebt machte). Sie war das jüngste von neun Kindern einer traditionell geprägten Familie aus Yogyakarta, einer der alten Hauptstädte Zentraljavas. Nina kannte die Familie schon lange und behandelte Yuni, die seit mehreren Jahren in Jakarta zur Oberschule ging, fast wie eine Tochter.

Als ich Nina fragte, ob ich mir das junge Mädchen für einige Monate als Hilfe für Binti «ausleihen» könnte, zögerte sie. Sie konnte sich mit der Vorstellung, daß Yuni ihr letztes Schuljahr unterbrach und Indonesiens moderne Hauptstadt mit dem Dschungel von Borneo vertauschte, nicht recht anfreunden. Ich gab zu bedenken, daß Yuni damit nicht nur die Gelegenheit bekomme, einen Teil des Landes kennenzulernen, den sie sonst vielleicht nie sehen würde, sondern daß sie das dort Erlebte auch für ihre Jahresarbeit nutzen könne. Yuni war bereit, mein Angebot anzunehmen, und schließlich erklärte sich Nina einverstanden. Als passionierte Englischdozentin machte sie aber zur Bedingung, Yuni müsse bei ihrer Rückkehr einwandfrei Englisch sprechen können. Dafür zu sorgen war ich gerne bereit.

Getreu ihrer traditionellen javanischen Erziehung übernahm Yuni in Camp Leakey sogleich die Verantwortung für Bintis Wohlergehen. Sie trug ihn, badete ihn, fütterte ihn und schmuste mit ihm. Nie mußte man ihr sagen, was sie zu tun hatte, nie brauchte ich sie an ihre Aufgaben zu erinnern. Man hätte fast glauben können, Binti sei ebenso ihr Kind wie meines. Yuni fand Säuglinge einfach hinreißend. Sie sagte mir einmal, der bloße Anblick eines Säuglings jage ihr Wonneschauer über den Rücken, so daß sie ihn liebkosen müsse. So geht es vielen Indonesierinnen. Oft habe ich mir überlegt, daß das glückliche Lächeln erwachsener Indonesier auf das Übermaß an Liebe zurückgeht, mit dem sie als Säuglinge behandelt wurden.

Schon bald nach unserer Rückkehr spielte sich unsere tägliche Routine ein. Yuni frühstückte rasch und kam dann zurück, um Binti zu übernehmen, so daß ich frühstücken, meinen Mitarbeitern ihre Aufgaben für den Tag zuweisen und mit meinen indonesischen Studenten sprechen konnte. Wäre ich vor Yuni zum Frühstück gegangen, hätte sie nach meinen Mitarbeitern und mir allein essen müssen. Das aber tut in Indonesien niemand gern. Wer etwas zu sich nimmt, muß allen Anwesenden davon anbieten. Sogar in Jakarta wendet man sich, wenn man in einem Restaurant allein am Tisch sitzt, den Gästen an den anderen Tischen zu und sagt: «*Mari.*» Das bedeutet soviel wie «Wir wollen zusammen essen». Die anderen lehnen dann ab und sagen: «Nein, nein, essen Sie nur.» Erst dann fängt man mit seiner Mahlzeit an. Zu erwarten, daß Yuni allein aß, wäre eine grobe Unhöflichkeit gewesen.

Nach dem Frühstück spielte ich mit Binti und badete ihn, bevor ich mich an die Arbeit machte. Tagsüber kümmerte sich Yuni um ihn und übergab ihn mir nachmittags oder am frühen Abend wieder. Sobald sie mich aus dem Wald zurückkehren sah, öffnete sie, oft mit Binti auf dem Arm, die Tür und hieß mich willkommen. Sie lächelte stets, war aufmerksam und heiter, was den Umgang mit ihr sehr angenehm machte. Binti war ihr ein und alles, und sie sicherte sich rasch einen Platz in unserer Kleinfamilie; ihre Anwesenheit wirkte ganz natürlich, als gehörte sie schon immer dazu.

Inzwischen bestand meine Hauptarbeit darin, mein Material zu analysieren und meine Doktorarbeit zu schreiben, so daß ich mich meist an meinen Schreibtisch zurückzog. Doch ganz gleich, was ich tat, stets verbrachte ich einen Teil des Tages mit Binti und bestand darauf, daß Rod es ebenso hielt. Später trugen er und ich Binti häufig in einem tuchbespannten Metallgestell auf dem Rücken durch den Wald. Es machte dem Kleinen Spaß, uns über die Schulter zu gucken. Er war munter und aktiv, etwas kleiner als gleichaltrige Kinder im Westen, aber größer als indonesische Kinder seines Alters.

Binti, meine Dissertation und die Beobachtung der Orang-Utans sorgten dafür, daß meine Tage und Abende angefüllt waren. Wie hätte ich noch Zeit finden sollen, Yuni Englisch beizubringen? Rod war ein geborener Lehrer. Er hatte einem nordamerikanischen Zoopfleger, der als Besucher ins Lager gekommen war, Indonesisch beigebracht und unterrichtete auch meine indonesischen Studenten in Englisch. Ich erzählte ihm von meinem Versprechen Nina gegenüber und fragte, ob er bereit sei, Yuni zu unterrichten. «Na klar», sagte er. Noch am selben Nachmittag hielt er ihr in ihrer Hütte die erste Lektion. Er blieb fünf Stunden fort. Yuni sei eine aufgeweckte und eifrige Schülerin, sagte er, als er zurückkam, seiner Ansicht nach werde sie mit täglichen Stunden schnelle Fortschritte machen.

Damals wurde mir bewußt, daß es zwischen Rod und mir öfter zu Konflikten kam. Wenn ich ihn früher um halb fünf geweckt und gesagt hatte, ich fühlte mich nicht besonders gut oder sei zu müde, um in den Wald zu gehen, war er bereitwillig eingesprungen. Einem Orang-Männchen allein durch das Moor zu folgen, bis zu den Hüften im Wasser, lediglich mit einem Kompaß und einer Machete ausgerüstet? Das war nie ein Problem gewesen. Jetzt brauchte ich ihn nur zu bitten, ein Fläschchen zu sterilisieren, und schon hatten wir den schönsten Streit. Die Reibereien – bei denen es ausschließlich um das Kind ging – wurden immer häufiger und immer erbitterter.

Im Rückblick erkenne ich, daß Bintis Geburt bei Rod zu einer Krise geführt hatte. Die Mutterschaft war für mich ein natürlicher Ausdruck meines Frauseins. Sie fiel mir leicht, weil sich meine eigene Mutter in der Rolle wohlgefühlt zu haben schien. Für Rod bedeutete Vater zu sein einen gewaltigen Schritt, ein neues Stadium im Leben, das seine Männlichkeit nicht bestätigte, sondern auf die Probe stellte. Bintis Geburt hieß für ihn, daß er jetzt für einen weiteren Menschen verantwortlich war. In gewisser Hinsicht sah er die Vaterschaft unter einem finanziellen Gesichtswinkel. Gleichgültig, wieviel Zeit er damit verbrachte, mit Binti zu schmusen und mit ihm zu spielen, einerlei, wieviel Liebe er für ihn empfand – als Vater, der für sein Kind nicht aufkommen konnte, fühlte er sich als Versager. Ich vermute, daß viele Männer im Westen ähnliches empfinden. Ein guter Vater ist ein guter Ernährer. Doch in Rods Fall waren die bohrenden Zweifel und die selbstquälerischen Fragen besonders schlimm. Er besaß keine Mittel, um eine Familie zu unterhalten. Eine Zeitlang hatten wir von meinen Forschungsstipendien gelebt. Das gab ihm offenbar das Gefühl, kein

eigenes Leben zu führen und nichts vorweisen zu können. Er war einfach ein Mann im Dschungel, der nichts sein eigen nannte außer einem kleinen Kind und einigen Fotos von Orang-Utans.
 Außerdem ging er allmählich auf die dreißig zu. Ich erinnere mich, wie er einmal sagte, er komme sich vor wie eine männliche Hausfrau. Sein ganzes Erwachsenenleben hatte er damit zugebracht, daß er seiner Frau ermöglichte, ihre eigene berufliche Laufbahn zu verfolgen. Er widmete sich zwar mit ganzem Herzen dem Schutz der Orang-Utans und ihres Lebensraums im Regenwald. Aber es war letzten Endes mein Forschungsprojekt, und ich war dafür verantwortlich.
 Binti erinnerte Rod durch seine bloße Anwesenheit ständig an alles, was er nicht war. Er hatte nichts gegen das Kind, er vergötterte es. Aber er stand der Vaterrolle gespalten gegenüber, und daraus ergab sich eine Feindseligkeit, die er an mir ausließ. Er nahm mir übel, daß ich ihn in diese Lage gebracht hatte, als wäre ich von allein schwanger geworden. Er war wütend, daß er in seiner neuen Rolle als Vater seine eigene Situation überdenken und sich Rechenschaft darüber ablegen mußte, was er erreicht hatte – oder auch nicht. Heute ist mir klar, daß ihm Yuni einen Ausweg aus den Selbstzweifeln bot. In den Augen dieses jungen Mädchens war er ein richtiger Erwachsener, ein gestandener Mann, jemand aus dem Westen, ein Lehrer.
 Ich weiß noch, wie wir eines Abends zu viert über den Damm zum Fluß gingen. Zwischen Rod und mir ging Yuni, Binti auf den Armen tragend. Mit einem Mal stellte ich mir vor, wie diese Szene für einen Indonesier aussehen mußte. Indonesien ist ein vorwiegend islamisches Land, und ein Moslem darf bis zu vier Frauen haben, auch wenn davon heute nur selten Gebrauch gemacht wird. Vermutlich hätte ein Indonesier bei unserem Anblick angenommen, daß ich die ältere erste Frau und Yuni die jüngere zweite war, die unterdessen im Herzen des Mannes meinen Platz eingenommen hatte. Ob offiziell oder nicht, eine zweite Frau ist in Indonesien etwas Alltägliches. Indonesier haben sogar einen Namen für sie: *madu*, was «Honig» bedeutet.
 Innerlich mußte ich lachen und schob den Gedanken im selben Augenblick widersinnig beiseite. Doch kristallisieren sich in solch flüchtigen Gedanken häufig Ereignisse, die noch in der Zukunft liegen, Veränderungen, die noch nicht stattgefunden haben. Wir Menschen des Westens neigen dazu, solche Augenblicke der Hellsichtigkeit als bedeutungslos abzutun.

Mir fiel auf, daß Yuni und Rod ziemlich viel Zeit miteinander verbrachten. Sie saßen in der Eßhütte nebeneinander, und sie ging lachend neben ihm, wenn sie Binti trug. Gewiß, ihr Englisch wurde besser. Mir wurde bewußt, daß sich Rod nicht mehr so häufig mit mir unterhielt. Ich sagte mir, das hänge damit zusammen, daß ich ständig müde war; Rod lasse mich aus Rücksichtnahme zufrieden. Mag sein, daß ich zu sehr in meinem Kind und meiner Arbeit aufging, vielleicht aber wollte ich mir auch nicht eingestehen, was mein Unterbewußtsein wahrnahm.

Mit dieser Selbsttäuschung hatte es am Tag vor Yunis Rückkehr nach Jakarta ein Ende. Rod war mit ihr zum Frühstück zur Eßhütte vorausgegangen. Unterdessen spielte ich mit Binti und wartete, daß Yuni zurückkam. Das war gewöhnlich nach etwa einer Viertelstunde der Fall. Eine halbe Stunde verging. Sie kam nicht. Ich hörte Gelächter aus der Eßhütte und ging nach draußen, kehrte aber wegen der vielen Moskitos sofort wieder um. Eine weitere halbe Stunde verging und noch eine. Meine Wut nahm von Minute zu Minute zu, während ich im Raum auf und ab ging.

Es lag nicht nur daran, daß ich meinen Morgenkaffee haben wollte. Mahlzeiten haben in Indonesien eine besondere Bedeutung. Die Menschen sind meist zierlich gebaut und können sich nicht leisten, Mahlzeiten auszulassen. Diese körperliche Notwendigkeit findet ihren Ausdruck im kulturellen Gebot, daß alle gemeinsam essen. Eine Mahlzeit zu überspringen gilt als Hauptursache schlechter Laune. Damit, daß mich Yuni fast eineinhalb Stunden warten ließ, fügte sie mir eine offene Demütigung zu.

Aus irgendeinem Grund war ich wie gelähmt. Ich hätte Binti auf den Arm nehmen und trotz der Moskitos zur Eßhütte eilen können. Aber ich brachte das nicht über mich. Als Yuni endlich kam, explodierte ich.

«Warum sind Sie so ärgerlich?» fragte sie. «In all den Jahren, die ich für Tante Sulaiman arbeitete, habe ich sie nie so ärgerlich gesehen.»

Ohne zu überlegen gab ich zurück: «Natürlich nicht. Du hast ihr ja auch nie den Mann fortzunehmen versucht!»

Sie stand da wie betäubt. Einen Moment starrte sie mich an, dann begann sie hysterisch zu kreischen. Es war unmöglich, sie zu beruhigen. Von einem Augenblick auf den nächsten wurde sie ohnmächtig und fiel in einen komaähnlichen Schlaf. Als sie nach mehreren Stunden wieder zu sich kam, war sie ruhig und gefaßt. Vermutlich war die Ohnmacht ein mächtiger Schutzmechanismus, der verbotene Gedanken und überwältigende Empfindungen von ihr fernhielt. Solche «Anfälle» scheinen in Asien eine typische Strategie zur Konfliktbewältigung zu sein.

Ich berichtete Rod in aller Offenheit, was vorgefallen war. Matt setzte er sich auf einen Baumstamm. Er sah aus wie ein geschlagener Mann. Schließlich sagte er: «Ich könnte das hier nie aufgeben, das Leben im Wald, mit den Orang-Utans... Du brauchst dir keine Sorgen zu machen.»

Yuni brach am nächsten Tag nach Jakarta auf. Vor ihrer Abreise bat sie mich inständig, Mrs. Sulaiman nichts zu sagen. Ich versprach ihr das bereitwillig, denn die Sache ging ausschließlich uns beide etwas an.

Rod und ich waren wieder mit Binti allein, aber die Verhältnisse hatten sich verändert.

Bei Bintis Geburt hielt ich mich seit fünf Jahren in Camp Leakey auf und war in all dieser Zeit in die Welt der Orang-Utans eingetaucht. Orang-Utans waren überall: Sie zogen über die Wege im Lager, lungerten auf den Stufen vor unserem Haus herum, machten ein Schläfchen auf den Deckenbalken, hingen an meinem Körper, drängten sich in meine Gedanken. Allmählich begann sich in meinem Denken der Unterschied zwischen Mensch und Orang-Utan zu verwischen. Auch wenn ich eine ganze Liste von Unterscheidungsmerkmalen herunterrasseln konnte, hatte ich das intuitive Empfinden für die Scheidelinie verloren, die Bestandteil des intellektuellen Bewußtseins der Menschen des Westens ist. Wenn Orang-Utans die natürliche Umgebung und tägliche Gefährten sind, fällt es schwer, sie nicht als seinesgleichen anzusehen. Orang-Utans und Menschen haben eine besondere Art der Weltdeutung gemeinsam. Auch wer noch nie einem Orang-Utan begegnet ist, kann ihre Handlungsweise vom menschlichen Standpunkt aus leicht voraussagen und verstehen. Unsere Vertrautheit mit ihnen stammt daher, daß beide Arten eine lange gemeinsame Stammesgeschichte haben. In diesem Sinne sind wir mit den Orang-Utans verwandt.

Bintis Geburt war für mich ein großes Erwachen. Der Weg, den meine Art durch die Evolution gegangen war, gewann mit einem Mal eine neue Wirklichkeit. Bintis Entwicklung unterstrich, daß sich der Mensch trotz aller Ähnlichkeiten deutlich vom Orang-Utan unterscheidet. Man kann weder von den Ähnlichkeiten noch von den Unterschieden reden.

Körperlich wie seelisch mußte ich einen Abstand zwischen mich und die adoptierten Orang-Utans legen. Ohnehin war ihnen inzwischen der Zutritt zu allen Gebäuden im Lager verwehrt, jedoch begann ich jetzt darauf zu achten, daß das Verbot strenger eingehalten wurde. Wir fingen an, die Türen verschlossen zu halten und Orang-Utans hinauszujagen, wenn sie hereinkamen. Menschen können sich bei ihnen mit Krankheiten anstecken (und umgekehrt), und ich machte mir geradezu übertriebene Sorgen um Bintis Gesundheit. Obwohl Orang-Utans gewöhnlich freundlich sind, kommt es vor, daß sie im Spiel recht grob werden wie halbwüchsige Jungen, die ihre eigene Kraft nicht einschätzen können. Außerdem hatte ich Befürchtungen wegen möglicher «Geschwisterrivalitäten». Ich wollte nicht, daß die verwaisten Orang-Utans in mir ihre Ersatzmutter sahen und Eifersuchtsgefühle an Binti ausließen; ebensowenig wollte ich, daß Binti den Eindruck hatte, sich meine Liebe mit den Orang-Utans teilen zu müssen.

Hätten wir in Nordamerika gelebt, hätte Binti bestimmt ein eigenes Zimmer mit Teddybärtapete, blauen Vorhängen, einem Mobile und viel Spielzeug bekommen. Das war auf Borneo nicht möglich. Doch selbst in unserem kleinen Haus stellten wir sein Bettchen mit seinem eigenen kleinen Moskitonetz ins Wohnzimmer und nicht in unser Schlafzimmer. Etwas anderes wäre undenkbar gewesen. Die westliche Kultur mißt der Individualität einen hohen Stellenwert bei; selbst Säuglingen wird ein Recht auf eine Privatsphäre zugebilligt. Keine indonesische Mutter würde im Traum daran denken, ein Kind nachts allein zu lassen, wenn es schreit. Manche Handbücher zur Säuglingspflege im Westen empfahlen damals, es nicht nur hinzunehmen, wenn sich Säuglinge in den Schlaf weinen, sie erklärten obendrein, das sei von einem bestimmten Alter an nötig. Dieser Vorstellung schien der Gedanke zugrunde zu liegen, daß man ein Kind von Anfang an zur Selbständigkeit anleiten soll: Alleinsein formt den Charakter. Wir waren zum ersten Mal Eltern und hielten uns an die Werte, die uns unsere westliche Erziehung vermittelt hatte – vor allem Rod. Wir waren überzeugt, Binti zu «verziehen», wenn wir ihn in unserem Bett schlafen ließen und beständig trugen. Wohin aber konnten wir ihn in seinem Wägelchen schieben? Nach einem tropischen Wolkenbruch, zu dem es mindestens einmal pro Tag kam, ähnelten die Wege im Lager eher Bächen. Es gab keinen Spielplatz, an dem ich sitzen und mit anderen Müttern plaudern konnte, während Binti im Sandkasten spielte.

Trotz all unserer Bemühungen gelang es uns nicht, Binti von den Primaten fernzuhalten, die uns im Camp Leakey umgaben. Seine allererste Freundin war «Yally», ein junges Gibbonweibchen mit silbergrauer Behaarung, schwarzem Gesicht und schwarzen Händen. Im allgemeinen verbringen die zierlichen, drahtigen Gibbons ihr Leben hoch unter dem Blätterdach des Waldes. Obwohl sie entwicklungsgeschichtlich gesehen nur von ferne mit uns verwandt sind, sehen sie in mancherlei Hinsicht sehr menschlich aus. Wenn sie auf den Erdboden herabkommen, stehen sie aufrecht wie kleine Soldaten und halten den Kopf auf der Wirbelsäule im Gleichgewicht. Ihre Gesichter sind flach wie unsere und springen nicht vor wie bei einem Affen oder Hund, und ihre faltigen Gesichter haben eine geradezu unheimliche Ähnlichkeit mit denen von Greisen.

Yally aus dem Haus herauszuhalten war vergebliche Müh. Sie war einfach zu flink. Wir brauchten die Tür nur einen Spaltbreit zu öffnen, schon war sie drinnen und schwang sich blitzschnell auf die Deckenbalken. Der Versuch, sie einzufangen, ähnelte der Jagd nach einem Schatten. Sie schien überall gleichzeitig zu sein. Sobald wir aufgaben, wartete sie eine Weile und schlich sich dann an Bintis Bettchen. Binti faszinierte sie, vielleicht weil es damals keinen anderen Gibbon im Lager gab und er das einzige andere Lebewesen von ihrer Größe war. Sie wog nur knapp zwei Kilo. Gern saß sie auf seiner Brust und sah ihm ins Gesicht. Natürlich nahmen wir sie sofort beiseite, bekamen aber sogleich ein schlechtes Gewissen, denn Binti genoß ihre Aufmerksamkeit.

Sobald er kriechen konnte, folgte er ihr durch das Haus und tat, was er konnte, um wie sie zu springen und ihre Rufe nachzuahmen, die denen eines Vogels ähnelten. Wenn sie eine Wand hinauflief und sich auf Balken schwang, kreischte er vor Vergnügen. Machte sie sich, des Spiels müde, in den Wald davon, jammerte er. Als Binti gehen lernte, war Yally schon älter und nicht mehr so sehr an kindlichen Spielen interessiert, doch ließ sie sich von ihm nach wie vor vieles gefallen. Kaum sah er sie, rannte er auf sie zu, um die Freundschaft zu erneuern.

Doch ist ein erdgebundener Mensch, schon gar ein unsicher auf den Beinen stehendes Kleinkind, einem Gibbon nicht gewachsen, der sich durch die Lüfte schwingt.

Sobald Binti allein sitzen und umherkriechen konnte, durfte er mit jungen Orang-Utans spielen – aber erst, nachdem sie in heißem Wasser mit Seife abgeschrubbt worden waren. Häufig stieg er zu ihnen in die Kunststoff-Badewanne. Bei dem heißen und feuchten Klima war Baden eine Wohltat. Gewöhnlich umschlangen die kleinen Orang-Utans Binti, naß, wie sie waren, oder versuchten ihm auf den Rücken oder gar auf den Kopf zu steigen. Damit taten sie lediglich, was ihrer Natur entsprach. In der freien Natur klammert sich ein kleiner Orang-Utan dieses Alters ständig an seine Mutter. Gewöhnlich ließ sich Binti diese nassen Umarmungen gefallen.

Als er ein Jahr alt war, hörte er auf, gleichaltrige Orang-Utans als Lieblings-Spielkameraden zu betrachten. Sie sind weder besonders aktiv noch übermäßig neugierig. Ihre Haupttätigkeit besteht darin, ausdruckslos in die Welt zu starren und sich mit aller Kraft an denjenigen zu klammern, der gerade in der Nähe ist. Wenn ein einjähriger Orang-Utan über den Boden kriecht (was in der freien Natur so gut wie nie vorkommt), sehen seine Bewegungen schwerfällig und plump aus; er stolpert über seine eigenen Arme und Beine. Binti hingegen, der seine ersten Schritte mit zehn Monaten getan hatte, war unaufhörlich in Bewegung und erkundete alles. Die ganz kleinen Orang-Utans saßen teilnahmslos dabei; sie zum Mitspielen zu bewegen gelang Binti fast ausschließlich damit, daß er ihnen etwas zu fressen anbot. Das tat er regelmäßig. Es gehörte zu unseren größten Schwierigkeiten zu erreichen, daß er Nahrung in den eigenen Mund steckte und nicht in den eines Orang-Utans.

Mit eineinhalb Jahren suchte er Spielgefährten unter den Orang-Utans, die zwar älter waren als er, aber von ihrem Entwicklungsstand her mit ihm vergleichbar. Drei- und vierjährige Orangs, die klettern, schaukeln, zerren und beißen konnten, paßten, was ihre Empfindungen und intellektuellen Fähigkeiten betraf, eher zu ihm. Zwar ließen wir ihn nie mit ihnen allein, obwohl ihn nie einer zu verletzen versucht hätte. Schon bald kletterte Binti wie seine Spielkameraden auf Bäume (bis wir ihn wieder herunterholten), schaukelte an Ästen, spielte Tauziehen – und biß gelegentlich auch zu.

Etwa um diese Zeit kam ein verwaister Orang-Utan ins Lager, den wir «Prinzessin»[1] nannten. Die spitzbübische Dreijährige, die sich ein Vergnügen daraus machte, Kissen aufzureißen und Milch an die Wände zu spritzen, wurde bald Bintis beste Freundin. Gemeinsam krochen die beiden über den Fußboden, betasteten sich, umarmten einander, schubsten sich gegenseitig, zerrten aneinander herum und bissen sich spielerisch. Eines denkwürdigen Nachmittags entdeckten Prinzessin und Binti zusammen mit einem jungen Orang-Männchen namens «Pola» einen Sack Mehl. Bevor die Köchin oder ich es verhindern konnten, wälzten sie sich zu dritt auf dem Fußboden und bewarfen sich mit Mehl, bis sie vollständig damit bedeckt waren und wie Gespenster aussahen. Ich sehe es noch deutlich vor mir, wie unbeschwert Binti und die jungen Orang-Utans miteinander umgingen und wieviel Spaß sie miteinander hatten. Im Spiel verschwand die Trennlinie zwischen dem kleinen Binti und den jungen Menschenaffen nahezu vollständig.

Am neugierigsten auf Binti waren die schon etwas älteren Jungtiere und die heranwachsenden Orang-Utans von sechs bis zehn Jahren. Untersuchungen zeigen, daß die erste Frage, die ein Mensch stellt, wenn es um einen Säugling geht, lautet: «Ist es ein Junge oder ein Mädchen?» Mit einem «es» können wir offenbar nichts anfangen. Bei Orang-Utans verhält sich das ebenso. Sobald ein neues Jungtier ins Lager gebracht wurde, drehten es die anderen Orang-Utans erst einmal um und betrachteten prüfend seine Geschlechtsteile. Ähnlich verfuhren sie mit Binti, wozu sie ihm die Windel abzunehmen versuchten.

Als Binti mehr Zeit draußen mit Älteren verbrachte, mußten wir ständig auf der Hut sein. Immer wieder kam es vor, daß unversehens ein langer behaarter Arm nach ihm griff und ihn umdrehte. Die Orangs stießen und zogen vorsichtig an ihm herum, als wollten sie ausprobieren, wie weit sie gehen konnten, bevor er zerbrach. Obwohl es Binti zu gefallen schien, ihnen als Spielzeug zu dienen, ließen wir diese Untersuchungen nie lange andauern. Wenn sich ein Weibchen Binti auf die Hüfte setzte oder auf die Schultern hob und mit ihm davongehen wollte, holten wir ihn sofort zurück. Es kam nämlich vor, daß ältere befreite Orang-Utans kleinere für einige Stunden, Tage oder auch Jahre adoptierten. Die Adoptiveltern (gewöhnlich waren es Weibchen) nahmen das Kleine überallhin mit, auch auf der Nahrungssuche und

---

[1] Im Original «Princess»

beim Nestbau in den Baumwipfeln. Wir durften keinesfalls zulassen, daß eines von ihnen mit Binti ähnlich verfuhr. Die Schwierigkeit bestand darin, daß er Klettern lernte und seinen orangefarbenen Freunden in die Bäume folgen wollte; seine Kletterkünste waren bemerkenswert entwickelt. Binti schrie nur selten, wenn die Orang-Utans mit ihm spielten, wohl aber, wenn wir ihn aus einem Baum holten. Getreu seinem Namen war er auf dem Erdboden nicht rundum glücklich.

Im Unterschied zu den jungen und heranwachsenden verhielten sich die erwachsenen Orangs – befreite wie Akmad und Siswoyo, die selbst schon Kinder hatten – geradezu hochnäsig. Wenn Binti zu ihnen hinwackelte, weil er ihre Aufmerksamkeit auf sich lenken wollte, schoben sie ihn sanft beiseite, ohne ihn auch nur eines Blickes zu würdigen. Wenn er Anstalten traf, ihnen auf den Rücken zu klettern oder sie an den Haaren zu zerren, machten sie sich äußerstenfalls davon. Genauso behandeln Orang-Mütter andere Orang-Kinder. Sie begutachten sie gelegentlich, wenn ihre Mütter sie halten, aber nur selten tragen sie das Kind eines anderen Weibchens oder spielen mit ihm. Ich sah in dieser «Gleichgültigkeit» ein Kompliment, ein weiteres Zeichen dafür, daß die Orangs mich – und meinen Sohn – in ihr Universum aufgenommen hatten. So wie Akmad zugelassen hatte, daß ich ihr Neugeborenes berührte, vertraute ich diesen alten Freundinnen, meinen «Schwestern» und «Töchtern» unter den Orang-Utans.

Jane Goodall hatte mir einmal gesagt, sie habe bei der Beobachtung von Schimpansenmüttern viel über Mutterschaft gelernt. Beispielsweise bestrafen diese ihre Kinder nicht, wenn sie tun, was sie nicht sollen, sondern versuchen, sie abzulenken. Auch ich habe von Orang-Müttern gelernt. Sie sind äußerst geduldig. Wenn das Kind noch klein ist, darf es alles. Nie habe ich gesehen, daß eine Orang-Mutter ihr Junges (vor dem Entwöhnen) geschlagen, gebissen oder auf andere Art bestraft hätte. Wenn sie den Eindruck hatte, daß es sich in Gefahr begab, holte sie es ganz ruhig wieder zu sich; wenn es sie ärgerte, ging sie einfach beiseite. Das Entwöhnen allerdings geht mitunter schroff und hart vor sich. Sobald eine Orang-Mutter ihr Kind entwöhnt hat, kann man den Eindruck gewinnen, daß sie sich ihm gegenüber grausam verhält, vor allem, wenn es sich um einen heranwachsenden Sohn handelt. In Wahrheit aber fördert sie auf diese Weise die Unabhängigkeit, die ein späteres Backenwulst-Männchen für sein Dasein als

Einzelgänger braucht. Geduld und Eigenständigkeit sind Grundsätze, die ich bei Orang-Müttern gelernt habe und denen nachzueifern ich mich bemühe, auch wenn mir das manchmal deshalb schwerfällt, weil ich ein Mensch bin.

Sicherlich haben sich die Umgebung, die Primaten als Spielgefährten und die Tatsache, daß es zu jener Zeit keine anderen Kinder seines Alters in Camp Leakey gab, auf Binti ausgewirkt. In seinem frühen «Gibbon-Stadium» jaulte und sprang er umher wie seine erste Gefährtin Yally. In seiner «Orang-Utan-Phase» krabbelte er auf allen vieren hinter seiner bepelzten Freundin Prinzessin her. Mit zwei Jahren beherrschte er fast das gesamte Repertoire der Gesichtsausdrücke und Laute junger Orang-Utans und konnte es nachmachen, vom blickleeren Starren über die aufgeworfenen Lippen des Spiel-Lächelns bis hin zum ärgerlichen schnalzenden Quieken. Binti sah, wie Orang-Mütter ihre Jungen fast ständig umhertrugen und wollte ebenfalls getragen werden. Wie sich das für eine westliche Mutter gehört, versuchte ich mich dem Wunsch zu widersetzen, gab aber oft nach, vor allem, wenn ich gerade einen jungen Orang trug. Wenn ich Binti aufnahm, klammerte er sich häufig wie ein Orang mit den Beinen an mich und ließ seine Arme herabhängen. Manchmal biß er sogar, was in der Sprache der Orang-Utans soviel bedeutet wie: «Laß das!» oder «Paß auf!».

Zwar war es faszinierend, wie sehr sich Binti mit seinen Spielgefährten identifizierte und wie genau er sie nachahmte, aber es war auch beunruhigend. Gewiß, ich wollte, daß er mit anderen Primaten gut auskam, er sollte aber nicht so werden wie sie! Glücklicherweise ging auch seine Orang-Utan-Phase vorüber, vor allem, nachdem er sprechen lernte. Danach begann er sich mehr an den einheimischen Helfern und Köchinnen zu orientieren. Möglicherweise ist die Fähigkeit zu sprechen der Punkt in unserer Stammesgeschichte, an dem sich die Wege von Menschenaffe und Mensch getrennt haben. Jedenfalls bedeutet die Entstehung der Wortsprache nahezu mit Sicherheit einen der Wendepunkte in der Entwicklung des Menschen.

Während ich zusah, wie Binti wuchs und sich veränderte, begann ich Mensch und Orang-Utan in einem neuen Licht zu sehen.

Orang-Utans scheinen eine ganze Reihe von Empfindungen auszudrücken, die unseren sehr ähnlich sind. Nie werde ich vergessen, wie die kleine Sobiarso auf dem Boden unserer Hütte saß und mit einem Stück Holz spielte. Sie war ganz in sich versunken, schleuderte das Holz in die Luft, fing es auf, warf es von einer Hand in die andere, rieb es heftig auf dem Boden und wirbelte es umher. Mit einem Mal hob sie den Blick und erkannte, daß ich sie beobachtete. Sofort hörte sie auf zu spielen, sank sichtlich in sich zusammen, drehte sich dann ein wenig von mir weg und krümmte den Rücken, wobei sie über die Schulter zu mir sah. Wäre sie ein Mensch gewesen, hätte ich gesagt, es war ihr peinlich, dabei überrascht worden zu sein, wie sie sich vergnügte. Nach einer Weile wandte ich mich erneut meiner Arbeit zu. Schon eine Minute später spielte sie wieder. Diesmal tat ich so, als schriebe ich, beobachtete sie aber aus dem Augenwinkel. Noch nie hatte ich bis dahin einen Orang-Utan gesehen, der so sehr in das Spiel mit einem Gegenstand vertieft war. Es verblüffte mich zu sehen, wie sehr Sobiarso einem menschlichen Kind ähnelte.

Die Orang-Utans in Camp Leakey verwendeten Werkzeug und zerlegten gern Gegenstände, als wollten sie sehen, wie sie funktionierten. (Natürlich mußten wir uns darum kümmern, daß sie wieder zusammengesetzt wurden.) Mit so großer Begeisterung probierten sie Hemden, Socken, Unterhosen und andere Kleidungsstücke an – vor allem Kopfbedeckungen –, daß wir dazu übergehen mußten, unsere Wäscheleine zu bewachen.

Menschenaffen haben sogar eine der letzten Grenzlinien zwischen Mensch und Menschenaffe überquert, nämlich die Sprache. Zwar sind ihre Stimmbänder nicht zum Sprechen gebaut, doch hat sich bei Experimenten gezeigt, daß sie zu lernen vermögen, mit Hilfe von Zeichen oder über Computer in einem gewissen Umfang zu kommunizieren, und zu abstraktem Denken fähig sind. Gary Shapiro, ein Doktorand, unterrichtete die Orang-Utans in Camp Leakey eine Zeitlang in Ameslan (American Sign Language, die Zeichensprache der Gehörlosen in den USA). Zu seinen gelehrigsten Schülern gehörte Prinzessin.

Aber alles «Menschliche», zu dem Orang-Utans imstande sind, tat Binti früher, schneller und besser. Der Unterschied zwischen ihm und der nicht sehr viel älteren Prinzessin war beeindruckend. Beispielsweise lernte er, obwohl ihm niemand Unterricht gab, nicht nur die gleichen Zeichen wie Prinzessin, sondern auch die, die Gary ihr beizubringen versuchte und Prinzessin nicht lernen wollte. Zwischen zwei und drei Jahren hat Binti ganz nebenbei durch bloßes Zuschauen mehr Zeichen gelernt als Prinzessin mit fünf oder sechs Jahren im Verlauf genau aufgebauter Unterrichtseinheiten.

Mit zwei Jahren hatte sich Prinzessin ausschließlich für Nahrung interessiert. Wenn etwas ihre Aufmerksamkeit erregen sollte, mußte es eßbar sein. Im gleichen Alter war Binti von Werkzeug und Haushaltsgegenständen fasziniert, ob das nun Schöpfkellen waren, Stöcke, Tassen, Hämmer, Schraubenzieher – was immer er finden konnte. Gleichgültig, was Rod oder ich arbeiteten, Binti sah wie gebannt zu, und ebenso verhielt er sich, wenn ein älterer Orang-Utan irgend etwas tat. Für ihn waren Gegestände dazu da, untersucht, betastet und ausprobiert zu werden. Außer wenn er großen Hunger hatte, interessierte er sich nur wenig für Nahrung. Er verschenkte sie an Orang-Utans im Lager oder an Hunde und Katzen in Dörfern der Umgebung, und häufig mußte ich dafür sorgen, daß er überhaupt etwas aß. Es schien ihm große Freude zu machen, Eßbares mit anderen zu teilen. Prinzessin hingegen bettelte, stahl und verschlang alles Eßbare bei jeder Gelegenheit, die sich bot – wie alle anderen Orang-Utans. Etwas mit anderen zu teilen gehörte in diesem Alter nicht zu ihrer Natur.

Während Prinzessin sich nach wie vor auf allen vieren fortbewegte, ging Binti aufrecht und rannte sogar. Und wo Prinzessin schwieg – gelegentlich klagte sie, wenn sie sich von ihrem Pfleger vernachlässigt fühlte –, brabbelte Binti drauflos, und es war deutlich zu hören, daß die Laute verständlicher Sprache nahe waren.

Noch vor seinem ersten Geburtstag wies er eine ganze Reihe von Merkmalen auf, die wir als ausgesprochen menschlich betrachten: Fortbewegung auf zwei Beinen, Sprache, Werkzeuggebrauch und das Teilen von Eßbarem. Orang-Utans sind zu jeder dieser Verhaltensweisen fähig, aber erst später, und sie entwickeln sie nie so weit wie ein Mensch. Fähigkeiten, die bei Binti mühelos und natürlich auftraten, entwickeln sich bei Orang-Utans langsam und mühevoll und bisweilen (wie beim Werkzeuggebrauch) in erster Linie durch Nachahmung oder (bei der Zeichensprache) mit Hilfe gründlicher Unterweisung. Ein Orang-Utan wie Sugito mochte uns zur Verzweiflung treiben mit seinem Geschick, den einzigen Stromerzeuger des Lagers funktionsunfähig zu machen. Aber abgesehen von der Fähigkeit, Äste und Blattwerk zum Bau eines Nests und Obdachs zu verwenden, beobachteten wir unter freilebenden Orang-Utans nur selten etwas, das dem Werkzeuggebrauch im herkömmlichen Sinn ähnelte, außer daß Cara und andere zum Zeichen der Aggression Stöcke schwangen oder dürre Bäume umstießen.

Mein eigenes, spielendes Kind erinnerte mich daran, eine wie tiefe evolutionäre Kluft trotz aller Ähnlichkeit den Menschen vom Orang-Utan trennt. Gewiß fanden sich in Bintis Verhalten Spuren unserer gemeinsamen Primatenvorfahren, doch sogar als von Orang-Utans und ihrem Lebensraum, dem tropischen Regenwald, umgebenes Kleinkind war er wie alle Kinder zweifelsfrei als Primat der Gattung Mensch zu erkennen.

So nahm Binti seinen Platz in unserer Menschenfamilie, in unserem Rehabilitationszentrum für aus der Gefangenschaft befreite Orang-Utans und auf unserer Insel im Wald ein. Jene Zeit gehört zu den glücklichsten in meinem Leben. Für mich bedeutete Mutterschaft den Höhepunkt, die Erfüllung eines Teils meines Schicksals. Rod, Binti und ich lebten im unberührten Garten Eden des Waldes, im Einklang mit den freilebenden Orang-Utans. Mehrere Jahre waren vergangen, seit Cara offenkundig den Tod gefunden hatte, und mein Kummer und Schmerz über ihr Verschwinden hatten nachgelassen. Ich dachte nach wie vor an sie, grübelte aber nicht mehr über ihr Los nach. Das Backenwulst-Männchen Kehlsack war zurückgekommen, wie von den Toten auferstanden. Beständig machte ich Entdeckungen und erweiterte, wie ich hoffte, die Grenzen des Wissens. Jahre später fragte ich Rod, ob er je an jene Zeit denke, und setzte verträumt hinzu: «Das waren die goldenen Tage.» Seine Antwort kam wie aus der Pistole geschossen: «Vielleicht für dich, für mich auf keinen Fall.»

18 ROD

> Jahrhundertelang haben Frauen als Spiegel gedient,
> welche die wunderbare Zauberkraft besaßen,
> die Gestalt des Mannes in doppelter
> natürlicher Größe wiederzugeben.
>
> *Virginia Woolf*
>
> Worüber man in jeder Sekunde staunen sollte,
> ist nicht, daß Liebe abstumpfen,
> sondern daß es goldene Zeiten geben kann.
>
> *Georgia Harbison*

Wer es nicht selbst erlebt hat, kann wohl nur schwer ermessen, mit welcher Besessenheit man sich einer Doktorarbeit widmet, der letzten Hürde vor der akademischen Initiation. Das ganze Leben dreht sich um die Dissertation. Der Partner wird an den Rand gedrängt. Freunde werden zeitweise beiseite geschoben. Man schließt sich stundenlang in düstere Universitätsbibliotheken ein. Das ganze Universum ist auf Druckerschwärze zusammengeschnurrt, die wie winzige Spinnen über vergilbendes Papier kriecht.

Als ich mich an meine Doktorarbeit machte, hielt ich mich mit Rod und Binti mehrere Monate in Los Angeles auf. Wir wohnten bei meinen Eltern, deren Haus ich als meines ansehen durfte. Rod half mir. Er verbrachte ungezählte Stunden damit, meine Daten in den Großrechner an der UCLA einzugeben. Es kam vor, daß ich das Universitätsgelände lange vor ihm verließ, um mich um Binti zu kümmern. Rod kam meist gegen Mitternacht nach Hause, fiel erschöpft ins Bett und war bei Morgengrauen schon wieder auf dem Weg zum Rechenzentrum, während Binti und ich noch schliefen.

Irgend etwas an den Computern fesselte ihn. Als ich ihn nach dem

Grund fragte, erklärte er: «Es ist ihre Vollkommenheit. Wenn man Schwierigkeiten mit ihnen hat, weiß man, daß es an der eigenen Unvollkommenheit oder mangelnden Logik liegt, nicht am Rechner. Im Unterschied zum Menschen sind sie unfehlbar. Mir gefällt es, mich gegen diese Unfehlbarkeit zu behaupten, und mir gefällt auch, daß sie keinerlei Empfindungen haben. Ich mag ihre kalte Vollkommenheit.»

Als wir nach Indonesien zurückkehrten, fuhr Rod sofort nach Camp Leakey, ich hingegen verbrachte mit Binti noch einige Wochen in Jakarta im Hause der Sulaimans. Ich nahm Yuni wieder mit ins Lager, weil ich jemanden brauchte, der sich um den Kleinen kümmerte. Zwar hatte ich versucht, eine andere Hilfe zu finden, aber Yuni wollte unbedingt mitkommen, und Binti mochte sie. Ich arbeitete immer noch an meiner Dissertation und brauchte dringend jemanden, der mir mit Binti zur Hand ging. Wir kamen am frühen Nachmittag eines trüben Tages im Nieselregen im Lager an. Ein schmerzendes weißes Licht lag über dem Regen, das allem seine Farben nahm. Ein unangenehmes Licht, das harte Schatten warf.

Von Ahmad erfuhr ich, daß Rod außerhalb des Untersuchungsgebiets tief im weglosen Wald einem wilden Orang-Utan folgte. Er nahm an, Rod werde erst am nächsten Tag wiederkommen. Ich war enttäuscht; ich brannte auf Neuigkeiten über das Lager und die Orang-Utans.

Während ich auspackte, hielt Yuni den Jungen. Etwa eine Stunde später wurde die Haustür geöffnet. Ich hob den Blick und sah Rod, ohne Hemd im Regen, schlank und muskulös. Er hatte das Männchen, dem er gefolgt war, aus den Augen verloren. Auf seinem bleichen, hageren Gesicht lag kein Lächeln, er sah wild und verwegen aus. Yuni erhob sich mit Binti auf den Armen. Niemand sagte ein Wort. Rod und Yuni sahen einander an. Sie tauschten einen wissenden Blick.

In dem Augenblick hätte ich merken sollen, daß etwas zwischen den beiden war. Nur mein geradezu besessener Wunsch, die Doktorarbeit fertigzubekommen, kann meine Blindheit erklären. Yuni wirkte nicht mehr so jungmädchenhaft und unschuldig wie zuvor, sondern viel erwachsener. Sie kümmerte sich fabelhaft um Binti, und darauf kam es mir an. Mir fiel auf, daß sie nicht wie früher mit Rod gemeinsam in der Eßhütte saß und nur selten in der Öffentlichkeit mit ihm sprach. Er wirkte ihr gegenüber fast kurz angebunden. Er schien gedankenverloren, fast melancholisch. Manchmal kam er erst um ein oder zwei Uhr nachts ins Bett und erklärte, er habe mit den Biologiestudenten von der Universitas Nasional diskutiert. Ich glaubte ihm. Yuni half mir mit Binti, und Rod half mir bei meiner Forschungsarbeit. Mehr konnte ich nicht erwarten.

Wenn Rod mit den Studenten diskutierte, war er in seinem Element. Indonesier unterhalten sich gern; diese Leidenschaft teilte er mit ihnen. Die Studenten bewunderten ihn wegen seines Mutes und weil er sich so gut im Regenwald auskannte. Er fand nichts dabei, die Nacht unter seinem Regenumhang auf dem Waldboden zu verbringen. Er behauptete sich, wenn ein Orang-Männchen angriff. Es war schon fast legendär, wie er illegale Holzfäller vertrieb. Rod fühlte sich in Gesellschaft der Studenten wohl und genoß ihre Bewunderung. Zwar hatten sich die spätabendlichen Unterhaltungen mit ihnen früher weder so lange hingezogen, noch waren sie so häufig gewesen wie jetzt, aber es kam mir nie in den Sinn, der Sache nachzugehen. Rod gehörte zu den Menschen, die die Zähne zusammenbeißen und die Wahrheit sagen.

Im Laufe der Jahre hatten die indonesischen Biologiestudenten begonnen, eine wichtige Rolle in unserem Leben zu spielen. Im Wechsel von jeweils sechs Monaten kamen zwei Studenten, um Material für die Hausarbeit zu ihrer *sarjana* (dem ersten akademischen Abschluß) zu sammeln. Während der Zeit, die sie in Camp Leakey verbrachten, wurden sie unsere engsten Freunde und Vertrauten. Im dort bestehenden gesellschaftlichen Vakuum war die bloße Nähe anderer Menschen ein überwältigendes Ereignis. Fremde wurden zu Freunden, weil man regelmäßig (auf indonesisch) miteinander reden konnte. Häufig sahen die Studenten der UNAS bei ihrer Ankunft fremd und reizlos aus, doch wenn sie sechs Monate später abreisten, fiel der Abschied jedesmal schwer. Der Umgang mit den gebildeten, intellektuell vom Westen beeinflußten jungen Menschen fiel mir leicht, zumal uns das Interesse an der Biologie verband. Die äußerst traditionell eingestellten einheimischen Helfer waren es nämlich nicht gewöhnt, zu diskutieren und Meinungen auszutauschen, schon gar nicht mit ihrer Vorgesetzten.

Rod veränderte sich immer mehr. Hatte ich früher gewollt, daß er im Wald Aufnahmen von Orang-Utans oder Pflanzen machte, brauchte ich ihm das nur zu sagen. Jetzt mußte ich ihm eine Aktennotiz schreiben. Er hatte sich einen komplizierten programmierbaren Taschenrechner gekauft und verschwand stundenlang, um sich immer verwickeltere Programme dafür auszudenken. Einmal war er volle sechs Stunden verschwunden, und ich machte mir so große Sorgen, daß ich Mitarbeiter fragte, ob sie wüßten, wo er sich aufhielt. Sie senkten beschämt den Blick, blieben mir aber die Antwort schuldig. Getreu der indonesischen Maxime, daß man Spannungen oder Konflikten aus dem Weg geht, wagten sie mir nicht zu sagen, wo sich Rod aufhielt – für den Fall, daß er dahinterkam, wer es mir gesagt hatte, und auf den Betreffenden wütend wurde. Später entdeckte ich, daß er im Generatorschuppen mit seinem Taschenrechner spielte. Es ärgerte mich, belustigte mich aber auch ein wenig, daß sich Rod, der Held des Dschungels, mit seiner neuen Leidenschaft im Schuppen versteckte wie ein Halbwüchsiger, der heimlich hinter der Garage raucht. Ich war zu sehr mit meiner Dissertation beschäftigt, als daß ich mir überlegt hätte, was hinter diesen Veränderungen stecken mochte. Wie eine Schlafwandlerin hatte ich – im Unterschied zu den Mitarbeitern im Lager – noch nichts gemerkt. Ahmads Ex-Schwiegertochter Ernah, eine sehr attraktive, resolute junge Frau, arbeitete als Köchin für uns. Da weniger als ein Dutzend Menschen im Lager lebten, machten Gerüchte schnell die Runde. Eines Tages sagte mir jemand, Ernah habe auf die Annäherungsversuche eines Studenten aus Jakarta mit den Worten reagiert: «Ich will den mit dem Bart.» Damit meinte sie Rod. Zwar empörte mich ihre Anmaßung, doch ging ich mit einem Achselzucken darüber hinweg. Junge Frauen himmeln verheiratete Filmgrößen und Rocksänger an; warum sollte Ernah nicht Rod anhimmeln?

Die indonesischen Mitarbeiter hatten mit ihrem Gespür für Situationen wahrgenommen, daß Rod «zu haben» war. Die Signale waren überall zu erkennen, aber ich achtete nicht darauf. Schon möglich, daß Rod und ich nicht mehr so viel miteinander redeten wie früher und nicht mehr so liebevoll miteinander umgingen, aber Binti und meine Doktorarbeit hatten Vorrang. Sofern da ein Problem war, würde ich mich nach Abschluß meiner Doktorarbeit darum kümmern. Rod konnte warten. Immerhin waren wir seit einem Dutzend Jahren zusammen. Die ein, zwei Jahre, die es bis zum Abschluß meiner Dissertation dauern konnte, würden da wohl keinen großen Unterschied machen.

1978 kehrte ich mit Rod und Binti erneut nach Los Angeles zurück. Ich ging völlig in meiner Arbeit auf. Die wenige Freizeit, die ich hatte, verbrachte ich mit Binti. Wie zuvor gab Rod mit großem Zeitaufwand all mein Material in den Rechner der UCLA ein, bestand aber darauf, vor mir zurückzufliegen; das Lager könne nicht ohne ihn auskommen. Zögernd stimmte ich zu, auch wenn ich in Los Angeles gern seine moralische Unterstützung gehabt hätte.

Durch die Gänge der Haines Hall, des Gebäudes, in dem der Fachbereich Anthropologie untergebracht war, geisterten die Gespenster der Doktoranden, die es nicht geschafft hatten. Damit eine Doktorarbeit angenommen wird, muß jeder Gutachter sein Plazet geben. Ein Ausschußmitglied wies immer wieder darauf hin, daß meine Arbeit besser sein müsse als jede andere, weil «mindestens fünfhundert Menschen» sie lesen würden. Er betonte diese Zahl, als sei sie gewaltig. Tatsächlich werden Dissertationen meist nur von einigen Dutzend Leuten gelesen. Angesichts der erwarteten großen Leserschaft fürchtete er wohl, seine eigene Karriere könne auf dem Spiel stehen. Ich verfaßte einen Entwurf nach dem anderen. Die Sache wurde nicht besser, als eines Tages das Telefon klingelte, während ich im Dienstzimmer des Professors saß. Er meldete sich, reichte mir mit gequältem Gesichtsausdruck den Hörer und sagte: «Der *National Enquirer!*»

Ein Reporter hatte mich aufgestöbert, um mir die Frage zu stellen: «Stimmt es, daß Sie Ihr Haus mit sechs Orang-Utans teilen?» Im schönen rosafarbenen, stuckverzierten Haus meiner Eltern in Los Angeles, in dessen Garten mein Onkel Obstbäume züchtete, gab es mit Sicherheit keine Orang-Utans, und so antwortete ich: «Natürlich habe ich keine Orang-Utans im Haus.» Erst nachdem ich aufgelegt hatte, wurde mir klar, daß er mich nach meiner Hütte auf Borneo gefragt hatte. Nun, da lebten zeitweise bis zu sechs Orang-Utans mit mir. Dennoch hatte ich die «richtige» Antwort gegeben, denn jede andere hätte den Professor davon überzeugt, daß es unklug sei, meine Arbeit anzunehmen – wäre er doch dann in die Schlagzeilen des *National Enquirer* gekommen, was seinem akademischen Ruf geschadet hätte.

Er unterschrieb, wie auch alle anderen. Meine Doktorarbeit war angenommen. Da ich am folgenden Tag nach Indonesien zurückfliegen mußte, hatte der Fachbereich auf das übliche Rigorosum verzichtet. Wenn ich meinen Flug nach Jakarta nicht bekam, würde mein Einreisevisum nach Indonesien verfallen. Aber als letzten Schritt auf dem Weg zu meinem Doktorhut mußte ich die Arbeit im Archiv der Universität abgeben. Ich sah auf die Uhr. Es war Viertel nach vier. Das Archiv schloß um drei Uhr. Ich ging mit Professor Rainer Berger über das

Universitätsgelände. Nicht nur gehörte er zu den Gutachtern meiner Doktorarbeit, durch ihn hatte ich Louis Leakey erst kennengelernt. Er quoll vor Begeisterung über, ich hingegen war der Verzweiflung nahe. Schließlich sagte ich gequält: «Dr. Berger, ich kann meine Arbeit nicht abgeben. Das Archiv ist geschlossen, und meine Maschine geht morgen ganz früh.»

«Versuchen wir's trotzdem», sagte Dr. Berger.

Es war halb fünf, als wir vor dem Archiv standen. Alles war still. Dr. Berger legte die Hand auf die Klinke und drückte gegen die Tür. Sie öffnete sich. Drinnen stand die Archivarin auf einer Leiter und ordnete Bücher ein.

«Wir sind gekommen, um eine Dissertation abzuliefern», sagte Dr. Berger. «Hoffentlich ist es nicht zu spät. Wir dachten schon, das Archiv könnte geschlossen sein.»

Die gewöhnlich einsilbige Frau sagte mit breitem Lächeln: «Aber nein, keineswegs», und stieg von der Leiter, um die Arbeit entgegenzunehmen, und beglückwünschte mich.

«Wissen Sie», sagte Dr. Berger auf dem Rückweg, «heute hat der gute Louis Leakey seine schützende Hand über Sie gehalten. Sie macht sonst immer um drei Uhr Feierabend. Das müssen wir unbedingt feiern.»

Nach seinem Rückflug war Rod nach Jakarta gereist, wo er an einem Kongreß über Forstfragen teilnehmen wollte. Von dort aus rief er mich in Los Angeles an. Seine wichtigste Neuigkeit war, daß er Sugito in großer Entfernung von Camp Leakey am linken Arm des Sekonyer ausgesetzt hatte. Er war sicher, daß der inzwischen mindestens neun Jahre alte Sugito nie wiederkehren würde. Es war das Alter, in dem Carl seine Mutter verlassen hatte. In meiner Abwesenheit hatte Rod eigenmächtig entschieden, daß es für Sugito Zeit war zu gehen.

Die Mitteilung bestürzte mich. Hätte er damit nicht wenigstens bis zu meiner Rückkehr warten können? Wußte er nicht, was mir Sugito bedeutete? Hatte er es vielleicht gerade deshalb getan?

Der Konflikt zwischen ihm und Sugito, der schon seit Jahren dauerte, hatte sich zugespitzt gehabt. Je älter Sugito wurde, desto größer wurde die gegenseitige Abneigung zwischen den beiden. Sugito drückte sie aus, indem er zerstörte, womit sich Rod beschäftigte. Was auch immer es war, es schien ihm ein besonderes Vergnügen zu bereiten, es in seine Einzelteile zu zerlegen, beispielsweise unseren neuen Stromerzeuger. Dabei handelte es sich keineswegs um bloße Neugier, sondern um eine persönliche Feindschaft Rod gegenüber. Nicht nur zerstörte Sugito, was ihm in die Finger fiel, er sah auch in anderen Männern Konkurrenten und biß sie gelegentlich. Insofern hatte ich Verständnis für Rods Handlungsweise. Doch war Sugito nicht der schlimmste. Die größten Schwierigkeiten von allen nicht vollständig ausgewachsenen Männchen machte Gundul, ihn aber hatte Rod nicht aus dem Lager entfernt. Wie schlecht sich auch Sugito benommen haben mochte, so war ich doch der Ansicht, daß sich Rod mit mir hätte beraten müssen, und wäre es nur telefonisch gewesen. Er war nicht Sugitos «Vater», wohl aber ich auf meine Weise Sugitos «Mutter». Er war die erste Orang-Utan-Waise, die ich adoptiert hatte. Schon aus diesem Grund hatte er einen besonderen Platz in meinem Herzen. Rod hätte mir die Möglichkeit geben müssen, mich von Sugito zu verabschieden.

In all den Monaten, in denen ich mit Binti in Los Angeles allein war, hatte ich Rod nicht ein einziges Mal geschrieben. «Er kann warten, bis ich meinen Doktor habe», hatte ich mir gesagt. «Meine Arbeit geht vor.» Jetzt aber brannte ich darauf, nach Camp Leakey zurückzukehren und meinen Triumph mit meinem Mann zu teilen.

Im Haus der Familie Sulaiman suchte ich Yuni auf. Sie lag in ihrem Zimmerchen in einem weißen Unterkleid auf dem Bett. Der Raum war so klein, daß ich nur wenige Zentimeter von ihr entfernt war, als ich in der Tür stand. Sie erhob sich halb zu meiner Begrüßung, zögerte aber, als könne sie nicht aufstehen und mir ins Gesicht sehen. Sie schien weniger munter als früher und auch nicht so freundlich wie sonst.

Bei den Sulaimans brachte gewöhnlich ein Dienstbote die Post und die Nachmittagszeitungen. Briefe wurden an den Rand einer langen Truhe im großen Wohnzimmer gelegt und die Zeitungen auf den Couchtisch, damit jeder sie lesen konnte.

Als ich ins Wohnzimmer trat, fiel mir eine vertraute Handschrift ins Auge. Oben auf dem Stapel, der gerade hereingebracht worden war, lag ein Brief von Rod. Ich war gerührt. Vielleicht konnte ich ihm doch verzeihen, daß er Sugito verstoßen hatte. Ich nahm den Brief in die Hand und wollte ihn gerade öffnen, als ich sah, daß er nicht an mich gerichtet war, sondern an Yuni. Ein kalter Schauer durchfuhr mich. Es war nur ein Brief. Aber er hätte für mich und nicht für Yuni bestimmt sein müssen. Etwas stimmte nicht. Aber immer noch begriff ich nicht.

Als ich mit Binti im Lager eintraf, kam uns Rod auf dem Bohlendamm aus Eisenholz entgegen. Zum Erstaunen eines Doktoranden und zweier Besucher aus Amerika schüttelten Rod und ich einander lediglich die Hand. Es überraschte mich nicht sonderlich; er gehörte nicht zu den Menschen, die ihre Gefühle öffentlich zeigen. Später erfuhr ich, daß die drei Besucher an jenem Abend lange über diese Begegnung sprachen und zu dem Ergebnis kamen, unser Verhältnis zueinander müsse wohl sachlicher und geschäftsmäßiger Art sein.

Rod und ich schliefen nach wie vor im selben Bett und unterhielten uns gelegentlich wie Mann und Frau miteinander, doch war die Beziehung zwischen uns deutlich abgekühlt. Eines Abends fragte ich ihn, ohne einen rechten Grund für meinen Vorwitz zu haben, ob er Yuni je geküßt habe. Zu meinem Entsetzen sagte er: «Ja.» Ich hatte befürchtet, es werde ihn ärgern, daß ich ihm eine solche Frage stellte. Doch jetzt öffneten sich die Schleusen. Ich erfuhr, daß er sie liebe und sie heiraten wolle; er warte lediglich, bis sie mit der Schule fertig sei, um sie mit nach Kanada zu nehmen. Rod wollte die Scheidung.

Sonderbarerweise empfand ich Erleichterung. Rod erklärte, er habe nichts gegen mich, wohl aber gegen Camp Leakey und Kalimantan und gegen das Leben, das wir führten. Als er mir sagte, er liebe eine andere, ergab die Kälte und sogar Feindseligkeit, die er in jüngster Zeit an den Tag gelegt hatte, einen Sinn. Zumindest hatte ich eine Erklärung. Ich legte den Arm um ihn und schlief ein.

Die Reaktion kam später. Meine Erleichterung verwandelte sich schon bald in Bitterkeit. Ich kam mir verraten vor. Manchmal konnte Rod überwältigend mitfühlend sein, dann wieder war er entsetzlich sarkastisch. Wir taten so, als sei alles in Ordnung und erklärten Dritten gegenüber, Rod kehre nach Kanada zurück, um zu studieren. In Indonesien ist der Schein wichtig. Man belastet andere nicht mit seinen Schwierigkeiten. Rod und ich lebten und arbeiteten gemeinsam weiter, aber es war eine Farce. Manchmal war er so erschöpft, daß es nicht einmal zur üblichen Höflichkeit reichte.

Rods Entscheidung, Kalimantan zu verlassen, in Nordamerika zu studieren, sich scheiden zu lassen und Yuni zu heiraten, hatte nicht nur mit Gefühlen zu tun, sondern auch mit praktischen Erwägungen.

Mr. Binti, B. Galdikas' indonesischer «Adoptivvater», hält Binti,
den Orang-Namensvetter, während sich Cempaka an Galdikas klammert

Fütterungsstation im Dschungel für ausgewilderte Orang-Utans

◁ Aus der Gefangenschaft befreite Orang-Utans genießen vorübergehend die Geselligkeit,
bevor sie zu ihrem einzelgängerischen Leben im Dschungel zurückkehren

«Binti muß bald in die Vorschule», erklärte er immer wieder. «Er muß nach Nordamerika, wo er zu Hause ist.»

Die Aussicht, daß Binti fortgehen würde, zerriß mir das Herz. Doch ich mußte Rod recht geben. Indonesien war kein Einwandererland, sondern eine traditionell geprägte Gesellschaft. Es wäre Binti schwergefallen, sich einzufügen. Außerdem war ich überzeugt, daß ein Junge zu seinem Vater gehört. Wäre unser Kind eine Tochter gewesen, hätte ich darauf bestanden, daß sie bei mir blieb. Doch ich wußte, daß das Vorhaben seines Vaters für Binti richtig war. Außerdem würde er nicht sogleich fortgehen; mir blieb noch ein wenig Zeit.

Rod brauchte eine Mutter für Binti, wenn er mit seinem Sohn nach Nordamerika zurückkehrte. «Ich will kein alleinerziehender Vater sein», sagte er. «Ich brauche Yuni in Kanada, damit sie sich mit um Binti kümmert, solange ich Geld verdiene und studiere», erklärte er. «Ich brauche sie für mich und für Binti.»

Es überraschte mich nicht, daß er auf Yuni verfallen war. Sie war warmherzig, umgänglich, zuvorkommend und leidenschaftlich. Außerdem war sie sehr hübsch und gerade erst achtzehn Jahre alt. Sie liebte Rod. Ich liebte Rod, aber auch die Orang-Utans. Rod sagte mir, er könne in meinem Herzen nicht hinter einem Haufen Menschenaffen an die zweite Stelle treten, ganz gleich, wie wichtig sie für mich seien.

«Ich habe siebeneinhalb Jahre nichts anderes getan, als den Orang-Utans zu dienen», betonte er. «Jetzt muß ich an mich selbst denken.» Er fuhr fort: «Du hast deinen Doktor und kannst jetzt allein weitermachen. Mich brauchst du nicht mehr.» Er erklärte, er habe gewartet, bis ich die Promotion hinter mir hatte. Es war eigentlich anständig von ihm, daß er mich nicht hatte beunruhigen wollen, solange ich an meiner Arbeit schrieb. Er hatte seine Entscheidung schon vor Jahren getroffen, aber den richtigen Augenblick abgewartet.

«Jedes Jahr», sagte er, «ist es mir schwerer gefallen, nach Kalimantan zurückzukehren. Solange ich lebe, will ich hier nie wieder hin. Nie!»

Immer wieder sagte er mir, wie schwer alles für ihn gewesen war. Ihm waren die Krankheiten und die Mangelernährung zuwider. Ihm war zuwider, daß ein anderer, nämlich ich, alle wichtigen Entscheidungen in seinem Leben getroffen hatte. Es war ihm zuwider, über so wenig Geld zu verfügen, daß er in Pangkalanbuun gelegentlich auf die andere Straßenseite gehen mußte, um nicht Gläubigern über den Weg zu laufen.

Außerdem war ihm zuwider, daß er keinerlei Studien- oder Berufsabschluß hatte.

«Die indonesischen Biologiestudenten sehen zu mir auf», sagte er, «wir unterhalten uns übers Datensammeln und über Auswertungsmethoden. Ich berate sie. Wir sprechen über theoretische Fragen, aber ich komme mir vor wie ein Hochstapler. Sie haben ihre Scheine und brauchen nur noch ihre Hausarbeit zu schreiben, um ihren Abschluß zu bekommen, aber ich habe nicht einmal mein zweites Studienjahr abgeschlossen. Sie kehren nach Jakarta zurück und machen Examen. Ich stehe mit leeren Händen da. Ich habe kein Auto, kein Bankkonto und nicht einmal eine Hypothek. Ich habe keinen Arbeitsplatz – gar nichts.»

Ich fragte ihn, ob er je erwogen habe, mich zu bitten, mit ihm nach Nordamerika zurückzukehren. «Nein», gab er zur Antwort. «Das könnte ich dir nicht antun. Mag sein, daß du dich dazu bereit erklärt hättest, aber das wäre gegen deinen Willen gewesen. Dein Herz ist hier in Kalimantan bei den Orang-Utans.»

Die siebziger Jahre bildeten den Anfang der «Scheidungsrevolution» in Nordamerika. Obwohl Rod und ich auf der anderen Seite der Erdkugel im Dschungel lebten, widerfuhr uns das gleiche wie unseren Zeitgenossen dort. Wir waren dem Zeitgeist weit mehr verhaftet, als wir uns eingestanden. In vielerlei Hinsicht folgte Rod dem klassischen Weg von Männern unserer Generation. Kennengelernt hatte ich ihn als jemanden, der die höhere Schule «geschmissen» hatte, weil er die Welt sehen wollte. Mit seinen langen Haaren, der Lederjacke und dem Motorrad war er der Archetyp des jugendlichen Rebellen. Daß er nach Borneo ging, paßte zu dieser Haltung der Gegenkultur. Ich erinnere mich an einen Vortrag bei einer unserer Reisen nach Nordamerika, bei dem auch ein alter Bekannter Rods unter den Zuhörern war. Er erzählte uns, er habe die letzten drei Jahre in Katmandu verbracht und «Stoff geraucht». Eines Tages sei er aufgewacht und habe beschlossen, daß es an der Zeit sei, sein Leben in die Hand zu nehmen. Darauf sei er nach Nordamerika zurückgekehrt. Jetzt wachte Rod auf.

Auch ich war ein Kind meiner Generation, aber in anderer Weise. Obwohl ich Jeans und Miniröcke trug und mit meinem Haar, das mir bis zu den Hüften reichte, möglicherweise wie ein Blumenkind aussah, gehörte ich der Gegenkultur nicht an.

Alle meine persönlichen Entscheidungen, ob es darum ging zu

promovieren, nach Südostasien zu gehen oder Kinder erst später zu bekommen, gehörten einer Welle der Zukunft an. Ich sah mich nicht als Rebellin, aber ich hatte auch nie die Absicht, mein Leben als Hausfrau und Mutter zu verbringen. In den siebziger Jahren haben sich Männer und Frauen geändert, aber diese Veränderungen waren in vielen Fällen der Keil, der sie auseinandergetrieben hat.

In unserer Scheidung spiegelten sich einerseits unsere Kultur und die unterschiedliche Art, wie Männer und Frauen des Westens die Welt sehen, sie ging aber andererseits auch auf einen Persönlichkeitskonflikt zurück. Rod war der klassische Mann des Westens; er suchte in Borneo das Abenteuer. Es gefiel ihm, seine Grenzen zu erkunden und sich selbst auf die Probe zu stellen. Er war der Marlboro-Mann mit einer Sendung, die hieß, die Wälder und die Orang-Utans zu retten. Aber wenn man jeden Tag dasselbe Abenteuer erlebt, verblassen die Begeisterung und das Gefühl des Triumphs. Nach siebeneinhalb Jahren hatte Rod den Eindruck, daß den zum Schutz der Orang-Utans erlassenen Gesetzen Geltung verschafft wurde und die Grenzen des Reservats sicher waren. Er sah seine Aufgabe als erledigt und hielt die Zeit für gekommen, weiterzuziehen, ins «richtige Leben» zurückzukehren. Ich war aus sogenannten weiblichen Gründen nach Indonesien gegangen: Ich wollte helfen. Wenn ich dabei Gefahren auf mich nehmen mußte, tat ich das. Aber das Abenteuer um seiner selbst willen lockte mich nicht. Meinen Erfolg sah ich darin, daß ich mich mit den Orang-Utans und dem Wald eins fühlte; ich genoß den Frieden und die Stille. Da ich nie auf Nervenkitzel aus war, hat mich meine Aufgabe zu keiner Zeit gelangweilt. Je mehr ich über die Orang-Utans erfuhr, desto mehr konnte ich über sie lernen. Nach siebeneinhalb Jahren war ich noch entschlossener als bei meiner Ankunft.

Ich stürzte mich erneut in die Freilanduntersuchung. Wenn ich Orang-Utans beobachtete und Notizen machte, konnte ich der Realität entfliehen. Wir hatten Regenzeit. Das Moor war tief. Es herrschte Monsun. Beth streifte mit einem männlichen Gefährten durch den Wald. Die Anstrengungen der täglichen Feldbeobachtungen im tiefen Moor nahmen mich völlig in Anspruch.

Statt Rod zu hassen, weil er mich um einer anderen willen aufgab, hatte sich meine Achtung vor manchen seiner Eigenschaften paradoxerweise gesteigert. Durch sein Beispiel hatte er mich gelehrt, meinen Körper zu fordern. Er hatte mir beigebracht, in großen Dimensionen zu denken. Und mit seinem Entschluß, wegzugehen, hatte er mir gezeigt, daß ich nichts und niemanden als selbstverständlich ansehen durfte. Ich hatte Glück, ihn so viele Jahre bei mir gehabt zu haben; wir hatten großartig zusammengearbeitet.

Erst nachdem er erklärt hatte, daß er gehe, wurde mir klar, wie sehr es mich aufgebracht hatte, daß ihm immer alles so leicht zu fallen schien. Ich hatte gejammert, gelitten und die Zähne zusammenbeißen müssen. Ich haßte die Feuerameisen, die uns stets gegen drei Uhr morgens heimsuchten, ihre Bisse, die wie Stöße von glühenden Gabeln in den Händen winziger Teufel wirkten. Ich haßte den Eidechsenkot im Morgenkaffee ebenso wie den Rattenkot und die Steinchen in unserem Reis. Es fehlte mir, daß ich nicht mit Verwandten und Bekannten reden konnte und keine Bücher zum Lesen hatte. Ich haßte es, nicht zu wissen, was in der Außenwelt vor sich ging, vor allem aber haßte ich die Hitze und die Feuchtigkeit. Jetzt entdeckte ich, daß Rod all das noch viel mehr zuwider gewesen war als mir. Es war Bestandteil seiner Männlichkeit, gehörte zum Bild des «starken, einsilbigen Mannes», daß er nie etwas gesagt und sich nie beklagt hatte.

Ich war ausgelaugt, aber zu keiner Zeit so sehr, daß ich auf den Gedanken gekommen wäre, aufzugeben. Für mich war die Beobachtung und Rettung von Orang-Utans kein Projekt, sondern eine Aufgabe, eine Berufung. Ich habe von Tänzern und Musikern gehört, daß sie nie eine bewußte Entscheidung für ihre Kunst getroffen haben, sondern einfach tanzen und spielen mußten. So ging es mir auch. Bevor ich nach Kalimantan aufbrach, ja bevor ich Louis Leakey kannte, hatte ich gewußt, daß das meine Lebensaufgabe sein würde. Ich war schon immer sehr zielstrebig und entschlossen. Mir ist klar, daß manche Menschen darin ein Zeichen von Verbohrtheit sehen. Aber als ich einmal angefangen hatte, freilebende Orang-Utans zu beobachten, als ich erst einmal gemerkt hatte, wie bedroht ihre Existenz ist, gab es kein Zurück mehr.

Und dann war da noch Cara. Nach Rods Fortgang merkte ich, daß ich ihn nicht nur an Yuni verloren hatte, sondern auch an Cara. Für Rod war Borneo in den frühen Jahren ein Abenteuer gewesen, voll gefährlicher Aufgaben und wagemutiger Unternehmungen. Mit Caras Tod war das Abenteuer zu Ende. Es war kein Spiel mehr, jetzt ging es um Leben und Tod. Rod zog gewissermaßen die Konsequenzen daraus, daß er Cara nicht vor ihrem Schicksal bewahren konnte. Es sah fast so aus, als habe er den Eindruck, versagt zu haben, weil er ihren Tod nicht verhindern konnte. Familienforscher sagen, daß der Tod eines Kindes häufig zur Scheidung der Eltern führt, weil das Weiterbestehen der Ehe eine beständige, schmerzende Erinnerung an den Verlust ist. Caras Tod warf den gleichen Schatten über unsere Ehe. Wäre sie nicht gestorben, hätte unser Schicksal unter Umständen anders ausgesehen.

Die endgültige Entscheidung, uns zu trennen, fiel bei einem Besuch in Jakarta. Wir hatten niemandem gesagt, daß wir uns scheiden lassen wollten. Aber da sich Rod mir anvertraut hatte, schien er anzunehmen, sein Geheimnis sei aller Welt bekannt. Während wir uns im Haus der Sulaimans aufhielten, wo wir gewöhnlich zu Gast waren, wenn wir in Jakarta waren, saßen Rod und Yuni beisammen, unterhielten sich, lachten miteinander und flirteten. Auch wenn ich seine Entscheidung in der Zwischenzeit akzeptiert hatte, fühlte ich mich unbehaglich. Ich bat Rod um etwas mehr Zurückhaltung; schließlich waren wir in Indonesien und nicht in Nordamerika. Aber er hörte nicht auf mich.

Nina Sulaiman beobachtete die Entwicklung der Dinge. Zwar stand sie treu zu Yuni, die fast so etwas wie eine Adoptivtochter war, doch war sie auch meine Freundin. Da sie nicht Partei ergreifen wollte, unternahm sie nichts. Ihr Mann, ein sehr urbaner, aber auch traditionell eingestellter, frommer Moslem, arbeitete den ganzen Tag als stellvertretender Leiter einer Versicherungsgesellschaft. Seine Abende gehörten gesellschaftlichen Verpflichtungen, und er merkte nichts.

Eines Abends jedoch kam es auf eine Art zur Explosion, die nur in Indonesien vorstellbar ist. Mr. Sulaiman klopfte an meine Tür und bat mich ins Eßzimmer. Dort fragte er mich: «Wissen Sie etwas von der Sache? Was geht hier eigentlich vor?» Yuni begann hysterisch zu kreischen. Sulaimans Augen öffneten sich vor Entsetzen weit. Die übrigen Mitglieder des Haushalts schwiegen unheilverkündend. Sulaiman erklärte, Yuni habe das Haus sofort zu verlassen. Ihre Schwester und ihr Schwager würden sie abholen, und Rod gehe mit ihnen. Yuni fiel in Ohnmacht, wie schon einmal in meinem Haus in Camp Leakey. Schließlich erfuhr ich den Hintergrund der Geschichte. Die Dienstboten waren alle miteinander aus Protest gegen die Unmoral von Rods und Yunis Verhalten in den Streik getreten und hatten Sulaiman vom Stand der Dinge in Kenntnis gesetzt. Sie nahmen Anstoß daran, daß sich Yuni in der Öffentlichkeit mit dem Mann einer anderen zeigte.

Wortführerin des Streiks war die über sechzigjährige Köchin *Ibu* Pipa, die schon seit vielen Jahren im Haus war. Die kleine, rundgesichtige Westjavanerin mit den klugen Augen war nach außen hin die Sanftmut in Person, herrschte aber in der Küche mit eiserner Hand. Wer etwas zu essen haben wollte, mußte mit *Ibu* Pipa auskommen.

Sie verübelte es Yuni, daß sie gegenüber einer älteren Nichte favorisiert wurde, die ebenfalls im Haushalt lebte und obendrein Enkelin eines *bupati* war. Warum mußte die Enkelin eines *bupati* in der Küche essen, wenn ein dahergelaufenes junges Mädchen bei den Sulaimans mit am Tisch saß? Das für sich genommen genügte noch nicht, eine Palastrevolution anzuzetteln – aber daß Rod und Yuni offen vor dem ganzen Haushalt miteinander tändelten und ihr Verhältnis zur Schau stellten, war Grund genug.

Unter *Ibu* Pipas Anführung stellten die Dienstboten Sulaiman ein Ultimatum. Sie würden erst wieder arbeiten, wenn Yuni aus dem Haus war. Der entsetzte Blick, der an jenem Abend auf Sulaimans Gesicht lag, zeigte, daß auch er entrüstet war. Nachdem Yuni aus ihrer Ohnmacht erwacht war, verließen sie und Rod das Haus.

Am nächsten Morgen sah *Ibu* Pipa, die westjavanische Hüterin moslemischer Moral, überaus selbstzufrieden drein. Wann auch immer ich später ins Haus der Sulaimans kam, begrüßte sie, wie auch die anderen älteren Frauen des Haushalts, mich mit breitem Lächeln und einem warmen Händedruck. Aber nachtragend waren sie nicht. Nachdem Rod und Yuni später in den Vereinigten Staaten geheiratet hatten, waren beide willkommen, wenn sie nach Jakarta zurückkehrten.

Damit aber war die Angelegenheit nicht erledigt. Als Haushaltsvorstand berief Sulaiman mehrere Tage später im Salon eine Zusammenkunft ein, die er auch selbst leitete. Entsprechend der indonesischen Überlieferung, die Einmütigkeit verlangt, waren alle betroffenen Parteien anwesend. Yunis Eltern waren zum ersten Mal seit fünfzehn Jahren eigens aus Zentraljava nach Jakarta gekommen. In ihrer traditionellen Kleidung saßen sie sehr schweigsam und dicht beieinander an einem Ende des Sofas wie zwei kleine zerbrechliche Vögel. Auch eine von Yunis Schwestern war anwesend sowie einer ihrer Schwager, der zwar Niederländer war, aber indonesische Großeltern hatte. Der dunkelhäutige Holländer saß neben Rod und beriet ihn. Yuni saß neben ihren Eltern und Sulaiman zwischen seiner Frau Nina und mir.

Die Zusammenkunft war einberufen worden, um die Eintracht

wiederherzustellen. Zum ersten und einzigen Mal empfand ich Yuni gegenüber Feindseligkeit. Gewiß, sie war nicht die treibende Kraft, aber ich fühlte mich öffentlich bloßgestellt und gedemütigt. Es war eine Sache, von meinem Mann zu erfahren, daß er mich wegen einer anderen verlassen wollte, und eine gänzlich andere, mit Leuten darüber zu reden, die ich noch nie zuvor gesehen hatte. Diese Art öffentlicher Behandlung von Privatangelegenheiten war mir fremd.

Die Sache ging wie erwartet aus. Rod und ich erklärten uns bereit, uns scheiden zu lassen. Rod gab seine Absicht bekannt, Yuni zu heiraten und mit nach Nordamerika zu nehmen. Abschließend schüttelte ich allen Anwesenden steif die Hand. Ich sah Yunis Eltern nie wieder, Binti hingegen nannte sie später seine Großeltern.

Rod verließ Pangkalanbuun, wie er gekommen war. Als er das Flugzeug nach Java bestieg, trug er denselben grünen Rucksack wie vor siebeneinhalb Jahren bei seiner Ankunft. Seine Beine waren voller schlecht heilender tropischer Geschwüre.

Sechs Monate nach Rods Abreise brachte ich Binti nach Nordamerika. Es war die schwierigste Entscheidung, die ich je zu treffen hatte. Aber ich war fest überzeugt, daß Binti in Nordamerika zur Schule gehen sollte und ein Junge zu seinem Vater gehört. Ich hatte eine unbefristete Teilzeitanstellung im Fachbereich Archäologie der Simon-Fraser-Universität in Burnaby, British Columbia, bekommen, was bedeutete, daß Binti und ich zumindest einige Monate im Jahr gemeinsam verbringen konnten. Rod und ich ließen uns in Kalifornien scheiden; damit war der Weg frei für seine Heirat mit Yuni. Binti würde eine Stiefmutter haben, die ihn kannte und liebte. Wie auch immer meine Gefühle für Yuni aussehen mochten, ich war sicher, daß ich ihr Binti anvertrauen konnte.

Harmonie und Ordnung sind Grundwerte der traditionellen indonesischen Gesellschaft. Das Gegenstück der Harmonie ist Chaos; dazwischen gibt es buchstäblich nichts. Da Indonesier das Chaos fürchten, zu dem es zwangsläufig kommen muß, wenn die Ordnung zusammenbricht, verwenden sie einen großen Teil ihrer Zeit und Energie auf die Aufrechterhaltung harmonischen Einvernehmens, häufig mit Hilfe endloser Gespräche. Ebenso wichtig ist der Glaube an die Vorsehung. Indonesier sind keineswegs passiv, aber hinter ihrem lachenden, fröhlichen Gesicht liegt eine unerschütterliche Gewißheit, auf die sie ihr Leben gründen: Dem Schicksal kann niemand ausweichen. Günstigstenfalls läßt es sich hinausschieben, aber letzten Endes muß man sich mit ihm abfinden.

Ohne mir dessen bewußt zu sein, hatte ich mir einige dieser Vorstellungen und Werthaltungen zu eigen gemacht. Der Tod Caras, Tonys und Barbaras, die Geburt Bintis, Rods Fortgang, die Beobachtung der Orang-Utans und das Leben im Wald, all das hatte mich verändert. Daß ich Tag für Tag den Orang-Utans gefolgt war, hatte mich geduldiger gemacht; ich hatte die Wechselfälle des Lebens hinzunehmen gelernt, war Verzögerungen und Widersprüchen gegenüber duldsamer geworden; ich hatte gelernt, in der Gegenwart zu leben und mir keine unnötigen Sorgen über die Zukunft zu machen. Ich hatte mich an die Förmlichkeiten und die endlosen Gespräche gewöhnt, die für Indonesien so kennzeichnend sind. Zehn Jahre früher wäre für mich eine Scheidung unvorstellbar gewesen. Jetzt schien sie unausweichlich.

Ich hatte mich in tiefgreifender Weise geändert. Rod war im wesentlichen ein Mensch des Westens geblieben. Für ihn waren Schwierigkeiten dazu da, überwunden zu werden. Er war von der überragenden Bedeutung des rationalen Vorgehens und der Logik überzeugt. In seinem Universum gab es nur wenig Platz für Ungewißheit und Unvorhersehbares. Nach seiner Rückkehr nach Nordamerika schloß er sein Studium ab und wurde Systemanalytiker. Unter die Abenteuer und Entbehrungen des Tropenwalds hatte er einen Strich gezogen und seine zerfetzten Bluejeans mit einem Anzug vertauscht.

Obwohl Rod zu jener Zeit besser Indonesisch sprach als ich und viele indonesische Freunde hatte, war ich auf eine Weise in Kalimantan daheim, wie er es nie gewesen war. Das wurde mir viele Jahre nach seinem Fortgang klar, als ich in Kumai zu tun hatte. Mir war Pangkalanbuun immer lieber gewesen als die moslemisch geprägte Melayu-Stadt Kumai, deren Bewohner sich noch wie früher kleideten. Nur ungern verließ ich die Stille und die kühlen, gedämpften Farben des Waldes, um mich in die Hektik, den Lärm und die staubige Hitze einer tropischen Hafenstadt zu begeben. Doch als ich mit meinem Boot in die Mündung des Kumai einfuhr und die Stadt aus der Ferne sah, die wie eine Fata Morgana in der Hitze der Äquatorsonne leuchtete, merkte ich mit einem Mal, daß ich sie mochte. Mit ihren sich anmutig im Winde wiegenden Kokospalmen, den auf Pfählen im Wasser stehenden Häusern, den silbern blitzenden Kuppeln der Moscheen, den eleganten Segelschiffen der Bugis konnte ich mir vorstellen, wie Kalimantan im vorigen Jahrhundert ausgesehen haben mochte. Ich fragte mich, ob sich Kumai oder ich geändert hatte. Die Antwort hieß: wir beide.

In den zwanzig Jahren, die ich in Kalimantan war, hatten Elektrizität und Fernsehen Einzug gehalten; die verschlafene Hafenstadt war Teil der modernen Welt geworden. Gleichzeitig hatte ich einen großen Teil der Wirklichkeit von Kalimantan in mich aufgenommen – die Zeitlosigkeit, das Ungefähre, das Unvorhersagbare.

19 MAUD

> Ein leicht fehlerhafter kosmischer Spiegel ermöglicht die
> Existenz des Universums.
>
> *Robert K. Adair*
>
> Wo viel Licht ist, ist starker Schatten.
>
> *Johann Wolfgang von Goethe*

Viele Jahre nachdem Rod Kalimantan verlassen hatte, wurde er für einen Fernseh-Dokumentarfilm über meine Arbeit mit Orang-Utans interviewt. «Als wir nach Borneo gingen», sagte er, «hat mir Biruté nicht gesagt, daß sie nicht zurückkommen wollte.»

Wie die meisten Menschen um die Mitte Zwanzig hatte ich keinen genauen Lebensplan. Ich wußte lediglich, daß ich über Orang-Utans so viel in Erfahrung bringen wollte, wie ich konnte.

Mein Hauptziel war es, die Lebensgeschichten möglichst vieler freilebender Orang-Utans zu dokumentieren. Ich wollte verstehen, welche Kräfte den Lebensablauf männlicher und weiblicher Orangs gestalten, auf welche Weise unterschiedliche Lebensgeschichten unterschiedliche Individuen formen.

Meine frühen Beobachtungen an Beth, Cara, Georgina, Priscilla und anderen Weibchen hatten mir gezeigt, daß das tägliche Leben von Orang-Utans gemächlicher verläuft, aber auch komplexer ist, als Wissenschaftler bisher angenommen hatten. Ich hatte Babys, Heranwachsende, fast ausgewachsene und erwachsene Tiere beobachtet. Ich hatte zugesehen, wie sich Paare bildeten und kopulierten, hatte Mütter mit Neugeborenen gesehen, mitbekommen, wie die Jungen spielen und entwöhnt werden, hatte beobachtet, wie (vorwiegend) Männchen über den Erdboden zogen und Futter suchten, und hatte Männchen miteinander kämpfen sehen. Ich konnte einzelne Individuen und unterschiedliche Verhaltensweisen beschreiben, aber um sie zu *erklären*, mußte ich die Orang-Utans vom Beginn ihres Lebens an beobachten – zur Zeit der Abhängigkeit von der Mutter bis hin zur Reife –, mußte die Werte für viele Einzeltiere miteinander vergleichen und die gewonnenen Ergebnisse analysieren.

Zu Beginn meiner Untersuchung glaubte ich, die Welt der Orang-Utans in ihren Grundzügen nach fünf oder zehn Jahren beschreiben zu können. Doch viele meiner in den ersten zehn Jahren gesammelten Daten ergaben erst im zweiten Jahrzehnt einen Sinn, als ich daran ging, die nächste Generation zu beobachten.

Von Anfang an war ich bestrebt, die Nahrung freilebender Orang-Utans zu katalogisieren. Viele Jahre hindurch waren alle meine Mitarbeiter Melayu gewesen. Zwar waren sie mit dem Wald vertraut, doch fehlte ihnen eine wesentliche Fertigkeit: Sie konnten nicht auf Bäume steigen. Um Proben dessen zu bekommen, was die Orang-Utans fraßen, mußte ich Reste davon vom Waldboden klauben. Ich brauchte unbedingt jemanden, der unversehrte, gut bestimmbare Proben sammeln konnte.

Nach längerem Herumfragen stellte ich einen Dajak aus dem Landesinneren ein, der in Pangkalanbuun für einen deutschen Priester gearbeitet hatte und auf dessen Unterarm unübersehbar blaue Kreuze tätowiert waren. Wie die meisten Dajak konnte er hoch unter das Blätterdach klettern und kannte sich im Wald aus. In einer Woche sammelte er mehr Nahrungsproben, als ich in mehreren Monaten hätte zusammenkratzen können. Ich wollte wissen, wo ich weitere Dajak-Männer finden konnte, und man nannte mir das kleine Dorf Pasir Panjang. Es war vor über hundertfünfzig Jahren aus dem Landesinneren in die Nähe von Pangkalanbuun umgesiedelt worden, und die dort lebenden Dajak waren weithin dafür bekannt, daß sie sich nicht mit den an der Küste lebenden Melayu vermischt, sondern ihre Gebräuche, Überlieferungen und ihre Kenntnis des Waldes bewahrt hatten.

Ich stellte drei Dajaks aus Pasir Panjang ein. Sie waren nicht nur zäher als meine Melayu-Mitarbeiter, sondern hatten auch mehr Initiative und gingen mit großem Erfolg ans Werk. Nach eineinhalb Jahren hatte ich alle meine Melayu-Helfer durch Dajak ersetzt, auch Ahmad und seine Frau Bahria.

Manche dieser Männer, vor allem jene, die noch mit Blasrohr und Giftpfeilen jagten, waren hervorragende Fährtenleser und spürten mit großem Können Orang-Utans auf. Sie lasen die Zeichen des Waldes wie ein Buch. Doch obwohl sie ihn verstanden, hatten sie keine besondere Ehrfurcht vor ihm. Sie nahmen ihn als gegeben hin. Für mich war der Urwald etwas Heiliges. Ich erkannte in ihm ein Relikt des Gartens Eden, etwas, das man in Ehren halten muß. Seine Schatten besänftigten mich. Die jungen Dajak-Männer hingegen fühlten sich an den Rändern und an den Flußufern am wohlsten. Sie bewegten sich am liebsten über offenes Gelände und schufen das offene Land noch in den Tiefen des Regenwaldes. So errichteten sie ihre Unterstände auf Flächen, die sie zuvor von aller Vegetation befreiten. Es war, als müßten sie die Sonne sehen, um mit ihrer Menschennatur eins zu sein. Ich dagegen verabscheute den Gebrauch des Buschmessers und knickte kaum einmal eine Pflanze mit den Händen, um meinen Weg zu kennzeichnen. Wie Hänsel und Gretel hätte ich am liebsten nur eine Spur aus biologisch abbaubaren Brotkrumen gelegt.

Meine wissenschaftliche Ausbildung und schlichte Verehrung des Waldes im Verein mit der genauen Kenntnis und den Fertigkeiten der Dajak brachte meine Untersuchung der Orang-Utans ein gutes Stück voran.

Um etwas über das Leben des «durchschnittlichen» Orang-Utans zu erfahren, mußte ich die Möglichkeit haben, eine Anzahl von Tieren zu vergleichen. Anfangs hatte ich fast die gesamte Suche nach freilebenden Orang-Utans selbst übernommen. Sobald ich auf einen stieß, folgte ich ihm so lange wie möglich, weil ich nicht wußte, wann ich den nächsten finden würde. In den Anfangsjahren hatte mich das Aufspüren mehr Zeit gekostet als die Beobachtung. Nun beteiligten sich die Dajak-Helfer an der Suche; endlich konnte ich daran gehen, in verschiedenen Teilen des Untersuchungsgebiets parallel Daten zu sammeln und die Orangs systematischer und regelmäßiger zu beobachten. Wenn ich Beth oder Georgina einen Monat oder länger nicht sah, würde ich mit meinen Helfern gezielt nach ihnen suchen. Sie aufzuspüren konnte ohne weiteres zwei oder drei Wochen gemeinsamer Bemühungen kosten. Das lag nicht etwa daran, daß die Weibchen große Entfernungen zurücklegten; wir fanden sie immer nahe der Stelle, wo wir sie zuletzt verlassen hatten. Aber wenn sie untertauchen wollten, brauchten sie sich nur im Blätterdach verborgen zu halten. Es war ein richtiges Versteckspiel.

Im Unterschied zu den Weibchen im Schutzgebiet von Tanjung Puting waren die Männchen nicht seßhaft, sondern kamen und gingen. Ob sich ein ausgewachsener Backenwulst-Mann im Untersuchungsgebiet aufhielt, wußte man normalerweise, denn er verkündete seine Anwesenheit mit Langrufen. Aber es war sinnlos, die Bewegungen einzelner unreifer Männchen verfolgen zu wollen, denn sie wanderten nicht nur fortwährend umher, sondern ließen sich auch schwer identifizieren. Sie sahen einander so ähnlich, daß ich sie mitunter nicht einmal dann unterscheiden konnte, wenn sie im selben Baum saßen. Außerdem veränderte der Reifeprozeß ihr Aussehen so stark, daß sie später nur schwer wiederzuerkennen waren. So gab ich nicht ganz ausgewachsenen freilebenden Männchen nur dann einen Namen, wenn ich sie mit Sicherheit identifizieren konnte.

So kam es nicht von ungefähr, daß sich meine Untersuchungen vorwiegend auf Weibchen und ihre Nachkommen stützten. Eine meiner wichtigsten «Informantinnen» war Maud, die ich als junge Heranwachsende kennengelernt hatte, als sie noch ihre Mutter Martha begleitete.

Maud gehörte zu den Weibchen, die sich am leichtesten aufspüren ließen. Den Grund dafür kannte ich damals nicht. War ihr Revier kleiner als das anderer Orang-Frauen, war sie nach Caras Verschwinden selbstsicherer geworden und gab sich keine Mühe mehr, sich verborgen zu halten? Mit Sicherheit lag es nicht daran, daß Maud mehr an mich gewöhnt gewesen wäre als andere Weibchen. Im Gegenteil, sie nahm nur selten Blickkontakt zu mir auf, machte bei meinem Erscheinen laute Unmutsäußerungen und bewegte sich rasch voran, wenn ich ihr folgte. Ganz besonders schien es sie zu stören, wenn man sie längere Zeit ansah oder eine Kamera auf sie richtete. Ich empfand nichts Besonderes für sie. Obwohl sie sich so oft zeigte, verkörperte sie in meinen Augen keine Hauptrolle. Doch gerade eine Nebendarstellerin entpuppt sich, wie beim Film, oft als der eigentliche Star.

Erst als ich viele Jahre später meine Notizen und die Skizzen der Tageswanderungen gründlich studierte, begriff ich, warum mir Maud so oft über den Weg gelaufen war. Während Maud heranwuchs und in fünfzehn Jahren rasch nacheinander drei Kinder zur Welt brachte, zogen die anderen Orang-Frauen Fran, Martha und Ellen, die sich zu Caras Lebzeiten deren Revier mit ihr geteilt hatten, allmählich weg. Es war ein fließender Übergang. Sie verschwanden nicht von heute auf morgen, wie das bei Orang-Männern üblich ist, sondern unauffällig, fast wie bei einer stillschweigenden Verschwörung übernahmen Maud und ihre Nachkommen nach Caras Tod deren Revier. Priscilla war das einzige ausgewachsene Weibchen, das blieb.

Ich fragte mich, ob Cara gewußt hatte, was ich erst im Rückblick erkannte, nämlich, daß Maud eine potentielle Konkurrentin für sie war. Sie hatte gegen Priscilla gekämpft, die einzige Erwachsene, die sich ständig in einem Teil von Caras Revier aufhielt. Sie war Fran und Martha mit Mißtrauen begegnet – beide hatten halbwüchsige Töchter, die kurz davor standen, ein eigenes Revier zu besetzen. Aber heftiger als alle anderen hatte sie Maud angegriffen. Von Beth schien für sie keine Bedrohung auszugehen, vielleicht deshalb, weil deren Sohn Bert nach Erreichen der Reife nicht in ihrem Revier bleiben, sondern wie alle männlichen Orang-Utans abwandern würde. Im Rückblick nahmen sich Caras Vorlieben und Abneigungen alles andere als launenhaft aus.

Die vollständige Geschichte der Beziehungen Caras zu anderen erwachsenen Weibchen würde ich nie erfahren, nie wissen, ob sie auf ein verwandtschaftliches Verhältnis zurückgingen oder auf freie Entscheidung.

Die nächste Generation – Georgina, Maud, Fern und Evonne – würde die offenen Fragen beantworten. Zum ersten Mal hatte ich Maud, Fern und Evonne beobachtet, als sie noch mit ihren Müttern umherzogen, und wußte daher, daß sie keine Geschwister waren. Obwohl mir Georginas Mutter unbekannt war, dürfte es kaum Martha oder Fran gewesen sein. Georgina war fast im gleichen Alter wie Maud und Fern und konnte daher die Schwester keiner von beiden sein. Ellen wäre möglicherweise in Frage gekommen, doch lag ihr Revier im falschen Teil des Waldes. Als sie und Georgina es nach Caras Tod allmählich verlegten, zog Ellen nordwärts und Georgina südwärts, bis sich ihre Reviere kaum noch berührten. Unterdessen richtete sich Maud häuslich in Caras einstigem Revier ein.

Obwohl schon annähernd zwölf Jahre alt, verbrachte Maud nach wie vor viel Zeit mit ihrem jüngeren Bruder Merv und ihrer Mutter Martha.

Marthas ungewöhnlich schwarzes Gesicht war jetzt tief durchfurcht. Wenn sie mit ihrer Tochter Maud zusammen war, begann diese oft weiterzuziehen, bis ihr Martha schließlich folgte.

Ihren halbwüchsigen Sohn Carl hatte Cara buchstäblich weggeekelt, indem sie ihn häufig angriff. Die Beziehung Marthas zu ihrer halbwüchsigen Tochter Maud war von gänzlich anderer Art. Nie habe ich gesehen, daß sie von Martha angegriffen wurde oder Maud vor ihrer Mutter zurückgeschreckt wäre. Das Verhältnis zwischen Mutter und Tochter war achtungsvoll und herzlich. Häufig saßen Martha und Maud nebeneinander, ein- oder zweimal so nahe, daß sie einander fast berührten. Andererseits habe ich nie gesehen, daß Martha und Maud miteinander gespielt oder sich gegenseitig das Fell gepflegt hätten. Offenkundig brauchten Mutter und Tochter einander nicht im Spiel auf die Probe zu stellen oder ihre Beziehungen durch Fellpflege zu bekräftigen, wohl aber findet sich solches Verhalten häufig zwischen Mutter und Sohn oder zwischen ausgewachsenen Weibchen und nicht mit ihnen verwandten weiblichen Halbwüchsigen. Mutter und Tochter akzeptieren sich gegenseitig in so hohem Maße, daß es bisweilen an Teilnahmslosigkeit zu grenzen scheint. Da sie sich gewöhnlich lebenslänglich ein Revier teilen, sind diese Zurückhaltung und Distanz sicherlich höchst zweckmäßig.

Etwas in der Art erlebe ich mit meiner ersten Orang-Utan-«Tochter» Akmad. Ein Besucher in Camp Leakey, der sie kommen und sich eineinhalb Meter von mir entfernt hinsetzen sieht, wobei sie mir kaum einen Blick gönnt, würde daraus folgern, daß zwischen uns keine Beziehung besteht. Er würde annehmen, wenn ich Akmad großgezogen hätte, würde sie bestimmt zu mir kommen, mich umarmen und mit mir spielen. Doch sie behandelt mich haargenau so, wie freilebende Orang-Töchter ihre Mütter behandeln. Sie drängt sich mir nicht auf, und ich mische mich nicht in ihre Angelegenheiten ein. Da Mutter und Tochter einander gelten lassen und auf Distanz bleiben, ist es ihnen möglich, ohne Streit im selben Revier zu leben. Das gilt auch für Akmad und mich. Hätte sie sich an mich gelehnt, wäre das nach den Maßstäben der Orang-Utans ein ungewöhnlicher Gefühlsausbruch gewesen.

Für einen Orang-Utan besteht die innigste Beziehung in der Fähigkeit, sich den Lebensraum mit einem Artgenossen zu teilen, ohne mit ihm zu interagieren. In gewissem Maß gilt das auch für uns Menschen.

Den meisten ist Schweigen fast immer unbehaglich, und so füllen sie die vermeintliche Leere mit belanglosem Gerede. Nur mit Menschen, denen wir uns besonders nahe fühlen und denen wir zutiefst vertrauen, können wir schweigend beisammensein, weil es keine Leere zu füllen gibt.

Die Beziehungen zwischen Orang-Frauen und nicht mit ihnen verwandten heranwachsenden Weibchen sind mannigfaltiger und oberflächlicher als Mutter-Tochter-Beziehungen. Beispielsweise habe ich einmal gesehen, wie die heranwachsende Maud friedlich mit Ellen umherzog und mit deren kleiner Tochter Eve spielte. Am folgenden Tag griff Ellen sie ohne Vorwarnung und ohne erkennbar gereizt worden zu sein an und vertrieb sie aus dem Baum. Hätte ich nicht gewußt, daß die beiden nicht miteinander verwandt waren, hätte ich möglicherweise angenommen, daß es sich um eine Analogie zur Auflösung der Mutter-Sohn-Beziehung handelte: eine Mutter, die ihre Tochter in die Unabhängigkeit trieb. Hier aber ging es lediglich darum, daß ein ausgewachsenes Weibchen eine Halbwüchsige verscheuchte, die ihr auf die Nerven ging.

Erwachsene Weibchen können äußerst unangenehm werden, wenn sich ihresgleichen oder jüngere Weibchen nicht an die Spielregeln halten. Maud lernte jetzt, welche Weibchen in der Umgebung sanftmütig und welche reizbar waren, und ebenso lernte sie, was sie sich gefallen ließen und was nicht.

Bei Maud konnte ich die Pubertät von Anfang an verfolgen. Oft zog sie mit nicht ganz ausgewachsenen Männchen umher, doch schien ihr die Gesellschaft gleichaltriger Weibchen lieber zu sein. Das galt vor allem für Fern, die zwar ein oder zwei Jahre älter war als Maud, aber nur wenig größer. Allerdings wurde Ferns Größe durch eine dichte, flauschige Behaarung betont, während Mauds Haare kürzer waren und struppiger aussahen. So dürftig war Maud behaart, daß ihre Geschlechtsteile und einzelne Hautflecken sichtbar waren; Fern hingegen war vollständig in dichtes, leuchtendes Fell gehüllt. Außerdem hatte Maud leicht vorquellende Augen.

Während unreife Männchen selten mehr als einige Stunden beieinanderbleiben, wenn kein Weibchen in der Nähe ist, schließen sich heranwachsende Weibchen oft auf mehrere Tage oder gar Wochen zusammen. Einmal erlebte ich, wie Maud und Fern einundzwanzig

Tage lang gemeinsam umherstreiften. Oft saßen die beiden auf Ästen Seite an Seite nebeneinander. Manchmal berührten sie sich dabei auch kurz oder hielten sich gar bei der Hand. Manchmal ließ sich die eine kopfüber von einem höheren Ast herabhängen und spielte mit der anderen, die unter ihr saß, Händeturm. Ihre Gesichter verzogen sich dabei zu einer Art schüchternem Lächeln. Einmal saßen sie sogar kurz in Ferns Tagesnest beieinander, ein Verhalten, das ich nur selten gesehen habe. Es konnte kaum ein Zweifel daran bestehen, daß Maud und Fern einander mochten. Wären sie junge Mädchen gewesen, hätten sie gegenseitig ihre Kleider anprobiert, einander frisiert, wären miteinander einkaufen gegangen und hätten über Jungen geklatscht.

Einmal stieß Evonne, ebenfalls ein heranwachsendes Weibchen, zu den beiden. Fern begrüßte sie freundlich und begann dann zu meiner Überraschung, die Geschlechtsteile der Jüngeren mit den Lippen zu begutachten. Jaulend zog sich Evonne zurück. Doch rund zwanzig Minuten später näherte sich Fern ihr erneut, faßte nach ihren Füßen und zog sie zu sich. Klagend wand sich Evonne, als ihr Fern wieder die Lippen an die Genitalien legte. Diese begann leise zu schnauben und mit den Lippen zu schnalzen, als mißbillige sie Evonnes mangelnde Beteiligung. Dann drückte sie ihre Geschlechtsteile an die Evonnes und begann zu stoßen. Ungläubig sah ich zu. Als Evonne entschlüpfen konnte, machte sich Fern an Maud heran. Zu meiner Überraschung kehrte Evonne zurück, um zuzusehen, als wüßte sie, daß jetzt Maud an der Reihe war. Diese entwand sich Ferns Griff, und die drei suchten einen anderen Baum auf, wo sie wieder fraßen, als wäre nichts gewesen.

Lange rätselte ich über diese Szene. Ferns Verhalten hatte nichts Aggressives. Vermutlich sollte es kein Versuch sein, die Jüngere zu dominieren. Evonne schien auch keine Angst vor Fern zu haben; ihr gefiel einfach nicht, was diese mit ihr tat. Auch glaube ich nicht, daß Fern sexuell erregt war. Sie hatte nicht ins Leere gesehen, wie männliche Orang-Utans das bei der Paarung tun. Es war einfach ein Spiel unter Heranwachsenden gewesen. Fern hatte nachgeahmt, was junge Männchen mit ihr taten, einfach um zu sehen, wie es war, und zwar so überzeugend, daß ich mich fragte, ob ich sie nicht unter Umständen fälschlicherweise für ein Weibchen gehalten hatte. Als ich schließlich einmal einen unbehinderten Blick auf ihre Genitalien werfen konnte, stand ohne Zweifel fest: Sie war ein Weibchen. Ich habe ein solches

Verhalten nie wieder gesehen, doch es paßt zu der Vorstellung, daß Heranwachsende mit der Sexualität experimentieren.

Als Maud dreizehn Jahre alt war, wurde sie nahezu ständig von einem oder mehreren jungen Männchen begleitet. Sie schienen einander nicht als Konkurrenten anzusehen und verwendeten häufig mehr Zeit darauf, miteinander zu spielen, als Maud zu umwerben. Die Paarung war noch nicht, wie später, wenn sie ausgewachsen waren und Backenwülste hatten, die Kraftprobe, bei der es um alles oder nichts ging. Der Magnet, der sie alle anzog, war die heranwachsende Maud, und ihr Spiel bot ihnen die Möglichkeit, Ausdauer und Kraft für die Zeit zu erproben, da es mit der Rivalität der Männchen um die Weibchen ernst würde.

Mauds Haltung diesen Männchen gegenüber ließ sich nicht vorhersagen. Sie kam erst allmählich dahinter, was das andere Geschlecht an ihr lockte, was die Männchen wollten und wie man mit ihnen umging. Hätte Maud einer geselligen Art angehört, beispielsweise den Schimpansen, hätte sie reichlich Gelegenheit gehabt, Paarungen zu beobachten. Bisher hatte sie ihr ganzes Leben bei der Mutter verbracht. Möglicherweise hatte sie gesehen, wie Orang-Jünglinge um ihre Mutter warben, und wahrscheinlich war sie auch Zeugin geworden, wie sich diese für eine Weile mit einem erwachsenen Mann zusammengetan hatte, aber mehr dürfte sie kaum mitbekommen haben. Maud mußte selbst lernen, was es mit dem Sex auf sich hatte.

In jenem Alter schien sie sich zu Backenwulst-Männchen hingezogen zu fühlen, denen sie zugleich voll Mißtrauen begegnete. Schließlich hatte sie mit ihnen noch weniger Erfahrung als mit unreifen Männchen. Angesichts ihrer Größe und Gleichgültigkeit – Orang-Männer spielen nicht mehr – wurde sie aus ihnen wahrscheinlich noch weniger schlau.

Eines Tages beobachtete ich, wie ein Backenwulst-Männchen den Baum erkletterte, in dem Maud Futter suchte. Es war ein herrliches Exemplar mit langem, wehendem Bart und großen Backenwülsten. Später nannte ich ihn «Odysseus», weil er kam und ging und sich nie lange im Untersuchungsgebiet aufhielt. Maud näherte sich ihm, und sie saßen bewegungslos zwanzig Minuten lang dicht beieinander. Schließlich entfernte sich Maud. Odysseus wollte ihr folgen, bemerkte aber plötzlich meine Anwesenheit und gab seinem Unmut lautstark Ausdruck.

Mehrere Tage lang hielt er sich immer wieder in Mauds Nähe auf.

Einmal baute sie ein Tagesnest, was wohl als Aufforderung zur Paarung gemeint war. Sie hielt sich eine Stunde lang darin auf, rutschte unruhig hin und her und spähte von Zeit zu Zeit über den Rand. Schließlich näherte sich Odysseus, setzte sich eine Weile hin und betrachtete Maud, ging dann aber davon, während sie im Nest blieb. Als sie später einem der Orang-Jünglinge begegnete, mit denen sie befreundet war, erschien Odysseus wie herbeigezaubert auf dem Waldboden unter ihr. Da Orang-Utans auf bloßen Füßen und Händen herbeischleichen, hört man sie nicht kommen. Nie wußte ich, wann Odysseus oder ein anderes Männchen auftauchen würde. Der Gedanke, von einem wütenden Orang-Utan auf dem Weg zur Auseinandersetzung mit einem Rivalen überrascht zu werden, machte mich etwas nervös. Aber ich erkannte bald, daß die Rivalitätsgefühle von Backenwulst-Männchen zielgerichtet sind. Es handelt sich nicht um eine blinde Wut wie bei ausgewachsenen Schimpansenmännchen, die bei Attacken gegen Artgenossen nach allem greifen, was sich in Reichweite befindet, seien das herumkrabbelnde Jungtiere oder Hugo van Lawick, Jane Goodalls erster Mann. Die Wut eines Schimpansen richtet sich gegen alles und jedes. Ein männlicher Orang-Utan geht bedächtig und differenziert vor. Das könnte eine Erklärung dafür sein, warum Weibchen häufig in den Bäumen weiterfressen, als wäre alles in bester Ordnung, wenn Männchen einander jagen oder gar miteinander kämpfen. Es scheint unter den Backenwülstern eine Art Kodex ritterlichen Verhaltens zu geben, zumindest im Wald.

Der Orang-Jüngling floh, kaum daß Odysseus auftauchte. Den Rest des Tages über hielt dieser sich in Mauds Nähe, unternahm aber keinen Versuch, sich mit ihr zu paaren. Er verhielt sich eher wie ein Beschützer als wie ein Liebhaber und baute am Abend sein Nest in ihrer Nähe. Am nächsten Morgen war Odysseus fort. Zu einem späteren Zeitpunkt in Mauds Leben aber spielte er erneut eine Rolle. Vielleicht hatte er abgewartet, bis sie erwachsen wurde.

Mauds übermütiges Treiben mit Andy und ihren anderen fast ausgewachsenen Freunden schien typisch für ihre Pubertät zu sein. Für sie war Andy der Junge aus der Nachbarschaft. Sie waren mehr oder weniger miteinander aufgewachsen, und man merkte, daß sie einander kannten. Maud war jetzt etwa vierzehn Jahre alt, und trotz seiner erst elf oder zwölf Jahre war Andy bereits größer als sie.

An dem Vormittag, an dem Andy in Erscheinung trat, zog Maud mit einem großen, fast ausgewachsenen Männchen umher. Sogleich begannen die beiden Männchen spielerisch miteinander zu ringen und sich gegenseitig zu beißen. Das ging schätzungsweise zwanzig Minuten lang so, wobei sie sich vollständig auf ihr Spiel zu konzentrieren schienen. Dann stiegen sie in ein altes Nest und alberten weiter. Maud saß dabei und sah aufmerksam zu. Die Szene erinnerte mich an Klassenfeste von Fünftkläßlern, bei denen sich auf der einen Seite des Raums die Jungen knuffen, während auf der anderen Seite die Mädchen einander kichernd mitteilen, wen sie mögen und wen nicht.

Schließlich zog Maud weiter. Sogleich verließ Andy das Nest und folgte ihr. So, als wolle er einen Anspruch auf sie anmelden, holte das fast ausgewachsene Männchen Maud ein und paarte sich zwanzig Minuten lang mit ihr. Als er sich ihr aber im Verlauf des Nachmittags noch einmal näherte, wies sie ihn ab. Die drei Tiere blieben den ganzen Nachmittag dicht beieinander und bauten am Abend im selben hohen Baum Nester. Wie sehr unterschieden sich doch diese jungen Männchen von den gesetzten, reifen Backenwulst-Trägern, die nicht eine Minute lang die Anwesenheit anderer Männchen duldeten und eifersüchtig über ihre Partnerin wachten!

Die nächsten Tage waren mit Scheinkämpfen und Nestbau angefüllt. Andy kämpfte mit dem anderen Männchen und schlug ihm einmal mit einem abgestorbenen Stück Holz über den Kopf. Er rang auch mit Maud. Alle drei lächelten, wobei die Zähne beider Kiefer sichtbar wurden. Eines Spätnachmittags, als das fast ausgewachsene Männchen davonging, machte sich Andy an Maud heran, spreizte ihre Beine, beschnupperte ihre Geschlechtsteile und legte sie sich zurecht. Maud leistete ihm scheinbar Widerstand, dann paarten sie sich vier Minuten lang. Dabei machte Maud vom ersten bis zum letzten Augenblick ein Spielgesicht – es war nur ein Spiel!

Als das andere Männchen wieder auftauchte, wandte sich Maud mit schnalzendem Quieken und Tuten an ihn, als wollte sie ihm etwas berichten. Zwei Tage später stellte sich ein drittes fast ausgewachsenes Männchen ein und paarte sich sogleich mit Maud, während Andy und das andere Männchen in der Nähe spielten. Offenbar war Maud die Aufmerksamkeit des Neuankömmlings nicht recht; sie jaulte laut und versuchte sich loszureißen. Dennoch zogen die vier Tiere nach der Paarung gemeinsam weiter, Maud an der Spitze, der Neue so dicht hinter ihr, daß er sie berührte. Das andere fast ausgewachsene Männchen war einen knappen Meter hinter ihm, und Andy bildete das Schlußlicht. Als Maud ihr Schlafnest baute, richteten die drei Männchen ihre Nester ganz in der Nähe her.

Am nächsten Vormittag stießen die vier Abenteurer auf Andys Mutter Alice, die still in einem Baum saß. Sogleich kletterte Andy hinauf zu ihr und nahm ihre Hand. Unter Menschen hätte die Szene nicht zärtlicher sein können. Da Alice keine weiteren Kinder hatte, wies sie Andy nicht auf die schroffe Weise ab wie Cara einst Carl. Noch mit zwölf oder dreizehn Jahren blieb er seiner Mutter eng verbunden, war aber in ihrer Nähe trotzdem vorsichtig.

Erstaunlicherweise näherten sich ihr auch die beiden anderen Männchen. Einer ergriff ihre andere Hand, der andere einen Fuß. Mir war unklar, ob sie damit einfach Andys Beispiel folgten oder ebenfalls eine Beziehung zu Alice hatten. Ihr Verhalten ließ mich an wohlerzogene junge Männer denken, die höflich eine alte Dame begrüßen. Aber das war eine vermenschlichende Betrachtungsweise. Wie Schimpansen scheinen auch Orang-Männchen älteren Weibchen vor jüngeren den Vorzug zu geben. So tat sich die alternde Alice durchaus noch mit Backenwulst-Männchen zusammen, brachte aber nie wieder ein Junges zur Welt. Vielleicht fanden die Jungmänner sie attraktiv.

Maud begrüßte Alice nicht, sondern blieb etwa fünf Meter entfernt sitzen. Alice ließ Andys Hand los, die «Audienz» war vorüber. Sogleich verließ er mit den anderen Männchen ihren Baum, sie blieben aber in der Nähe. Als Maud weiterzog, sprangen alle drei auf, um ihr zu folgen. Maud, Andy und die beiden fast ausgewachsenen Männchen bauten an jenem Abend erneut Nester im selben Baum.

Dann aber waren die schönen Tage vorüber. Ein sehr großes, ungeschlacht wirkendes, fast ausgewachsenes Männchen trat auf den Plan. Es war beinahe so groß wie ein Backenwulst-Männchen. Unwillkürlich mußte ich an das Biest denken, das fast ausgewachsene Männchen, das vor Jahren Georgina zur Paarung gezwungen hatte. Inzwischen hatte sich Andy auf den Rückweg zu Alice gemacht. Zwar kämpfte das neue «Biest» nicht mit den anderen Männchen, demonstrierte aber seinen Besitzanspruch, indem es sich ständig in etwa drei Metern Entfernung von Maud hielt – angesichts der dreidimensionalen Fortbewegungsart der Orang-Utans ein schwieriges Unterfangen. An den folgenden Tagen waren Maud und das Biest allein. Nachdem er mehr oder weniger geduldig drei Tage gewartet hatte, paarte er sich am vierten Tag, und noch einmal am fünften, mit Maud.

Ein Jahr später sah ich Maud mit Odysseus wieder. Zwar konnte ich nicht sicher sein, doch hatte ich den deutlichen Eindruck, daß Odysseus mit Maud zusammen war und andere Verehrer aus dem Feld geschlagen hatte. Es ist offenbar typisch für junge Weibchen, sich anfänglich von fast ausgewachsenen Männchen umwerben zu lassen und mit diesem und jenem zu «gehen», sobald sie sich aber dem Erwachsenenalter nähern, entscheiden sie sich für ein Backenwulst-Männchen, dem sie in jungen Jahren begegnet sind, oder es entscheidet sich für sie. Gewöhnlich wird es Vater ihres ersten und vielleicht auch ihres zweiten Kindes. Sechs Monate nachdem ich Maud mit Odysseus gesehen hatte, war bei ihr die weiße Schwellung der Geschlechtsteile zu erkennen, die auf Trächtigkeit hinweist. Odysseus war längst auf und davon, aber wie der griechische Held, dessen Namen ich ihm gegeben hatte, würde er wiederkehren.

Nicht daß Orang-Utans als Einzelgänger leben, ist für mich bemerkenswert, sondern daß sie über lange Zeiträume hinweg Beziehungen aufrechterhalten, obwohl sie monate- und oft jahrelang nicht in Berührung miteinander kommen.

Als ich beim nächsten Mal auf Maud stieß, trug sie ein neugeborenes Söhnchen mit sich, daß ich «Mel» nannte. Ich schätze, daß sie zu jener Zeit sechzehn Jahre alt war. Wie bei ausgewachsenen Weibchen üblich, war sie jetzt nahezu ständig allein; gelegentlich wurde sie von Fern begleitet. Obwohl die beiden einander nicht mehr häufig begegneten und wie in ihrer Jugend wochenlang gemeinsam umherzogen oder miteinander spielten, ließ sich ihre Freundschaft gleichwohl an der Art erkennen, wie sie zusammen umherstreiften und sich nebeneinander setzten.

Maud traf manchmal auf die mittlerweile ausgewachsene Georgina, hielt sich aber im allgemeinen wegen deren Streitlust von ihr fern. In Georginas Wesen wiederholte sich, was ich bei Cara beobachtet hatte; Maud und Fern hingegen ähnelten mehr der freundlichen Beth. Sie gingen Konflikten aus dem Weg und drängten sich Artgenossen nicht auf.

Im Verlauf des nächsten halben Jahres beobachtete ich Maud jeden

Monat, mitunter eine Woche lang ohne Unterbrechung. Der Übergang von der gesellig lebenden Halbwüchsigen zur allein lebenden Erwachsenen schien vollzogen. Mauds Einsamkeit wurde noch dadurch betont, daß in Caras früherem Revier nur wenige ausgewachsene Weibchen lebten. Als Mel auf die Welt kam, war Martha verschwunden. Ich weiß nicht, ob sie tot war oder das Revier verlassen hatte, jedenfalls habe ich sie nie gemeinsam mit ihrer erwachsenen Tochter angetroffen. Auch Fern und Fran sah ich selten gemeinsam umherziehen. Zehn Jahre später aber beobachtete ich, wie die beiden einander hoch oben in einem Baum begegneten und sich umarmten. Das einzige erwachsene Weibchen, das sich in einem Teil von Caras einstigem Revier aufhielt, das jetzt Maud gehörte, war Priscilla. Die beiden kreuzten sich gelegentlich, nahmen aber nie unmittelbar Kontakt zueinander auf.

Mauds Sohn Mel war ein gesunder Junge, der sich normal entwickelte. Schon lange vor seinem ersten Geburtstag begann er sich über sehr kurze Entfernungen von Maud zu lösen. Bis er zwei Jahre alt war, tat er das regelmäßig. Er suchte in ihrer Nähe nach Nahrung, wenn sie stehenblieb, nahm aber auch Eßbares aus ihrem Mund entgegen. Maud war eine nachsichtige Mutter und teilte gewöhnlich mit ihm. Mit vier Jahren begann Mel, seiner Mutter von Baum zu Baum zu folgen. Wenn sie innehielt, kam er häufig zu ihr, um zu saugen. Seine Kindheit verlief denkbar normal.

Dann begann er mit einem Mal, unaufhörlich zu jaulen. Noch nie hatte ich einen so jungen Orang-Utan so viel jaulen hören. Obwohl erst etwa fünf Jahre alt, hatte er Trotzanfälle wie einst Carl. Ich verstand nicht, was da vor sich ging, zumal Mels Anfälle immer schlimmer wurden. Gelegentlich sah ich ihn kopfüber an einem Ast hängend aus voller Lunge schreien und wütend mit den Fäusten in die Luft schlagen.

Manchmal begreift der Mensch nicht, was offen zu Tage liegt. Mir war nur aufgefallen, daß sich ab und zu fast ausgewachsene Männchen in Mauds Nähe aufhielten. Dann erschien nach fünfjähriger Abwesenheit das majestätische Backenwulst-Männchen Odysseus mit seinem wehenden Bart abermals. Erst da begriff ich, daß Maud wieder einen ständigen Begleiter hatte und Mel entwöhnt wurde.

Carls Wüten während seiner Entwöhnung war nichts gewesen im Vergleich zu dem, was Mel bot. Man mußte ihm aber zugute halten, daß es die früheste Entwöhnung war, die ich unter freilebenden Orang-

Utans je gesehen habe. Nachdem der «weitgereiste» Odysseus seiner Mutter eine Weile den Hof gemacht hatte, verschwand er, und sie war wieder allein.

Mit rund zweiundzwanzig Jahren brachte Maud ihr zweites Kind zur Welt, das ich später «Michelle» nannte. Mel war vollständig entwöhnt, und seine Trotzanfälle hatten aufgehört. Er schien sich damit abgefunden zu haben, daß er sich die Mutter mit einem Schwesterchen teilen mußte. Davon abgesehen, daß er nie mehr zu saugen versuchte, zog er mit Maud fast genauso umher, als wäre er ihr einziges Kind, und teilte auch gelegentlich das Schlafnest mit ihr. Mel und Michelle spielten so miteinander, wie Carl und Cindy das getan hatten. Gewöhnlich machte Michelle den Anfang, indem sie zu ihm herübergewackelt kam und ihn an der Hand mit sich zog. Mel verhielt sich ihr gegenüber zärtlich und sanftmütig. Vor allem nach Michelles Geburt gab Maud ungewöhnlich oft Unmutslaute von sich. Zuerst nahm ich an, es ärgere sie, daß die Menschen sie unablässig beobachteten. Später begriff ich, daß sie Mel damit meinte. Wenn er sich weiter als dreißig Meter entfernte, hörte Maud mit ihrer Tätigkeit auf, gab ein lautes schnalzendes Quieken von sich und blickte in seine Richtung, bis er zurückkam. In ihren Augen war Mel nach wie vor unselbständig. Erst als er etwa neun Jahre alt war – in dem Alter beginnen die meisten Orang-Mütter ihre Söhne zu vertreiben –, hörte Mauds Besorgnis auf. Mel war bereits teilweise selbständig, so daß sie ihn nicht zu vertreiben brauchte.

Mit elf Jahren streifte Mel allein umher und baute auch sein Nest fern von der Mutter. Er war ein außergewöhnlich ruhiges Tier. Maud hatte die körperliche Bindung zu ihm zwar schnell und schmerzhaft gelöst, aber die emotionale Beziehung über Jahre hinweg aufrechterhalten und sich weiter um ihn gekümmert. Mel schien ein großes Maß an Selbstvertrauen zu besitzen, sogar Menschen gegenüber. Doch muß man bedenken, daß er fast vom Tag seiner Geburt an den Anblick von Menschen gewöhnt war. Wir waren Bestandteil seiner Welt. Mit dreizehn Jahren verließ er nicht nur das Revier seiner Mutter, sondern auch das Untersuchungsgebiet.

Michelle schlug eher der Mutter nach und sah uns ständig aufmerksam an. Als sie mit etwa vier Jahren den Körper der Mutter zu verlassen begann, um ihr allein von Baum zu Baum zu folgen, tat sie etwas, was nur wenige freilebende Orang-Utans tun. Sie begann, vom Baum herabzuklettern, und näherte sich, um die Menschen besser sehen zu können, die in ihrem Leben eine so große Rolle spielten. Manchmal kam sie unmittelbar über uns bis auf zehn Meter heran. Häufig warf sie Äste herab und machte ihrem Unmut laut Luft, als wolle sie feststellen, wie wir darauf reagierten.

Sie war schon über sieben Jahre alt, als die inzwischen fast dreißigjährige Maud 1994 zum dritten Mal ein Junges bekam. Diesmal war Odysseus nicht wiedergekehrt; ich weiß nicht, wer der Vater ist. Maud hat es meist an ihrer Seite, und ich hatte bisher keine Möglichkeit, sein Geschlecht mit Sicherheit festzustellen. Die zehnjährige Michelle zieht immer noch mit der Mutter umher und teilt auch gewöhnlich das Nest mit ihr. Wie ich inzwischen weiß, vertreiben Mütter ihre Töchter nicht, doch vermute ich, daß Michelle demnächst immer weniger mit Maud und immer mehr mit Gleichaltrigen zusammensein wird. Bestimmt werde ich Maud und Michelle begegnen, solange die Wälder von Tanjung Puting stehen. Wenn alles gutgeht, beendet Michelle eines Tages ihr Leben etwa zwei bis drei Kilometer von der Stelle entfernt, an der ihre Mutter Maud zur Welt kam.

Mel habe ich mehrere Jahre nicht gesehen. Ich kenne ihn gut genug, um ihn zu identifizieren, sollte ich ihm noch einmal begegnen, aber sein Leben als Männchen kann ihn in ferne Gegenden verschlagen. Die Wälder um Tanjung Puting herum werden immer mehr abgeholzt, und je nachdem, wie weit er sich vom Reservat eintfernt hat, können ihm Lücken, die inzwischen im Wald entstanden sind, eine Rückkehr erschweren.

Maud ist eine ganz gewöhnliche Orang-Frau, und ihr Leben ist in nahezu jeder Hinsicht ohne Aufregung verlaufen. Aus der eher zottelingen Halbwüchsigen wurde eine Erwachsene mit einer herrlichen, langen, glänzenden Behaarung, die drei gesunde, lebhafte Kinder zur Welt gebracht hat. Zu ihrer aller Glück waren es ruhige Jahre. Im Idealfall verläuft das Leben eines ausgewachsenen Orang-Utan-Weibchens so beschaulich und vorhersehbar, daß es einem Menschen unerträglich langweilig erscheinen würde. Nahezu alle Weibchen, mit denen Maud zusammentrifft, sind ihr seit langem bekannt. Es ist der Inhalt ihres Lebens, umherzustreifen und zu fressen. Ihre Jungen wachsen auf und lernen, ohne die Unterstützung der Mutter zu leben.

In großen Abständen paart sich Maud mit einem Backenwulst-Männchen und wird von hoffnungsvollen, begehrlichen Orang-Jünglingen umworben. Zwar kann ein Männchen mehrmals Junge mit demselben Weibchen zeugen (was bei Maud und Odysseus vermutlich der Fall war), doch hält es sich nicht während der gesamten Lebensspanne, in der das Weibchen fortpflanzungsfähig ist, in seiner Nähe auf. Es kommt und geht. Sexuelle Abenteuer sind im Leben eines erwachsenen Orang-Weibchens nur eine Randerscheinung. Tag für Tag zieht es auf der Suche nach Nahrung geruhsam unter dem Blätterdach umher, denn Nahrung bedeutet Leben und Leben Nahrung.

Noch dreiundzwanzig Jahre nach Beginn meiner Untersuchung auf Borneo beobachte ich einige der freilebenden Orang-Utan-Weibchen, denen ich vor über zwei Jahrzehnten zum ersten Mal begegnet bin. Maud, sie ist mittlerweile über dreißig, sieht nicht alt aus, auch wenn man merkt, daß sie keine Halbwüchsige mehr ist. Nur noch ganz winzige Spuren von Weiß sind in ihrem Gesicht zu erkennen. Beth ist mit Ende Vierzig schon fast eine Matrone. Vor mindestens zehn Jahren ist Alice gestorben; und Martha lebt vermutlich auch nicht mehr. Fran hat zwei Enkel, und Priscilla, die noch ungepflegter aussieht als bei unserer ersten Begegnung, ist ebenfalls Großmutter, wie auch Georgina, einst das junge Orang-Utan-Mädchen mit dem niedlichen Gesicht.

In denselben dreiundzwanzig Jahren haben mehrere Generationen erwachsener Männchen nacheinander den Wald für sich beansprucht. Einige Jahre nach seiner Rückkehr, die wie ein Wunder schien, verschwand Kehlsack erneut, um nie wieder aufzutauchen. An die Stelle von Nick und Harry Handlos, die ich in den siebziger Jahren zum letzten Mal gesehen hatte, ist Ralph getreten. «Sam», «Einauge»[1] und Odysseus sind in den achtziger Jahren verschwunden. Die Lebensgeschichte eines freilebenden Orang-Manns läßt sich nicht lückenlos verfolgen, sondern lediglich von der Beobachtung verschiedener Individuen zu verschiedenen Zeiten ihres Lebens ableiten.

Während das Leben einer Orang-Frau gemächlich und vorhersehbar verläuft, ist das eines Backenwulst-Männchens komplizierter. Für es ist jedes andere erwachsene Männchen ein Feind. Es steht mit ihm nicht nur in Konkurrenz um Nahrung, sondern auch um Weibchen. Es kann, wie viele andere männliche Säugetiere, jung sterben.

---

[1] Im Original «One-Eye»

Sarah Blaffer Hrdy, eine bekannte amerikanische Soziobiologin, hat Anfang der siebziger Jahre die auf dem indischen Subkontinent heimischen Hulmans, die heiligen Affen, untersucht. Wie viele Altweltaffen leben Hulmans in Trupps aus miteinander verwandten Weibchen. Von Zeit zu Zeit dringen Männchen von außerhalb in diese Trupps ein und vertreiben den Revierinhaber. Sodann verdrängt gewöhnlich einer dieser Neuankömmlinge seine eigenen Mitstreiter, so daß nur er übrigbleibt. In den von Sarah Blaffer Hrdy untersuchten Trupps beging der neue Revierinhaber häufig Massenmord an Jungtieren, indem er alle Säuglinge der seinem Trupp angehörenden Weibchen umbrachte. Damit erreicht er, daß die Weibchen sofort wieder brünstig werden und er nicht ein bis zwei Jahre warten muß, bis die Jungen entwöhnt sind. Anschließend paart er sich mit den Weibchen. Alle Tiere, die daraufhin zur Welt kommen, tragen seine Gene. Einige Jahre lang ist er unumschränkter Herrscher, bis auch er verjagt wird und allein umherstreifen muß.

Sarah Blaffer Hrdy hat mir berichtet, daß eine der Erinnerungen, die ihr stets nachgehen werden, der Blick in die Augen eines ausgewachsenen Hulman-Männchens war. Die Weibchen mit ihren hell-schokoladefarbenen Augen blicken freundlich drein. Ihnen in die Augen zu schauen, schreibt sie, sei leicht, doch sei der Blick der Männchen so abwesend, daß man ihn nahezu unmöglich festhalten könne. Eines Tages habe ein Hulman-Männchen zufällig den Kopf gewendet und ihr in die Augen gesehen. Eine Sekunde lang hätten sich ihre Blicke getroffen. Das sei ihr wie der Blick in die «Seele eines Hais» vorgekommen. In den Augen habe sich ein unendlich einsames Geschöpf gespiegelt.

Von außen betrachtet ähnelt die Lebensweise eines männlichen Orang-Utans der eines Hulmans, doch lebt er eher noch isolierter. Nachdem er die Mutter verlassen und als Halbwüchsiger mit anderen herumgetollt hat, führt er als Backenwulst-Männchen sein Leben allein, außer wenn er sich mit einem Weibchen zusammentut oder gegen andere Männchen kämpft. Dennoch ist er kein furchterregender einzelgängerischer Räuber. Freilebende Orang-Utans bringen keine Jungtiere um und töten einander im allgemeinen nicht einmal im Kampf. Wer einem Backenwulst-Männchen in die Augen blickt, sieht Selbstgenügsamkeit und Macht. Trotz der erbitterten Auseinandersetzungen, die darüber bestimmen, ob er sich fortpflanzen darf oder nicht, ist ein ausgewachsener Orang-Mann nicht besonders auf Kämpfe erpicht. Sie sind selten, und ich habe in dreiundzwanzig Jahren weniger als ein Dutzend miterlebt.

Freilebende männliche Orang-Utans verbringen den größten Teil ihrer Zeit mit Warten auf das große Glück, die Möglichkeit, sich mit einem Weibchen zu paaren. Sie halten ihre geistigen und körperlichen Fähigkeiten für die seltenen Kämpfe bereit, die es ihnen ermöglichen, ihre Partnerinnen zu verteidigen. In ihrer Gelassenheit wirken diese Männchen, die mit ihren Kräften haushalten müssen, nahezu meditativ. Sie ähneln Sumo-Ringern, die für die Vorbereitung auf die wenigen Sekunden oder Minuten einer geringen Zahl von Wettkämpfen leben, die darüber entscheiden, wer Großmeister wird. Wie bei diesen müssen Backenwulst-Männchen viel essen, um zuzunehmen, Kraft zu gewinnen und zu «trainieren» (beispielsweise, indem sie sich beim Fressen an einem oder zwei Fingern von einem Ast herabhängen lassen). Doch das wahrscheinlich wichtigste für ausgewachsene Orang-Männchen ist, sich den Kopf für die bevorstehenden Kämpfe freizuhalten, die wenigen Meisterschaftsrunden, die darüber entscheiden werden, ob sie ihre Gene weitergeben können oder diese aussterben werden. Meist scheint ein Orang-Männchen nachdenklich und gelöst. Nur im Kampf mit seinesgleichen wirkt es gefährlich, unberechenbar, wenn nicht gar heimtückisch und brutal.

Ein Blick in die Augen eines Backenwulst-Männchens ist wie der Blick in tiefes, dunkles Wasser, in dem man sein eigenes Spiegelbild sieht – nicht wie man ist, sondern wie man vielleicht sein möchte: ein ruhiges, beherrschtes, starkes, unabhängiges Wesen, das sich ohne Verbündete, aber mit allen Kräften, die ihm Geist, Körper und Seele zur Verfügung stellen, an anderen mißt. Aus diesem Grunde erscheint uns der ausgewachsene Orang-Mann so faszinierend. In seinen Augen sehen wir, wie rücksichtslose Kraft und Brutalität auf der einen und Gelassenheit und Umgänglichkeit auf der anderen Seite in einem empfindlichen Gleichgewicht gehalten werden. Die Augen männlicher Orangs erinnern uns an die problematische Verbindung von Engel und wildem Tier, die das Kennzeichen der menschlichen Seele ist.

20 Gara

>Wer ein Leben rettet, rettet die ganze Welt
>
>*Der Talmud*
>
>Französinnen haben schokoladebraune Augen,
>tragen weiße Socken und fürchten,
>ein Orang-Utan könne sie erschrecken,
>der sich durch den Kamin
>Zutritt zur Wohnung verschafft hat.
>
>*David Mamet*

Im Angesicht eines wütenden wilden Backenwulst-Männchens von neunzig Kilo Gewicht und mit einer Armspanne von knapp zweieinhalb Metern bemühe ich mich um völlige Passivität. Ich zwinge mich, nichts zu tun. Auch wenn meine Begleiter davonlaufen, bleibe ich, wo ich bin, still und regungslos. Der Orang-Utan muß sich im Bruchteil einer Sekunde entscheiden: Soll er mich angreifen, auf die Gefahr hin, verletzt zu werden, oder sich zurückziehen und sich für den entscheidenden Kampf aufsparen? Mir ist klar, daß ich für ein solches Tier im Grunde unbedeutend bin. Meine Körperkräfte auf die Probe zu stellen wäre für ihn Energieverschwendung. Für mich jedoch erfordert die Konfrontation mit Menschen, die Orangs ausbeuten, manchmal mindestens soviel Mut und Nerven wie die Konfrontation mit einem wilden Orang-Mann.

Bei einer Reise nach Palangkaraya sprach mich am Flughafen ein junger Mann an. Indonesier sind kontaktfreudig und verwickeln Fremde gern in ein Gespräch. Im Verlauf des üblichen Geplauders wollte er wissen, was ich in Indonesien tue. Als ich ihm sagte, daß ich Orang-Utans beobachte, hellte sich sein Gesicht auf, und er rief aus:

«Oh, ich weiß, wo es einen gibt. Soll ich Sie hinbringen?» Ich sagte: «Natürlich», und wir verabredeten, daß er mich am frühen Abend mit seinem Motorrad bei den Bintis abholen würde.

Er kam kurz nach fünf. Zwar sind in Kalimantan Motorräder das Massenverkehrsmittel schlechthin und werden häufig von drei oder vier Personen gleichzeitig benutzt, doch schickte es sich Bintis Ansicht nach nicht, mit einem mir völlig Unbekannten auf einem Motorrad zu fahren. Daher bot er mir an, mich in seinem Auto zu dem Haus zu bringen, in dem der Orang-Utan gehalten wurde.

Wir folgten dem jungen Mann in einen nahe dem Wasser gelegenen Stadtteil, wo die Häuser so dicht beieinander standen, daß nicht einmal Platz für Höfe blieb. Es war nicht die beste Wohngegend der Stadt. Bei unserer Ankunft war die Besitzerin des Orangs nicht zu Hause. Sie arbeitete als Putzfrau im Krankenhaus und hatte Spätschicht.

Das «Haustier» war ein dunkelhaariges, aktives, noch junges Weibchen. Ich bat, sie aus dem Käfig nehmen zu dürfen, und setzte mich mit ihr auf dem Schoß in einen Sessel. Nach einigem höflichen Geplauder und den unvermeidlichen Gläsern dampfend heißen gesüßten Tees teilte ich dem Mann der Besitzerin so freundlich wie möglich mit, daß das Halten von Orang-Utans gegen das Gesetz verstoße. Er glaubte mir nicht. Ich fuhr fort, sicherlich würden er und seine Frau, nun da sie das Gesetz kannten, das Tier sogleich der zuständigen Forstbehörde übergeben, damit es in die Freiheit entlassen werden könne. Ich fügte hinzu, es sei das beste, gleich hinzugehen, und erklärte mich bereit, ihn zu begleiten.

Ein halbes Dutzend Leute hatten sich um ihn versammelt. Eine jüngere Verwandte wurde ins Krankenhaus geschickt, um seine Frau zu holen. Ruhig und beherrscht erklärte ich, warum man Orang-Utans in den Wald zurückbringen müsse. Bis die Frau außer Atem eintraf, war das Wohnzimmer voller Nachbarn. Es war klar, daß die Frau den Orang nicht weggeben wollte. Den jungen Orang-Utan jedoch schien das Gedränge um uns herum weit mehr zu fesseln als die Anwesenheit seiner Besitzerin.

Die Verhandlungen gerieten in eine Sackgasse. Die Menschenmenge im und vor dem Haus wurde immer größer. Jedes Fenster war voller neugieriger Zuschauer. Ärger lag in der Luft; der kleinste Funke hätte genügt, daß er sich entlud. Ich setzte ein freundliches Lächeln auf und sprach zurückhaltend, versuchte den Eindruck zu vermitteln, daß es mir leid tue, eine solch schlechte Nachricht zu überbringen.

Schweigend hatte Binti die ganze Zeit neben mir gestanden. Es wunderte mich, daß er als hoher Regierungsbeamter das Wort nicht ergriffen hatte. Er sah teilnahmslos aus; sein übliches Lächeln war verschwunden. Mit einem Mal beugte er sich zu mir und sagte leise: «Es ist schon spät. Wir sollten gehen.» Ich erklärte ihm, daß ich gern bleiben würde, bis man mir den Orang übergab. Mit einem Achselzucken sagte er: «Ich bin müde und fahre jetzt nach Hause. Kommst du mit?» Als ich nein sagte, verließ er unauffällig das Haus, ohne sich von der Besitzerin des Tiers oder ihrem Mann zu verabschieden.

Inzwischen waren mindestens hundert Menschen beisammen. Die Menge drängte sich so dicht, daß auch die Fenster versperrt waren und im Haus keine Luft mehr zirkulierte. Die Besitzerin und ihr Mann schwiegen. Ein Nachbar, ein Polizist, der dienstfrei hatte, löste sich aus der Menge und erklärte mit scharfen Worten, er wisse nicht, wovon ich spreche. Ich gab ihm zur Antwort, daß er als Polizeibeamter das Gesetz kennen müsse. Das brachte ihn nur noch mehr auf.

Unterdessen war es zehn Uhr geworden. Die Menge war jetzt erkennbar feindselig. Als ich schließlich erklärte, ich würde am nächsten Morgen wiederkommen und das Tier abholen, erwartete ich einen Seufzer der Erleichterung. Statt dessen hatte ich den Eindruck, als genössen die Menschen ihren Triumph und beglückwünschten sich gegenseitig. Bis dahin hatte in ihrem Zorn ein gewisser Respekt gelegen, jetzt gaben sie sich nicht einmal mehr Mühe, ihr siegesgewisses Kichern und Grinsen zu verbergen. Ich begriff, daß sie annahmen, ich hätte kapituliert. Der Orang würde am nächsten Morgen nicht mehr da sein. Mit meiner westlichen Leichtgläubigkeit hatte ich mich in eine Falle locken lassen.

«Nein», sagte ich. «Wir bringen das Tier noch heute abend zur Forstbehörde. Man muß dem Gesetz gehorchen. Ich würde mich selbst schuldig machen, wenn ich der Besitzerin nicht dabei helfen würde.» Mit einem Schlag wurde aus der Geringschätzung unverhüllte Feindseligkeit. Die Gesichter der Männer wurden hart. Mir fiel auf, daß die Frauen und Kinder plötzlich verschwunden waren. Nur noch erwachsene Männer umgaben mich. Ich dachte: Gleich lynchen sie dich. Aber mir blieb keine Wahl. Wenn ich jetzt klein beigab, wäre der Orang-Utan verloren und meine Glaubwürdigkeit damit.

Ein älterer Mann in einem Faltensarong betrat den Raum. Jemand erhob sich von seinem Stuhl, damit er sich setzen konnte. Er stellte sich als Vorsitzender einer Art Nachbarschaftsgruppe vor, die aus zehn Familien bestand. Noch einmal wiederholte ich, was ich zu sagen hatte. Schweigen trat ein. Der Mann antwortete nicht sogleich, sondern sah mich nur nachdenklich an. Angespannt wartete ich, als müßte gleich ein Schlag auf mich herabsausen. Aber sein Gesicht blieb freundlich.

Schließlich sagte er: «Sie hat recht. Orang-Utans zu halten verstößt gegen das Gesetz.» Er erklärte den Anwesenden, daß ich die Eigentümer weder irrezuführen noch zu betrügen gedächte. Die Spannung wich aus dem Raum. Fast, als falle es ihm erst jetzt ein, fügte er hinzu: «Ich habe es im Fernsehen gesehen, als ich auf Java war.»

Obwohl es damals in Kalimantan Tengah noch kein Fernsehen gab, hatten die indonesischen Massenmedien diesem Orang-Utan die Freiheit gebracht – und mich unter Umständen gerettet. Ich fragte mich, ob der Mann womöglich die Nachrichtensendung gesehen hatte, in der gezeigt worden war, wie ich mehrere Orang-Utans von Java nach Kalimantan zurückbrachte.

Obwohl es schon elf war, donnerten acht oder neun Motorräder durch die Dunkelheit zur Dienststelle der Forstbehörde, um den Orang-Utan dem Naturschutzbeauftragten abzuliefern. Ich saß auf dem Sozius hinter dem jungen Mann; die Besitzerin mit ihrem Mann und einem Dutzend Bekannter gaben uns das Geleit. Der zuständige Beamte, der erst kürzlich von Java, woher ich ihn kannte, nach Palangkaraya versetzt worden war, zögerte angesichts der sonderbaren Prozession, an die Tür zu kommen. Vermutlich nahm er an, eine Motorradbande belagere ihn. Vorsichtig öffnete er die Tür einen Spaltbreit. Als er mich sah, öffnete er sie ganz und rief: «Ich wußte gar nicht, daß Sie in der Stadt sind!» Ich bat um Entschuldigung wegen der späten Störung und erklärte die Situation. Der junge Mann übergab den Orang dem Beamten und brachte mich dann auf seinem Motorrad zum Haus der Bintis.

Dort angekommen, dankte ich ihm für seine Hilfe. Den ganzen Abend war sein Gesicht ausdruckslos gewesen, jetzt sagte er lebhaft: «Ich hatte nicht die geringste Ahnung, daß Sie das Tier da wegholen wollten!» Er schien erschüttert zu sein.

Die Bintis äußerten sich weder zustimmend noch mißbilligend. Doch daß sie mich im stillen unterstützten, wurde deutlich, als mich Binti am nächsten Morgen stolz zum Büro des Naturschutzbeauftragten fuhr, damit ich den Orang-Utan besuchen konnte. Der Beamte beklagte sich: «Ich konnte die Leute gestern abend überhaupt nicht mehr loswerden. Sie wollten unbedingt, daß ich für das Tier zahle, und natürlich habe ich mich geweigert. Wir haben uns die halbe Nacht darüber gestritten.»

Binti schien dieser Ausbruch zu belustigen. «Du hilfst ihm, seine Arbeit zu tun», sagte er, als wir das Büro der Forstbehörde verließen. «Er sollte sich nicht beklagen, sondern dir dankbar sein.»

Wie allen Indonesiern war Binti Unfriede in tiefster Seele zuwider. Offen ausgetragene Konflikte bereiteten ihm Unbehagen. Wie ein scheuer Orang-Utan nutzte er seine Macht ausschließlich dann, wenn es sich nicht umgehen ließ. Obwohl er die Szene am Vorabend als äußerst unangenehm empfunden hatte, war er überzeugt gewesen, daß ich mich der Sache gewachsen zeigen würde. Er war erleichtert, daß alles gut ausgegangen war, und schien auf seine Adoptivtochter stolz zu sein.

Ich nannte den Orang-Utan nach dem neuen Gouverneur von Kalimantan Tengah «Gara». Er und Binti kannten einander seit ihrem achten Lebensjahr, als man sie aus ihren Dajak-Dörfern in die Missionsschule von Banjarmasin, Südborneos Hauptstadt, geschickt hatte.

Garas Rettung war für mich ein erschütterndes Erlebnis. Selten habe ich mich im Wald so allein gefühlt wie in dem Raum voller aufgebrachter Menschen. Aber der Einsatz war die Mühe wert gewesen. Nur wenigen Orang-Utans ist in der Gefangenschaft ein langes Leben vergönnt. Damit, daß ich Gara nach Tanjung Puting zurückbrachte, habe ich ihr das Leben gerettet.

Jahre zuvor, als es darum ging, Sugito aus einem verdreckten Verschlag in Kumai herauszuholen, Akmad bei den Holzfällern zu beschlagnahmen, Sobiarsos Besitzer zu überreden und Rio nach Tanjung Puting zu bringen, hatte dahinter nur mein Wunsch gestanden, die jungen Orang-Utans zu retten. Es gab damals weder Methoden noch Richtlinien für ihre Auswilderung. Ich hatte keine Vorstellung, ob diese jungen Tiere ihr natürliches Leben im Wald wieder aufnehmen würden. Nur wenige Menschen zuvor hatten den Versuch unternommen, große Menschenaffen auszuwildern. Tiere zurück in die freie

Natur zu bringen ist immer ein Risiko; selbst noch so ausgeklügelte und sorgfältig geplante Auswilderungsprogramme schlagen häufig fehl. Ich verließ mich auf meinen gesunden Menschenverstand und auf das, was ich über die jeweiligen Tiere wußte. Letzten Endes besteht eine Art aus Einzelwesen.

Anfangs, als ich jährlich nur wenige befreite Orang-Utans übernahm, war es sinnvoll, mich selbst um jeden einzelnen zu kümmern. Inzwischen aber, weniger als ein Jahrzehnt später, hatte man mir Dutzende von Orangs anvertraut. Es kam vor, daß ich links und rechts ein Junges mit mir herumtrug, ein Baby um den Hals hatte, ein weiteres auf meinem Fuß saß und ein Gibbon sich an meinen anderen Knöchel klammerte. Ich machte rein äußerlich nicht den Eindruck einer effizient arbeitenden Akademikerin. An manchen Tagen bestand meine größte Leistung darin, daß es mir gelang, mich zur Außentoilette zu schleppen oder an den Fluß, um ein Bad zu nehmen.

Das Auswilderungsprogramm mußte systematischer werden. Unmöglich konnte ich alle im Lager befindlichen Orang-Utans selbst bemuttern. Statt dessen stellte ich kleine Gruppen von Jungtieren zusammen, die unter meinem aufmerksamen Blick oder dem der einheimischen Helfer gemeinsam klettern, Futter suchen und möglichst viel beisammen sein sollten. Wenn sie zu klein waren, um ein Nest zu bauen, oder keine Lust dazu hatten, verbrachten sie die Nacht in einem Käfig. Tagsüber wendeten wir Stunden dafür auf, sie zum Spielen und Erkunden anzuregen. Ich verfaßte Listen mit Aufgaben, die jeweils an einem bestimmten Tag erledigt werden sollten, und stellte für die einheimischen Helfer eine Art Auswilderungshandbuch zusammen.

Ältere befreite Orangs beteiligten sich manchmal an der Auswilderung, indem sie einen der Neuankömmlinge sozusagen adoptierten. Nicht alle fanden auf diese Weise einen Betreuer, aber doch viele. Meist übernahmen fast ausgewachsene Weibchen, die selbst jederzeit Mutter werden konnten, diese Aufgabe, aber auch halbwüchsige Männchen anerboten sich. In manchen Fällen taten die Jungtiere selbst den ersten Schritt zur Adoption, indem sie sich an ältere Artgenossen klammerten, wie einst Carey bei Akmad. Es kam auch vor, daß einer der älteren Orangs ein Jungtier «entführte». Doch wer auch immer die Initiative ergriff, sobald der Anfang gemacht war, entstand zwischen den beiden Individuen eine ebenso enge Beziehung wie zwischen

Sugito und mir. Gewöhnlich blieben die Jungen so lange bei dem Artgenossen, der sie adoptiert hatte, bis dieser (wenn es ein Weibchen war) selbst ein Junges bekam oder (als ausgewachsenes Männchen) zu wandern begann.

Wie beim Menschen standen die Aussichten, adoptiert zu werden, um so besser, je jünger die Waise war. Niemand wollte Gara haben, die bei ihrer Ankunft fünf oder sechs Jahre alt war und an die fünf Kilo wog. Glücklicherweise gab es damals mehrere größere junge Weibchen im Lager. Nach ihren zwei Quarantänewochen konnte Gara ungehindert mit ihnen Kontakt aufnehmen.

Sie war schon recht selbständig und spielte mit Prinzessin, Hani und Claudia. Ihre beste Freundin aber war Kuspati. Gara und Kuspati wurden unzertrennlich. Im Käfig drängten sie sich nachts aneinander. Sofern sie die Nacht im Nest verbrachten, dann stets gemeinsam in einem. Da sie eine so enge Beziehung zueinander hatten, standen sie Menschen eher distanziert gegenüber. Ihre Hauptverbindung zum Menschen waren das Futter und die Milch, die wir den Orangs zweimal täglich hinstellten. Ich habe Gara oder Kuspati so gut wie nie gehalten, sondern meist in die Bäume hinaufgescheucht.

Beide gehörten zu den «pflegeleichtesten» Orang-Utans. Keine von beiden jaulte besonders viel, und wenn, lag das daran, daß sie voneinander getrennt waren. Sie wurden weder krank noch plünderten sie das Lager. Weder Gara noch Kuspati kamen je in die Gebäude im Lager, und nur selten versuchten sie durch den Maschendraht einzudringen. Beide unterschieden sich nur sehr wenig von freilebenden Orang-Utans.

Auf den ersten Blick schienen Gara und Prinzessin Gegensätze zu sein. Letztere verdankte ihre fortgeschrittenen kognitiven Fertigkeiten und ihre Nähe zum Menschen der Adoption durch Gary Shapiro, der sie zwei Jahre lang herumtrug und ihr die Zeichensprache beibrachte. Als Prinzessin noch klein war, war mein Sohn Binti ihr «bester Freund» gewesen. Aber sie nahm auch Kontakt zu den anderen Orang-Utans im Lager auf und begleitete sie häufig bei der Futtersuche in den naheliegenden Mooren und Wäldern.

Wenn es für Tiere Pässe gäbe, besäße Prinzessin eine doppelte Staatsbürgerschaft, denn sie ist «bikulturell», in der Welt der Menschen wie jener der Orang-Utans daheim. Sie interessiert sich für alles, was der Mensch tut, ist aber durchaus imstande, auf sich allein gestellt im Land zu leben. Manchmal verschwindet sie und kommt wochenlang nicht zum Vorschein. Doch haben die zwei Jahre, in denen Gary sie «bevaterte», deutlich auf sie abgefärbt. Ihr Geschick im Umgang mit Werkzeug, ihre kognitiven Fähigkeiten und ihre Gabe der Nachahmung sind bemerkenswert.

Einmal ordnete Prinzessin Stöcke, mit denen sie auf dem Boden spielte, der Länge nach an. Kinder beherrschen die Herstellung einer Reihenfolge erst mit sieben oder acht Jahren, laut Jean Piagets Theorie der kognitiven Entwicklung des Menschen ein Meilenstein auf dem Weg zum logischen Denken. Studien mit gefangenen Schimpansen haben ergeben, daß ihre Intelligenz mit jener dreieinhalbjähriger Kinder vergleichbar ist. Auf welcher Entwicklungsstufe Prinzessin auch immer steht, sie ist auf eine Weise lernfähig, die Menschen anerkennen.

Sie hat Einbäume als tragbare Brücken über Moorflächen und Bäche verwendet, hat gelernt, mit dem Schlüssel Türen von Gebäuden im Lager zu- und aufzuschließen. Sie hat nicht nur mit Kamm und Bürste sich und ihr Junges gestriegelt, sondern sogar eine Spielzeug-Maschinenpistole richtig gehalten, so daß es aussah, als werde sie jeden Augenblick losfeuern. Im Unterschied zu Menschen hat sie dabei aber nicht beide Hände verwendet, sondern eine Hand und einen Fuß. Dennoch sah es natürlich und richtig aus. Sie hat die Spielzeugwaffe auf mich gerichtet, ohne den Abzug zu betätigen. Niemand hat ihr diese menschlichen Tätigkeiten beigebracht, sie hat sie alle ausschließlich durch Nachahmen, Beobachten und Üben gelernt, weil sie sich zu Menschen hingezogen fühlt und sich als ihresgleichen ansieht.

Im Laufe der Jahre wurde Prinzessin zur selbsternannten Botschafterin der Orang-Utans in der Welt der Menschen. Sie befindet sich an der Schnittstelle zwischen beiden Welten und überbrückt die Kluft, die uns trennt. Noch heute wartet sie oft mit «Peta», ihrem zweiten Kind, am Ende des Eisenholzdamms, um Besucher zu begrüßen.

Gara hingegen ist fast ausschließlich in der Welt der Orang-Utans geblieben. Einige Jahre hindurch verbrachte sie den größten Teil ihrer Zeit mit Kuspati im Wald. Ebenso, wie sich freilebende Orang-Weibchen als Heranwachsende von der Mutter lösen, hat Gara schließlich Kuspati verlassen, um allein oder mit anderen befreiten Orang-Utans durch den großen Wald zu streifen. Sieben Jahre nachdem sie ins

Lager gekommen war, ging ich eines Tages durchs Moor, als ich in den Bäumen einen Orang-Utan entdeckte. Ich blieb stehen, um besser sehen zu können, und er kam eifrig auf mich zu und stieg aus dem Blätterdach herab. Es war Gara. Als freue sie sich, mich zu sehen, machte sie ein Spielgesicht, ließ sich kopfüber von einer Schlingpflanze hängen, nahm meine Hände in ihre und begann mit mir zu spielen. Noch nie hatte mich Gara auf diese Weise begrüßt. Es war eine richtige Offenbarung. Sie mochte mich, mochte mich tatsächlich! Ich war eine alte Bekannte; möglicherweise hatte ich in ihrem Leben die Rolle einer Tante gespielt.

Gara wie Kuspati bekamen mit etwa fünfzehn Jahren das erste Junge, daß heißt, ungefähr im gleichen Alter wie freilebende Weibchen. Prinzessin hingegen kam schon mit rund zwölf Jahren zum ersten Mal nieder. Das Körpergewebe einer Gebärenden muß einen gewissen Fettanteil aufweisen, ganz gleich, ob es sich um ein weibliches Tier oder eine Frau handelt. Da Prinzessin regelmäßig im Lager fressen konnte, dürfte bei ihr der Fettanteil höher gelegen haben als bei der dürren Gara, die in jeder Beziehung wie ein freilebender Orang-Utan aussah. Sie entwickelte sich rascher als ihre freilebenden Artgenossen. Ihr zweiter Paß, der sie als Angehörige der menschlichen Gesellschaft ausweist, hat ihr die Welt der landwirtschaftlichen Revolution der Jungsteinzeit erschlossen, an der die freilebenden Orang-Utans, die im Regenwald geblieben sind, nicht teilhatten.

Gara ist nun Anfang Zwanzig und hat zwei Kinder, die im Abstand von rund sieben Jahren zur Welt gekommen sind – nach Maßstäben freilebender Orang-Utans durchaus normal. Ihre Älteste, Gina, zieht noch mit der Mutter umher, und ihr Zweiter, Gary, reitet auf ihrer Seite. Als Erwachsene ist sie jetzt eine Spur distanziert und mißtrauisch und hält sich am liebsten in den Bäumen auf. Hin und wieder, aber keineswegs immer, klettert sie herab, wenn sie mich sieht, und manchmal kommt sie zu den Fütterungen. Dem Durchschnittsbesucher in Camp Leakey aber wird Gara wahrscheinlich nicht auffallen, da sie mit Fremden nur selten Kontakt aufnimmt.

Prinzessin dagegen lenkt mit ihrer Freundlichkeit, ihrer Intelligenz und ihrer geradezu unheimlich anmutenden Nachahmung menschlichen Tuns sofort die Aufmerksamkeit von Besuchern auf sich. Sie nimmt Menschen bei der Hand und sieht ihnen in die Augen, als ergründe sie ihre Seele. Sie versteht den Menschen und seine Kultur ebenso, wie sie die Orang-Utans und die Anpassungen und Vorkultur ihrer eigenen Art versteht. Ihr fällt der Übergang von einer Welt in die andere und zurück leicht. Prinzessin zeigt uns, wie nahe sich Mensch und Orang-Utan trotz der zehn Millionen Jahre unterschiedlicher Entwicklung tatsächlich sind.

Fraglos ist Prinzessin ein Star. Solche Individuen sind für das Auswilderungs- und Naturschutzprogramm wichtig. Sie lenken die Aufmerksamkeit der Allgemeinheit auf sich und rücken die Sache, um die es geht, ins helle Licht der Öffentlichkeit. Als geselliges Wesen braucht der Mensch Einzelgeschöpfe, mit denen er sich identifizieren kann. Diese Rolle spielt Prinzessin in Camp Leakey. So fühlen sich viele von ihr fast persönlich angesprochen, obwohl Prinzessin nicht spricht. Das ist auch nicht nötig. Die Besucher werden die Erinnerung an ihre eindrucksvolle Persönlichkeit mit nach Haus nehmen.

In anderer, weniger offenkundiger Weise ruht der eigentliche Erfolg des Auswilderungsprogramms jedoch auf befreiten Orang-Utans wie Gara, die offensichtlich mühelos und ohne daß man sie besonders dazu nötigen müßte, in ihre Orang-Welt zurückkehren und mit dem Wald verschmelzen. Auch sie sind auf ihre Weise Stars. Gara und Prinzessin sind keine Gegensätze, sondern Zwillinge, die sich ergänzen. Beide sind in Freiheit geborene Orang-Utans, die in früher Kindheit gefangen, aber gerettet und in Camp Leakey wieder freigelassen wurden. Gara hat sich für ein Leben im Wald entschieden. Abgesehen davon, daß sie hin und wieder zur Fütterung ins Lager kommt, läßt sie kaum erkennen, daß sie je Berührung mit Menschen hatte. Prinzessin hat sich dafür entschieden, unmittelbaren Kontakt mit den Menschen aufzunehmen und einen großen Teil ihrer Zeit im Lager zu verbringen. Aber sie ist weder ein Schmusetier noch eine Schauspielerin, sondern wie Gara eine tüchtige Orang-Utan-Mutter geworden. Beide haben zwei gesunde Kinder geboren und großgezogen. (Darin unterscheiden sie sich von Orang-Utans in zoologischen Gärten, die ihre Kleinen bisweilen vernachlässigen oder verlassen.) Gara und Prinzessin erfüllen ihre Aufgabe als Orang-Utans.

Mit ihrer unterschiedlichen Lebensweise veranschaulichen Gara und Prinzessin ein Geheimnis, das Primatologen lange beschäftigt hat. In Gefangenschaft gehaltene Orang-Utans und in Auswilderungsstationen freigelassene, einst gefangene Tiere handhaben Werkzeug mit dem gleichen Geschick wie ihre Vettern, die Schimpansen. Tatsächlich hat man ihnen beigebracht, ähnlich unseren frühen Vorfahren Steinwerkzeug herzustellen. Bei Intelligenztests in Labors erreichen Orang-Utans ebenso gute Ergebnisse wie Schimpansen, wenn nicht bessere, und die Begabung für die Zeichensprache ist bei ihnen genauso hoch entwickelt wie bei diesen. Doch hat man in freier Natur nie gesehen, daß Orang-Utans Werkzeug hergestellt hätten. Auch hat niemand sie je dabei beobachtet, daß sie gejagt oder Nahrung mit anderen Erwachsenen geteilt, sich «Kriegszügen» angeschlossen oder andere Arten vormenschlichen Verhaltens gezeigt hätten, das von nahen Verwandten zu erwarten wäre und auch schon bei Schimpansen und Bonobos nachgewiesen wurde.

Der Kontrast zwischen befreiten und freilebenden Orang-Utans, zwischen dem, wozu sie fähig sind und dem, was sie von Natur aus tun, ist in Camp Leakey offensichtlich. Prinzessin und andere befreite Orang-Utans «waschen» am Ende des Anlegers zusammen mit den Lagerhelfern Kleidungsstücke. Zwar handelt es sich dabei nur um Fetzen, aber sie bearbeiten sie ebenso gründlich und mit anscheinend ebenso großem Stolz wie der Mensch. Es kommt vor, daß sie Stöcke, aber auch Hacken, Schaufeln, Hämmer und anderes Werkzeug, das zufällig liegengeblieben ist, zum Graben oder als Hebel verwenden. Befreite Orang-Utans haben «geholfen», Wände zu streichen, mit Schläuchen flüssigen Brennstoff aus großen Metallfässern umgefüllt und Töpfe und Pfannen auf das Herdfeuer gesetzt.

Manche befreite Orang-Utans haben sogar Feuer zu machen versucht. Ein Weibchen nahm den Deckel von einem Kerosinbehälter, füllte einen Becher mit Kerosin und steckte ein glimmendes Stück Holz hinein. Als nächstes hielt sie ein zweites Holzstück an das erste, jetzt mit Brennstoff getränkte, und fachte beide Fackeln an, indem sie mit einem Deckel wedelte.

Niemand hat den Menschenaffen beigebracht, Kleidungsstücke zu waschen; und bestimmt haben wir nichts getan, sie zum Umgang mit Feuer zu ermuntern. Sie ahmten einfach nach, was sie bei den Menschen im Lager gesehen haben. Da aber diese für das Lager nützlichen Fertigkeiten im Wald nur von geringem Nutzen sind, wendeten sie sie dort selten an. Ich habe nur wenige Beispiele von Werkzeuggebrauch durch freilebende Orang-Utans gesehen, wie beispielsweise Carl, der mit einem abgebrochenen Zweig Wespen verscheuchte.

Wenn die Intelligenz der Orang-Utans so hoch entwickelt ist, warum bedienen sie sich ihrer nicht öfter in der freien Natur? Erst nach vielen Jahren der Beobachtung freilebender Orang-Utans und der Auswilderung gefangener Tiere wurde mir klar, daß die Antwort auf der Hand liegt. Ihr nur scheinbar einfaches Leben verlangt eine hohe Intelligenz, die sie ganz anders nutzen als in Gefangenschaft.

Orang-Utans sind glänzende Botaniker. Ihre Kenntnisse sind für einen Naturwissenschaftler, der auf Notizen, Bibliotheken, Mikroskope und Computer angewiesen ist, verblüffend. Angesichts der Fülle verschiedener Pflanzenarten im tropischen Regenwald müssen Orang-Utans wissen, welche eßbar, nahrhaft und ungiftig sind. Freilebende Orang-Utans ernähren sich mit einer kompliziert zusammengestellten Mischkost aus Früchten, Blättern, Rinde, Pflanzensaft, Insekten, Schößlingen, Stengeln, Honig und Pilzen. In Tanjung Puting nutzen wilde Orang-Utans mehr als vierhundert verschiedene Arten. Eines der wichtigsten Ergebnisse meiner Forschungsarbeit war die Dokumentation dieses ungewöhnlich reichhaltigen Speisezettels.

Im allgemeinen stecken freilebende Orang-Utans, was sie fressen wollen, nicht erst in den Mund, um zu entscheiden, ob es eßbar ist oder nicht. Sie betrachten, betasten und riechen es. Nur selten probieren sie neue Nahrung aus. Als ich einmal einem jungen Männchen folgte, holte ich eine Banane aus der Tasche und aß sie. Mir fiel auf, daß mir der Orang aufmerksam zusah. Die Banane war von verlockend leuchtendem Gelb, eine Farbe, die im Wald häufig auf reife Früchte hinweist. Ich nahm eine weitere Banane heraus, schälte sie und aß sie, so demonstrativ ich konnte. Dann nahm ich eine dritte Banane, legte sie ungeschält in die Astgabel eines kleinen Baums und ging weiter. Sogleich kam der Orang herunter, griff nach der Frucht, beschnüffelte sie etwa zehn Sekunden lang aufmerksam und ließ sie fallen. In Tanjung Puting gibt es keine wildwachsenden Bananen. Mit einer Frucht, die er nicht kannte, wollte er nichts zu tun haben. Offenbar treffen Orang-Utans ihre Nahrungsauswahl mit Hilfe gespeicherter Kenntnisse, nicht aber durch bloßes Ausprobieren.

Welche Rolle die Nachahmung bei der Auswahl von Nahrung spielt, zeigte sich bei «Paris», einem freilebenden, großen Backenwulst-Männchen. Er hatte oft gesehen, wie ich Bananen und andere Nahrungsmittel aus dem Rucksack holte, aber nicht darauf geachtet. Während ich ihn eines Tages beobachtete, näherte sich ein befreites

Weibchen namens «Rani». Als ich meine Mittagsmahlzeit, einen Topf mit Reis, herausholte, setzte sie sich neben mich und legte wimmernd und in einer klassischen Primaten-Bittgebärde ihr Gesicht dicht an meins. Da ich meine Ruhe haben wollte, gab ich ihr einige Bananen aus dem Rucksack. Sogleich kletterte Rani mit ihrer Beute auf einen Baum und verschlang die Früchte genüßlich. Die Schalen ließ sie auf den Waldboden fallen.

Ich hob den Blick und sah, wie Paris unverwandt auf Ranis Gesicht und Hände starrte. Als Paris später unter dem Blätterdach entlangzog, sah er immer wieder zu mir her. Wenige Stunden später kehrte er zurück und suchte die Stelle auf, an der Rani die Bananenschalen hatte fallen lassen. Er kletterte auf den Waldboden hinab, nahm die Schalen vorsichtig mit Daumen und zwei Fingern auf, betrachtete und beschnüffelte sie, sah mich nachdenklich an und richtete den Blick dann wieder auf die Schalen. Das Ganze dauerte mindestens eine Minute.

Wochen später berichtete einer meiner Dajak-Helfer, der von einer ganztägigen Beobachtung Paris' ins Lager zurückkam, eine erstaunliche Geschichte. Paris hatte reglos eine Weile unter dem Blätterdach gesessen, als der Dajak seinen Rucksack auf dem Waldboden abstellte und beiseite ging, um sich zu erleichtern. Als er zurückkam, war der Rucksack verschwunden. Verdutzt suchte er um den Baum herum, konnte ihn aber nicht finden. Dann sah er nach oben. Zu seinem Erstaunen saß Paris oben im Baum und hielt den Rucksack vorsichtig in einer Hand, als könnte dieser explodieren. Als der Helfer an den Stamm schlug, ließ er den Rucksack fallen. Das ist einer der ganz seltenen Fälle, in denen ein freilebender Orang-Utan Interesse an einem von Menschen hergestellten Gegenstand gezeigt hat. Ich bin sicher, daß sich Paris an die Bananen erinnerte, als er den Rucksack des Helfers stibitzte. Tatsächlich habe ich später gesehen, wie er von Rani Bananen entgegennahm. Diese bemerkenswerte Szene setzt eine komplexe Gedankenkette voraus: Paris lernte, daß Bananen eßbar sind, indem er Rani zusah, schloß, daß mein Rucksack die Quelle dieser neuen Nahrung war und übertrug dieses Wissen auf einen anderen Menschen, der zu einem späteren Zeitpunkt einen anderen Rucksack trug. Offensichtlich hatten ihn die Bananen beeindruckt.

Freilebende Orang-Utans müssen aber nicht nur wissen, was eßbar ist, sondern auch, wo sie es finden. In Wäldern der gemäßigten Zone auf der nördlichen Halbkugel stehen Pflanzen der gleichen Art oft in Gruppen beieinander, und Blüte und Frucht folgen in einem Wechsel aufeinander, der jahrein, jahraus der gleiche ist. Daher kehren Zugvögel und wandernde Säugetiere alljährlich etwa um die gleiche Zeit an dieselbe Stelle zurück. Im tropischen Regenwald jedoch sind Vertreter der gleichen Pflanzenart ohne erkennbares Muster verstreut. Jede Baumart hat ihren eigenen Zyklus von Blühen und Reifen, der allem Anschein nach von speziellen mikroklimatischen Bedingungen ausgelöst wird. Er kann wenige Monate dauern, aber auch sieben oder acht Jahre umfassen. Hinzu kommt, daß bei Arten, die etwa zur gleichen Zeit Früchte tragen, die Menge beträchtlichen Schwankungen unterliegt. Selbst bei Vertretern der gleichen Art ist es durchaus möglich, daß manche Bäume in einer bestimmten Jahreszeit keine Früchte tragen, andere überladen sind und wieder andere voller unbrauchbarer Früchte hängen (sie reifen nicht, verfaulen rasch oder erweisen sich aus anderen Gründen als nicht eßbar).

Wie John MacKinnon bei seiner Untersuchung in Nordborneo beobachtet hat, streifen freilebende Orang-Utans nicht planlos und auf gut Glück durch ihr Revier. Sie scheinen nach genauen «Karten» ihrer Umgebung vorzugehen, auf denen nicht nur verzeichnet ist, wo sich die Nahrungsquellen befinden, sondern auch, wie weit sie entfernt sind. Wenn ein Baum einer bestimmten Art Früchte trägt, wissen Orang-Utans, daß andere Exemplare der gleichen Art wahrscheinlich auch Früchte tragen. Beispielsweise kommt es vor, daß ein Orang etwa eine Stunde lang in einem bestimmten Baum sitzt, ihn verläßt, rasch einem unerkennbaren Ziel zustrebt und an einem anderen Baum der gleichen Art ankommt. Unterwegs bleibt er möglicherweise stehen, um Blätter, Früchte oder Rinde anderer Baumarten zu begutachten, doch zieht er weiter, ohne davon zu fressen. Offensichtlich kontrolliert er den Zustand der Nahrung (so, wie man im Backofen nach einem Braten oder Kuchen schaut). Sind die Früchte noch nicht reif oder die Blätter zu alt und daher giftig, speichert er diese Angaben und kehrt irgendwann später zu dem betreffenden Baum zurück, wenn die Früchte reif oder neue, frische Blätter nachgewachsen sind. Ich habe einmal gesehen, wie Cara ihr Heimatrevier verließ und schnurstracks auf zwei wilde Durian-Bäume zuging, die zufällig keine Früchte trugen. In tausend Beobachtungsstunden habe ich sie diese Bäume weder zuvor noch danach aufsuchen sehen, aber ich hatte keinen

Zweifel, daß sie genau wußte, wohin sie ging. Unter freilebenden Orang-Utans hat das Sprichwort «Aus den Augen, aus dem Sinn» keine Gültigkeit.

Viele Tiere (Weidetiere, Fleisch- und Aasfresser) fressen, was sie finden und wie sie es vorfinden. Manches von dem, was die Orang-Utans im Wald finden, ist sozusagen gebrauchsfertig, anderes ist von festen Schalen umhüllt, mit Stacheln bewehrt, von Hülsen umschlossen oder hat giftige Anteile. Diese Nahrungsmittel verlangen eine Aufbereitung, bevor sie verzehrt werden können. Beispielsweise wiegt eine reife wilde Durian-Frucht gut ein Kilo, sitzt voller Stacheln und ähnelt eher einer Waffe als etwas Eßbarem. Das Wunderbare ist, daß die Orangs die getarnten und häufig stark gepanzerten Früchte und Nüsse als Nahrung erkennen und Techniken beherrschen, um die Verteidigungseinrichtungen der Pflanze zu überwinden und an den eßbaren Inhalt zu gelangen. Mit dieser Fähigkeit erweitern sie ihr Nahrungsangebot beträchtlich und haben die Möglichkeit, Nahrungsmittel zu verzehren, die kleineren, schwächeren oder weniger geschickten Tierarten nicht zugänglich sind.

Ich habe oft sagen hören: «Alles, was Orang-Utans tun, ist fressen», als ließe sich daraus auf die Dummheit dieser Menschenaffen schließen. In Wahrheit ist viel Intelligenz nötig, um zu wissen, was wann wo und auf welche Weise im tropischen Regenwald eßbar ist. Die Nahrungssuche der Orang-Utans sieht so einfach aus, weil sie so viel wissen und daher keine Zeit mit Erkundungen und Ausprobieren zu vergeuden brauchen. Dieses Wissen ist nicht angeboren. Freilebende Orang-Utans verbringen acht und mehr Jahre mit ihrer Mutter, bis sie die Kunst der Nahrungssuche beherrschen.

Die einzelgängerische Lebensweise der Orang-Utans ist ebenso trügerisch wie ihre scheinbar beiläufige Futtersuche. Andere nichtmenschliche Primaten verbringen Tag für Tag Stunden in Gesellschaft von Artgenossen, streifen umher, fressen, treiben gegenseitige Fellpflege, spielen, kämpfen, paaren sich und schlafen in enger Nachbarschaft zueinander. Dabei entstehen Beziehungen, die oft ein Leben lang andauern und über Generationen hinweg reichen können. Alle Affenarten befolgen je nach Verwandtschaftsgrad, Alter, Geschlecht und persönlicher Lebensgeschichte komplexe Regeln des Zusammenlebens. Sie alle wissen nicht nur im voraus, wie sich andere in einer bestimmten Situation verhalten werden, sie können sie auch für ihre eigenen Zwecke manipulieren. Zu dieser Art «machiavellistischer Intelligenz» gehört das Wissen, daß Individuen über unterschiedliche Informationen verfügen und unterschiedliche Ziele verfolgen, ebenso wie die Beeinflussung dessen, was andere *denken* und nicht nur dessen, was sie tun. Die Fähigkeit, zu bluffen und zu täuschen, ist von großer Bedeutung. Wie wir Menschen sind Affen politische Wesen.

Manche Primatenforscher halten den Orang-Utan in bezug auf das Leben in der Gruppe für zurückgeblieben. Dieser Ansicht habe ich mich nie anschließen können. Zwar leben Orangs meist allein, doch keineswegs in einem gesellschaftlichen Vakuum. Tatsächlich sind ihre Beziehungen untereinander weit stärker strukturiert und geordnet, als man angesichts ihrer nicht besonders häufigen Begegnungen annehmen sollte.

Kein Orang-Utan verbringt mehr Zeit allein als die erwachsenen Männchen. Abgesehen von den Phasen, in denen sie sich mit einem Weibchen paaren, sind das 98 Prozent ihrer Zeit. Im Normalfall gehen ihnen Weibchen und nicht erwachsene Orangs aus dem Weg. In freier Natur können Orang-Männer einander nicht ausstehen. Wenn sie einander begegnen, gibt es eigentlich nur zwei Möglichkeiten: Einer flieht (vor allem, wenn keine Artgenossin in der Nähe ist), oder sie kämpfen (vor allem in Gegenwart eines empfängnisbereiten Weibchens). Doch unmittelbare Auseinandersetzungen sind selten; statt dessen sorgen erwachsene Männchen mit Hilfe des Langrufs für Ordnung und Abstand.

In den ersten vier Jahren meiner Untersuchung besetzten die drei Orang-Männer Kehlsack, Nick und Harry Handlos zeitweise überlappende Reviere. Sie konnten deswegen nebeneinander leben, weil sie eine Rangordnung hergestellt hatten, obwohl sie einander praktisch nie begegneten. Die eine Begegnung zwischen Kehlsack und Harry, die ich beobachtet hatte, war ein Kampf gewesen. Nick hatte eindeutig einen höheren Rang als Harry und Kehlsack und dieser einen höheren als Harry. Bezeichnenderweise ließ Nick an Tagen, an denen sich die drei im selben Bereich (mit einem Radius von etwa siebenhundert Metern) aufhielten, häufig Langrufe ertönen, Kehlsack hingegen war stiller als sonst, und von Harry war fast überhaupt nichts zu hören. Diese Rangordnung spiegelt sich auch in Reaktionen auf die Rufe anderer Männchen. Nie habe ich in den ersten Jahren meiner Untersuchung erlebt, daß Nick einem anderen Backenwulst-Männchen ausgewichen wäre, ganz gleich, wie nahe es war, wenn es seinen Ruf erschallen ließ. Wenn aber Nick aus der Nähe rief, flohen Kehlsack wie auch Harry. Dieser war von Nick so eingeschüchtert, daß er sich einmal, als er ihn rufen hörte, im Nest aufsetzte und pinkelte. Orang-Utans beschmutzen ihr Nest nur selten; ich konnte nur annehmen, daß Harry Angst hatte. Ich habe auch gesehen, wie er davonlief, als Kehlsack rief. Dieser hingegen ist vor Harry (den er in einem Kampf um Priscilla überwältigt hatte) nie geflüchtet.

Am bemerkenswertesten war, daß Kehlsack, Nick und Harry diese Rangordnung beibehielten, ohne daß sie häufig miteinander interagiert hätten oder einander auch nur begegnet wären. Das bedeutet, daß die Männchen die Rufe des anderen erkannten, imstande waren, sich den Rufenden vorzustellen und entsprechend dessen Rang in der Hierarchie handelten. Männliche Schimpansen müssen ihren Rang unaufhörlich mit gestenreichem Imponierverhalten bestätigen, indem sie beispielsweise mit Ästen wedeln oder angreifen. Männliche Orang-Utans imponieren ihren oft unsichtbaren Artgenossen meist mit der Stimme. Der Unterschied ist beinahe so groß wie der zwischen einem Fußballspiel und einer im Kopf gespielten Schachpartie.

Ausgewachsene Weibchen haben sowohl Freundinnen als auch Feindinnen. Freundschaft wird unter Orang-Utans weder nach menschlichen noch nach Schimpansen-Maßstäben besonders herausgestellt. Im allgemeinen umarmen ausgewachsene Weibchen einander nicht, betreiben keine gegenseitige Fellpflege und inspizieren auch nicht das Kind der anderen. Alles, was der Beobachter wahrnimmt, sind zwei Orang-Utans, die über mehrere Tage hinweg miteinander umherziehen, sich ausruhen und im selben Baum fressen, ohne sich zu streiten. Aber diese Verhaltensmuster sind stabil und dauerhaft. Es ist ohne weiteres möglich, daß zwei Orang-Frauen über Monate, ja unter Umständen Jahre hinweg keinen Kontakt haben und sich dennoch gut aneinander erinnern. Beziehungen entwickeln sich in dem Maße, in dem Weibchen älter werden und Kinder bekommen. Aber weder habe ich je erlebt, daß sich ein weiblicher Orang-Utan mit einem Mal gegen eine ausgewachsene Freundin gestellt hätte, noch, daß sich eine Orang-Frau mit einer anderen anfreundete, die sie zuvor ignoriert oder verjagt hatte.

Die geringe Zahl sozialer Kontakte wird häufig als einer der Gründe dafür genannt, warum Orang-Utans keine soziale Intelligenz zu entwickeln brauchen. Ich sehe darin im Gegenteil einen Hinweis auf ihr außergewöhnliches soziales Gedächtnis. Jeder von uns kennt die Situation: Wir treffen jemanden, den wir vor langer Zeit gekannt haben, und wissen auch, daß wir ihn kennen. Nur können wir uns weder erinnern, wann noch wo wir ihm begegnet sind, vom Namen ganz zu schweigen. Soweit ich sagen kann, unterläuft diese Art von Fehlleistung einem Orang-Utan äußerst selten.

Das Paarungsverhalten der Orang-Utans ist eine komplizierte Mischung aus Geschicklichkeits- und Glücksspiel. Die Weibchen leben über große Gebiete verstreut. Die durchschnittlichen Abstände zwischen zwei Geburten liegen, wie ich entdeckt habe, bei etwa acht Jahren. Im Unterschied zu den meisten anderen nichtmenschlichen Primaten haben sie keine Brunstschwellung als Hinweis auf ihre Empfängnisbereitschaft. Da sie stumm auf Bäumen leben und unaufhörlich durch den dichten Wald ziehen, wo der Blick nicht weit reicht, lassen sie sich schwer aufspüren. All das bedeutet, daß erwachsene Männchen nur selten auf Partnerinnen treffen. Wenn sie ihre Anwesenheit durch weithin hallende Langrufe verkünden, laufen sie Gefahr, auch Konkurrenten anzulocken. Wie oft ein Männchen ruft und wie häufig es zu einer Paarung kommt, hängt zum Teil davon ab, ob sich andere ranghohe Männchen in der Nähe aufhalten. Zweifellos bekommen körperlich durchaus leistungsfähige Männchen, die aber kleiner oder zurückhaltender als andere sind, nur selten Gelegenheit, Nachkommen zu zeugen.

Das Aufspüren eines empfängnisbereiten Weibchens ist aber erst der Anfang. Im Unterschied zum bodenbewohnenden Gorilla, der seine Weibchen zusammentreibt, oder zum Schimpansen, der sich mit seinem Weibchen aus der Nähe anderer Männchen entfernt, kann ein männlicher Orang-Utan keinen Einfluß auf die Bewegungen des Weibchens nehmen. Statt dessen muß er ihre Aufmerksamkeit auf sich lenken und zugleich Konkurrenten auf Distanz halten. Das Sozialleben eines Orang-Utans in freier Natur ist also alles andere als unkompliziert.

Ein wie hohes Maß an sozialem Lernen Orang-Utans brauchen, wird schmerzhaft deutlich, wenn befreite Orang-Utans ihre ersten Schritte

Sobiarso (links) und Sugito (rechts), zwei aus Gefangenschaft befreite Orang-Kinder

◁ Ralph, ein freilebendes erwachsenes Männchen

in der Gesellschaft ihrer freilebenden Artgenossen tun. Da sie nicht in natürlicher Weise aufgewachsen sind und sich nie in einem von der Mutter und anderen Verwandten aufgebauten sozialen Netz bewegt haben, begehen sie im Umgang mit ihresgleichen zahlreiche Schnitzer. Als beispielsweise das fast ausgewachsene Männchen Gundul zu uns kam, versuchte er in das Nest eines freilebenden Backenwülsters zu steigen. Dieser fügte Gundul ernsthafte Bisse im Rücken und an den Armen zu und lehrte ihn Vorsicht.

Viele sehen in der Nachahmung eine mindere Form des Lernens, weil dafür angeblich weniger Intelligenz nötig ist. Häufig sagen wir ja auch, daß jemand etwas «nachäfft». In Wahrheit setzt die Nachahmung ein vergleichsweise hohes Maß an kognitiver Fähigkeit voraus. Bei uns Menschen geht das Nachahmen so intuitiv und unbewußt vor sich, daß uns diese Art sozialen Lernens selbstverständlich erscheint. Nachahmung geht über reines Ausprobieren hinaus und erfordert ein hohes Maß an Denkarbeit. Wer nachahmt, muß das Vorbild beobachten, sich in seinem Inneren ein Bild von dem machen, was das Vorbild tut, und dieses Tun anschließend mit dem eigenen Körper nachvollziehen.

Kürzlich sah ich eine Videoaufnahme, die an einem Nachmittag an einer der Futterstellen im Wald von Tanjung Puting gemacht worden war, als es zu regnen begann. Die Kamera war auf mich gerichtet. Ein befreiter junger Orang-Utan, der auf meinem Schoß saß, griff nach hinten und reichte mir meinen Schirm. Erst nachdem ich ihn geöffnet hatte und mehrere Jungtiere sich um mich sammelten, begriff ich die Bedeutung dessen, was der junge Orang-Utan getan hatte. Ich hatte mit Sicherheit nie versucht, ihm oder anderen Orang-Utans den Gebrauch eines Schirms beizubringen, oder ihn aufgefordert, mir den Schirm zu «holen», wenn es regnete. Eigentlich hatte ich mit dieser Waise vergleichsweise wenig Kontakt gehabt. Aber offensichtlich hatte sie gesehen, wie Menschen bei einem Wolkenbruch ihren Schirm öffneten, hatte begriffen, wozu er dient und mich «aufgefordert», ihn zu verwenden. Ein freilebender Orang-Utan hätte vielleicht einen belaubten Ast abgerissen und seiner Mutter gegeben in der Annahme, sie werde ihn über sich halten.

Nur selten ist Nachahmung eine genaue Kopie des beobachteten Verhaltens. Auch ausgebildete Tänzer können eine Schrittfolge, die ihnen der Choreograph erklärt hat, nicht sogleich ausführen, sie können sie zwar sukzessive dessen Vorstellung annähern, sie aber nie vollständig zur Deckung bringen. «Kopierfehler», die bei der Nachahmung auftreten, zeigen, wieviel Intelligenz erforderlich ist. Es handelt sich nicht um eine mechanische, sondern um eine schöpferische Leistung.

Wir Menschen sind glänzende Nachahmer. Häufig schnappen wir unbewußt Ausdrücke, Gesten und Gedanken von anderen auf. Das ist der Grund, warum unsere Gesellschaft das Patentrecht, das Copyright und den gesetzlichen Kopierschutz für technische Erzeugnisse braucht. Ganze Berufszweige leben davon, die Gemälde alter Meister zu kopieren oder Schecks zu fälschen, und die Angehörigen anderer Berufszweige bemühen sich wiederum, diese Fälschungen zu entdecken. Auch Orang-Utans sind talentierte Nachahmer; Besucher in Camp Leakey fühlen sich den befreiten Orang-Utans weniger deshalb so verwandt, weil sich in ihrem Verhalten das unsere spiegelt, sondern weil uns der Vorgang der Nachahmung so vertraut und natürlich erscheint.

Manche Naturwissenschaftler können nicht verstehen, daß die im Vergleich mit anderen Primaten so einzelgängerischen Orang-Utans zu so geschickter Nachahmung fähig sind. Ich denke, die Erklärung dafür liegt auf der Hand. Abgesehen von der Mutter haben heranwachsende Orang-Utans vergleichsweise wenig Gelegenheiten, andere Artgenossen zu beobachten. Ein Jungtier sieht ein Backenwulst-Männchen vielleicht nur wenige Male im Jahr, wohingegen ein Schimpanse, ein Gorilla oder ein Mensch Tag für Tag ausgewachsene männliche Artgenossen zu Gesicht bekommt. Der Orang-Utan muß aus einer einzigen Lektion, einer Momentaufnahme, lernen, wozu seine Primatenvettern ein ganzes Jahr Zeit haben.

Nachahmung ist Sozialverhalten. Freilebende Orang-Utans imitieren praktisch nie Menschen, weil sie keine Beziehung zu uns haben oder nicht mit uns interagieren. Paris hatte bei seinem Rucksackdiebstahl nicht etwa mich oder den Helfer nachgeahmt, sondern Rani. Ein freilebender Orang-Utan ahmt seine Mutter und vielleicht ältere Geschwister oder die Männchen nach, die seine Mutter umwerben. Aus der Gefangenschaft befreite Orang-Utans hingegen nehmen sich, da sie keine Orang-Utan-Mutter haben, Menschen zum Vorbild. Wie wir ahmen Orang-Utans das Individuum nach, zu dem sie die tiefste Beziehung haben, sei es Mensch oder Artgenosse. Fremde ahmen sie nur selten nach. In dieser Hinsicht verhalten sie sich äußerst sozial. Sie richten sich nach Bezugspersonen oder Elternfiguren aus und nehmen jene, die sie als wichtig erkannt haben, als Vorbilder.

Meine Beziehungen zu den Orang-Utans, die ich großgezogen und mit denen ich mich angefreundet habe, gehören zu den intensivsten, die ich je hatte. Die Bindungen sind sehr stark. Obwohl Orang-Utans allein (oder mit von ihnen abhängigen Jungtieren) im Regenwald leben, hat Nachahmung als Mittel zur Herstellung und Aufrechterhaltung sozialer Beziehungen eine ähnlich große Bedeutung wie beim Menschen. Dabei gibt es aber einen wichtigen Unterschied: Ihre Lebensweise als Einzelgänger und ihre Selbstgenügsamkeit verleihen ihnen eine Art innerer Stärke, die sich der Mensch kaum vorstellen kann. Es erfüllt mich mit tiefer Befriedigung zu wissen, daß meine «Pflegekinder» mehr und mehr die Lebensweise wilder Orang-Utans übernommen haben, intensive Bindungen zu Artgenossen eingegangen sind und die Nachahmung von Menschen im Laufe der Zeit allmählich aufgegeben haben, bis fast nichts mehr davon übrig war.

Während der vergangenen dreiundzwanzig Jahre habe ich mehr als hundert aus der Gefangenschaft befreite Orang-Utans ausgewildert. Das sind hundert Individuen, denen sonst nur ein kurzes elendes Dasein beschieden gewesen wäre, praktisch ohne jede Möglichkeit, ihre körperlichen und geistigen Fähigkeiten zu nutzen. Hundert Individuen, denen man die heitere Einsamkeit und die Selbständigkeit verwehrt hätte, die so sehr Teil der Natur eines Orang-Utans sind. Hundert große Menschenaffen, die der Möglichkeit beraubt geblieben wären, sich fortzupflanzen. Ich bin überzeugt, daß die hohe Erfolgsquote großenteils auf die angeborene Intelligenz der Orang-Utans zurückzuführen ist. Niemals könnte ich einem Orang-Utan alles beibringen, was er wissen muß, um in der freien Natur zu überleben. Ich kann verwaisten Tieren nur ein Umfeld schaffen, in dem sie sich in eigenem Tempo entwickeln können.

Jede Auswilderung ist eine Erfolgsgeschichte für sich. Im allgemeinen kehren Männchen nahezu von selbst, aus eigenem Antrieb in den Wald zurück. Wenn sie neun oder zehn Jahre alt sind, beginnen die männlichen Geschlechtshormone zu wirken mit dem Ergebnis, daß die Tiere ihr Wanderleben aufnehmen. Gelegentlich kommen sie für kurze Zeit zurück – meist aber nicht. Von den Dutzenden männlicher

Orangs, die ich im Lauf der Jahre freigelassen habe, tauchen nur zwei mehr oder weniger regelmäßig in Camp Leakey auf.

Rio beispielsweise hat uns nie wieder besucht. In seiner Pubertät wollte er einmal eine Frau mit sich in die Bäume schleppen und hat es fertiggebracht, sie fast einen Meter über den Boden zu heben! Er hat sie durchaus nicht unfreundlich behandelt, dennoch war die Frau verständlicherweise erschrocken. Nach diesem Zwischenfall brachten wir ihn zwei Kilometer flußabwärts. Er ist nie ins Lager zurückgekehrt, doch sind ihm einige meiner früheren Mitarbeiter verschiedentlich viele Kilometer entfernt begegnet. In der Zwischenzeit war er zu einem Backenwulst-Männchen herangewachsen.

Bei den Weibchen verläuft die Auswilderung ein wenig anders. Manche ziehen fort, viele aber bleiben. Das gilt vor allem für solche, die Camp Leakey mit der «Mutter» identifizieren.

Sobiarso hat das Lager als Halbwüchsige verlassen. In einem Jahr, da alle Bäume und Sträucher reiche Früchte trugen, blieben so gut wie alle befreiten Orang-Utans im Moor und in den Wäldern. Ich war gerade zu einem Besuch nach Nordamerika abgereist, als die Früchte reif wurden. Nach wenigen Monaten kamen die Orangs einer nach dem anderen wieder zu den Fütterungsstellen. Doch einige blieben fort, unter ihnen das eine oder andere Weibchen. Zu ihnen gehörte Sobiarso. Sie verschwand während meiner Abwesenheit.

Akmad, die völlig an das Leben in freier Natur angepaßt ist, besucht uns von Zeit zu Zeit nach wie vor. Sie hat wieder ein Kind, und Aldona läuft hinter ihr her. Gara bleibt mit Gina und dem kleinen Gary in der Nähe, achtet aber auf Distanz. Prinzessin pendelt zwischen Wald und Lager, wie es ihr gerade paßt.

Als ich in Camp Leakey mit dem Auswilderungsprogramm begann, war mein Hauptziel, ein Asyl ins Leben zu rufen. Wenn die indonesischen Behörden den Gesetzen Geltung verschaffen sollten, die den Fang von Orang-Utans verboten, mußten sie alle beschlagnahmen, die als Haustiere gehalten wurden oder in Verschlägen auf ihren Versand ins Ausland warteten. Ohne Unterbringungsmöglichkeit wäre die Konfiszierung sinnlos gewesen.

Mein Rehabilitationsprogramm in Camp Leakey habe ich nie als Ideallösung des Orang-Utan-Problems gesehen, sondern eher als eine Erleichterung, eine Möglichkeit, Schmerzen und Leiden kurzzeitig zu lindern, bis sich ein Ausweg fand. Ich sah mich als jemanden, die die Stellung hielt, bis Hilfe kam.

Am Anfang war die Zahl der Auswilderungen gering. Die Wälder waren ungeheuer groß; von einer zu großen Bestandsdichte konnte kaum die Rede sein. Ich stellte den Orangs täglich Futter bereit, denn ich war und bin überzeugt, daß man befreiten Orang-Utans, die unter natürlichen Bedingungen mindestens acht Jahre in der Obhut ihrer Mutter verbringen, die Möglichkeit geben muß, in einem Zeitrahmen in den Wald zurückzukehren, den sie selber bestimmen.

Im Laufe der Zeit hat jedoch die Zahl der zur Auswilderung nach Camp Leakey gebrachten Orang-Utans zugenommen. Gleichzeitig rückten Kettensägen und Holzhäckselmaschinen den Grenzen von Tanjung Puting immer näher. Ich setzte die Fütterungen fort, weil mir sowohl die freilebenden als auch die befreiten Orang-Utans am Herzen lagen. In Zeiten der Fülle mag es im Wald genug Nahrung für alle geben, doch wollte ich weder die freilebenden Tiere in mageren Jahren einer unnatürlichen Konkurrenzsituation aussetzen noch Gefahr laufen, daß befreite Tiere eingingen, weil ihre Überlebensfähigkeit geringer war als die der freilebenden Orang-Utans. Manche vertreten die Ansicht, daß wir mit unseren Fütterungen in Camp Leakey mogeln. Sie sehen darin einen Hinweis darauf, daß die Auswilderung nicht funktioniert. Angesichts der Vernichtung von Lebensraum, der drohenden Ausrottung der Orangs, kann ich diesen Purismus nicht verstehen. Immerhin hat der Mensch nicht nur die befreiten Orang-Utans um ein normales Aufwachen in der Obhut ihrer Mutter unter dem Blätterdach des Waldes betrogen, er vernichtet auch ihren natürlichen Lebensraum in bedrohlichem Tempo.

Außerdem hat das Auswilderungsprogramm Vorzüge, an die ich zuvor nicht gedacht hatte. Einheimische – ob Melayu oder Dajak –, die in Camp Leakey gearbeitet oder es besucht haben, sind stolz auf die Orang-Utans und den Naturschutzpark. Dieses Gefühl wurde durch die ab Mitte der achtziger Jahre immer zahlreicher werdenden Touristen verstärkt. Kalimantan Tengah hat einen Anblick zu bieten, für den manche Menschen um die halbe Welt reisen. Trotz aller Grenzstreitigkeiten gehören die Einheimischen zu jenen, die Camp Leakey am nachhaltigsten unterstützen.

Außenstehende kommen nicht nach Tanjung Puting, um das Klima oder die Landschaft zu genießen (es ist fast immer heiß, feucht und regnerisch), und auch die (nach westlichem Standard einfachen bis primitiven) Unterkünfte verlocken sie nicht. Sie kommen, um die Orang-Utans zu sehen. Zwar sind im Gesamtplan des Lebens auf unserer Erde Frösche, Fledermäuse und Käfer – die ausnahmslos von der Ausrottung bedroht sind – ebenso wichtig, doch sprechen sie nicht zum Herzen des Durchschnittsmenschen wie der große, scheue Orang-Utan mit seiner besonderen Anziehungskraft. Da es in Camp Leakey an Menschen gewöhnte Orang-Utans gibt, die bei deren Anblick nicht sogleich das Weite suchen, können Besucher sie in ihrem natürlichen Lebensraum beobachten. Es ist einer der wenigen Orte auf der Welt, wo Mensch und große Menschenaffen einander von Angesicht zu Angesicht als Gleichgestellte gegenübertreten. Nur wenige Menschen, die Camp Leakey besuchen, läßt die Not der Orang-Utans gleichgültig. Niemand könnte die Öffentlichkeitsarbeit für die Orangs besser leisten als sie selbst.

21 Verwandtschaft

In meinem Ende liegt mein Anfang.
T. S. Eliot

Nicht alle befreiten Orang-Utans waren so einfach zu handhaben wie Gara oder Prinzessin. Cempaka war eine Unruhestifterin, die das Eigentum von Menschen als Spielzeug anzusehen schien. Sugito, den ich sehr liebte, neigte zur Bösartigkeit. Einmal ertränkte er ein Kätzchen; vielleicht war es für ihn ein Experiment gewesen, doch hatten wir Grund zu der Annahme, daß er für das Ertrinken eines und möglicherweise zweier kleiner Orang-Utans verantwortlich war.

Der bei weitem schwierigste Orang-Utan, den ich je bekam, war jedoch Gundul. Die sexuelle Attacke auf die Köchin war nur einer von vielen Zwischenfällen. Gundul hatte Angst vor Rod, war freundlich zu mir, versetzte die einheimischen Helfer, die indonesischen Studenten und einheimischen Besucher in Angst und Schrecken und stellte wochenlang einer jungen amerikanischen Wissenschaftlerin nach. Er hatte von klein auf in Gesellschaft von Menschen gelebt, war von Menschen großgezogen und von seinem früheren Besitzer, einem General, wie ein behaarter orangefarbener Prinz gehalten worden. So überraschte es mich nicht, daß Gundul Frauen als Sexualpartnerinnen und die meisten einheimischen Männer, soweit sie keine Uniform trugen, als Dienstboten ansah. Die Orang-Utans kuschten vor allem vor Männern in Uniform und solchen, die besonders maskulin wirkten. Offenbar erkannten sie an ihnen Merkmale, die auch wir mit Macht oder Herrschaft in Verbindung bringen. Gundul hatte alle Regungen und Empfindungen eines Orang-Utans, durchschaute aber die menschlichen Schwächen. Wir brauchten unbedingt jemanden, der mit ihm fertig wurde.

Vor meiner Trennung von Rod hatte ich mich eine Weile nicht im Lager aufgehalten. Nach meiner Rückkehr teilte er mir mit, er habe einen weiteren Dajak aus dem Dorf Pasir Panjang eingestellt, vor dem Gundul großen Respekt habe. Es sei für den neuen Helfer ein Kinderspiel, allein über den Fluß zur Fütterungsplattform zu rudern; die befreiten Orang-Utans fürchteten sich instinktiv vor ihm. Ich fragte Rod, was ihn von den anderen Helfern unterscheide. Nach längerem Nachdenken erklärte er schließlich: «Er ist alt.»

«Wie heißt er?» fragte ich. «*Pak* Bohap», gab er zur Antwort, die indonesische achtungsvolle Anrede für ältere Männer gebrauchend.

Ich lernte *Pak* Bohap nicht sogleich kennen. Die meisten Dajak-Helfer waren Bauern, deren Lebensrhythmus von der Arbeit auf den Trockenreisfeldern bestimmt wurde. Üblicherweise kamen sie, wenn dort nichts Dringendes zu erledigen war, für einen oder zwei Monate ins Lager. Als *Pak* Bohap in sein Dorf zurückgekehrt war, hatte Rod ihn gedrängt, er möge wiederkommen.

Wir verfügten inzwischen über ein Geländefahrzeug, das wir in Kumai stehenließen, weil man das letzte Stück zum Lager ausschließlich mit dem Boot bewältigen konnte. Einige Monate später hielten wir bei der Rückkehr aus Pangkalanbuun in Pasir Panjang an, um Helfer aufzunehmen. Ich fuhr, und Rod saß auf dem Beifahrersitz. Im Dorf stieg er aus, um eine kleine Menschenmenge zu begrüßen, die herbeigeströmt war, während ich im Wagen blieb. Die Hecktür wurde geöffnet, und einer der Männer stieg ein, ein anderer blieb neben dem Fahrzeug stehen. Ich drehte mich um und sah einen schlanken, muskulösen Mann in einem roten Hemd, dem das schwarze Haar bis auf die Schultern fiel. Sein Gesicht, das ich nur im Profil sah, kam mir vor wie aus Stein gemeißelt. Auf seinen Zügen lagen eine Strenge und Kraft, die nicht vorgespielt sein konnten. Mir war sofort klar: Das mußte *Pak* Bohap sein, der Mann, den Gundul fürchtete. Wie ich später erfuhr, war er vierundzwanzig Jahre alt. Auf meine Frage, warum er gesagt habe, der Mann sei alt, gab Rod zur Antwort: «*Pak* Bohap ist wie ein Dajak von vor hundert Jahren; er ist kein nachgemachter wie so viele andere.»

Unterwegs sah ich im Rückspiegel immer wieder zu ihm hin. Ich lebte schon seit vielen Jahren in Indonesien, aber er war der erste Mann, der mir – mit Ausnahme des damaligen Forstministers, Dr. Sudjarwo – rätselhaft erschien. Rod hatte recht: Trotz seiner Jugend hatte sein Gesicht etwas Altersloses. Außerdem sah er sehr gut aus. Mit einem Mal fiel mir Rod ins Lenkrad und brüllte: «Paß doch auf! Fast hättest du uns in den Graben gefahren.» Ich hörte auf, mir Gedanken über den neuen Helfer zu machen, und konzentrierte mich auf die Straße vor mir.

Im Lager wurde klar, daß Rod mit der Aussage über *Pak* Bohaps Wirkung auf die Orang-Utans den Nagel auf den Kopf getroffen hatte. Auf sein Urteil konnte man sich in solchen Fällen eigentlich fast immer verlassen. Dennoch überraschte mich das Ausmaß an Respekt, mit dem die Orangs diesem Mann begegneten. Ohne daß er sie je einzuschüchtern versuchte, erkannten sie ihn an. Was unterschied ihn in ihren Augen von anderen?

Ich kam zu dem Ergebnis, daß es unter anderem an seiner Stimme lag. Sie war tief und klangvoll, so etwas wie eine «natürliche Rundfunksprecherstimme». Orang-Männchen scheinen, während sie auf Langrufe aus der Ferne lauschen, den Rufenden abzuschätzen. Vermutlich haben Männchen wie Weibchen sehr viel Übung darin, Stärke, Gesundheit und Durchsetzungsvermögen eines Backenwulst-Männchens am Klang seiner Stimme zu erkennen. Wahrscheinlich vermittelte ihnen *Pak* Bohap mit seiner leisen, aber volltönenden Stimme und seiner Ausstrahlung das Gefühl von Dominanz. Selbst ich empfand gelegentlich Scheu vor ihm. Obwohl ich sein Gehalt zahlte, hatte ich nie den Eindruck, seine Vorgesetzte zu sein.

Er war in der herkömmlichen Lebensweise der Dajak aufgewachsen und hatte als Jäger mit seinem Blasrohr Wildschweine und Hirsche sowie praktisch alle Arten eßbarer Säugetiere und Vögel des Waldes erlegt. Später erfuhr ich, daß er in seiner Jugend auch Orang-Utan-Fleisch verzehrt hatte. Er war der einzige Helfer aus Pasir Panjang, der das zugab. *Pak* Bohap stand zu dem, was er tat.

Ende der siebziger und Anfang der achtziger Jahre beteiligte ich mich an einer Vermessung des Reservats durch das indonesische Forstministerium. Rod war nicht mehr da. Zu jener Zeit gab es in Kalimantan kaum Straßen, und man konnte nur zu Fuß oder mit Hilfe von Einbäumen von einem Ort zum anderen gelangen. Wenn wir die andere Seite des Gebiets von Tanjung Puting erreichen wollten, mußten wir fünfzig Kilometer durch unwegsame Wälder und Moore stapfen. Dieser Gewaltmarsch erforderte hin und zurück zwei volle Tage.

Damals entdeckte ich verblüfft, daß ich über große Entfernungen besser vorankam als alle Männer – mit Ausnahme *Pak* Bohaps. Keine Klage kam aus seinem Mund, kein Schweißtropfen fiel von seinem stets fröhlichen Gesicht. Er fühlte sich im Wald so daheim, wie das nur jemandem möglich ist, der darin geboren wurde. Auf einem dieser anstrengenden Märsche verliebten wir uns ineinander.

Bald darauf heirateten wir. Für mich war es wie die Heimkehr an einen vertrauten Ort. Zwar war der Dajak-Wanderfeldbauer *Pak* Bohap jünger als ich und hatte die Schule nach der sechsten Klasse verlassen, aber er besaß ein zeitloses, tiefes Wissen. Sein Humor und seine Fröhlichkeit brachten Gelächter, Freude und Leidenschaft in mein Leben.

Zweifellos verstanden manche meiner westlichen Kollegen nicht, wie ich, mittlerweile College-Professorin, einen «Eingeborenen» heiraten konnte. Da ich aber inzwischen im Wald meine Heimat und in der Beobachtung und dem Schutz der Orang-Utans meine Lebensaufgabe sah, war es nur natürlich, daß ich einen Menschen liebgewann, der aus dem Wald stammte. Wie zwei Stücke eines Zusammensetzspiels paßte das Wissen, das mir die theoretische Ausbildung und die wissenschaftliche Beobachtung vermittelt hatten, mit dem tieferen Verständnis Kalimantans, des Waldes und seiner Geschöpfe zusammen, das *Pak* Bohap kraft seiner Zugehörigkeit zur Dajak-Kultur besaß. Wir paßten in vollkommener Weise zueinander.

Liebe auf den ersten Blick bedeutet, daß man etwas erkennt, was das Herz schon lange weiß; man hat den Eindruck einer zweiten Begegnung. Meine Adoption durch das Ehepaar Binti hatte mich mit der Kultur, dem Denken und dem Selbstbewußtsein der Dajak vertraut gemacht. Binti war sehr stolz auf seine Dajak-Herkunft, und es war ihm wichtig, anderen klarzumachen, daß sich die Dajak nicht von anderen Indonesiern unterschieden und bereit waren, ihren Platz in der modernen Welt und der Weltwirtschaft einzunehmen. Er arbeitete darauf hin, daß die Dajak nicht ausgeschlossen blieben. Meine einerseits traditionell ausgerichteten, aber auch vorwärtsblickenden Dajak-Adoptiveltern Binti hatten mich darauf vorbereitet, daß ich *Pak* Bohap erkannte und heiratete.

Unser erstes Kind war Frederick; einige Jahre später folgte Jane. Beide sind in dem kleinen Dajak-Dorf Pasir Panjang aufgewachsen, wo viele unserer Nachbarn mit uns verwandt sind. Fred wie Jane ist die in der indonesischen Gesellschaft allgegenwärtige Kinderliebe zugute gekommen. Beide halten sich häufig in Camp Leakey auf und fühlen sich in Gesellschaft der Orang-Utans wohl. Wie Kinder überall auf der Welt verbringen sie den größten Teil ihrer Zeit damit, zur Schule zu gehen und mit ihren Freunden zu spielen. Fast jedesmal begleiten sie mich auf meinen Reisen nach Nordamerika und sind auch dort schon zur Schule gegangen.

Beide sind eigenständige Persönlichkeiten und nutzen ihr aus nordamerikanischen und Dajak-Elementen bestehendes Erbe auf ihre Weise. Fred, inzwischen elf Jahre alt, arbeitet gern mit seinem Vater und anderen Dajak-Männern auf den Reisfeldern, aber er liebt auch Baseball. Mit der – falsch herum aufgesetzten – Baseballmütze und den extra weit geschnittenen Jeans verkörpert er, ob in Amerika oder Kalimantan, die internationale Jugendkultur. Die neunjährige Jane legt herkömmliche weibliche Interessen an den Tag: Sie kocht, gärtnert und sammelt Kleider für ihre Barbie-Puppen. Zur Zeit möchte sie Bäckerin werden – nachdem sie promoviert hat.

Die Mühelosigkeit, mit der sich Fred wie Jane in die beiden Kulturen einfügen, denen sie entstammen, läßt mich zeitweise vergessen, daß ihre Wirklichkeit nicht einfach eine Kopie der meinen ist. Nach dem Glauben der Dajak ziehen die Ahnen Kinder, die sich schlecht benehmen, an den Haaren. Einmal hat mich Fred ganz sachlich gefragt, warum die Ahnen in Kalimantan bleiben, denn in Nordamerika hätten sie ihn nie an den Haaren gezogen. «Warum sollen wir eigentlich Vitamine einnehmen, wenn wir sowieso sterben müssen?» wollte Jane eines Morgens wissen. In dieser Äußerung spiegelt sich die Ansicht der Dajak, das Leben sei eine Unterbrechung des Todes. Ich gab ihr zu bedenken, daß wir uns um unseren Körper kümmern müssen, solange wir auf der Erde sind, auch wenn wir eines Tages alle sterben müssen. Darauf sagte sie einfach: «In Ordnung» und widmete sich wieder dem, womit sie sich gerade beschäftigte.

Binti hingegen ist Nordamerikaner reinsten Wassers. Als sein Vater mit seiner Stiefmutter Yuni nach Australien auswanderte, entschied er sich, in Kanada bei seinen Freunden zu bleiben und dort die High-School abzuschließen. Er ist jetzt siebzehn Jahre alt, und sein trockener Humor und sein rebellischer Geist erinnern mich an die Eigenschaften, die ich an Rod so bewunderte, als er im gleichen Alter war.

Die Aufgabe, eine Familie auf zwei Kontinenten beisammenzuhalten, ist bisweilen schwierig. Das schönste auf Kalimantan sind die Abende, an denen ich mit Binti, Fred und Jane zuhöre, wie *Pak* Bohap alte Dajak-Lieder singt und sie auf dem *gambus* begleitet, einem mit der Mandoline verwandten Saiteninstrument. In Nordamerika ist der Höhepunkt jeweils das gemeinsame Anschauen des Wochenend-Familienprogramms im Fernsehen. Wie die meisten Kinder nehmen Binti, Fred und Jane die Arbeit ihrer Mutter als gegeben hin. Sie sagen mit der gleichen Selbstverständlichkeit: «Mami beobachtet Orang-Utans», wie andere sagen: «Mami ist Ärztin» oder «Mami ist Hausfrau.»

Bei unserer Eheschließung machte *Pak* Bohap mir klar, daß er die Frau und nicht die westliche Wissenschaftlerin oder die Beschützerin der Orang-Utans heirate. Als mein Mann sei er zwar bereit, mir bei meiner Freilandarbeit zu helfen und mich in meinen Kämpfen zu unterstützen, aber er sei Dajak-Bauer gewesen, als wir einander kennenlernten, und das werde er auch bleiben. Er erwartet von mir, daß die Kinder (auch Binti, den er schon als Kleinkind gekannt hatte) an erster Stelle kommen, und unter keinen Umständen ist er bereit, Orang-Utans in unser Haus zu lassen.

Wir haben uns an diese Abmachung gehalten. *Pak* Bohap, der weder Englisch spricht noch Kalimantan je verlassen hat, begleitet mich nicht auf Reisen zu Vorlesungen oder Seminaren nach Nordamerika – nicht einmal nach Jakarta. Wir bewohnen ein großes Haus, das er in seinem Heimatdorf Pasir Panjang für uns gebaut hat. Als seine Ehefrau gehöre ich einer Dajak-Großfamilie an, nehme an den Feiern und Ritualen der Dajak teil und führe einen indonesischen Haushalt. Ich achte darauf, mein Privatleben und mein öffentliches Leben getrennt zu halten. Bedingt durch meine Arbeit bin ich weit häufiger von daheim fort, als mir lieb ist, aber abgesehen davon bedaure ich nichts. Ehen über die Grenzen von Kulturen hinweg sind häufig starken Belastungen ausgesetzt. Da *Pak* Bohap und ich uns gleichermaßen für unsere Kinder einsetzen und jeder sich seine Identität bewahrt hat, hält unsere Ehe nach wie vor.

Pak Bohaps verstorbener Großvater mütterlicherseits war einer der letzten Dajak-Herrscher unter dem Sultan von Kotawaringan. Vor dem Ende der niederländischen Kolonialregierung herrschte dieser Sultan durch sieben Dajak-«Könige» über sieben Regionen. Einer von ihnen war *Pak* Bohaps Großvater.

Als wir uns eines Abends kurz nach unserer Hochzeit unterhielten, kam das Gespräch irgendwie auf Malaiendolche. *Pak* Bohap erzählte mir, wie sehr er es bedaure, daß seine Mutter den von ihrem Vater hinterlassenen *kris* verkauft hatte. Gern hätte er den *pusaka* der Familie an seine Kinder weitergegeben. Mir fiel der *kris* ein, den ich Jahre zuvor gekauft hatte. Ich holte das prächtige Stück aus dem Lagerraum und zeigte es ihm. Während er den Dolch im Schein der Kerze prüfend betrachtete, sah er abwechselnd auf mich und den *kris* und legte ihn dann ohne ein Wort beiseite.

Bald darauf fuhr er nach Pasir Panjang, wohin ich ihm erst einige Tage später folgen konnte. Den *kris* nahm er mit. In Pasir Panjang begrüßte mich *Pak* Bohap vor anderen Menschen mit einem Kuß, was in keiner Weise seiner Art entspricht. Dann nahm er mich bei der Hand, drückte sie und sagte mit ebensoviel Wärme wie Nachdruck: «Danke, daß du meiner Familie ihren *kris* zurückgegeben hast.» Seine Mutter hatte bestätigt, was er vermutet hatte, als ich ihn ihm gab: Es war tatsächlich der Dolch, der einst seiner Familie gehört hatte.

Menschen des Westens würden darin, daß ich den *kris* Jahre, bevor ich *Pak* Bohap selbst kennenlernte, gekauft hatte und dann *Pak* Bohap geheiratet habe, einen bloßen Zufall sehen. Indonesier hingegen würden sagen, daß ein *pusaka* stets zu seinem rechtmäßigen Eigentümer zurückkehrt. Als mir *Pak* Bohap sagte, daß es sich bei dem *kris* um den seiner Vorfahren handelte, lief mir ein Schauer über den Rücken. Ich begriff, daß das Schicksal, das ich mir scheinbar selbst erwählt hatte, auf irgendeine unergründliche und für Kalimantan bezeichnende Weise längst entschieden gewesen war.

Am 27. Dezember 1985 wurde Dian Fossey in der Forschungsstation Karisoke im Gebiet der Virunga-Vulkane in ihrer Hütte ermordet. Der gewaltsame Tod entsetzte mich zwar, verwunderte mich aber nicht.

Mit ihr verlor ich eine Schwester. Dian und ich arbeiteten auf verschiedenen Kontinenten und beschäftigten uns mit unterschiedlichen Menschenaffen. Wir hatten einander von Zeit zu Zeit geschrieben, gemeinsam wissenschaftliche Kongresse besucht und Anfang der achtziger Jahre zusammen mit Jane Goodall eine Vortragsreise durch die Vereinigten Staaten gemacht. Bei solchen Gelegenheiten war es vorgekommen, daß wir uns bis in die frühen Morgenstunden unterhielten. Aber ich hätte nie gesagt, daß wir enge Freundinnen waren. Dian,

Jane und ich waren eine Familie. Louis Leakey, der in uns verwandte Seelen erkannt hatte, war unser geistiger Vater geworden. Was jede einzelne von uns mit den großen Menschenaffen erlebte, schuf eine Verbundenheit zwischen uns, die weit tiefer ging als Freundschaft. Wie bei Schwestern war es unerheblich, ob wir einander mochten oder einen ähnlichen Geschmack hatten. Unsere selbstgewählte Aufgabe – die großen Menschenaffen zu verstehen und zu schützen – hatte uns zu einem gemeinsamen Verständnis geführt, das anderen Menschen unzugänglich ist.

Mir war klar, daß man Dian im Tode ebenso verkennen würde, wie man sie im Leben verkannt hatte. Die in ihren letzten Lebensjahren gegen ihre Person gerichteten Angriffe waren in ihrer Art ebenso gewalttätig gewesen wie die Machetenhiebe, denen sie zum Opfer gefallen war. Von Wissenschaftlern wie von Naturschützern war Dian längst im Stich gelassen worden. Schon seit Jahren liefen Gerüchte über ihr sonderbares Verhalten um. Studenten (die zum Teil nur wenige Tage blieben) und Besucher ihrer Forschungsstation überboten sich in Berichten über unerhörte Vorfälle. Sie erklärten, Dian nehme das Gesetz in die eigene Hand, sie sei selbst ihre schlimmste Feindin. Mir war klar, daß ihre Ermordung das Bild der «Verrückten vom Berge» nur noch bestärken würde. Ich konnte geradezu hören, wie Kollegen triumphierend oder mitleidig sagten: «Das habe ich kommen sehen» und: «Das konnte nicht ausbleiben.»

Mit einem Mal verstand ich, wie entsetzlich allein Dian gewesen war, und begriff, wie wenige Menschen verstanden hatten, in welcher Zwangslage sie sich befand. Was tut jemand, die Angehörige einer anderen Art beobachtet, freilebende Tiere an sich gewöhnt und sie bis in die feinsten Einzelheiten ihres Lebens hinein zu verstehen beginnt, nur um dann zu erfahren, daß der betreffenden Population oder gar der ganzen Art die Ausrottung droht? Gewissen und Verantwortungsgefühl verlangen die Verteidigung der Tiere, auch wenn das alle Kräfte beansprucht.

Zu Anfang unserer Freilandarbeit sah keine von uns dreien voraus, daß wir in die vorderste Front der Umweltbewegung geraten und unser Leben im selben Maße bedroht sein würde, wie uns andere «Engel» und «Heldinnen» im Kampf um den Schutz der Erde nannten. Wir ahnten nicht, daß wir uns in politische, wirtschaftliche und sogar spirituelle Krisen verstricken würden. In jenen frühen Tagen der naiven Begeisterung trieben uns die Neugier und der Wunsch, unsere nichtmenschlichen Verwandten besser zu verstehen. Man hielt Jane, Dian und mich für verrückt, weil wir allein und unbewaffnet in den Wald gingen. Was wir taten, war gefährlich – aber nicht, weil uns die Menschenaffen bedroht hätten, die wir beobachteten. Gefahr trägt stets das Gesicht des Menschen.

Jane hat uns allen den Weg bereitet. Als sie 1960 an den Gombe ging, hatte noch niemand eine Langzeit-Nahuntersuchung an freilebenden großen Menschenaffen durchgeführt. Es hieß, ein solches Unterfangen sei zum Scheitern verurteilt, insbesondere, wenn sich eine junge Frau allein ohne wissenschaftliche Vorbildung daran mache. Noch heute sind sich nur wenige bewußt, wie revolutionär Janes Ansatz war.

Die Naturwissenschaft der sechziger Jahre ging von einer ganzen Reihe fester Annahmen aus. Ihr Ziel war es, allgemeingültige Gesetze und Grundsätze herauszuarbeiten, die letztlich den Menschen in den Stand setzten, die Natur zu verstehen und zu beherrschen. Der Naturwissenschaftler hatte ein unbeteiligter Beobachter zu sein, der seine Objektivität zu keiner Zeit durch persönliche Empfindungen gefährdete. Tiere waren nicht als solche interessant, sondern als Modelle oder Stellvertreter des Menschen. Der Primatologe Robert Yerkes nannte die Menschenaffen, die er untersuchte, «Diener der Wissenschaft». In der Vorstellung, daß Tiere Gedanken, Empfindungen und eine Persönlichkeit haben könnten, sah man eine Projektion menschlicher Züge. Unterschiede zwischen Individuen wurden als Artefakten abgetan, als störende Ausnahmen, als Hintergrundrauschen, das man herausfiltern mußte.

Als wissenschaftliche Außenseiterin setzte sich Jane über all das hinweg. Ihre Vorstellung von Naturwissenschaft hieß nicht, Natur zu kontrollieren, sondern sie zu entdecken. Roger Fouts, der Menschenaffen in Zeichensprache unterrichtet und auf diesem Gebiet Bahnbrechendes geleistet hat, erklärte dazu: «Janes Wissenschaft ist demütig. Sie bittet die Tiere, etwas über sich selbst zu erzählen.» Es ist eine Wissenschaft der Zusammenarbeit und nicht der Beherrschung.

Jane hatte weder feste Pläne, als sie ins Feld ging, noch wollte sie eine bestimmte Theorie beweisen. Sie ging so vor, wie es sich ergab, und paßte ihr Verhalten dem der dort lebenden Schimpansen an. Zu jener Zeit war die Wissenschaft der Ansicht, wer Tiere im Freiland untersuchen wolle, müsse sich einen Sichtschutz bauen und sie heimlich beobachten – ein Überbleibsel aus der Zeit, als Naturforscher den besseren Ständen angehörende Herrenjäger waren, denen es wichtiger war, Trophäen zu sammeln, als Verhalten zu beobachten. Jane tat das genaue Gegenteil. Vor Morgengrauen erstieg sie einen offenliegenden Gipfel, wo die Schimpansen sie von weitem sehen konnten, wenn sie über die umliegenden Hänge und durch die Täler zogen. Sie blieb einfach sitzen und wartete. Ihre Begründung war, wenn die Tiere sie jeden Tag an derselben Stelle sähen, würden sie merken, daß von ihr keine Gefahr ausging.

Damit, daß Jane den Schimpansen, die sie identifizieren konnte, Namen und keine Nummern gab, hat sie ebenfalls gegen ein wissenschaftliches Tabu verstoßen. Zum Teil hatte sie praktische Gründe dafür: Namen kann man sich leichter merken. Aber sie hatte auch den Eindruck, daß man den Schimpansen ihre Individualität nähme, wenn man sie mit Nummern bezeichnete, so wie man numerierte Gefängnisinsassen ihrer Menschenwürde beraubt. Außerdem war sie der Ansicht, daß ein Beobachter, der Individuen als «*das* Männchen», «*das* Weibchen» und «*das* Jungtier» typisiert, die Unterschiede innerhalb dieser Gruppen nicht mehr wahrzunehmen vermag. Den ersten Artikel, den sie an die Wissenschaftszeitschrift *Annals of the New York Academy of Science* schickte, bekam sie zurück. Die Redakteure hatten die Personalpronomina, die sie für die Schimpansen verwendet hatte, durchgestrichen und für «er» und «sie» jeweils «es» geschrieben. Sie wollten unbedingt, daß sie anstelle der Namen Nummern verwendete. Jane bestand auf ihrer Darstellung, und der Artikel erschien unverändert.

Ihrer Ansicht nach ließ sich die soziale Struktur der Schimpansengesellschaft nur im Licht der verschiedenen Temperamente und persönlichen Hintergründe einer bestimmten Gruppe von Individuen verstehen. Damit aber konnten Wissenschaftler nichts anfangen, die es gewöhnt waren, mit Verallgemeinerungen und anonymen Tieren zu arbeiten. Von Anfang an warf man Jane vor, sie vermenschliche die Schimpansen vom Gombe und behandle sie wie Familienangehörige oder Haustiere. Dahinter stand der keineswegs besonders versteckte Vorwurf, sie gehe mit der typischen Gefühlsbetontheit einer Frau an das Thema heran.

Sie aber folgte unbeirrt ihrem Weg. Zwei ihrer wichtigsten Entdekkungen machte sie in den ersten sechs Monaten am Gombe: Nicht nur jagen Schimpansen und essen das erbeutete Fleisch, sie verwenden auch Werkzeuge. Zwei der wichtigsten Definitionen dessen, was den Menschen ausmacht, nämlich daß er jagt und Werkzeuge herstellt, mußten aufgrund ihrer Beobachtungen revidiert werden. Als ihr die Universität Cambridge 1965 den Doktortitel verlieh, gratulierten ihr die Kollegen zwar und lobten ihre Arbeit, insgeheim aber murrten viele, sie sei keine Wissenschaftlerin, sondern eine Geschichtenerzählerin. Zum Teil gründete sich Janes Stärke darauf, daß sie sich herzlich wenig um das kümmerte, was andere dachten.

Noch heute, da Jane mit wohlverdienten Auszeichnungen überhäuft wird und sie wahrscheinlich die bekannteste lebende Wissenschaftlerin auf der Welt ist, stellen viele Naturwissenschaftler den Wert gründlicher Langzeituntersuchungen in unmittelbarer Nähe zum Tier in Frage. Manch einer unserer Kollegen zuckt zusammen, wenn Jane oder ich die Menschenaffen, mit denen wir uns beschäftigt haben, beim Namen nennen. Dieser oder jener glaubt, Jane habe sich mit ihrem Kreuzzug für die Schimpansen «zur Ruhe gesetzt» und mein Auswilderungsprogramm sei lediglich eine Art Freizeitbeschäftigung neben der «eigentlichen Arbeit», der wissenschaftlichen Forschung.

Von Jane hatte man stets den Eindruck, als werde sie von einem inneren Licht geleitet, das nie schwankt, als sei ihr Wunsch, die Schimpansen zu verstehen, eine Berufung. Im Lauf der Jahre hat sie ein gerütteltes Maß an Kritik und Drohungen über sich ergehen lassen müssen, doch sie schien aus allen Anfechtungen unerschüttert und unversehrt hervorzugehen.

Jane war die Rolle der britischen Lady, die auf der Suche nach ihrer Bestimmung nach Afrika geht, wie auf den Leib geschneidert. Tansania, das Land, in dem sie arbeitete, gehört zu den stabilsten in ganz Afrika. Dian Fosseys Reise in die Welt der Berggorillas führte dagegen über gewundene und unsichere Wege. Für sie als Amerikanerin gab es in Ländern, die einst belgische Kolonien waren, keinerlei Unterstützung aus dem Hintergrund. Ohne daß sie es wußte, führte ihr Weg sie in ein politisches Chaos.

Schon ein halbes Jahr nachdem sie im damaligen Kongo ihre Arbeit aufgenommen hatte, brach der Bürgerkrieg aus. Soldaten brachten sie in eine nahegelegene Stadt, wo sie wochenlang festgehalten wurde, stellten sie in einem Käfig zur Schau und vergewaltigten sie, wie sie mir erzählt hat. Für den Neuanfang war ungeheurer Mut und eine unerschütterliche Entschlossenheit erforderlich. Dian besaß beides. Sie errichtete in Ruanda, auf der anderen Seite des Virunga-Gebiets, ein neues Lager, an einem Ort, dem sie den Namen Karisoke gab und der ihre Heimat blieb, solange sie lebte. Oft hat sie gesagt, sie habe den Eindruck, den ersten Teil ihres Lebens habe ein anderer Mensch gelebt.

Wie anfangs ich in Tanjung Puting merkte auch Dian, daß der Parc National des Volcans nur dem Namen nach ein Schutzgebiet war. Hirten und Jäger durchquerten ihn offen. Zwar wurden Gorillas in Ruanda nicht wegen ihres Fleisches gejagt, wohl aber zu Zwecken der Schwarzen Magie, und auf Märkten der Umgebung bot man Gorillaschädel und -hände als makabre Reiseandenken feil. Kein Wunder, daß die Gorillas dem Menschen aus dem Weg gingen.

Es dauerte zehn Monate, bis Dian ein Telegramm an Louis Leakey schicken konnte: «ENDLICH HAT MICH EIN GORILLA AKZEPTIERT.» Dieses Telegramm hatte er bei seiner Vortragsreise durch die USA in der Tasche, auf die er an dem Tag, an dem ich ihn kennenlernte, so stolz geklopft hatte.

Filme und Reportagen über Janes und Dians Freilandarbeit erweckten beim Publikum allzuleicht den Eindruck, die Untersuchung großer Menschenaffen in freier Natur sei einfach und fast so etwas wie eine glanzvolle Angelegenheit. Doch hinter den schönen Bildern in *National Geographic* und anderen Zeitschriften verbergen sich Enttäuschungen, Komplikationen, Krankheit, Verletzung, Schinderei und Rückschläge.

Einen von Dians größten Triumphen hielt der Fotograf Bob Campbell fest. Digit, ein junges Männchen, hatte schon immer ein besonderes Interesse an Dian gezeigt, vielleicht weil er in seiner Gruppe keine Altersgenossen hatte. Eines Tages setzte sie sich wie gewöhnlich ins Gras und verhielt sich möglichst gorillahaft. Mit einem Mal ließ sich Digit nach einigem nervösen Brusttrommeln weniger als einen halben Meter entfernt von ihr nieder. Während Campbells Kamera lief, nahm Digit einen von Dians Handschuhen und untersuchte ihn so feinfühlig, wie man es einem so massigen Tier nicht zugetraut hätte. Hingerissen sah Dian, wie er ihr Notizbuch durchblätterte und ihren Stift beleckte und jeden dieser Gegenstände behutsam zurückgab, nachdem er ihn begutachtet hatte. Es läßt sich schwer sagen, wer bei dieser Szene Beobachter war und wer Beobachteter. Beide Rollen verschmolzen ineinander, und die Jahrmillionen, die den Menschen vom Gorilla trennen, schienen dahinzuschwinden. Dann machte Digit Dian das höchste Kompliment, das ein Menschenaffe zu vergeben hat: Er drehte ihr den Rücken zu, legte sich hin und schlief ein.

Was Dian dabei empfunden hat, kann ich mir gut vorstellen. Gewöhnlich suche ich zu freilebenden Orang-Utans keinen körperlichen Kontakt. Selbst wenn ich es wollte, könnte ich nicht mit ihnen unter das Blätterdach klettern. Aber ich habe freilebenden Orang-Utans in die Augen geblickt und gesehen, wie mein Blick erwidert wurde. Es ist beinahe unbeschreiblich. Wir neigen zu der Ansicht, andere Geschöpfe auf unserem Planeten hätten Teil an derselben Wirklichkeit wie wir, vor allem, wenn sie uns (wie die Menschenaffen) ähneln oder (wie die Haustiere) mit uns leben. Aber ihre Sinne, ihre Bedürfnisse und Wahrnehmungen sind nicht die unsrigen. Wer Verbindung mit einem freilebenden Tier einer anderen Art aufnimmt, wirft einen Blick in eine andere Wirklichkeit. Am ehesten ist das mit einem Besuch im parallelen Universum der Dajak oder dem Erlebnis der religiösen Ekstase vergleichbar. Ein Psychologe hat einmal gesagt, die Kommunikation zwischen den Arten ähnele in ihrer Intensität der Nahtoderfahrung: Man ist nie mehr der Mensch, der man vorher war.

Die Szene mit Dian und Digit wurde zum Hauptteil einer Fernseh-Sondersendung von *National Geographic*, die beide zu Stars machte. Das Publikum war von der schlaksigen Amerikanerin und dem zärtlichen Riesen begeistert. Wenige Augenblicke genügten, um das Bild des Gorillas als eines brutalen King Kong in die Abfalltonne der Zelluloidgeschichte zu befördern. Es gehört zu Dians Hauptverdiensten, den Gorillas einen Platz im Bewußtsein der Öffentlichkeit verschafft zu haben. Ihre Kollegen waren weniger beeindruckt. Die Rolle des Wissenschaftlers, ließen sie sich vernehmen, sei die eines passiven Beobachters, nicht die eines Spielgefährten. Viele sahen in Dian eine Primatenforscherin, die sich «als Eingeborene gebärdete». Man hat sogar mich mit den Worten zitiert, Dian sei «ein Gorilla geworden». Das habe ich im übertragenen Sinn gemeint. Sie hat sich nie für einen Gorilla gehalten, wohl aber in gewissem Maße gelernt, wie ein Gorilla zu denken und sich mitunter wie ein Gorilla zu verhalten. Ihre Einfühlung in ihre Studienobjekte ging über das reine Sachwissen hinaus. Im Lauf der Zeit haben Gorillagruppen sie fast als Familienmitglied akzeptiert. Noch ihre schärfsten Kritiker räumen ein, niemand verstehe Gorillas so gut wie Dian. Ihre Beziehung zu Digit war zweifellos einzigartig.

In ihren Triumph mischte sich Tragik. Etwa eineinhalb Jahre nachdem sich Dian in Karisoke niedergelassen hatte, rettete sie zwei Gorilla-Säuglinge aus den Händen von Parkwächtern, die sie an den Kölner Zoo verkaufen wollten. Sie wußte, daß bei der Gefangennahme dieser Jungtiere möglicherweise ein halbes Dutzend ausgewachsene Gorillas ums Leben gekommen waren. Praktisch jedes Mitglied einer Gorilla-Gruppe ist bereit, sein Leben zu geben, wenn es darum geht, ein Junges zu retten. Dian pflegte die verwaisten Gorillasäuglinge wieder gesund. Sie hatte begonnen, die beiden mit dem Leben im Wald vertraut zu machen, als der Parkdirektor auftauchte und die Herausgabe der beiden Gorillas verlangte. Dian verlegte sich aufs Bitten und Verhandeln, gab aber nach, als er drohte, wenn sie sich weigere, werde er eben zwei andere Jungtiere beschaffen. Ihre Bedrückung und Schuldgefühle, die sie hatte, weil sie nicht imstande gewesen war, ihre «Kinder» zu schützen, wurden durch das Wissen verstärkt, daß alle Gorillas gefährdet waren und sie in ihrem Kampf allein dastand. Über ihre Zukunft entschieden die Direktoren europäischer Zoos, Tausende von Kilometern entfernt. Die einheimischen Wilderer, die den Gorillas Fallen stellten, waren ihrerseits Opfer des von Menschen des Westens entworfenen und beherrschten Wirtschaftssystems. Wäre niemand in Europa bereit gewesen, für lebende Jungtiere und Gorilla-Trophäen zu zahlen, hätte es für die Menschen im Land kaum einen Anreiz gegeben, die Tiere zu jagen.

Ich weiß noch, wie nahe mir der Tod der Orang-Säuglinge Barbara und Tony gegangen war. Wie in einer stillschweigenden Übereinkunft sprachen Dian und ich nur selten über den von ihr und mir erlittenen Verlust; es war zu schmerzlich. Wie damals gibt es auch heute Menschen, die sagen würden, derlei sei bloße Gefühlsduselei.

Ich zweifle nicht daran, daß manche Feldforscher Distanz zu den von ihnen untersuchten Tieren halten. Doch die meisten jener, die über längere Zeit hinweg eine bestimmte Art oder Population untersuchen, stellen früher oder später eine Beziehung zu ihren «Untersuchungsobjekten» her. Das gilt vor allem bei der Erforschung von Primaten, die uns so sehr ähneln. Sogar Forscher, die sich mit Tieren beschäftigen, die weder gewaltig und eindrucksvoll noch niedlich und knuddelig sind – wie Schlangen oder Spinnen –, werden leidenschaftliche Beobachter. Wenn ihr Gegenstand sie nicht mehr losläßt, ist es nur noch eine Frage der Zeit, bis sie sich in der gleichen Zwangslage sehen wie Dian.

Sollen sich Wissenschaftler mit ihrem Beobachtungsgegenstand identifizieren, oder sollen sie innerlich auf Distanz bleiben? Sollte man eine bedrohte Population oder Art untersuchen oder sich vielmehr um ihre Rettung bemühen? Sollte man auf eigene Faust sofort etwas unternehmen oder warten, bis andere etwas über offizielle Kanäle erreichen?

Es handelt sich um ein klassisches Dilemma. Wer nicht in die Welt der Tiere eintaucht, bekommt lediglich Tatsachen und Zahlen, eine Art Computerbild; wer sich auf sie einläßt, handelt sich den Vorwurf der Unwissenschaftlichkeit ein. Wer fortfährt, aus sicherer wissenschaftlicher Distanz bedrohte Tiere zu beobachten, lebt von geborgter Zeit. Wer Tiere retten will, hat wenig Zeit für Forschung und noch weniger Zeit, zu schreiben und zu publizieren; möglicherweise versiegen die wichtigsten Geldquellen, und man sieht sich gezwungen, seine gesamte Zeit und Energie auf die Beschaffung von Finanzmitteln zu verwenden. Wer an Ort und Stelle tätig wird, setzt sich dem Vorwurf aus, zu weit zu gehen; wer es nicht tut, muß mit Schuldgefühlen leben.

Zu den gegen Dian erhobenen Vorhaltungen gehörte, sie stehe zu sehr auf der Seite ihrer Studienobjekte. Schon vor dem Bürgerkrieg, der gegenwärtig in Ruanda tobt, gehörte das Land zu den ärmsten der Erde. Man warf Dian nicht nur vor, daß sie das Überleben der Gorillas höher stelle als die verzweifelte Versorgungslage der Einheimischen, sondern auch, daß sie sich als Außenstehende in die Angelegenheiten des Landes einmische und Selbstjustiz übe. Viele von uns, denen der Schutz von Menschenaffen am Herzen liegt, müssen sich ähnliche Vorwürfe anhören.

Die weitverbreitete Vorstellung, die Bedürfnisse des Menschen und der in freier Natur lebenden Tiere seien einander entgegengesetzt, ist eine Fehleinschätzung. Als Naturwissenschaftlerin wußte Dian, daß Bergwälder Regenwasser speichern und es allmählich zur Bewässerung der weiter unten angebauten Kulturpflanzen freigeben. Würden die Wälder abgeholzt und die Bergflanken in Ackerland umgewandelt, wären die Felder bald wasserlos und unfruchtbar. Gorillas tragen zur Erhaltung der Umwelt bei, indem sie junge Bäume abbrechen, was das Wachstum von Sekundärwald begünstigt und die Entwicklung einer Vielfalt von Lebensräumen ermöglicht. Weder die Bergwälder noch die Gorillas sind ein «Luxus», den sich ein armes Land nicht leisten kann. Sie waren und sind ganz im Gegenteil eine Art Stützpfeiler des Ökosystems, dessen Verlust sich die Bevölkerung Ruandas nicht leisten kann.

Nicht gegen «Dians Gesetze» haben die Wilderer verstoßen, sondern gegen die des Landes Ruanda. Dadurch, daß sich Parkbehörden am Handel mit Menschenaffen beteiligten und Parkwächter regelmäßig von Wilderern Bestechungsgelder und von Touristen «private Zuwendungen» entgegennahmen, entstand eine Atmosphäre der Gesetzlosigkeit. Wie ich war Dian überzeugt, daß der Jäger, der heute widerrechtlich ein Tier tötet, morgen unter Umständen einen Menschen ermordet, der ihm im Wege ist.

Dian widersprach der Ansicht, daß der Mensch die Herrschaft über die Erde und all ihre Geschöpfe habe. Sie empfand die Trennlinie als künstlich, die zwischen Menschen und großen Menschenaffen und ganz allgemein den Tieren gezogen wird und als deren Ergebnis der Mensch alle Rechte hat, die Tiere aber keine. Gorillas sind mit uns verwandt, Mitbürger auf dem Planeten Erde. Da wir uns selbst zu Herren über die Erde aufgeworfen haben, schulden wir ihnen Achtung und Schutz. Das war Dians Auffassung, und viele von uns, die Tag für Tag mit den großen Menschenaffen arbeiten, teilen sie.

Zu der Zeit, da ihr die Universität Cambridge (wie zuvor Jane) den Doktortitel verlieh, war Dian zu der Überzeugung gelangt, daß die Wissenschaft die Gorillas nicht retten würde. Sie wußte, daß die Berggorillas unmittelbar bedroht waren, schließlich betrug damals ihre Zahl nur noch rund vierhundert. Sie konnte nicht auf die Verwirklichung von Plänen zur Förderung des Tourismus warten (mit den Gorillas als positivem Wirtschaftsfaktor), auf Hochglanz-Broschüren und diplomatische Protestnoten. Angesichts der beständigen und täglichen Bedrohung der Gorillas und ihres Lebensraums erschien ihr solch «theoretischer Artenschutz» als Hohn.

Sie sah die Alternative in einem «aktiven Artenschutz». Dazu mußte man in die Wälder ziehen, Fallen zerstören, Waffen beschlagnahmen, in Fallen gegangene Tiere befreien sowie Wilderern und Leuten, die gesetzwidrig Handel mit Tieren und Tiererzeugnissen trieben, hohe Geldstrafen auferlegen – *sofort*, nicht später.

Dian traf ihre Entscheidung. Die Berggorillas zu retten war wichtiger als sie zu studieren. Ohne auf die Billigung der Wissenschaft oder die Zustimmung der für die Mittelvergabe zuständigen Stellen zu warten, organisierte sie einen Patrouillendienst, setzte Belohnungen für das Ergreifen von Wilderern aus, drohte Jägern und Viehhirten, die in das Schutzgebiet eindrangen, verfolgte Wilderer bis in ihre Dörfer und verlangte ihre Festnahme. Menschen, die Naturschutz vom Schreibtisch aus betrieben, vertraten die Ansicht, sie handle übereilt und greife zu scharf durch. Dian selbst hat sich später vorgeworfen, zu spät, zu langsam und zu schonungsvoll gehandelt zu haben.

Am 1. Januar 1978 wurde Dians geliebter Digit umgebracht. Der junge britische Biologe Ian Redmond, der zwei Jahre in Karisoke verbracht hatte, fand den verstümmelten Körper nach einem Hinweis ruandischer Fährtenleser in einer Blutlache. Digit war im Kampf bei der Verteidigung von Mitgliedern seiner Gruppe gegen Wilderer gestorben. Er hatte fünf Speerwunden empfangen und einen der Hunde der Wilderer getötet. Man hatte ihm Kopf und Hände abgeschlagen, um sie als Trophäen zu verkaufen.

Träger brachten seine sterblichen Überreste nach Karisoke. Dort wurden sie in der Nähe von Dians Hütte auf einem Gelände begraben, aus dem im Lauf der Zeit ein Gorillafriedhof wurde. «Es gibt Augenblicke, in denen man Tatsachen nicht akzeptieren kann, aus Angst, daran zugrunde zu gehen», schrieb Dian später in ihrem Buch *Gorillas im Nebel*. «Seit diesem Augenblick lebe ich in einem abgekapselten Teil meiner selbst.» Nahezu mit Sicherheit wurde zu jener Zeit aus der Wissenschaftlerin die Aktivistin, der Racheengel.

Zielstrebig und unbeugsam begann sie im Alleingang einen Feldzug zur Verteidigung der Gorillas. Sie erfand ihre eigenen Arten der «Magie» und lieferte Nahrung für die Vorstellung einer *nyiramachabelli*, als die die Menschen im Land sie sahen. Sie mochte ihren afrikanischen Spitznamen, den sie auch auf ihrem Grabstein haben wollte. Als bejahe sie voll Wehmut ihre Einsamkeit und Isolierung, rühmte sich sich, daß *nyiramachabelli* so viel bedeute wie «die Frau, die allein auf dem Berg lebt».

Gerüchte über Dians terroristische Vorgehensweise kamen in Umlauf. Ihre schärfsten Kritiker waren nicht etwa Ruander, sondern unerfahrene Studenten aus dem Westen, die ohne Kenntnis der Umstände und mit schwärmerischen Vorstellungen zum ersten Mal in Afrika waren. Dian wußte, daß es sinnlos war, auf offiziellem Weg etwas erreichen zu wollen; in vielen Fällen waren Parkwächter und Wilderer miteinander versippt. Sie hatte nichts übrig für Studenten, denen das eigene Forschungsziel wichtiger war als das Wohlergehen der Gorillas und die nicht bereit waren, einen großen Teil ihrer Zeit mit Patrouillengängen zu verbringen. Es war unrealistisch, daß sie von den jungen Leuten erwartete, der Sache ebenso rückhaltlos ergeben zu sein wie sie selbst. Diese wiederum waren entsetzt darüber, wie Dian mit ihren Mitarbeitern umsprang. Zweifellos war sie diktatorisch – als auf sich allein gestellte Frau in einem Land, in der Macht häufig gleichbedeutend mit Recht ist, blieb ihr keine andere Wahl.

Da ich selbst nie in Karisoke war, weiß ich nicht, was Dian getan hat und was nicht. Doch sie hatte an einem abgelegenen Ort als auf sich allein gestellt lebende Frau gelernt, sich nach den in Afrika gültigen Regeln zu verhalten. Die wenigen Ruander, mit denen ich gesprochen habe, sagen, daß die Einheimischen sie als ihresgleichen ansahen und selbst ihre Gegner ihr mit Achtung begegneten. Es heißt, sie habe auf gutem Fuß mit Ruandas damaligem Präsidenten gestanden. Doch fällt auf, daß für Biographien über Dian keine Ruander befragt wurden. Möglicherweise wird man die vollständige Geschichte nie erfahren.

Der Mord an Dian war brutal und grausam. Letzten Endes aber ist sie doch Siegerin geblieben. Sie hat den Berggorillas einen Platz im Bewußtsein der Öffentlichkeit verschafft. Im Virunga-Gebiet haben sie nicht nur überlebt, nach Dians Tod hat ihre Zahl dort sogar zugenommen. 1990 haben Wissenschaftler ihren Bestand auf 600 bis 650 geschätzt. Der Gorilla-Tourismus ist für Ruanda zu einer wichtigen Devisenquelle geworden. Als Anfang der neunziger Jahre der in Burundi tobende Bürgerkrieg auf das Virunga-Gebiet übergriff, mußten die Forscher gehen, doch kamen Aufständische und Regierungstruppen überein, die Gorillas aus Achtung vor ihrem Heimatland zu schonen.

Dians Tod machte mir klar, daß die Schlacht zur Rettung der Orang-Utans noch nicht zu Ende war, sondern erst anfing.

Einst lebten Hunderttausende freilebender Orang-Utans in ganz

Asien; heute sind es in den rasch dahinschwindenden tropischen Regenwäldern Borneos und des nördlichen Sumatra nicht einmal mehr dreißigtausend. Allein im vergangenen Jahrzehnt hat sich ihr Bestand um mindestens dreißig Prozent vermindert, wenn nicht gar um die Hälfte. Ebenso besorgniserregend ist, daß nur zehn- bis fünfzehntausend Orang-Utans in Regenwaldreservaten oder Naturschutzparks leben. Eins dieser Schutzgebiete liegt im Norden Sumatras, alle anderen befinden sich auf Borneo. Viele von ihnen aber eignen sich nicht als Lebensraum für Orang-Utans.

Tanjung Puting, wo ich seit über zwei Jahrzehnten arbeite, ist weit bedeutender, als seine Größe vermuten lassen würde. Es ist einer der wenigen Naturschutzparks Südostasiens, in dem der tropische Moor- und Heidewald über große Strecken geschützt ist. Mit seinen stabilen Primatenpopulationen bietet er wilden Orang-Utans geradezu ideale Lebensbedingungen.

Orang-Utans stehen vor der Ausrottung, weil die tropischen Regenwälder, in denen sie leben, abgeholzt werden, um Bauholz zu gewinnen, Straßen zu bauen, Pflanzungen anzulegen und Dauerfeldbau zu betreiben. Täglich fallen auf der ganzen Welt zwischen fünfzehn- und vierzigtausend Hektar Regenwald der Vernichtung anheim. Der Mord an Orang-Müttern und die Gefangennahme von Orang-Säuglingen für den Handel ergibt sich unmittelbar aus der Zerstörung des Lebensraums. Damit, daß man Wald vernichtet und Orang-Utans ihrer Heimat beraubt, unterschreibt man ihr Todesurteil.

Orang-Utans sind, wie auch andere gefährdete Arten, unschuldige Opfer von Bevölkerungswachstum, Entwicklungsprojekten und Machtkämpfen. Sie sind die Leidtragenden eines weltumspannenden unersättlichen Wirtschaftssystems, das die Habgier anheizt, ohne Befriedigung zu schaffen, Bedürfnisse weckt, aber niemanden glücklich macht.

Zusammen mit den anderen großen Menschenaffen sind die Orang-Utans unsere nächsten lebenden Verwandten. Mehr als andere Tierarten erinnern uns die Pongiden daran, daß wir Bestandteil der Natur sind. Wegen unserer engen Verwandtschaft mit ihnen dienen sie der Wissenschaft bei Experimenten häufig als Stellvertreter des Menschen. Das «natürliche Experiment» aber, das zur Zeit in den tropischen Regenwäldern stattfindet, nehmen wir nicht zur Kenntnis. Indem wir zusehen, wie die großen Menschenaffen der Ausrottung entgegengehen, werden wir Zeugen unserer eigenen Zukunft auf einem immer ungastlicheren Planeten. Wenn wir etwas unternehmen, um unsere nächsten Verwandten und ihre Lebensräume in den Tropen zu retten, tun wir den ersten Schritt zu unserer eigenen Rettung.

Der Mensch kann sich selbst erst verstehen, wenn er erkennt, woher er kommt und was ihn von seinen nächsten Verwandten unterscheidet. Ein solches Verstehen erfordert gleichermaßen leidenschaftliche Beobachtung wie unangreifbare Fakten, Einfühlung ebenso wie Empirie.

Im Laufe der auf Borneo verbrachten Jahre habe ich ebensoviel über Orang-Utans wie über die Natur des Menschen gelernt. Beide bewohnen denselben Planeten, doch nehmen sie unterschiedliche Universen wahr. Ein Orang-Utan ist kein Mensch; er bewegt sich in einem anderen Bereich und ist ein autarkes, in sich geschlossenes Wesen. Weil sich diese Menschenaffen so sehr von uns Menschen unterscheiden, hat es Jahre gedauert, bis ich sie verstand. Was mir als Zurückweisung erschien, war in Wirklichkeit weitestgehende Anerkennung. Ein Orang-Utan braucht nicht zu geben, weil er nicht darauf angewiesen ist zu empfangen.

Mit seiner gelassenen Selbständigkeit verkörpert er einen großen Teil dessen, was wir in der heutigen hektischen und umtriebigen Welt suchen. Wir Menschen des Westens legen großen Wert auf Unabhängigkeit. Wir ersehnen uns eine «beglückende Einsamkeit». Wir bewundern jeden, der diese Unabhängigkeit aus eigener Kraft erreicht, und viele von uns leben allein oder in unvollständigen Familien.

Die Orang-Utans haben mich dazu gebracht, diese kulturellen Strömungen und Grundannahmen neu zu bewerten. Weil Orangs sie selbst sind, war ich genötigt, mich mit meiner eigenen Menschennatur und der «Schwäche» abzufinden, nichts als ein Mensch zu sein. *Homo sapiens* ist eine gesellige Art. Wir brauchen Partner, Kinder, Menschen, die wir lieben, Freunde, Bekannte und sogar Haustiere. Ohne enge Beziehungen und ohne Geselligkeit sind wir verloren. Vielleicht büßen wir sogar einen Teil unserer selbst ein, wenn wir die anderen Bewohner der Erde nicht achten und nicht in Beziehung zur Natur treten. Indem ich lernte, die Orang-Utans zu nehmen, wie sie sind, die zwischen uns bestehenden Ähnlichkeiten und Unterschiede anzuerkennen, haben für mich die eigene Familie, meine aus Louis, Jane und

Dian bestehende erweiterte Familie wie auch die große Menschheitsfamilie an Wert gewonnen.

Orang-Utans lehren uns, daß die grundlegenden Unterschiede zwischen uns Menschen und unseren engen Verwandten nicht jene sind, die wir dafür halten. Den entscheidenden Unterschied zwischen Mensch und Orang-Utan macht zwar die Technik, die Herstellung und der Gebrauch von Werkzeug, aus – zur Zeit. Weder stellen Orang-Utans Rechner, Autos, Glühlampen oder auch nur Grabstöcke oder Äxte her, noch verwenden sie welche. Sie haben keinerlei Zugang zu einem der technischen Verfahren, die den Menschen aus der Abhängigkeit von dem befreit haben, was ihm die Natur zur Verfügung stellte. Wilde Schimpansen dagegen verwenden Werkzeug, und sie stellen es auch selbst her. Man darf bezweifeln, daß unsere frühesten Vorfahren auf dem Gebiet des Werkzeuggebrauchs geschickter waren, als es die Schimpansen heute sind. Auch unser großes Gehirn (es ist unter Berücksichtigung der Körpergröße dreimal so groß wie das eines Orang-Utans) war nicht die erste Hauptveränderung. Seine Größe unterschied sich bei den ersten Hominiden nicht sehr von der Größe des Gehirns der heutigen Menschenaffen.

Das Kennzeichen der menschlichen Entwicklung ist eher in den Hüften, Knien und Zehen zu suchen. Der Hauptunterschied zwischen den frühesten Menschen und den großen Menschenaffen bestand im aufrechten Gang auf zwei Beinen. Orang-Utans sind ganz besonders an ein Leben in den Baumwipfeln angepaßt. Sogar die afrikanischen Menschenaffen, die auf den Knöcheln laufen, sind nur teilweise an das Leben auf dem Erdboden angepaßt. Viele Anthropologen vertreten die Ansicht, der aufrechte Gang sei deshalb wichtig gewesen, weil wir so unsere Hände zum Werkzeuggebrauch und zum Transport von Nahrung freibekamen. Nachdem ich jahrelang Orang-Utans beobachtet habe, die eigentlich vier Hände besitzen, denke ich, daß diese Hypothese nur ein Teil der Erklärung ist. Orang-Utans sind mit ihren Händen äußerst geschickt, aber zugleich langsam. Der aufrechte Gang war für unsere Vorfahren wichtig, weil er es ihnen ermöglichte, große Entfernungen vergleichsweise schnell zurückzulegen. Ein Mensch ist einem Orang-Utan auf ebenem Gelände an Geschwindigkeit deutlich überlegen. Ich weiß noch, wie ich einmal mein Essen nicht mit einem Backenwulst-Männchen teilen wollte. Obwohl ich im neunten Monat schwanger war, ein weites Baumwollgewand und Pantoffeln trug, konnte ich ihm auf ebener Fläche davonlaufen. (Auf dem unebenen und hindernisreichen Waldboden allerdings wäre er mir gegenüber im Vorteil gewesen.)

Das zweite Unterscheidungsmerkmal zwischen den frühen Hominiden und den großen Menschenaffen war die gesellschaftliche Organisation. Die Gemetzel, denen Orang-Utans bei Kahlschlägen zum Opfer fallen, zeigen, daß ein sich langsam fortbewegender, einzelgängerischer Menschenaffe in der offenen Savanne eine leichte Beute für Räuber bedeutet hätte. Zweifellos lebten die *Australopithecinen*, die ersten Vormenschen, in Gruppen. Auch wenn wir nie mit Sicherheit wissen werden, wie diese aussahen, gibt es Grund für die Annahme, daß die Arbeitsteilung zwischen den Geschlechtern ein entscheidendes Merkmal dieser sich herausbildenden Anpassung war. Gewiß, auch bei großen Menschenaffen, die in Gruppen leben, füllen männliche und weibliche Tiere unterschiedliche Rollen aus. Im Normalfall sorgen die Weibchen für die Jungen, und die Männchen beschützen sie oder das Revier, das sie bewohnen. Man hat gesehen, daß Schimpansen ihre Nahrung nicht nur mit ihren Nachkommen, sondern auch mit anderen Erwachsenen teilen. Das aber ist selten. Im großen und ganzen ißt bei den großen Menschenaffen jeder für sich. Selbst, wenn sie sich im selben Baum aufhalten, pflückt jedes Tier für sich und ißt, was es gepflückt hat, oder wirft es fort.

Unter neuzeitlichen Jägern und Sammlern gehen Männer und Frauen gewöhnlich getrennte Wege; jene jagen und diese sammeln. Obwohl es auch vorkommt, daß Frauen jagen und Männer sammeln, ist erstere die grundlegende Rollenverteilung. Anschließend teilen Männer und Frauen, was sie gesammelt und erlegt haben, miteinander. Diese Arbeitsteilung hat den Hominiden einen deutlichen Vorteil verschafft. Denn Schwangerschaft und Stillen hinderten Frauen daran, erfolgreiche Jägerinnen zu sein, besonders, wenn es um Großwild ging. Mit dem Sammeln von Früchten, Nüssen und Wurzeln verträgt sich Mutterschaft durchaus. Außerdem ist die Jagd eine risikoreiche und unzuverlässige Nahrungsquelle. Die Koppelung von Jagen und Sammeln war ein revolutionärer Schritt, der es den frühen Hominiden ermöglichte, ihre Mobilität in jeder Beziehung zu nutzen und neue Lebensräume zu erobern.

Doch gibt es dabei einen Haken. Wenn die Männer hierhin und die Frauen dorthin ziehen, aber voneinander abhängig sind, ist die zuverlässige Vereinbarung eines Treffpunkts unabdingbar. Es ist möglich, daß Sprache sich entwickelt hat, damit unsere frühen Vorfahren ihr Tun koordinieren konnten. Als die Sprechfähigkeit erst einmal entstanden war, hat sie wahrscheinlich eine Eigendynamik entwickelt. Nicht nur konnten Männer und Frauen ihre täglichen Aufgaben abstimmen, sondern einander auch ihre Erlebnisse mitteilen und auf die Erfahrungen der Vergangenheit gestützt für die Zukunft planen. So entstand im Laufe der Zeit eine kollektive Informationssammlung, die wir als «Kultur» bezeichnen.

Nahezu mit Sicherheit bildete die Sprechfähigkeit eine der Scheidelinien zwischen unseren Hominiden-Vorfahren und den großen Menschenaffen. Doch muß man zwischen «Sprechen» und «Sprache» unterscheiden. Die große Kluft zwischen Menschenaffen und Menschen liegt in der «Sprechfähigkeit». Die großen Menschenaffen können nicht sprechen, weil sich ihr Kehlkopf nicht dafür eignet. Wohl aber kann man ihnen «Sprache» beibringen. Große Menschenaffen können lernen, daß Gebärden oder andere Symbole für Personen, Gegenstände, Handlungen, Empfindungen und sogar Kategorien stehen können und der Sinn sich durch die unterschiedliche Reihenfolge von Symbolen verändern läßt. Nicht nur lernen sie Symbole zu erkennen und hervorzubringen, sondern auch, sie in einer neuen Art und Weise zusammenzustellen. Das große Rätsel ist, warum sie diese Fähigkeit zum sprachlichen Ausdruck, über die sie verfügen, nie weiterentwickelt haben.

Auch hier habe ich die Antwort von den Orang-Utans bekommen. Zwar lernten Prinzessin und die anderen Orang-Utans, denen die Gehörlosensprache beigebracht wurde, einwandfrei Zeichen bilden, doch nutzten sie sie nur zu einem geringen Teil, vor allem um über Nahrung und Kontakt zu kommunizieren. Da begriff ich, warum sie keine gesprochene Sprache besitzen. Sie brauchen weder Phoneme noch Wörter oder Sätze. Sie haben einander einfach nichts zu sagen, das sich nicht ebenso leicht mit Hilfe von Mienen, Gebärden, Bewegungen und einfachen Lauten ausdrücken läßt. Warum ein Raumschiff bauen, wenn die Reise nur von einem Baum zum anderen gehen soll?

Ein weiterer Unterschied zwischen Menschenaffen und uns besteht im Abstand, der zwischen zwei Geburten liegt. Es war meine vielleicht wichtigste Entdeckung, daß Orang-Utans zu den Säugetieren gehören, die sich am langsamsten fortpflanzen. Eine Orang-Frau wird durchschnittlich alle acht Jahre schwanger, mit einer Schwankungsbreite zwischen fünf und etwa zehneinhalb Jahren. Die bisher höchste Zahl an Nachkommen eines in Freiheit lebenden Weibchens, die ich beobachtet habe, war vier, doch bekommen die meisten nur drei – oder noch weniger – Junge.

Dem gegenüber steht bei freilebenden Orang-Utans eine geringe Sterblichkeit. In all den Jahren ist nur eine Gruppe zusammengehörender Orang-Utans – Cara, Carl und Cindy – einer Krankheit zum Opfer gefallen, die wahrscheinlich durch Fehlernährung zum Ausbruch kam. Ansonsten erlagen die Tiere der Altersschwäche. Säuglingssterblichkeit und Tod durch Räuber liegen praktisch bei Null. Das steht in deutlichem Kontrast zu einem Trupp von Makaken, die sich von Krebsen ernähren und gelegentlich am Ende des Eisenholzdamms zu sehen sind, der zum Lager führt. Obwohl wir diese kleinen grauen Affen nur gelegentlich beobachten, waren wir schon dreimal Zeugen, wie Angehörige ihres Trupps Räubern zum Opfer fielen, unter ihnen einem Krokodil und einem großen Python. Aber diese Affen können sich die hohe Sterblichkeit «leisten», weil sie alle zwei Jahre Nachwuchs bekommen.

Ein Schimpansen-Weibchen kann alle sechs und ein Gorilla-Weibchen sogar alle vier Jahre ein Kind bekommen. Noch geringere Abstände zwischen zwei Geburten finden sich bei den Tieraffen, die jedes Jahr oder alle zwei Jahre Nachwuchs bekommen können. Doch auch sie übertrifft der Mensch an Fruchtbarkeit. In vielen Kulturen haben Frauen sechs, acht oder zehn Kinder (die im Säuglingsalter gestorbenen nicht mitgezählt). Während die großen Menschenaffen, allen voran der Orang-Utan, sich «langsam aber sicher» fortpflanzen, setzen Tieraffen ihre Kinder schnell und unter großen Risiken auf die Welt. Der Mensch hält es ebenso, hat die Risiken aber durch die Arbeitsteilung und später durch die Massenproduktion von Nahrungsmitteln und die Technik aus dem Weg geräumt. Wer weiß, ob nicht das der Grund ist, warum es dem Menschen gelungen ist, den Planeten zu kolonisieren und seine Vettern, die Menschenaffen, zu verdrängen. Mit Sicherheit liegt darin der Grund dafür, daß Orang-Utans so leicht auszurotten sind und der Mensch den Planeten überbevölkert.

Wenn ich Orang-Utans beobachte, muß ich immer daran denken, daß wir nur Menschen sind. Unser Auftreten auf der Erde ist vergleichsweise jungen Datums; die Art der Orang-Utans ist weit älter als die unsere. Ich frage mich: Haben Orang-Utans von den Bäumen zugesehen, als *Homo erectus*, der aufrecht gehende Frühmensch, nach Asien kam? Dieser Gedanke ist Anlaß zur Demut.

Unserem Aufbruch aus dem Garten Eden verdanken wir die Fähigkeit zur Reflexion – über unseren Ursprung und unser Verhältnis zu anderen Geschöpfen, über Gut und Böse, und letztlich auch darüber, daß wir im Begriff stehen, unsere eigene Ausrottung zu betreiben. Unsere schuldlosen Verwandten aus der Familie der Menschenaffen belastet dieses Wissen und die damit verbundene Verantwortung nicht. Beim Blick in die Augen eines Orang-Utans sehen wir, wie durch eine Reihe von Spiegeln, ein Bild unserer eigenen Seele und einen Garten Eden, der einst der unsere war. Und manchmal, ganz flüchtig, aber mit erschütternder Intensität erkennen wir, daß es keine Trennlinie gibt zwischen uns und der Natur. In solchen Augenblicken schauen wir das Auge Gottes.

Wer mehr erfahren oder wissen will, wie er den Orang-Utans helfen kann, schreibe an:

Orangutan Foundation International
822 South Wellesley Avenue
Los Angeles, CA 90046
USA